FATCA e CRS

ENQUADRAMENTO, REGIMES JURÍDICOS E LEGISLAÇÃO COMPLEMENTAR

FATCA e CRS

ENQUADRAMENTO, REGIMES JURÍDICOS E LEGISLAÇÃO COMPLEMENTAR

2017

Daniela Pessoa Tavares
Rodrigo Rabeca Domingues

ALMEDINA

FATCA E CRS
ENQUADRAMENTO, REGIMES JURÍDICOS
E LEGISLAÇÃO COMPLEMENTAR
AUTORES
Daniela Pessoa Tavares
Rodrigo Rabeca Domingues

EDITOR
EDIÇÕES ALMEDINA, S.A.
Rua Fernandes Tomás, nºs 76-80
3000-167 Coimbra
Tel.: 239 851 904 · Fax: 239 851 901
www.almedina.net · editora@almedina.net

DESIGN DE CAPA
FBA.

PRÉ-IMPRESSÃO
EDIÇÕES ALMEDINA, SA
IMPRESSÃO E ACABAMENTO

Julho, 2017
DEPÓSITO LEGAL
429898/17

ALMEDINA | GRUPOALMEDINA

BIBLIOTECA NACIONAL DE PORTUGAL – CATALOGAÇÃO NA PUBLICAÇÃO
TAVARES, Daniela Pessoa, e outros

FATCA e CRS : regimes jurídicos e legislação complementar / Daniela Pessoa Tavares, Rodrigo Rabeca Domingues. – (Coletâneas de legislação)
ISBN 978-972-40-7088-9

I – DOMINGUES, Rodrigo Rabeca

CDU 336

NOTA PRÉVIA DOS AUTORES

Os últimos anos foram marcados por uma mudança de paradigma na fiscalidade, sobretudo em matéria de transparência fiscal.

O reconhecimento da troca automática de informações, em especial as de natureza financeira, enquanto meio de combate à fraude e evasão fiscais, desencadeou a negociação de um conjunto de instrumentos internacionais, de natureza bilateral e multilateral, que foram rapidamente absorvidos pelas legislações nacionais das jurisdições aderentes.

Em matéria de troca automática de informações sobre contas financeiras merecem especial destaque o *Foreign Account Tax Compliance Act* dos EUA e a norma mundial única desenvolvida pela OCDE, comummente designada como *Common Reporting Standard*, a qual foi integralmente acolhida pela União Europeia, mediante a aprovação da Diretiva 2014/107/UE, de 9 de dezembro de 2014, que altera a Diretiva 2011/16/UE, de 15 de fevereiro de 2011, no que respeita à troca automática de informações obrigatória no domínio da fiscalidade.

Face aos compromissos assumidos a nível internacional para a implementação da troca automática de informações sobre contas financeiras, por um lado, e à necessidade de transposição da Diretiva 2014/107/UE, do Conselho, de 9 de dezembro de 2014, por outro, Portugal adotou um conjunto de diplomas que vieram consagrar a disciplina jurídica da troca automática de informações sobre contas financeiras.

Considerando a diversidade de instrumentos internacionais que regulam esta matéria (e aos quais Portugal se encontra vinculado), bem como a legislação extensa, dispersa e complexa atualmente em vigor, esta obra pretende sistematizar e compilar, num só livro, toda a legislação em vigor relativa à troca automática de informações sobre contas financeiras.

DANIELA PESSOA TAVARES
RODRIGO RABECA DOMINGUES

SOBRE OS AUTORES

Daniela Pessoa Tavares

É licenciada pela Faculdade de Direito da Universidade de Lisboa (FDUL) e mestranda em Direito Fiscal na FDUL. Integra o departamento de *Tax – Financial Services* da PwC desde 2014.

É coordenadora na revista online *ULisbon Tax Master›s Review* e publica periodicamente em revistas da especialidade.

Rodrigo Rabeca Domingues

É licenciado em Organização e Gestão de Empresas pelo ISCTE e desempenha atualmente a função de Diretor no departamento de *Tax – Financial Services* da PwC. É árbitro do CAAD (Centro de Arbitragem Administrativa) e docente na Universidade Autónoma de Lisboa – Pós-graduação em Direito Fiscal Empresarial. É formador de diversos cursos na área da fiscalidade na *PwC's Academy*, na OROC, APOTEC e OCC, e coordenador da edição anual da "Coletânea Tributária Anotada" da PwC/Texto Editores.

Autor de diversos artigos publicados em revistas ou em publicações periódicas da área da fiscalidade.

ESTRUTURA E ORGANIZAÇÃO DO LIVRO

A compilação neste livro dos principais diplomas em matéria de troca automática de informações sobre contas financeiras visa responder aos desafios impostos pela consagração, no ordenamento jurídico nacional, de regras e procedimentos relativos à troca automática de informações sobre esta matéria.

Face ao conjunto disperso de diplomas atualmente em vigor e, bem assim, à existência de diferentes instrumentos internacionais que regulam a troca automática de informações sobre contas financeiras, este livro contém, na Parte I – Introdução à troca automática de informações sobre contas financeiras, uma breve introdução a esta temática, em especial ao *Foreign Account Tax Compliance Act* (FATCA) e ao *Common Reporting Standand* (CRS). Este enquadramento genérico pretende oferecer ao leitor um guia prático para a compreensão dos principais instrumentos internacionais que constituem a matriz das regras introduzidas na legislação portuguesa, bem como o quadro jurídico atual que regula o FATCA e o CRS.

Na Parte II – Regimes jurídicos do FATCA e do CRS, pretende-se compilar a legislação nacional relevante para a implementação do FATCA e do CRS, incluindo:

- Uma secção geral, na qual se apresentam as disposições da Constituição da República Portuguesa (CRP) e da Lei Geral Tributária (LGT) que, na opinião dos Autores, revestem maior relevância em matéria de troca automática de informações sobre contas financeiras;
- Uma secção relativa ao regime jurídico do FATCA, na qual se apresentam os dois diplomas que regulam a troca automática de informações sobre contas financeiras no âmbito do FATCA:

i. O Regime de Comunicação de Informações Financeiras (RCIF), aprovado pelo artigo 239º da Lei nº 82-B/2014, de 31 de dezembro; e
ii. A Regulamentação Complementar do FATCA, aprovada pelo Anexo I ao Decreto-Lei nº 64/2016, de 11 de outubro.

- Uma secção relativa ao regime jurídico do CRS (Norma Comum de Comunicação), integrado no Decreto-Lei nº 61/2013, de 10 de maio, em que são apresentados:
  i. O Decreto-Lei nº 64/2016, de 11 de outubro, na parte em que altera o Decreto-Lei nº 61/2013, de 10 de maio;
  ii. O Decreto-Lei nº 61/2013, de 10 de maio, em versão consolidada; e
  iii. O Anexo ao Decreto-Lei nº 61/2013, de 10 de maio, que estabelece as regras de comunicação e diligência devida a aplicar pelas instituições financeiras, em conformidade com a Norma Comum de Comunicação.

O livro inclui, ainda, uma Parte III – Legislação complementar, onde se encontra compilada a legislação complementar aos regimes jurídicos do FATCA e do CRS, a saber:

i. A Lei da Proteção de Dados Pessoais, aprovada pela Lei nº 67/98, de 26 de outubro;
ii. A Portaria nº 302-A/2016, de 2 de dezembro, que regula a estrutura e conteúdo do ficheiro de comunicação FATCA;
iii. A Portaria nº 302-C/2016, de 2 de dezembro, que regula a estrutura e conteúdo do ficheiro de comunicação CRS;
iv. A Portaria nº 302-B/2016, de 2 de dezembro, que aprova as listas de instituições financeiras não reportantes e de contas financeiras excluídas no âmbito do CRS;
v. A Portaria nº 302-D/2016, de 2 de dezembro, que estabelece a lista das jurisdições participantes no âmbito do CRS; e
vi. A Portaria nº 302-E/2016, de 2 de dezembro, que aprova a declaração modelo 53, no âmbito do CRS.

Por fim, e de forma a permitir uma maior compreensão dos instrumentos que consagram a troca automática de informações sobre contas financeiras como novo modelo internacionalmente aceite, os Autores selecionaram um conjunto de instrumentos internacionais com relevância para Portugal, os quais integram a Parte IV – Anexos:

i. O Acordo entre a República Portuguesa e os Estados Unidos da América para Reforçar o Cumprimento Fiscal e Implementar o FATCA;
ii. A Diretiva 2011/16/UE, de 15 de fevereiro de 2011 (versão consolidada), que integra a Norma Comum de Comunicação; e
iii. A Convenção sobre Assistência Mútua Administrativa em Matéria Fiscal.

Parte I

Introdução à troca automática de informações sobre contas financeiras

Parte I
Introdução à troca automática de informações sobre contas financeiras

1. O Foreign Account Tax Compliance Act (FATCA)

1.1 Enquadramento

Os EUA têm vindo a travar um forte combate aos paraísos fiscais e à fraude e evasão fiscais. Para o efeito adotaram, nos últimos anos, diversos mecanismos de cooperação internacional para a troca de informações, dos quais se destaca o FATCA.

O FATCA foi aprovado pelo Congresso Norte-Americano, em 18 de março de 2010, como parte integrante do *Hiring Incentives to Restore Employment Act*, sendo inserido no capitulo 4 do *Internal Revenue Code* dos EUA.

De acordo com o FATCA, as instituições financeiras estrangeiras devem identificar as contas financeiras por si mantidas, relativas a determinados contribuintes dos EUA (pessoas dos EUA: cidadãos e residentes), e comunicar (diretamente ou através das respetivas Autoridades Fiscais) à Autoridade Fiscal dos EUA (o *Internal Revenue Service* – IRS) certas informações sobre contas financeiras relativas a pessoas dos EUA, bem como informações sobre contas detidas por determinadas entidades estrangeiras, nas quais os contribuintes dos EUA detenham uma participação substancial.

Encontram-se abrangidas pela obrigação de comunicação as informações sobre contas financeiras relativas ao ano de 2014 e seguintes.

A não adesão ao FATCA pelas instituições financeiras estrangeiras implica, desde 1 de julho de 2014, uma penalização por retenção na fonte de

30% sobre os pagamentos efetuados com origem nos EUA. Ficam excluídas da penalização por retenção na fonte as instituições financeiras estrangeiras que procedam ao registo junto do IRS e procedam à troca de informações sobre contas financeiras com aquele país (essencialmente, instituições financeiras estabelecidas numa jurisdição parceira, isto é, jurisdições onde se encontre em vigor um acordo celebrado com os EUA para implementar o FATCA).

Uma vez que o FATCA é parte integrante da legislação Norte Americana (e não das jurisdições parceiras), os EUA adotaram uma abordagem bilateral para a sua implementação, através da negociação de acordos FATCA com as jurisdições aderentes (designados *Intergovernmental Agreements – IGA*), os quais estabelecem as obrigações de diligência a adotar pelas instituições financeiras estrangeiras, bem como a obrigação de troca automática das informações sobre contas financeiras ao IRS.

Os EUA negoceiam dois tipos de acordos FATCA, os acordos modelo 1 e os acordos modelo 2. Nos acordos modelo 1, as instituições financeiras comunicam as informações sobre contas financeiras às suas respetivas Autoridades Fiscais, as quais, por sua vez, as reportam ao IRS. Uma vez que as instituições financeiras são obrigadas a adotar os procedimentos de análise e identificação de contas incluídos no anexo ao acordo modelo 1, esta modalidade de acordo implica a alteração das legislações nacionais. Além disso, nos acordos modelo 1, as jurisdições parceiras podem adotar regras de proteção de dados pessoais e confidencialidade da informação, bem como (consoante o acordo seja negociado com ou sem reciprocidade) garantir o mesmo nível de assistência que é dada aos EUA (isto é, que sejam enviadas também pelos EUA, às jurisdições parceiras, informações sobre contas financeiras relativas aos seus residentes). Diferentemente, nas jurisdições parceiras com acordos modelo 2, as instituições financeiras comunicam diretamente ao IRS informações sobre determinadas contas financeiras por si mantidas. Uma vez que a troca automática é efetuada pelas instituições financeiras, e não pelas Autoridades Fiscais das jurisdições parceiras, o acordo modelo 2 é sempre negociado sem reciprocidade.

O FATCA teve um grande impacto mundial, não só pela enorme adesão internacional – atualmente mais de 100 jurisdições[1] aderiram ao FATCA ou

[1] De acordo com a informação publicada no *site* do Tesouro Norte-Americano (https://www.treasury.gov/resource-center/tax-policy/treaties/Pages/FATCA.aspx), a lista de jurisdições parceiras é a seguinte: África do sul, Alemanha, Angola, Anguila, Antígua e Barbuda, Arábia

negociaram acordos FATCA com os EUA –, mas também pelo impulso que trouxe à troca automática de informações sobre contas financeiras. É na sequência da negociação bilateral dos acordos FATCA que é desenvolvido, a nível mundial, um modelo multilateral para a troca automática de informações sobre contas financeiras.

1.2 O FATCA em Portugal: quadro legislativo em vigor

a. Regime de Comunicação de Informações Financeiras (RCIF)

O FATCA foi introduzido na ordem jurídica portuguesa através do Regime de Comunicação de Informações Financeiras (RCIF), aprovado pelo artigo 239º da Lei nº 82-B/2014, de 31 de dezembro (Orçamento do Estado para o ano de 2015), em vigor desde 1 de janeiro de 2015. Este foi o primeiro instrumento a introduzir as obrigações FATCA na legislação Portuguesa, incluindo, designadamente:

- As entidades abrangidas (artigo 2º do RCIF);
- As entidades excluídas (artigo 3º do RCIF);
- As contas financeiras abrangidas (artigo 4º do RCIF);
- As contas financeiras excluídas (artigo 5º do RCIF);
- As obrigações de identificação (artigo 6º do RCIF);
- As informações abrangidas pela obrigação de comunicação (artigo 7º do RCIF);
- As regras de conversão de moeda (artigo 8º do RCIF);

Saudita, Argélia, Arménia, Austrália, Áustria, Azerbaijão, Bahamas, Barbados, Bahrain, Bélgica, Bermudas, Bielorrússia, Brasil, Bulgária, Cabo Verde, Camboja, Canadá, Catar, Cazaquistão, Chile, China, Chipre, Colômbia, Coreia do Sul, Costa Rica, Croácia, Curaçau, Dinamarca, Domínica, Emirados Árabes Unidos, Eslovénia, Espanha, Estónia, Filipinas, Finlândia, França, Geórgia, Gibraltar, Grécia, Grenada, Gronelândia, Guernsey, Guiana, Haiti, Holanda, Honduras, Hong Kong, Hungria, Ilhas Caimão, Ilha de Man, Ilhas Turcos e, Caicos, Ilhas Virgens Britânicas, Índia, Indonésia, Iraque, Irlanda, Islândia, Israel, Itália, Jamaica, Japão, Jersey, Kosovo, Kuwait, Letónia, Liechtenstein, Lituânia, Luxemburgo, Macau, Malásia, Malta, Maurícias, México, Moldávia, Montenegro, Montserrat, Nicarágua, Noruega, Nova Zelândia, Panamá, Paraguai, Peru, Polónia, Portugal, Reino Unido, República, Checa, República Dominicana, República Eslovaca, Roménia, Santa Lúcia, Santa Sé, São Cristóvão e Nevis, San Marino, São Vicente e Granadinas, Seicheles, Sérvia, Singapura, Suécia, Suíça, Tailândia, Taiwan, Trindade e Tobago, Tunísia, Turquemenistão, Turquia, Ucrânia, Usbequistão e Vietname. Esta lista inclui jurisdições que já têm um acordo FATCA em vigor, jurisdições com um acordo FATCA já assinado mas que ainda não entrou em vigor e jurisdições tratadas como tendo um acordo FATCA em substância.

- As obrigações de comunicação à Autoridade Tributária e Aduaneira – AT (artigo 9º do RCIF);
- Os períodos relevantes para a obtenção e transmissão das informações (artigo 10º do RCIF);
- Regras relativas ao incumprimento e coimas a aplicar (artigo 12º do RCIF);
- Outras disposições relativas a medidas antiabuso, derrogação do dever de sigilo e proteção de dados pessoais (artigos 13º, 14º e 15º do RCIF).

A aprovação do RCIF precedeu a assinatura e a aprovação do acordo FATCA entre Portugal e os EUA. Os dois países negociaram um acordo modelo 1 com reciprocidade em 6 de agosto de 2015. O referido acordo foi aprovado pela Resolução da Assembleia da República nº 183/2016, de 5 de agosto, e ratificado pelo Decreto do Presidente da República nº 53/2016, de 17 de junho, tendo entrado em vigor em 10 de agosto de 2016 (conforme o Aviso nº 101/2016, de 12 de setembro).

Apesar da assinatura formal do acordo FATCA entre Portugal e os EUA ter acorrido em 6 de agosto de 2015, Portugal é tratado pelos EUA, desde 30 junho de 2014, como jurisdição parceira com um acordo FATCA em vigor (acordo *in substance*), razão pela qual os pagamentos efetuados com origem nos EUA às instituições financeiras portuguesas não foram, desde essa data, sujeitos à penalização por retenção na fonte de 30%.

b. Regulamentação Complementar do FATCA

A disciplina jurídica do FATCA encontra-se ainda consagrada na Regulamentação Complementar do FATCA, a qual foi aprovada pelo Decreto-Lei nº 64/2016, de 11 de outubro (Anexo I ao Decreto-Lei nº 64/2016, de 11 de outubro), tendo entrado em vigor no dia 12 de outubro de 2016, com efeitos a 1 de janeiro de 2016.

A Regulamentação complementar do FATCA veio estabelecer as regras, procedimentos e prazos complementares ao RCIF, necessários à implementação do FATCA, dos quais destacamos:

- As definições adicionais (artigo 2º da Regulamentação Complementar do FATCA);
- O conceito de instituição financeira reportante e não reportante (artigo 3º da Regulamentação Complementar do FATCA);
- O detalhe das instituições financeiras não reportantes: beneficiários efetivos isentos que não sejam fundos de pensões (artigo 4º da Regu-

lamentação Complementar do FATCA), fundos de pensões e entidades de investimento considerados beneficiários efetivos isentos (artigo 5º da Regulamentação Complementar do FATCA), instituições financeiras de âmbito limitado consideradas cumpridoras (artigo 6º da Regulamentação Complementar do FATCA), entidades de investimento qualificadas como instituições financeiras consideradas cumpridoras (artigo 7º da Regulamentação Complementar do FATCA);

- As contas financeiras abrangidas e excluídas (artigo 8º da Regulamentação Complementar do FATCA);
- O conceito de titular da conta financeira (artigo 9º da Regulamentação Complementar do FATCA);
- A obrigação de identificação das contas financeiras sujeitas a comunicação (artigo 10º da Regulamentação Complementar do FATCA);
- As regras e procedimentos de diligência devida aplicáveis a contas financeiras preexistentes cujos titulares sejam pessoas singulares (artigo 11º da Regulamentação Complementar do FATCA);
- As regras e procedimentos de diligência devida aplicáveis a contas financeiras novas cujos titulares sejam pessoas singulares (artigo 12º da Regulamentação Complementar do FATCA);
- As regras e procedimentos de diligência devida aplicáveis a contas financeiras preexistentes cujos titulares sejam entidades (artigo 13º da Regulamentação Complementar do FATCA);
- As regras e procedimentos de diligência devida aplicáveis a contas financeiras novas cujos titulares sejam entidades (artigo 14º da Regulamentação Complementar do FATCA);
- O conceito de entidade estrangeira não financeira (artigo 15º da Regulamentação Complementar do FATCA);
- As regras adicionais relativas à aplicação dos procedimentos de diligência devida (artigo 16º da Regulamentação Complementar do FATCA);
- Outras obrigações das instituições financeiras reportantes (artigo 17º da Regulamentação Complementar do FATCA);
- Outras regras aplicáveis e procedimentos alternativos (artigos 18º, 19º e 20º da Regulamentação Complementar do FATCA).

Face ao enquadramento legal exposto, para o cumprimento do FATCA, as instituições financeiras portuguesas, bem como outras pessoas ou entidades abrangidas pelas obrigações do FATCA, devem observar as disposições incluídas quer no RCIF, quer na Regulamentação Complementar do FATCA.

c. Outros diplomas relevantes

De acordo com o artigo 2º, nº 3, da Regulamentação Complementar do FATCA, as instituições financeiras podem utilizar, para efeitos do RCIF e da Regulamentação Complementar do FATCA, as definições contidas nas *Treasury Regulations* dos EUA, desde que essa aplicação não frustre as finalidades do RCIF e da legislação do FATCA.

Para a implementação do FATCA é ainda relevante a Portaria nº 302-A//2016, de 2 de dezembro (retificada pela Declaração de Retificação nº 24/2016 e alterada pela Portaria nº 169/2017, de 25 de maio), que regula a estrutura e conteúdo do ficheiro de comunicação FATCA à AT, em formato XML, conforme previsto nas alíneas b) e c) do artigo 17º da Regulamentação Complementar do FATCA.

2. A Norma Comum de Comunicação (*Common Reporting Standard*)

2.1 Enquadramento

Na sequência da negociação internacional de acordos bilaterais FATCA entre os EUA e diversas jurisdições, incluindo todos os Estados-Membros da União Europeia e todos dos países membros da Organização de Cooperação e de Desenvolvimento Económicos (OCDE), a OCDE foi mandatada pelo G20 para desenvolver, a partir desses acordos, uma norma mundial única para a troca automática de informações fiscais – o *Common Reporting Standard* (CRS).

Tal como o FATCA, o CRS pretende combater a fraude e a evasão fiscais transfronteiras, através da promoção ativa da troca automática de informações sobre contas financeiras entre jurisdições participantes, numa base anual. Paralelamente, muitas das jurisdições que negociaram acordos FATCA com os EUA demonstraram intenção de trocar automaticamente informações financeiras com outras jurisdições, obtendo, dessa forma, informações relativas a contas financeiras da titularidade dos seus residentes.

Em julho de 2014, após a aprovação pelos Ministros das Finanças do G20 e pelos Governadores dos Bancos Centrais, foi publicada, pelo Conselho da OCDE, a Norma Comum de Comunicação, a qual inclui um Modelo de Acordo entre Autoridades Competentes, uma Norma Comum de Comunicação, e um conjunto de comentários sobre o Modelo de Acordo e sobre a Norma Comum de Comunicação. Esta Norma foi aprovada, na íntegra, pelos Ministros das Finanças do G20 e pelos Governadores dos Bancos Centrais em setembro de 2014.

De acordo com a Norma Comum de Comunicação, as instituições financeiras residentes em jurisdições participantes no CRS comunicam, às respetivas Autoridades Fiscais, determinadas informações sobre contas financeiras, relativas a pessoas residentes em outras jurisdições participantes no CRS. No âmbito do CRS, diferentemente do FATCA, a troca automática informações é efetuada sempre entre Autoridades Fiscais competentes.

Para permitir uma maior eficiência e minimização de custos, o CRS adota uma abordagem multilateral, através da qual as jurisdições interessadas assinam um Acordo Multilateral entre Autoridades Competentes para a Troca Automática de Informações sobre Contas Financeiras (conhecido como *OECD's Multilateral Competent Authority Agreement for the Common Reporting Standard* – CRS MCAA), o qual contém as regras e procedimentos comuns a adotar pelas instituições financeiras em matéria de diligência devida, bem como as medidas de confidencialidade e proteção de dados pessoais em conformidade com os mais elevados padrões internacionais. Atualmente, mais de 100 jurisdições (incluindo Portugal) comprometeram-se a trocar informações de acordo com a Norma Comum de Comunicação.

A base jurídica para a troca automática de informações sobre contas financeiras em conformidade com a Norma Comum de Comunicação pode ser diferente, consoante as relações bilaterais ou multilaterais entre as jurisdições signatárias do Acordo Multilateral das Autoridades Competentes para a Troca Automática de Informações sobre Contas Financeiras. Essa base legal pode consistir:

i. No artigo 6º da Convenção relativa à Assistência Mútua em Matéria Fiscal, adotada em Estrasburgo, em 25 de janeiro de 1988, conforme revista pelo Protocolo de Revisão à Convenção, adotado em paris, em 27 de maio de 2010;
ii. Nas Convenções para evitar a dupla tributação, baseadas na Convenção Modelo de OCDE (em especial no artigo 26º relativo à troca de informações);
iii. Outros instrumentos bilaterais ou multilaterais negociados entre duas jurisdições participantes no CRS, que prevejam a troca automática de informações.

Encontram-se abrangidas pela obrigação de comunicação do CRS as informações sobre contas financeiras relativas ao ano de 2016 ou 2017 (consoante a data em que as jurisdições participantes se comprometeram a efetuar a primeira troca de informações com base na Norma Comum de Comunicação) [2] e anos seguintes.

A Norma Comum de Comunicação foi integralmente introduzida nos instrumentos de cooperação administrativa existentes ao nível da União Europeia, mediante a aprovação da Diretiva 2014/107/UE, de 9 de dezembro de 2014 (conhecida por *Directive on Administrative Cooperation 2 – DAC 2)*, que altera a Diretiva 2011/16/UE, de 15 de fevereiro, no que respeita à troca automática de informações obrigatória no domínio da fiscalidade, sendo este o instrumento que constitui a base jurídica para a troca automática de informações sobre contas financeiras entre os Estados-Membros da União Europeia.

De acordo com a DAC2, os Estados-Membros e as instituições financeiras neles residentes passam a aplicar regras em matéria de comunicação e diligência devida totalmente compatíveis com as estabelecidas na Norma Comum de Comunicação desenvolvida pela OCDE. Os Estados-Membros devem ainda comunicar essas informações aos Estados-Membros de residência dos titulares das contas financeiras sujeitas a comunicação.

Na interpretação e aplicação da DAC2, os Estados-Membros devem utilizar os Comentários sobre o Modelo de Acordo entre Autoridades Competentes e a Norma Comum de Comunicação desenvolvidos pela OCDE, a fim de garantir uma aplicação uniforme da diretiva nos diversos Estados-Membros. A DAC2 encontra-se transposta na legislação interna de todos os Estados-Membros.

2.2 Norma Comum de Comunicação em Portugal: quadro legislativo em vigor

a. Decreto-Lei nº 61/2013, de 10 de maio, com as alterações efetuadas pelo Decreto-Lei nº 64/2016, de 11 de outubro

A Norma Comum de Comunicação foi introduzida no ordenamento jurídico português pelo Decreto-Lei nº 64/2016, de 11 de outubro, que altera

[2] O ano a partir do qual as jurisdições participantes se comprometeram a trocar informações no âmbito do CRS, assim como outras informações relevantes relacionadas com a implementação do CRS pelas jurisdições participantes pode ser consultada no seguinte site: http://www.oecd.org/tax/automatic-exchange/crs-implementation-and-assistance/crs-by-jurisdiction/#d.en.345489.

o Decreto-Lei nº 61/2013, de 10 de maio (que procedeu à transposição da Diretiva nº 2011/16/UE, de 15 de fevereiro de 2011, relativa à cooperação administrativa no domínio da fiscalidade e que revoga a Diretiva nº 77/799//CEE, de 19 de dezembro de 1977). O Decreto-Lei nº 64/2016, de 11 de outubro, entrou em vigor no dia 12 de outubro de 2016, com efeitos a 1 de janeiro de 2016.

Através deste ato normativo único (o Decreto-Lei nº 64/2016, de 11 de outubro) Portugal:

i. Transpôs para a ordem jurídica interna a Diretiva 2014/107/UE, de 9 de dezembro de 2014, que altera a Diretiva 2011/16/UE, de 15 de fevereiro, no que respeita à troca automática de informações obrigatória no domínio da fiscalidade. Para o efeito, o Decreto-Lei nº 64/2016, de 11 de outubro, procede à revisão do Decreto-Lei nº 61/2013, de 10 de maio, adita um conjunto significativo de disposições legais e um novo anexo ao Decreto-Lei nº 61/2013, de 10 de maio, e procede à respetiva republicação;
ii. Introduziu um mecanismo de troca automática e recíproca de informações financeiras da competência da Autoridade Tributária, no que diz respeito a residentes noutros Estados-Membros da União Europeia ou em outras jurisdições participantes, em observância da Norma Comum de Comunicação desenvolvida pela OCDE;
iii. Introduziu ajustamentos no âmbito do Regime Complementar do Procedimento de Inspeção Tributária e Aduaneira, aprovado pelo Decreto-Lei nº 413/98, de 31 de dezembro;
iv. Define o quadro sancionatório aplicável em caso de incumprimento das obrigações de comunicação ou omissões e inexatidões praticadas pelas instituições financeiras, mediante a introdução de alterações ao Regime Geral das Infrações Tributárias, aprovado pela Lei nº 15/2001, de 5 de junho[3].

As regras introduzidas pelo Decreto-Lei nº 64/2016, de 11 de outubro, visam promover o alargamento no acesso e troca automática de informações sobre dados de contas financeiras, estabelecer um mecanismo geral

[3] Conforme referido, o Anexo I ao Decreto-Lei nº 64/2016, de 11 de outubro aprovou igualmente a Regulamentação Complementar do FATCA prevista no artigo 16º do RCIF, aprovado pelo artigo 239º da Lei nº 82-B/2014, de 31 de dezembro.

de acesso e troca automática de informações financeiras no domínio da fiscalidade, bem como garantir uma cooperação administrativa mútua mais ampla, quer com outros Estados-Membros da União Europeia, quer com outras jurisdições participantes com as quais Portugal deva efetuar troca automática de informação de contas financeiras no âmbito do Acordo Multilateral entre Autoridades Competentes para a Troca Automática de Informações sobre Contas Financeiras.

Identificamos abaixo as principais matérias sobre as quais versam as normas alteradas e aditadas pelo Decreto-Lei nº 64/2016, de 11 de outubro ao Decreto-Lei nº 61/2013, de 10 de maio:

- Os elementos de contas financeiras sujeitos a comunicação (artigo 6º, nºs 3, 4 e 5 do Decreto-Lei nº 61/2013, de 10 de maio, com as alterações do Decreto-Lei nº 64/2016, de 11 de outubro);
- As regras relativas à proteção de dados (artigo 16º do Decreto-Lei nº 61/2013, de 10 de maio, com as alterações do Decreto-Lei nº 64/2016, de 11 de outubro);
- O conceito de instituição financeira reportante (artigo 4º-A, aditado ao Decreto-Lei nº 61/2013, de 10 de maio, pelo Decreto-Lei nº 64/2016, de 11 de outubro);
- O conceito de instituição financeira não reportante (artigo 4º-B, aditado ao Decreto-Lei nº 61/2013, de 10 de maio, pelo Decreto-Lei nº 64/2016, de 11 de outubro);
- O conceito de conta financeira (artigo 4º-C, aditado ao Decreto-Lei nº 61/2013, de 10 de maio, pelo Decreto-Lei nº 64/2016, de 11 de outubro);
- Tipos de contas financeiras (artigo 4º-D, aditado ao Decreto-Lei nº 61/2013, de 10 de maio, pelo Decreto-Lei nº 64/2016, de 11 de outubro);
- Contas financeiras excluídas (artigo 4º-E, aditado ao Decreto-Lei nº 61/2013, de 10 de maio, pelo Decreto-Lei nº 64/2016, de 11 de outubro);
- A definição de conta sujeita a comunicação (artigo 4º-G, aditado ao Decreto-Lei nº 61/2013, de 10 de maio, pelo Decreto-Lei nº 64/2016, de 11 de outubro);
- Outras definições relevantes (artigo 4º-H, aditado ao Decreto-Lei nº 61/2013, de 10 de maio, pelo Decreto-Lei nº 64/2016, de 11 de outubro);

- As regras de conversão da moeda (artigo 4º-I, aditado ao Decreto-Lei nº 61/2013, de 10 de maio, pelo Decreto-Lei nº 64/2016, de 11 de outubro);
- A obrigação de registo de instituições reportantes (artigo 7º-B, aditado ao Decreto-Lei nº 61/2013, de 10 de maio, pelo Decreto-Lei nº 64/2016, de 11 de outubro);
- Outras regras relativas a medidas antiabuso, segurança e confidencialidade da informação (artigo 16º-A aditado ao Decreto-Lei nº 61/2013, de 10 de maio, pelo Decreto-Lei nº 64/2016, de 11 de outubro).

O novo Anexo ao Decreto-Lei nº 61/2013, de 10 de maio, contém as regras de comunicação e diligência devida a aplicar pelas instituições financeiras, a saber:

- Os requisitos gerais de comunicação (artigo 1º do Anexo ao Decreto--Lei nº 61/2013, de 10 de maio);
- O conceito de saldo ou valor da conta conjunta (artigo 2º do Anexo ao Decreto-Lei nº 61/2013, de 10 de maio);
- Os requisitos gerais em matéria de diligência devida (artigo 3º do Anexo ao Decreto-Lei nº 61/2013, de 10 de maio);
- Os procedimentos de diligência devida para contas preexistentes de pessoas singulares (artigos nºs 4º a 9º do Anexo ao Decreto-Lei nº 61/2013, de 10 de maio) e contas novas de pessoas singulares (artigos nºs 10º a 12º do Anexo ao Decreto-Lei nº 61/2013, de 10 de maio);
- Os procedimentos de diligência devida para contas preexistentes de entidades (artigos nºs 13º a 19º do Anexo ao Decreto-Lei nº 61/2013, de 10 de maio) e contas novas de entidades (artigos nºs 20º e 21º do Anexo ao Decreto-Lei nº 61/2013, de 10 de maio);
- Regras especiais de diligência devida, tais como procedimentos alternativos, agregação de contas de pessoas singulares e entidades e outras (artigos nºs 22º a 28º do Anexo ao Decreto-Lei nº 61/2013, de 10 de maio);
- Regras complementares de comunicação e diligência devida, tais como as regras de alteração de circunstâncias, autocertificação para contas novas de entidades, regras determinação da residência de uma instituição financeira, regras de manutenção de conta, e outras regras complementares relevantes (artigos nºs 29º a 35ºdo Anexo ao Decreto-Lei nº 61/2013, de 10 de maio).

É importante salientar que as regras acima apenas devem ser observadas para efeitos da aplicação da Norma Comum de Comunicação (e não do FATCA, ao qual se aplica o RCIF e a Regulamentação Complementar do FATCA).

Para efeitos da aplicação das regras e procedimentos de cooperação administrativa introduzidos pelo Decreto-Lei nº 64/2016, de 11 de outubro, no âmbito da troca automática obrigatória de informações com jurisdições não integrantes da União Europeia, a expressão "Estado-Membro" deve entender-se, salvo disposição em contrário, como substituída por "jurisdição participante" que tenha adotado a Norma Comum de Comunicação.

b. Outros diplomas

Na sequência da publicação do Decreto-Lei nº 61/2013, de 10 de maio, foi aprovado um conjunto de Portarias necessárias à implementação do CRS em Portugal:

i. A Portaria nº 302-B/2016, de 2 de dezembro, que aprova as listas de instituições financeiras não reportantes e de contas financeiras excluídas a que se refere o artigo 4º-F do Decreto-Lei nº 61/2013, de 10 de maio;

ii. A Portaria nº 302-C/2016, de 2 de dezembro (e respetiva retificação operada pela Declaração de Retificação nº 23/2016), que regula a estrutura e conteúdo do ficheiro XML a utilizar para efeitos do cumprimento das obrigações de comunicação previstas na alínea a) do nº 3 do artigo 20º do Decreto-Lei nº 61/2013, de 10 de maio;

iii. Portaria nº 302-D/2016, de 2 de dezembro, que estabelece a lista de jurisdições participantes, prevista no nº 6 do artigo 2º do Decreto-Lei nº 64/2016, de 11 de outubro. Para efeitos da aplicação do CRS, consideram-se jurisdições participantes os Estados-Membros da União Europeia e os territórios aos quais seja aplicável o Tratado sobre o Funcionamento da União Europeia, bem como outras jurisdições que implementem a Norma Comum de Comunicação ao abrigo de instrumento jurídico da União Europeia.

   De acordo com nºs 4 e 5 do artigo 2º do Decreto-Lei nº 64/2016, de 11 de outubro de 2016, para a realização da troca automática de informações deve estar garantido que as jurisdições destinatárias deste tipo de troca de informação asseguram uma proteção adequada de dados pessoais. Desta forma, as instituições financeiras Portuguesas encontram-se vinculadas à lista de jurisdições participantes da Portaria nº 302-D/2016, de 2 de dezembro, efetuando-se a primeira comunicação entre Portugal e estas jurisdições a partir da data em que estas se comprometeram, no âmbito do Acordo Multilateral entre Autoridades Competentes para a Troca Automática de Informações sobre Contas Financeiras, a trocar automaticamente informações sobre contas financeiras. No caso de Estados-Membros da União Europeia e os territórios aos quais seja aplicável o Tratado sobre o Funcionamento da União Europeia, a partir da data prevista nos instrumentos da União Europeia.[4]

v. Portaria nº 302-E/2016, de 2 de dezembro, que aprova a declaração de registo de instituições financeiras reportantes – modelo 53.

Na determinação do sentido e alcance das alterações introduzidas pelo Decreto-Lei nº 64/2016, de 11 de outubro ao Decreto-Lei nº 61/2013, de 10 de maio, deve atender-se aos Comentários sobre o Modelo de Acordo entre Autoridades Competentes e a Norma Comum de Comunicação, bem como ao Manual de Implementação desenvolvidos pela OCDE, enquanto fonte auxiliar de interpretação (artigo 11º do Decreto-Lei nº 64/2016, de 11 de outubro).

[4] Lista de jurisdições participantes, estabelecidas na Portaria nº 302-D/2016, de 2 de dezembro, com as quais Portugal efetua a primeira comunicação em 2017: Anguila, Argentina, Bélgica, Ilhas Bermudas, Ilhas Virgens Britânicas, Bulgária, Ilhas Caimão, Colômbia, Croácia, Chipre, República Checa, Dinamarca, Estónia, Ilhas Faroé, Finlândia, França, Alemanha, Gibraltar, Grécia, Gronelândia, Guernsey, Hungria, Islândia, Índia, Irlanda, Ilha de Man, Itália, Jersey, Coreia, Letónia, Liechtenstein, Lituânia, Luxemburgo Malta, México, Montserrat, Holanda, Noruega, Polónia, Roménia, São Marino Seicheles, República Eslovaca, Eslovénia, África do Sul, Espanha, Suécia, Ilhas Turcos e, Caicos, Reino Unido (49 jurisdições participantes).

Lista de jurisdições participantes, estabelecidas na Portaria nº 302-D/2016, de 2 de dezembro, com as quais Portugal efetua a primeira comunicação em 2018: Andorra, Antígua e Barbuda, Arábia Saudita, Aruba, Austrália, Áustria, Barbados, Belize, Brasil, Canadá, Chile, China, Costa Rica, Ilhas Cook, Curaçau, Gana, Grenada, Indonésia, Israel, Japão, Koweit, Malásia, Ilhas Marshall, Maurícias, Mónaco, Nauru, Nova Zelândia, Niue, Federação da, Rússia, São Cristóvão e Nevis, Santa Lúcia, São Vicente e Granadinas, Samoa, Sint Maarten, Suiça e Uruguai (36 jurisdições participantes).

3. Tabelas práticas sobre o FATCA e o CRS

Com o propósito de sistematizar os principais aspetos dos regimes do FATCA e do CRS em Portugal, apresentam-se duas tabelas práticas.

3.1 FATCA

Acordo FATCA datas relevantes	Data	Base legal
Assinatura	06-08-2015	Decreto do PR n.º 53/2016, de 5 de agosto
Resolução da Assembleia da República	17-06-2016, publicado em DR em 5-08-2016	Resolução da AR n.º 183/2016, de 5 de agosto
Ratificação pelo Presidente da República	25-07-2016, publicado em DR em 5-08-2016	Decreto do PR n.º 53/2016, de 5 de agosto
Data da entrada em vigor	10-08-2016	Aviso n.º 101/2016, de 12 de setembro

RCIF datas relevantes	Data	Base legal
Data de publicação	31-12-2015	Artigo 239.º da Lei n.º 82-B/2014, de 31 de dezembro
Data de entrada em vigor	01-01-2016	Artigo 239.º da Lei n.º 82-B/2014, de 31 de dezembro
Data de produção de efeitos	01-01-2016	Artigo 239.º da Lei n.º 82-B/2014, de 31 de dezembro

Regulamentação Complementar do FATCA datas relevantes	Data	Base legal
Data de publicação	11-10-2016	Regulamentação Complementar do FATCA
Data de entrada em vigor	12-10-2016	Artigo 14.º, n.º1, do DL n.º 64/2016, de 11 de outubro
Data de produção de efeitos	01-01-2016	Artigo 14.º, n.º2, do DL n.º 64/2016, de 11 de outubro

Períodos de tributação abrangidos e datas de comunicação	Data	Base legal
1.º período de tributação abrangido	2014	Artigo 10.º, alínea a), do RCIF
1.º comunicação das instituições financeiras à AT	até 10-01-2017	Artigo 9.º do RCIF e Desp. do SEAF, de 28.12.2016
1.º comunicação da AT aos IRS	Imediato	Artigo 11.º, n.º1, do RCIF
2.º período de tributação abrangido	2015	Artigo 10.º, alínea b), do RCIF
2.º comunicação das instituições financeiras à AT	até 10-01-2017	Artigo 9.º do RCIF e Desp. do SEAF, de 28.12.2016
2.º comunicação pela AT aos IRS	Imediato	Artigo 11.º, n.º1, do RCIF
Restantes períodos de tributação abrangidos	2016 e anos seguintes	Artigo 10.º, alínea c), do RCIF
Restantes comunicações das instituições financeiras à AT	até 31 -07-2017 e anos seguintes	Artigo 9.º do RCIF
Restantes comunicações pela AT ao IRS	até 30-09-2017 e anos seguintes	Artigo 11.º, n.º1, do RCIF

Procedimentos de diligência datas de conclusão	Data	Base legal
Contas de pessoas singulares		
Preexistentes de menor valor (>50.000,00 USD & ≤1.000.000,00 USD)	30-06-2016	Artigo 11.º, n.º 3, da Reg. Complementar do FATCA
Preexistentes de elevado valor (>1.000.000,00 USD)	30-06-2015	Artigo 11.º, n.º 13, da Reg. Complementar do FATCA
Novas (>50.000,00 USD)	Imediato com abertura de conta (autocertificação) ou procedimentos alternativos	Artigo 12.º n.º 3 e 20.º da Reg. Complementar do FATCA
Contas de entidades		
Pré-existentes (>250.000,00 USD)	30-06-2016	Artigo 13.º n.º 5, da Reg. Complementar do FATCA
Novas	Imediato com abertura de conta (autocertificação) ou procedimentos alternativos	Artigo 14.º e 20.º da Reg. Complementar do FATCA

Conta financeira	Conceito	Base legal
Contas de pessoas singulares		
Conta preexistente	Mantida em 30-06-2014	Artigo 11.º, n.º1, da Reg. Complementar do FATCA
De menor valor	Cujo saldo ou valor agregado em 30-06-2014 seja >50.000,00 USD/250.000,00 USD e ≤1.000.000,00 USD	Artigo 11.º n.º 2, b) da Reg. Complementar do FATCA
De elevado valor	Cujo saldo ou valor agregado em 30-06-2014, em 31.12.2015 ou 31 de dezembro de qualquer anos subsequentes seja >1.000.000,00 USD	Artigo 11.º n.º 2, c) da Reg. Complementar do FATCA
Conta nova	Abertas ou subscritas em ou após 1 -07-2014 com saldo >50.000,00 USD	Artigo 12.º n.º 1, da Reg. Complementar do FATCA

Contas de entidades		
Conta preexistente	Mantida em 30-06-2014, cujo saldo ou valor, em 30-06-2014 seja >250 000,00 USD ou mantida em 30-06-2014, cujo saldo ou valor, em 30-06-2014 seja ≤250 000,00 USD mas cujo valor em 31-12-2015 ou anos subsequentes seja >1.000.000 USD	Artigo 13.º da Reg. Complementar do FATCA
Conta nova	Abertas ou subscritas em ou após 01-07-2014	Artigo 12.º n.º 1, da Reg. Complementar do FATCA

Contas financeiras excluídas em razão do saldo ou valor	**Saldo ou valor**	**Base legal**
Contas de pessoas singulares		
Preexistente		
Contas de depósito	Saldo ou valor ≤50.000,00 USD no final de cada ano	Artigo 11.º n.º 2, alínea a), iv), da Reg. Comp. o FATCA
Contratos de seguro monetizáveis e renda	Saldo ou valor, em 30-06-2014, seja ≤250 000,00 USD enquanto o respetivo valor no final de cada ano não seja >1.000.000 USD	Artigo 11.º n.º 2, alínea a), ii), da Reg. Comp. do FATCA
Outras contas	Saldo ou valor, em 30 de junho de 2014, seja ≤50 000,00 USD enquanto o respetivo valor no final de cada ano não seja >1.000.000 USD	Artigo 11.º n.º 2, alínea a) i), da Reg. Comp. do FATCA
Nova		
Contas de depósito	Saldo ou valor ≤50.000,00 USD no final de cada ano	Artigo 12.º n.º 2, a), da Reg. Complementar do FATCA
Contratos de seguro monetizáveis	Saldo ou valor ≤50.000,00 USD no final de cada ano	Artigo 12.º n.º 2, b), da Reg. Complementar do FATCA
Conta de pessoa coletiva		
Conta preexistente	Saldo ou valor, em 30-06-2014, seja ≤250 000,00 USD enquanto o respetivo valor no final de cada ano não seja >1.000.000 USD	Artigo 13.º n.º 1, da Reg. Complementar do FATCA

3.2 CRS

Datas relevantes	Data	Base legal
Data de publicação	11-10-2016	Publicação em DR do DL n.º 64/2016, de 11 de outubro
Data de entrada em vigor	12-10-2016	Artigo 14.º, n.º1, do DL n.º 64/2016, de 11 de outubro
Data de produção de efeitos	01-01-2016	Artigo 14.º, n.º2, do DL n.º 64/2016, de 11 de outubro

Periodos de tributação abrangidos e datas de comunicação	Data	Base legal
Estados-Membros (excepto a Áustria) e jurisdições participantes *early adopters*		
Período de comunicação	2016	Artigo 20.º, n.º 2, alínea a), do DL n.º 61/2013, de 10 de maio
Comunicação das instituições financeiras à AT	até 31-07-2017	Artigo 20.º, n.º 3, alínea a), i), do DL n.º 61/2013, de 10 de maio
Comunicação da AT às Autoridades Fiscais	até 30-09-2017	Artigo 20.º, n.º 3, alínea b), i), do DL n.º 61/2013, de 10 de maio
Outras jurisdições participantes		
Período de comunicação	2017	Artigo 20.º, n.º 2, alínea b), do DL n.º 61/2013, de 10 de maio
Comunicação das instituições financeiras à AT	até 31-07-2018	Artigo 20.º, n.º 3, alínea a), ii), do DL n.º 61/2013, de 10 de maio
Comunicação da AT às Autoridades Fiscais	até 30-09-2018	Artigo 20.º, n.º 3, alínea, b) ii), do DL n.º 61/2013, de 10 de maio

Procedimentos de diligência datas de conclusão	Data	Base legal
Contas de pessoas singulares		
Preexistentes de menor valor (≤1.000.000,00 USD)	31-12-2017	Artigo 7.º do Anexo ao Decreto-Lei n.º 61/2013, de 10 de maio
Preexistentes de elevado valor (>1.000.000,00 USD)	31-12-2016	Artigo 9.º do Anexo ao Decreto-Lei n.º 61/2013, de 10 de maio
Novas	Imediato com abertura de conta (autocertificação) ou até 10-01-2017 (norma transitória para contas novas abertas antes de 12 de outubro)	Artigo 11.º do Anexo ao DL n.º 61/2013, de 10 de maio e artigo 12.º, n.º2, do DL nº 64/2016, de 11 de outubro
Contas de entidades		
Preexistentes (>250.000,00 USD)	31-12-2017	Artigo 18.º, n.º1, do Anexo ao DL n.º 61/2013, de 10 de maio
Novas	Imediato com abertura de conta (autocertificação) ou até 10-01-2017 (norma transitória para contas novas abertas antes de 12 de outubro)	Artigo 21.º do Anexo ao DL n.º 61/2013, de 10 de maio e artigo 12.º, n.º2, do DL nº 64/2016, de 11 de outubro

Conta financeira	Conceito	Base legal
Contas de pessoas singulares		
Conta preexistente	Mantida em 31-12-2015	Artigo 4.º-D, n.º 1, alínea a), do DL n.º 61/2013, de 10 de maio
De menor valor	Cujo saldo ou valor agregado em 31-12-2015 não seja >1.000.000,00 USD	Artigo 4.º-D, n.º 6, do DL n.º 61/2013, de 10 de maio
De elevado valor	Cujo saldo ou valor agregado em 31-12-2015 ou qualquer ano subsequente seja >1.000.000,00 USD	Artigo 4.º-D, n.º 7, do DL n.º 61/2013, de 10 de maio
Conta nova	Aberta ou subscrita em ou após 01-01-2016	Artigo 4.º-D, n.º 2, do DL n.º 61/2013, de 10 de maio
Contas de entidades		
Conta preexistente	Mantida em 31-12-2015	Artigo 4.º-D, n.º 1, alínea a) e n.º5, do DL n.º 61/2013, de 10 de maio
Conta nova	Aberta ou subscrita em ou após 01-01-2016 ou após essa data	Artigo 4.º-D, n.º 2, e n.º8, do DL nº 61/2013, de 10 de maio
Contas financeiras excluídas em razão do saldo ou valor	**Saldo ou valor**	**Base legal**
Contas preexistentes de pessoas coletivas	Saldo ou valor, em 31-12-2015, seja ≤250 000,00 USD, enquanto o respetivo saldo ou valor agregado não seja >250 000,00 USD no último dia de cada ano	Artigo 14.º, do Anexo ao Decreto-Lei n.º 61/2013, de 10 de maio

Parte II
Regimes Jurídicos do FATCA e do CRS

Geral

Regime Jurídico do FATCA

Regime Jurídico do CRS

Geral

Constituição da República Portuguesa (CRP)

Índice sistemático

Artigo 104º – Impostos
Artigo 105º – Orçamento
Artigo 106º – Elaboração do Orçamento
PARTE III – Organização do poder político
TÍTULO I – Princípios gerais
Artigo 112º – Atos normativos
Artigo 115º – Referendo
TÍTULO III – Assembleia da República
CAPÍTULO II – Competência
Artigo 161º – Competência política e legislativa
Artigo 164º – Reserva absoluta de competência legislativa
Artigo 165º – Reserva relativa de competência legislativa
Artigo 166º – Forma dos atos
Artigo 168º – Discussão e votação
TÍTULO IV – Governo
CAPÍTULO III – Competência
Artigo 198º – Competência legislativa
Artigo 199º – Competência administrativa
TÍTULO V – Tribunais
CAPÍTULO II – Organização dos tribunais
Artigo 209.º – Categorias de tribunais
Artigo 212º – Tribunais administrativos e fiscais
TÍTULO VII – Regiões Autónomas
Artigo 227º – Poderes das regiões autónomas
Artigo 232º – Competência da Assembleia Legislativa da região autónoma
TÍTULO VIII – Poder Local
CAPÍTULO I – Princípios gerais
Artigo 238º – Património e finanças locais
CAPÍTULO III – Município
Artigo 254º – Participação nas receitas dos impostos diretos
TÍTULO IX – Administração Pública
Artigo 266º – Princípios fundamentais
Artigo 268º – Direitos e garantias dos administrados

PRINCÍPIOS FUNDAMENTAIS

Artigo 1º – República Portuguesa

Portugal é uma República soberana, baseada na dignidade da pessoa humana e na vontade popular e empenhada na construção de uma sociedade livre, justa e solidária.

Artigo 2º – Estado de direito democrático

A República Portuguesa é um Estado de direito democrático, baseado na soberania popular, no pluralismo de expressão e organização política democráticas, no respeito e na garantia de efetivação dos direitos e liberdades fundamentais e na separação e interdependência de poderes, visando a realização da democracia económica, social e cultural e o aprofundamento da democracia participativa.

Artigo 3º – Soberania e legalidade

1 – A soberania, una e indivisível, reside no povo, que a exerce segundo as formas previstas na Constituição.

2 – O Estado subordina-se à Constituição e funda-se na legalidade democrática.

3 – A validade das leis e dos demais atos do Estado, das regiões autónomas, do poder local e de quaisquer outras entidades públicas depende da sua conformidade com a Constituição.

(...)

Artigo 6º – Estado unitário

1 – O Estado é unitário e respeita na sua organização e funcionamento o regime autonómico insular e os princípios da subsidiariedade, da autonomia das autarquias locais e da descentralização democrática da administração pública.

2 – Os arquipélagos dos Açores e da Madeira constituem regiões autónomas dotadas de estatutos político-administrativos e de órgãos de governo próprio.

Artigo 7º – Relações internacionais

1 – Portugal rege-se nas relações internacionais pelos princípios da independência nacional, do respeito dos direitos do homem, dos direitos

dos povos, da igualdade entre os Estados, da solução pacífica dos conflitos internacionais, da não ingerência nos assuntos internos dos outros Estados e da cooperação com todos os outros povos para a emancipação e o progresso da humanidade.

2 – Portugal preconiza a abolição do imperialismo, do colonialismo e de quaisquer outras formas de agressão, domínio e exploração nas relações entre os povos, bem como o desarmamento geral, simultâneo e controlado, a dissolução dos blocos político-militares e o estabelecimento de um sistema de segurança coletiva, com vista à criação de uma ordem internacional capaz de assegurar a paz e a justiça nas relações entre os povos.

3 – Portugal reconhece o direito dos povos à autodeterminação e independência e ao desenvolvimento, bem como o direito à insurreição contra todas as formas de opressão.

4 – Portugal mantém laços privilegiados de amizade e cooperação com os países de língua portuguesa.

5 – Portugal empenha-se no reforço da identidade europeia e no fortalecimento da ação dos Estados europeus a favor da democracia, da paz, do progresso económico e da justiça nas relações entre os povos.

6 – Portugal pode, em condições de reciprocidade, com respeito pelos princípios fundamentais do Estado de direito democrático e pelo princípio da subsidiariedade e tendo em vista a realização da coesão económica, social e territorial, de um espaço de liberdade, segurança e justiça e a definição e execução de uma política externa, de segurança e de defesa comuns, convencionar o exercício, em comum, em cooperação ou pelas instituições da União, dos poderes necessários à construção e aprofundamento da união europeia.

7 – Portugal pode, tendo em vista a realização de uma justiça internacional que promova o respeito pelos direitos da pessoa humana e dos povos, aceitar a jurisdição do Tribunal Penal Internacional, nas condições de complementaridade e demais termos estabelecidos no Estatuto de Roma.

Artigo 8º – Direito internacional

1 – As normas e os princípios de direito internacional geral ou comum fazem parte integrante do direito português.

2 – As normas constantes de convenções internacionais regularmente ratificadas ou aprovadas vigoram na ordem interna após a sua publicação oficial e enquanto vincularem internacionalmente o Estado Português.

3 – As normas emanadas dos órgãos competentes das organizações internacionais de que Portugal seja parte vigoram diretamente na ordem interna, desde que tal se encontre estabelecido nos respetivos tratados constitutivos.

4 – As disposições dos tratados que regem a União Europeia e as normas emanadas das suas instituições, no exercício das respetivas competências, são aplicáveis na ordem interna, nos termos definidos pelo direito da União, com respeito pelos princípios fundamentais do Estado de direito democrático.

Artigo 9º – Tarefas fundamentais do Estado

São tarefas fundamentais do Estado:

a) Garantir a independência nacional e criar as condições políticas, económicas, sociais e culturais que a promovam;

b) Garantir os direitos e liberdades fundamentais e o respeito pelos princípios do Estado de direito democrático;

c) Defender a democracia política, assegurar e incentivar a participação democrática dos cidadãos na resolução dos problemas nacionais;

d) Promover o bem-estar e a qualidade de vida do povo e a igualdade real entre os portugueses, bem como a efetivação dos direitos económicos, sociais, culturais e ambientais, mediante a transformação e modernização das estruturas económicas e sociais;

e) Proteger e valorizar o património cultural do povo português, defender a natureza e o ambiente, preservar os recursos naturais e assegurar um correto ordenamento do território;

f) Assegurar o ensino e a valorização permanente, defender o uso e promover a difusão internacional da língua portuguesa;

g) Promover o desenvolvimento harmonioso de todo o território nacional, tendo em conta, designadamente, o carácter ultraperiférico dos arquipélagos dos Açores e da Madeira;

h) Promover a igualdade entre homens e mulheres.

(...)

PARTE I – Direitos e deveres fundamentais

TÍTULO I – Princípios gerais

Artigo 12º – Princípio da universalidade

1 – Todos os cidadãos gozam dos direitos e estão sujeitos aos deveres consignados na Constituição.

2 – As pessoas coletivas gozam dos direitos e estão sujeitas aos deveres compatíveis com a sua natureza.

Artigo 13º – Princípio da igualdade

1 – Todos os cidadãos têm a mesma dignidade social e são iguais perante a lei.

2 – Ninguém pode ser privilegiado, beneficiado, prejudicado, privado de qualquer direito ou isento de qualquer dever em razão de ascendência, sexo, raça, língua, território de origem, religião, convicções políticas ou ideológicas, instrução, situação económica, condição social ou orientação sexual.

(...)

Artigo 18º – Força jurídica

1 – Os preceitos constitucionais respeitantes aos direitos, liberdades e garantias são directamente aplicáveis e vinculam as entidades públicas e privadas.

2 – A lei só pode restringir os direitos, liberdades e garantias nos casos expressamente previstos na Constituição, devendo as restrições limitar-se ao necessário para salvaguardar outros direitos ou interesses constitucionalmente protegidos.

3 – As leis restritivas de direitos, liberdades e garantias têm de revestir carácter geral e abstracto e não podem ter efeito retroactivo nem diminuir a extensão e o alcance do conteúdo essencial dos preceitos constitucionais.

TÍTULO II - Direitos, liberdades e garantias

CAPÍTULO I - Direitos, liberdades e garantias pessoais

Artigo 29º – Aplicação da lei criminal

1 – Ninguém pode ser sentenciado criminalmente senão em virtude de lei anterior que declare punível a ação ou a omissão, nem sofrer medida de segurança cujos pressupostos não estejam fixados em lei anterior.

2 – O disposto no número anterior não impede a punição, nos limites da lei interna, por ação ou omissão que no momento da sua prática seja considerada criminosa segundo os princípios gerais de direito internacional comummente reconhecidos.

3 – Não podem ser aplicadas penas ou medidas de segurança que não estejam expressamente cominadas em lei anterior.

4 – Ninguém pode sofrer pena ou medida de segurança mais graves do que as previstas no momento da correspondente conduta ou da verificação dos respetivos pressupostos, aplicando-se retroativamente as leis penais de conteúdo mais favorável ao arguido.

5 – Ninguém pode ser julgado mais do que uma vez pela prática do mesmo crime.

6 – Os cidadãos injustamente condenados têm direito, nas condições que a lei prescrever, à revisão da sentença e à indemnização pelos danos sofridos.

(...)

Artigo 35º – Utilização da informática

1 – Todos os cidadãos têm o direito de acesso aos dados informatizados que lhes digam respeito, podendo exigir a sua retificação e atualização, e o direito de conhecer a finalidade a que se destinam, nos termos da lei.

2 – A lei define o conceito de dados pessoais, bem como as condições aplicáveis ao seu tratamento automatizado, conexão, transmissão e utilização, e garante a sua proteção, designadamente através de entidade administrativa independente.

3 – A informática não pode ser utilizada para tratamento de dados referentes a convicções filosóficas ou políticas, filiação partidária ou sindical, fé religiosa, vida privada e origem étnica, salvo mediante consentimento expresso do titular, autorização prevista por lei com garantias de não discri-

minação ou para processamento de dados estatísticos não individualmente identificáveis.

4 – É proibido o acesso a dados pessoais de terceiros, salvo em casos excecionais previstos na lei.

5 – É proibida a atribuição de um número nacional único aos cidadãos.

6 – A todos é garantido livre acesso às redes informáticas de uso público, definindo a lei o regime aplicável aos fluxos de dados transfronteiras e as formas adequadas de proteção de dados pessoais e de outros cuja salvaguarda se justifique por razões de interesse nacional.

7 – Os dados pessoais constantes de ficheiros manuais gozam de proteção idêntica à prevista nos números anteriores, nos termos da lei.

(...)

TÍTULO III – Direitos e deveres económicos, sociais e culturais

(...)

CAPÍTULO II – Direitos e deveres sociais

Artigo 66º – Ambiente e qualidade de vida

1 – Todos têm direito a um ambiente de vida humano, sadio e ecologicamente equilibrado e o dever de o defender.

2 – Para assegurar o direito ao ambiente, no quadro de um desenvolvimento sustentável, incumbe ao Estado, por meio de organismos próprios e com o envolvimento e a participação dos cidadãos:

a) Prevenir e controlar a poluição e os seus efeitos e as formas prejudiciais de erosão;

b) Ordenar e promover o ordenamento do território, tendo em vista uma correta localização das atividades, um equilibrado desenvolvimento sócio-económico e a valorização da paisagem;

c) Criar e desenvolver reservas e parques naturais e de recreio, bem como classificar e proteger paisagens e sítios, de modo a garantir a conservação da natureza e a preservação de valores culturais de interesse histórico ou artístico;

d) Promover o aproveitamento racional dos recursos naturais, salvaguardando a sua capacidade de renovação e a estabilidade ecológica, com respeito pelo princípio da solidariedade entre gerações;

e) Promover, em colaboração com as autarquias locais, a qualidade ambiental das povoações e da vida urbana, designadamente no plano arquitetónico e da proteção das zonas históricas;

f) Promover a integração de objetivos ambientais nas várias políticas de âmbito sectorial;

g) Promover a educação ambiental e o respeito pelos valores do ambiente;

h) Assegurar que a política fiscal compatibilize desenvolvimento com proteção do ambiente e qualidade de vida.

Artigo 67º – Família

1 – A família, como elemento fundamental da sociedade, tem direito à proteção da sociedade e do Estado e à efetivação de todas as condições que permitam a realização pessoal dos seus membros.

2 – Incumbe, designadamente, ao Estado para proteção da família:

a) Promover a independência social e económica dos agregados familiares;

b) Promover a criação e garantir o acesso a uma rede nacional de creches e de outros equipamentos sociais de apoio à família, bem como uma política de terceira idade;

c) Cooperar com os pais na educação dos filhos;

d) Garantir, no respeito da liberdade individual, o direito ao planeamento familiar, promovendo a informação e o acesso aos métodos e aos meios que o assegurem, e organizar as estruturas jurídicas e técnicas que permitam o exercício de uma maternidade e paternidade conscientes;

e) Regulamentar a procriação assistida, em termos que salvaguardem a dignidade da pessoa humana;

f) Regular os impostos e os benefícios sociais, de harmonia com os encargos familiares;

g) Definir, ouvidas as associações representativas das famílias, e executar uma política de família com carácter global e integrado.

h) Promover, através da concertação das várias políticas sectoriais, a conciliação da actividade profissional com a vida familiar

(...)

PARTE II – Organização económica

TÍTULO I – Princípios gerais

(...)

Artigo 81º – Incumbências prioritárias do Estado

Incumbe prioritariamente ao Estado no âmbito económico e social:

a) Promover o aumento do bem-estar social e económico e da qualidade de vida das pessoas, em especial das mais desfavorecidas, no quadro de uma estratégia de desenvolvimento sustentável;

b) Promover a justiça social, assegurar a igualdade de oportunidades e operar as necessárias correções das desigualdades na distribuição da riqueza e do rendimento, nomeadamente através da política fiscal;

c) Assegurar a plena utilização das forças produtivas, designadamente zelando pela eficiência do sector público;

d) Promover a coesão económica e social de todo o território nacional, orientando o desenvolvimento no sentido de um crescimento equilibrado de todos os sectores e regiões e eliminando progressivamente as diferenças económicas e sociais entre a cidade e o campo e entre o litoral e o interior;

e) Promover a correção das desigualdades derivadas da insularidade das regiões autónomas e incentivar a sua progressiva integração em espaços económicos mais vastos, no âmbito nacional ou internacional;

f) Assegurar o funcionamento eficiente dos mercados, de modo a garantir a equilibrada concorrência entre as empresas, a contrariar as formas de organização monopolistas e a reprimir os abusos de posição dominante e outras práticas lesivas do interesse geral;

g) Desenvolver as relações económicas com todos os povos, salvaguardando sempre a independência nacional e os interesses dos portugueses e da economia do país;

h) Eliminar os latifúndios e reordenar o minifúndio;

i) Garantir a defesa dos interesses e os direitos dos consumidores;

j) Criar os instrumentos jurídicos e técnicos necessários ao planeamento democrático do desenvolvimento económico e social;

l) Assegurar uma política científica e tecnológica favorável ao desenvolvimento do país;

m) Adotar uma política nacional de energia, com preservação dos recursos naturais e do equilíbrio ecológico, promovendo, neste domínio, a cooperação internacional;

n) Adotar uma política nacional da água, com aproveitamento, planeamento e gestão racional dos recursos hídricos.

(...)

TÍTULO IV - Sistema financeiro e fiscal

(...)

Artigo 103º - Sistema fiscal

1 - O sistema fiscal visa a satisfação das necessidades financeiras do Estado e outras entidades públicas e uma repartição justa dos rendimentos e da riqueza.

2 - Os impostos são criados por lei, que determina a incidência, a taxa, os benefícios fiscais e as garantias dos contribuintes.

3 - Ninguém pode ser obrigado a pagar impostos que não hajam sido criados nos termos da Constituição, que tenham natureza retroativa ou cuja liquidação e cobrança se não façam nos termos da lei.

Artigo 104º - Impostos

1 - O imposto sobre o rendimento pessoal visa a diminuição das desigualdades e será único e progressivo, tendo em conta as necessidades e os rendimentos do agregado familiar.

2 - A tributação das empresas incide fundamentalmente sobre o seu rendimento real.

3 - A tributação do património deve contribuir para a igualdade entre os cidadãos.

4 - A tributação do consumo visa adaptar a estrutura do consumo à evolução das necessidades do desenvolvimento económico e da justiça social, devendo onerar os consumos de luxo.

Artigo 105º - Orçamento

1 - O Orçamento do Estado contém:

a) A discriminação das receitas e despesas do Estado, incluindo as dos fundos e serviços autónomos;

b) O orçamento da segurança social.

2 - O Orçamento é elaborado de harmonia com as grandes opções em matéria de planeamento e tendo em conta as obrigações decorrentes de lei ou de contrato.

3 – O Orçamento é unitário e especifica as despesas segundo a respetiva classificação orgânica e funcional, de modo a impedir a existência de dotações e fundos secretos, podendo ainda ser estruturado por programas.

4 – O Orçamento prevê as receitas necessárias para cobrir as despesas, definindo a lei as regras da sua execução, as condições a que deverá obedecer o recurso ao crédito público e os critérios que deverão presidir às alterações que, durante a execução, poderão ser introduzidas pelo Governo nas rubricas de classificação orgânica no âmbito de cada programa orçamental aprovado pela Assembleia da República, tendo em vista a sua plena realização.

Artigo 106º – Elaboração do Orçamento

1 – A lei do Orçamento é elaborada, organizada, votada e executada, anualmente, de acordo com a respetiva lei de enquadramento, que incluirá o regime atinente à elaboração e execução dos orçamentos dos fundos e serviços autónomos.

2 – A proposta de Orçamento é apresentada e votada nos prazos fixados na lei, a qual prevê os procedimentos a adotar quando aqueles não puderem ser cumpridos.

3 – A proposta de Orçamento é acompanhada de relatórios sobre:

a) A previsão da evolução dos principais agregados macroeconómicos com influência no Orçamento, bem como da evolução da massa monetária e suas contrapartidas;

b) A justificação das variações de previsões das receitas e despesas relativamente ao Orçamento anterior;

c) A dívida pública, as operações de tesouraria e as contas do Tesouro;

d) A situação dos fundos e serviços autónomos;

e) As transferências de verbas para as regiões autónomas e as autarquias locais;

f) As transferências financeiras entre Portugal e o exterior com incidência na proposta do Orçamento;

g) Os benefícios fiscais e a estimativa da receita cessante.

(...)

PARTE III – Organização do poder político

TÍTULO I – Princípios gerais

(...)

Artigo 112º – Atos normativos

1 – São atos legislativos as leis, os decretos-leis e os decretos legislativos regionais.

2 – As leis e os decretos-leis têm igual valor, sem prejuízo da subordinação às correspondentes leis dos decretos-leis publicados no uso de autorização legislativa e dos que desenvolvam as bases gerais dos regimes jurídicos.

3 – Têm valor reforçado, além das leis orgânicas, as leis que carecem de aprovação por maioria de dois terços, bem como aquelas que, por força da Constituição, sejam pressuposto normativo necessário de outras leis ou que por outras devam ser respeitadas.

4 – Os decretos legislativos têm âmbito regional e versam sobre matérias enunciadas no estatuto político-administrativo da respetiva região autónoma que não estejam reservadas aos órgãos de soberania, sem prejuízo do disposto nas alíneas *b)* e *c)* do nº 1 do artigo 227º.

5 – Nenhuma lei pode criar outras categorias de atos legislativos ou conferir a atos de outra natureza o poder de, com eficácia externa, interpretar, integrar, modificar, suspender ou revogar qualquer dos seus preceitos.

6 – Os regulamentos do Governo revestem a forma de decreto regulamentar quando tal seja determinado pela lei que regulamentam, bem como no caso de regulamentos independentes.

7 – Os regulamentos devem indicar expressamente as leis que visam regulamentar ou que definem a competência subjetiva e objetiva para a sua emissão;

8 – A transposição de atos jurídicos da União Europeia para a ordem jurídica interna assume a forma de lei, decreto-lei ou, nos termos do disposto no nº 4, decreto legislativo regional.

(...)

Artigo 115º – Referendo

1 – Os cidadãos eleitores recenseados no território nacional podem ser chamados a pronunciar-se diretamente, a título vinculativo, através de

referendo, por decisão do Presidente da República, mediante proposta da Assembleia da República ou do Governo, em matérias das respetivas competências, nos casos e nos termos previstos na Constituição e na lei.

2 – O referendo pode ainda resultar da iniciativa de cidadãos dirigida à Assembleia da República, que será apresentada e apreciada nos termos e nos prazos fixados por lei.

3 – O referendo só pode ter por objeto questões de relevante interesse nacional que devam ser decididas pela Assembleia da República ou pelo Governo através da aprovação de convenção internacional ou de ato legislativo.

4 – São excluídas do âmbito do referendo:

a) As alterações à Constituição;

b) As questões e os actos de conteúdo orçamental, tributário ou financeiro;

c) As matérias previstas no artigo 161º da Constituição, sem prejuízo do disposto no número seguinte;

d) As matérias previstas no artigo 164º da Constituição, com exceção do disposto na alínea *i)*.

5 – O disposto no número anterior não prejudica a submissão a referendo das questões de relevante interesse nacional que devam ser objeto de convenção internacional, nos termos da alínea *i)* do artigo 161º da Constituição, exceto quando relativas à paz e à retificação de fronteiras.

6 – Cada referendo recairá sobre uma só matéria, devendo as questões ser formuladas com objetividade, clareza e precisão e para respostas de sim ou não, num número máximo de perguntas a fixar por lei, a qual determinará igualmente as demais condições de formulação e efetivação de referendos.

7 – São excluídas a convocação e a efetivação de referendos entre a data da convocação e a da realização de eleições gerais para os órgãos de soberania, de governo próprio das regiões autónomas e do poder local, bem como de Deputados ao Parlamento Europeu.

8 – O Presidente da República submete a fiscalização preventiva obrigatória da constitucionalidade e da legalidade as propostas de referendo que lhe tenham sido remetidas pela Assembleia da República ou pelo Governo.

9 – São aplicáveis ao referendo, com as necessárias adaptações, as normas constantes dos nºs 1, 2, 3, 4 e 7 do artigo 113º.

10 – As propostas de referendo recusadas pelo Presidente da República ou objecto de resposta negativa do eleitorado não podem ser renovadas na

mesma sessão legislativa, salvo nova eleição da Assembleia da República, ou até à demissão do Governo.

11 – O referendo só tem efeito vinculativo quando o número de votantes for superior a metade dos eleitores inscritos no recenseamento.

12 – Nos referendos são chamados a participar cidadãos residentes no estrangeiro, regularmente recenseados ao abrigo do disposto no nº 2 do artigo 121º, quando recaiam sobre matéria que lhes diga também especificamente respeito.

13 – Os referendos podem ter âmbito regional, nos termos previstos no nº 2 do artigo 232º.

(...)

TÍTULO III – Assembleia da República

(...)

CAPÍTULO II – Competência

Artigo 161º – Competência política e legislativa

Compete à Assembleia da República:

a) Aprovar alterações à Constituição, nos termos dos artigos 284º a 289º;

b) Aprovar os estatutos político-administrativos e as leis relativas à eleição dos deputados às Assembleias Legislativas das regiões autónomas;

c) Fazer leis sobre todas as matérias, salvo as reservadas pela Constituição ao Governo;

d) Conferir ao Governo autorizações legislativas;

e) Conferir às Assembleias Legislativas das regiões autónomas as autorizações previstas na alínea *b)* do nº 1 do artigo 227º da Constituição;

f) Conceder amnistias e perdões genéricos;

g) Aprovar as leis das grandes opções dos planos nacionais e o Orçamento do Estado, sob proposta do Governo;

h) Autorizar o Governo a contrair e a conceder empréstimos e a realizar outras operações de crédito que não sejam de dívida flutuante, definindo as respetivas condições gerais, e estabelecer o limite máximo dos avales a conceder em cada ano pelo Governo;

i) Aprovar os tratados, designadamente os tratados de participação de Portugal em organizações internacionais, os tratados de amizade, de paz, de defesa, de retificação de fronteiras e os respeitantes a assuntos militares, bem como os acordos internacionais que versem matérias da sua competência reservada ou que o Governo entenda submeter à sua apreciação;

j) Propor ao Presidente da República a sujeição a referendo de questões de relevante interesse nacional;

l) Autorizar e confirmar a declaração do estado de sítio e do estado de emergência;

m) Autorizar o Presidente da República a declarar a guerra e a fazer paz;

n) Pronunciar-se, nos termos da lei, sobre as matérias pendentes de decisão em órgãos no âmbito da União Europeia que incidam na esfera da sua competência legislativa reservada;

o) Desempenhar as demais funções que lhe sejam atribuídas pela Constituição e pela lei.

Artigo 164º – Reserva absoluta de competência legislativa

É da exclusiva competência da Assembleia da República legislar sobre as seguintes matérias:

a) Eleições dos titulares dos órgãos de soberania;

b) Regimes dos referendos;

c) Organização, funcionamento e processo do Tribunal Constitucional;

d) Organização da defesa nacional, definição dos deveres dela decorrentes e bases gerais da organização, do funcionamento, do reequipamento e da disciplina das Forças Armadas;

e) Regimes do estado de sítio e do estado de emergência;

f) Aquisição, perda e reaquisição da cidadania portuguesa;

g) Definição dos limites das águas territoriais, da zona económica exclusiva e dos direitos de Portugal aos fundos marinhos contíguos;

h) Associações e partidos políticos;

i) Bases do sistema de ensino;

j) Eleições dos deputados às Assembleias Legislativas das regiões autónomas.

l) Eleições dos titulares dos órgãos do poder local ou outras realizadas por sufrágio direto e universal, bem como dos restantes órgãos constitucionais;

m) Estatuto dos titulares dos órgãos de soberania e do poder local, bem como dos restantes órgãos constitucionais ou eleitos por sufrágio direto e universal;

n) Criação, extinção e modificação de autarquias locais e respetivo regime, sem prejuízo dos poderes das regiões autónomas;

o) Restrições ao exercício de direitos por militares e agentes militarizados dos quadros permanentes em serviço efetivo, bem como por agentes dos serviços e forças de segurança;

p) Regime de designação dos membros de órgãos da União Europeia, com exceção da Comissão;

q) Regime do sistema de informações da República e do segredo de Estado;

r) Regime geral de elaboração e organização dos orçamentos do Estado, das regiões autónomas e das autarquias locais;

s) Regime dos símbolos nacionais;

t) Regime de finanças das regiões autónomas;

u) Regime das forças de segurança;

v) Regime da autonomia organizativa, administrativa e financeira dos serviços de apoio do Presidente da República.

Artigo 165º – Reserva relativa de competência legislativa

1 – É da exclusiva competência da Assembleia da República legislar sobre as seguintes matérias, salvo autorização ao Governo:

a) Estado e capacidade das pessoas;

b) Direitos, liberdades e garantias;

c) Definição dos crimes, penas, medidas de segurança e respetivos pressupostos, bem como processo criminal;

d) Regime geral de punição das infrações disciplinares, bem como dos atos ilícitos de mera ordenação social e do respetivo processo;

e) Regime geral da requisição e da expropriação por utilidade pública;

f) Bases do sistema de segurança social e do serviço nacional de saúde;

g) Bases do sistema de proteção da natureza, do equilíbrio ecológico e do património cultural;

h) Regime geral do arrendamento rural e urbano;

i) Criação de impostos e sistema fiscal e regime geral das taxas e demais contribuições financeiras a favor das entidades públicas;

j) Definição dos sectores de propriedade dos meios de produção, incluindo a dos sectores básicos nos quais seja vedada a atividade às empresas privadas e a outras entidades da mesma natureza;

l) Meios e formas de intervenção, expropriação, nacionalização e privatização dos meios de produção e solos por motivo de interesse público, bem como critérios de fixação, naqueles casos, de indemnizações;

m) Regime dos planos de desenvolvimento económico e social e composição do Conselho Económico e Social;

n) Bases da política agrícola, incluindo a fixação dos limites máximos e mínimos das unidades de exploração agrícola;

o) Sistema monetário e padrão de pesos e medidas;

p) Organização e competência dos tribunais e do Ministério Público e estatuto dos respectivos magistrados, bem como das entidades não jurisdicionais de composição de conflitos;

q) Estatuto das autarquias locais, incluindo o regime das finanças locais;

r) Participação das organizações de moradores no exercício do poder local;

s) Associações públicas, garantias dos administrados e responsabilidade civil da Administração;

t) Bases do regime e âmbito da função pública;

u) Bases gerais do estatuto das empresas públicas e das fundações públicas;

v) Definição e regime dos bens do domínio público;

x) Regime dos meios de produção integrados no sector cooperativo e social de propriedade;

z) Bases do ordenamento do território e do urbanismo;

aa) Regime e forma de criação das polícias municipais.

2 – As leis de autorização legislativa devem definir o objeto, o sentido, a extensão e a duração da autorização, a qual pode ser prorrogada.

3 – As autorizações legislativas não podem ser utilizadas mais de uma vez, sem prejuízo da sua execução parcelada.

4 – As autorizações caducam com a demissão do Governo a que tiverem sido concedidas, com o termo da legislatura ou com a dissolução da Assembleia da República.

5 – As autorizações concedidas ao Governo na lei do Orçamento observam o disposto no presente artigo e, quando incidam sobre matéria fiscal, só caducam no termo do ano económico a que respeitam.

Artigo 166º – Forma dos atos

1 – Revestem a forma de lei constitucional os atos previstos na alínea *a)* do artigo 161º.

2 – Revestem a forma de lei orgânica os atos previstos nas alíneas *a)* a *f)*, *h)*, *j)*, primeira parte da alínea *l)*, *q)* e *t)* do artigo 164º e no artigo 255º.

3 – Revestem a forma de lei os atos previstos nas alíneas *b)* a *h)* do artigo 161º.

4 – Revestem a forma de moção os atos previstos nas alíneas *d)* e *e)* do artigo 163º.

5 – Revestem a forma de resolução os demais atos da Assembleia da República, bem como os atos da Comissão Permanente previstos nas alíneas *e)* e *f)* do nº 3 do artigo 179º.

6 – As resoluções são publicadas independentemente de promulgação.

(...)

Artigo 168º – Discussão e votação

1 – A discussão dos projetos e propostas de lei compreende um debate na generalidade e outro na especialidade.

2 – A votação compreende uma votação na generalidade, uma votação na especialidade e uma votação final global.

3 – Se a Assembleia assim o deliberar, os textos aprovados na generalidade serão votados na especialidade pelas comissões, sem prejuízo do poder de avocação pela Assembleia e do voto final desta para aprovação global.

4 – São obrigatoriamente votadas na especialidade pelo Plenário as leis sobre as matérias previstas nas alíneas *a)* a *f)*, *h)*, *n)* e *o)* do artigo 164º, bem como na alínea *q)* do nº 1 do artigo 165º.

5 – As leis orgânicas carecem de aprovação, na votação final global, por maioria absoluta dos Deputados em efetividade de funções, devendo as disposições relativas à delimitação territorial das regiões, previstas no artigo 255º, ser aprovadas, na especialidade, em Plenário, por idêntica maioria.

6 – Carecem de aprovação por maioria de dois terços dos Deputados presentes, desde que superior à maioria absoluta dos Deputados em efetividade de funções:

a) A lei respeitante à entidade de regulação da comunicação social;

b) As normas que disciplinam o disposto no nº 2 do artigo 118º;

c) A lei que regula o exercício do direito previsto no nº 2 do artigo 121º;

d) As disposições das leis que regulam as matérias referidas nos artigos 148º e 149º, e as relativas ao sistema e método de eleição dos órgãos previstos no nº 3 do artigo 239º;

e) As disposições que regulam a matéria da alínea *o)* do artigo 164º;

f) As disposições dos estatutos político-administrativos das regiões autónomas que enunciem as matérias que integram o respetivo poder legislativo.

TÍTULO IV – Governo

(...)

CAPÍTULO III – Competência

(...)

Artigo 198º – Competência legislativa

1 – Compete ao Governo, no exercício de funções legislativas:

a) Fazer decretos-leis em matérias não reservadas à Assembleia da República;

b) Fazer decretos-leis em matérias de reserva relativa da Assembleia da República, mediante autorização desta;

c) Fazer decretos-leis de desenvolvimento dos princípios ou das bases gerais dos regimes jurídicos contidos em leis que a eles se circunscrevam.

2 – É da exclusiva competência legislativa do Governo a matéria respeitante à sua própria organização e funcionamento.

3 – Os decretos-leis previstos nas alíneas *b)* e *c)* do nº 1 devem invocar expressamente a lei de autorização legislativa ou a lei de bases ao abrigo da qual são aprovados.

Artigo 199º – Competência administrativa

Compete ao Governo, no exercício de funções administrativas:

a) Elaborar os planos, com base nas leis das respetivas grandes opções, e fazê-los executar;

b) Fazer executar o Orçamento do Estado;

c) Fazer os regulamentos necessários à boa execução das leis;

d) Dirigir os serviços e a atividade da administração direta do Estado, civil e militar, superintender na administração indireta e exercer a tutela sobre esta e sobre a administração autónoma;

e) Praticar todos os atos exigidos pela lei respeitantes aos funcionários e agentes do Estado e de outras pessoas coletivas públicas;

f) Defender a legalidade democrática;

g) Praticar todos os atos e tomar todas as providências necessárias à promoção do desenvolvimento económico-social e à satisfação das necessidades coletivas.

(...)

TÍTULO V - Tribunais

(...)

CAPÍTULO II - Organização dos tribunais

Artigo 209º – Categorias de tribunais

1 – Além do Tribunal Constitucional, existem as seguintes categorias de tribunais:

a) O Supremo Tribunal de Justiça e os tribunais judiciais de primeira e de segunda instância;

b) O Supremo Tribunal Administrativo e os demais tribunais administrativos e fiscais;

c) O Tribunal de Contas.

2 – Podem existir tribunais marítimos, tribunais arbitrais e julgados de paz.

3 – A lei determina os casos e as formas em que os tribunais previstos nos números anteriores se podem constituir, separada ou conjuntamente, em tribunais de conflitos.

4 – Sem prejuízo do disposto quanto aos tribunais militares, é proibida a existência de tribunais com competência exclusiva para o julgamento de certas categorias de crimes.

(...)

Artigo 212º – Tribunais administrativos e fiscais

1 – O Supremo Tribunal Administrativo é o órgão superior da hierarquia dos tribunais administrativos e fiscais, sem prejuízo da competência própria do Tribunal Constitucional.

2 – O Presidente do Supremo Tribunal Administrativo é eleito de entre e pelos respetivos juízes.

3 – Compete aos tribunais administrativos e fiscais o julgamento das ações e recursos contenciosos que tenham por objeto dirimir os litígios emergentes das relações jurídicas administrativas e fiscais.

(...)

TÍTULO VII – Regiões Autónomas

(...)

Artigo 227º – Poderes das regiões autónomas

1 – As regiões autónomas são pessoas coletivas territoriais e têm os seguintes poderes, a definir nos respetivos estatutos:

a) Legislar no âmbito regional em matérias enunciadas no respetivo estatuto político-administrativo e que não estejam reservadas aos órgãos de soberania;

b) Legislar em matérias de reserva relativa da Assembleia da República, mediante autorização desta, com exceção das previstas nas alíneas *a)* a *c)*, na primeira parte da alínea *d)*, nas alíneas *f)* e *i)*, na segunda parte da alínea *m)* e nas alíneas *o)*, *p)*, *q)*, *s)*, *t)*, *v)*, *x)* e *aa)* do nº 1 do artigo 165º;

c) Desenvolver para o âmbito regional os princípios ou as bases gerais dos regimes jurídicos contidos em lei que a eles se circunscrevam;

d) Regulamentar a legislação regional e as leis emanadas dos órgãos de soberania que não reservem para estes o respetivo poder regulamentar;

e) Exercer a iniciativa estatutária, bem como a iniciativa legislativa em matéria relativa à eleição dos deputados às respetivas Assembleias Legislativas, nos termos do artigo 226º;

f) Exercer a iniciativa legislativa, nos termos do nº 1 do artigo 167º, mediante a apresentação à Assembleia da República de propostas de lei e respetivas propostas de alteração;

g) Exercer poder executivo próprio;

h) Administrar e dispor do seu património e celebrar os atos e contratos em que tenham interesse;

i) Exercer poder tributário próprio, nos termos da lei, bem como adaptar o sistema fiscal nacional às especificidades regionais, nos termos de lei-quadro da Assembleia da República;

j) Dispor, nos termos dos estatutos e da lei de finanças das regiões autónomas, das receitas fiscais nelas cobradas ou geradas, bem como de uma participação nas receitas tributárias do Estado, estabelecida de acordo com um princípio que assegure a efetiva solidariedade nacional, e de outras receitas que lhes sejam atribuídas e afetá-las às suas despesas;

l) Criar e extinguir autarquias locais, bem como modificar a respetiva área, nos termos da lei;

m) Exercer poder de tutela sobre as autarquias locais;

n) Elevar povoações à categoria de vilas ou cidades;

o) Superintender nos serviços, institutos públicos e empresas públicas e nacionalizadas que exerçam a sua atividade exclusiva ou predominantemente na região, e noutros casos em que o interesse regional o justifique;

p) Aprovar o plano de desenvolvimento económico e social, o orçamento regional e as contas da região e participar na elaboração dos planos nacionais;

q) Definir atos ilícitos de mera ordenação social e respetivas sanções, sem prejuízo do disposto na alínea *d)* do nº 1 do artigo 165º;

r) Participar na definição e execução das políticas fiscal, monetária, financeira e cambial, de modo a assegurar o controlo regional dos meios de pagamento em circulação e o financiamento dos investimentos necessários ao seu desenvolvimento económico-social;

s) Participar na definição das políticas respeitantes às águas territoriais, à zona económica exclusiva e aos fundos marinhos contíguos;

t) Participar nas negociações de tratados e acordos internacionais que diretamente lhes digam respeito, bem como nos benefícios deles decorrentes;

u) Estabelecer cooperação com outras entidades regionais estrangeiras e participar em organizações que tenham por objeto fomentar o diálogo e a cooperação inter-regional, de acordo com as orientações definidas pelos órgãos de soberania com competência em matéria de política externa;

v) Pronunciar-se por sua iniciativa ou sob consulta dos órgãos de soberania, sobre as questões da competência destes que lhes digam respeito, bem como, em matérias do seu interesse específico, na definição das posições do Estado Português no âmbito do processo de construção europeia;

x) Participar no processo de construção europeia, mediante representação nas respetivas instituições regionais e nas delegações envolvidas em processos de decisão da União Europeia, quando estejam em causa matérias que lhes digam respeito, bem como transpor atos jurídicos da União, nos termos do artigo 112º.

2 – As propostas de lei de autorização devem ser acompanhadas do anteprojeto do decreto legislativo regional a autorizar, aplicando-se às correspondentes leis de autorização o disposto nos nºs 2 e 3 do artigo 165º.

3 – As autorizações referidas no número anterior caducam com o termo da legislatura ou a dissolução, quer da Assembleia da República, quer da Assembleia Legislativa a que tiverem sido concedidas.

4 – Os decretos legislativos regionais previstos nas alíneas *b)* e *c)* do nº 1 devem invocar expressamente as respetivas leis de autorização ou leis de bases, sendo aplicável aos primeiros o disposto no artigo 169º, com as necessárias adaptações.

(...)

Artigo 232º – Competência da Assembleia Legislativa da região autónoma

1 – É da exclusiva competência da Assembleia Legislativa da região autónoma o exercício das atribuições referidas nas alíneas *a)*, *b)* e *c)*, na segunda parte da alínea *d)*, na alínea *f)*, na primeira parte da alínea *i)* e nas alíneas *l)*, *n)* e *q)* do nº 1 do artigo 227º, bem como a aprovação do orçamento regional, do plano de desenvolvimento económico e social e das contas da região e ainda a adaptação do sistema fiscal nacional às especificidades da região.

2 – Compete à Assembleia Legislativa da região autónoma apresentar propostas de referendo regional, através do qual os cidadãos eleitores recenseados no respetivo território possam, por decisão do Presidente da República, ser chamados a pronunciar-se diretamente, a título vinculativo, acerca de questões de relevante interesse específico regional, aplicando-se, com as necessárias adaptações, o disposto no artigo 115º.

3 – Compete à Assembleia Legislativa da região autónoma elaborar e aprovar o seu regimento, nos termos da Constituição e do respetivo estatuto político-administrativo.

4 – Aplica-se à Assembleia Legislativa da região autónoma e respetivos grupos parlamentares, com as necessárias adaptações, o disposto na alínea *c)* do artigo 175º, nos nºs 1 a 6 do artigo 178º e no artigo 179º, com exceção do disposto nas alíneas *e)* e *f)* do nº 3 e no nº 4, bem como no artigo 180º.

(...)

TÍTULO VIII – Poder Local

CAPÍTULO I – Princípios gerais

(...)

Artigo 238º – Património e finanças locais

1 – As autarquias locais têm património e finanças próprios.

2 – O regime das finanças locais será estabelecido por lei e visará a justa repartição dos recursos públicos pelo Estado e pelas autarquias e a necessária correção de desigualdades entre autarquias do mesmo grau.

3 – As receitas próprias das autarquias locais incluem obrigatoriamente as provenientes da gestão do seu património e as cobradas pela utilização dos seus serviços.

4 – As autarquias locais podem dispor de poderes tributários, nos casos e nos termos previstos na lei.

(...)

CAPÍTULO III – Município

(...)

Artigo 254º – Participação nas receitas dos impostos diretos

1 – Os municípios participam, por direito próprio e nos termos definidos pela lei, nas receitas provenientes dos impostos diretos.

2 – Os municípios dispõem de receitas tributárias próprias, nos termos da lei.

(...)

TÍTULO IX – Administração Pública

Artigo 266º – Princípios fundamentais

1 – A Administração Pública visa a prossecução do interesse público, no respeito pelos direitos e interesses legalmente protegidos dos cidadãos.

2 – Os órgãos e agentes administrativos estão subordinados à Constituição e à lei e devem atuar, no exercício das suas funções, com respeito pelos princípios da igualdade, da proporcionalidade, da justiça, da imparcialidade e da boa-fé.

(...)

Artigo 268º – Direitos e garantias dos administrados

1 – Os cidadãos têm o direito de ser informados pela Administração, sempre que o requeiram, sobre o andamento dos processos em que sejam diretamente interessados, bem como o de conhecer as resoluções definitivas que sobre eles forem tomadas.

2 – Os cidadãos têm também o direito de acesso aos arquivos e registos administrativos, sem prejuízo do disposto na lei em matérias relativas à segurança interna e externa, à investigação criminal e à intimidade das pessoas.

3 – Os atos administrativos estão sujeitos a notificação aos interessados, na forma prevista na lei, e carecem de fundamentação expressa e acessível quando afetem direitos ou interesses legalmente protegidos.

4 – É garantido aos administrados tutela jurisdicional efetiva dos seus direitos ou interesses legalmente protegidos, incluindo, nomeadamente, o reconhecimento desses direitos ou interesses, a impugnação de quaisquer atos administrativos que os lesem, independentemente da sua forma, a determinação da prática de atos administrativos legalmente devidos e a adoção de medidas cautelares adequadas.

5 – Os cidadãos têm igualmente direito de impugnar as normas administrativas com eficácia externa lesivas dos seus direitos ou interesses legalmente protegidos.

6 – Para efeitos dos nºs 1 e 2, a lei fixará um prazo máximo de resposta por parte da Administração.

(...)

Lei Geral Tributária (LGT)

(Decreto-lei nº 398/98, de 17 de dezembro[1])

Índice sistemático

[1] Contém as alterações efetuadas pela Lei nº 30/2017, de 30 de maio.

SECÇÃO I – ADMINISTRAÇÃO TRIBUTÁRIA

Artigo 61º – Competência tributária

Artigo 63º – Inspeção

Artigo 63º-A – Informações relativas a operações financeiras

Artigo 63º-B – Acesso a informações e documentos bancários

Artigo 63º-C – Contas bancárias exclusivamente afetas à atividade empresarial

Artigo 64º – Confidencialidade

Artigo 64º-A – Garantias especiais de confidencialidade

Artigo 64º-B – Combate à fraude e à evasão fiscais

Artigo 67º – Direito à informação

TÍTULO I – Da ordem tributária

CAPÍTULO I – Princípios gerais

Artigo 1º – Âmbito de aplicação

1 – A presente lei regula as relações jurídico-tributárias, sem prejuízo do disposto no direito comunitário e noutras normas de direito internacional que vigorem diretamente na ordem interna ou em legislação especial.

2 – Para efeitos da presente lei, consideram-se relações jurídico-tributárias as estabelecidas entre a administração tributária, agindo como tal, e as pessoas singulares e coletivas e outras entidades legalmente equiparadas a estas.

3 – Integram a administração tributária, para efeitos do número anterior, a Direcção-Geral dos Impostos, a Direcção-Geral das Alfândegas e dos Impostos Especiais sobre o Consumo, a Direcção-Geral de Informática e Apoio aos Serviços Tributários e Aduaneiros, as demais entidades públicas legalmente incumbidas da liquidação e cobrança dos tributos, o Ministro das Finanças ou outro membro do Governo competente, quando exerçam competências administrativas no domínio tributário, e os órgãos igualmente competentes dos Governos Regionais e autarquias locais.

Artigo 2º – Legislação complementar

De acordo com a natureza das matérias, às relações jurídico-tributárias aplicam-se, sucessivamente:

a) A presente lei;

b) O Código de Processo Tributário e os demais códigos e leis tributárias, incluindo a lei geral sobre infrações tributárias e o Estatuto dos Benefícios Fiscais;

c) O Código do Procedimento Administrativo e demais legislação administrativa;

d) O Código Civil e o Código de Processo Civil.

(...)

Artigo 8º – Princípio da legalidade tributária

1 – Estão sujeitos ao princípio da legalidade tributária a incidência, a taxa, os benefícios fiscais, as garantias dos contribuintes, a definição dos crimes fiscais e o regime geral das contraordenações fiscais.

2 – Estão ainda sujeitos ao princípio da legalidade tributária:

a) A liquidação e cobrança dos tributos, incluindo os prazos de prescrição e caducidade;

b) A regulamentação das figuras da substituição e responsabilidade tributárias;

c) A definição das obrigações acessórias;

d) A definição das sanções fiscais sem natureza criminal;

e) As regras de procedimento e processo tributário.

Artigo 9º – Acesso à justiça tributária

1 – É garantido o acesso à justiça tributária para a tutela plena e efetiva de todos os direitos ou interesses legalmente protegidos.

2 – Todos os atos em matéria tributária que lesem direitos ou interesses legalmente protegidos são impugnáveis ou recorríveis nos termos da lei.

3 – O pagamento do imposto nos termos de lei que atribua benefícios ou vantagens no conjunto de certos encargos ou condições não preclude o direito de reclamação, impugnação ou recurso, não obstante a possibilidade de renúncia expressa, nos termos da lei.

(...)

CAPÍTULO II – Normas tributárias

Artigo 11º – Interpretação

1 – Na determinação do sentido das normas fiscais e na qualificação dos factos a que as mesmas se aplicam são observadas as regras e princípios gerais de interpretação e aplicação das leis.

2 – Sempre que, nas normas fiscais, se empreguem termos próprios de outros ramos de direito, devem os mesmos ser interpretados no mesmo sentido daquele que aí têm, salvo se outro decorrer diretamente da lei.

3 – Persistindo a dúvida sobre o sentido das normas de incidência a aplicar, deve atender-se à substância económica dos factos tributários.

4 – As lacunas resultantes de normas tributárias abrangidas na reserva de lei da Assembleia da República não são suscetíveis de integração analógica.

Artigo 12º – Aplicação da lei tributária no tempo

1 – As normas tributárias aplicam-se aos factos posteriores à sua entrada em vigor, não podendo ser criados quaisquer impostos retroativos.

2 – Se o facto tributário for de formação sucessiva, a lei nova só se aplica ao período decorrido a partir da sua entrada em vigor.

3 – As normas sobre procedimento e processo são de aplicação imediata, sem prejuízo das garantias, direitos e interesses legítimos anteriormente constituídos dos contribuintes.

4 – Não são abrangidas pelo disposto no número anterior as normas que, embora integradas no processo de determinação da matéria tributável, tenham por função o desenvolvimento das normas de incidência tributária.

Artigo 13º – Aplicação da lei tributária no espaço

1 – Sem prejuízo de convenções internacionais de que Portugal seja parte e salvo disposição legal em sentido contrário, as normas tributárias aplicam-se aos factos que ocorram no território nacional.

2 – A tributação pessoal abrange ainda todos os rendimentos obtidos pelo sujeito passivo com domicílio, sede ou direção efetiva em território português, independentemente do local onde sejam obtidos.

(...)

TÍTULO III – Do procedimento tributário

CAPÍTULO I – Regras gerais

Artigo 54º – Âmbito e forma do procedimento tributário

1 – O procedimento tributário compreende toda a sucessão de atos dirigida à declaração de direitos tributários, designadamente:

a) As ações preparatórias ou complementares de informação e fiscalização tributária;

b) A liquidação dos tributos quando efetuada pela administração tributária;

c) A revisão, oficiosa ou por iniciativa dos interessados, dos atos tributários;

d) O reconhecimento ou revogação dos benefícios fiscais;

e) A emissão ou revogação de outros atos administrativos em matéria tributária;

f) As reclamações e os recursos hierárquicos;

g) A avaliação direta ou indireta dos rendimentos ou valores patrimoniais;

h) A cobrança das obrigações tributárias, na parte que não tiver natureza judicial.

2 – As garantias dos contribuintes previstas no presente capítulo aplicam-se também à autoliquidação, retenção na fonte ou repercussão legal a terceiros da dívida tributária, na parte não incompatível com a natureza destas figuras.

3 – O procedimento tributário segue a forma escrita, sem prejuízo da tramitação eletrónica dos atos do procedimento tributário nos termos definidos por portaria do Ministro das Finanças, mediante a qual será regulada a obrigatoriedade de apresentação em suporte eletrónico de qualquer documento, designadamente requerimentos, exposições e petições.

4 – Os documentos emitidos e os atos praticados por meios eletrónicos pela administração tributária têm o mesmo valor legal dos documentos autênticos emitidos e dos atos praticados em suporte papel, desde que garantida a sua autenticidade, integridade, confidencialidade e conservação de acordo com os requisitos legais e regulamentares exigíveis pelo Sistema de Certificação Eletrónica do Estado – Infraestrutura de Chaves Públicas, nos termos a regulamentar por portaria do Ministro das Finanças.

5 – Os atos praticados por meios eletrónicos pelo dirigente máximo do serviço são autenticados com assinatura eletrónica avançada certificada nos termos previstos pelo Sistema de Certificação Eletrónica do Estado – Infraestrutura de Chaves Públicas.

6 – Sem prejuízo do disposto na presente lei, o exercício do direito de inspeção tributária constará do diploma regulamentar próprio.

Artigo 55º – Princípios do procedimento tributário

A administração tributária exerce as suas atribuições na prossecução do interesse público, de acordo com os princípios da legalidade, da igualdade, da proporcionalidade, da justiça, da imparcialidade e da celeridade, no respeito pelas garantias dos contribuintes e demais obrigados tributários.

Artigo 56º – Princípio da decisão

1 – A administração tributária está obrigada a pronunciar-se sobre todos os assuntos da sua competência que lhe sejam apresentados por meio de reclamações, recursos, representações, exposições, queixas ou quaisquer outros meios previstos na lei pelos sujeitos passivos ou quem tiver interesse legítimo.

2 – Não existe dever de decisão quando:

a) A administração tributária se tiver pronunciado há menos de dois anos sobre pedido do mesmo autor com idênticos objecto e fundamentos;

b) Tiver sido ultrapassado o prazo legal de revisão do ato tributário.

Artigo 57º – Prazos

1 – O procedimento tributário deve ser concluído no prazo de quatro meses, devendo a administração tributária e os contribuintes abster-se da prática de atos inúteis ou dilatórios.

2 – Os atos do procedimento tributário devem ser praticados no prazo de oito dias, salvo disposição legal em sentido contrário.

3 – No procedimento tributário, os prazos são contínuos e contam-se nos termos do Código Civil.

4 – Os prazos referidos no presente artigo suspendem-se no caso de a dilação do procedimento ser imputável ao sujeito passivo por incumprimento dos seus deveres de cooperação.

5 – Sem prejuízo do princípio da celeridade e diligência, o incumprimento do prazo referido no nº 1, contado a partir da entrada da petição do contribuinte no serviço competente da administração tributária, faz presumir o seu indeferimento para efeitos de recurso hierárquico, recurso contencioso ou impugnação judicial.

Artigo 58º – Princípio do inquisitório

A administração tributária deve, no procedimento, realizar todas as diligências necessárias à satisfação do interesse público e à descoberta da verdade material, não estando subordinada à iniciativa do autor do pedido.

Artigo 59º – Princípio da colaboração

1 – Os órgãos da administração tributária e os contribuintes estão sujeitos a um dever de colaboração recíproco.

2 – Presume-se a boa fé da atuação dos contribuintes e da administração tributária.

3 – A colaboração da administração tributária com os contribuintes compreende, designadamente:

a) A informação pública, regular e sistemática sobre os seus direitos e obrigações;

b) A publicação, no prazo de 30 dias, das orientações genéricas sobre a interpretação e aplicação das normas tributárias;

c) A assistência necessária ao cumprimento dos deveres acessórios;

d) A notificação do sujeito passivo ou demais interessados para esclarecimento das dúvidas sobre as suas declarações ou documentos;

e) A prestação de informações vinculativas, nos termos da lei;

f) O esclarecimento regular e atempado das fundadas dúvidas sobre a interpretação e aplicação das normas tributárias;

g) O acesso, a título pessoal ou mediante representante, aos seus processos individuais ou, nos termos da lei, àqueles em que tenham interesse direto, pessoal e legítimo;

h) A criação, por lei, em casos justificados, de regimes simplificados de tributação e a limitação das obrigações acessórias às necessárias ao apuramento da situação tributária dos sujeitos passivos;

i) A publicação, nos termos da lei, dos benefícios ou outras vantagens fiscais salvo quando a sua concessão não comporte qualquer margem de livre apreciação da administração tributária;

j) O direito ao conhecimento pelos contribuintes da identidade dos funcionários responsáveis pela direção dos procedimentos que lhes respeitem;

l) A comunicação antecipada do início da inspeção da escrita, com a indicação do seu âmbito e extensão e dos direitos e deveres que assistem ao sujeito passivo.

m) Informação ao contribuinte dos seus direitos e obrigações, designadamente nos casos de obrigações periódicas;

n) A interpelação ao contribuinte para proceder à regularização da situação tributária e ao exercício do direito à redução da coima, quando a administração tributária detete a prática de uma infração de natureza não criminal.

4 – A colaboração dos contribuintes com a administração tributária compreende o cumprimento das obrigações acessórias previstas na lei e a prestação dos esclarecimentos que esta lhes solicitar sobre a sua situação tributária, bem como sobre as relações económicas que mantenham com terceiros.

5 – A publicação dos elementos referidos nos alíneas *a), b), e), f)* e *i)* do nº 3 é promovida por meios eletrónicos.

6 – A administração tributária disponibiliza a versão eletrónica dos códigos e demais legislação tributária atualizada.

7 – As comunicações previstas nas alíneas *m)* e *n)* do nº 3 são efetuadas por via eletrónica

Artigo 60º – Princípio da participação

1 – A participação dos contribuintes na formação das decisões que lhes digam respeito pode efetuar-se, sempre que a lei não prescrever em sentido diverso, por qualquer das seguintes formas:

a) Direito de audição antes da liquidação;

b) Direito de audição antes do indeferimento total ou parcial dos pedidos, reclamações, recursos ou petições;

c) Direito de audição antes da revogação de qualquer benefício ou ato administrativo em matéria fiscal;

d) Direito de audição antes da decisão de aplicação de métodos indiretos, quando não haja lugar a relatório de inspeção;

e) Direito de audição antes da conclusão do relatório da inspeção tributária.

2 – É dispensada a audição:

a) No caso de a liquidação se efetuar com base na declaração do contribuinte ou a decisão do pedido, reclamação, recurso ou petição lhe seja favorável;

b) No caso de a liquidação se efetuar oficiosamente, com base em valores objetivos previstos na lei, desde que o contribuinte tenha sido notificado para apresentação da declaração em falta, sem que o tenha feito.

3 – Tendo o contribuinte sido anteriormente ouvido em qualquer das fases do procedimento a que se referem as alíneas *b)* a *e)* do nº 1, é dispensada a sua audição antes da liquidação, salvo em caso de invocação de factos novos sobre os quais ainda se não tenha pronunciado.

4 – O direito de audição deve ser exercido no prazo a fixar pela administração tributária em carta registada a enviar para esse efeito para o domicílio fiscal do contribuinte.

5 – Em qualquer das circunstâncias referidas no nº 1, para efeitos do exercício do direito de audição, deve a administração tributária comunicar ao sujeito passivo o projeto da decisão e sua fundamentação.

6 – O prazo do exercício oralmente ou por escrito do direito de audição é de 15 dias, podendo a administração tributária alargar este prazo até o máximo de 25 dias em função da complexidade da matéria.

7 – Os elementos novos suscitados na audição dos contribuintes são tidos obrigatoriamente em conta na fundamentação da decisão.

(...)

CAPÍTULO II – Sujeitos

SECÇÃO I – Administração tributária

Artigo 61º – Competência tributária

1 – A incompetência no procedimento deve ser conhecida oficiosamente pela administração tributária e pode ser arguida pelos interessados.

2 – O órgão da administração tributária material ou territorialmente incompetente é obrigado a enviar as peças do procedimento para o órgão da administração tributária competente no prazo de quarenta e oito horas após a declaração de incompetência, considerando-se o requerimento apresentado na data do primeiro registo do processo.

3 – O interessado será devidamente notificado da remessa prevista no número anterior.

4 – Em caso de dúvida, é competente para o procedimento o órgão da administração tributária do domicílio fiscal do sujeito passivo ou interessado ou, no caso de inexistência de domicílio, do seu representante legal.

5 – Para os sujeitos passivos não residentes sem estabelecimento estável em território nacional, que não tenham representante fiscal, considera-se competente o Serviço de Finanças de Lisboa 3.

(...)

Artigo 63º – Inspeção

1 – Os órgãos competentes podem, nos termos da lei, desenvolver todas as diligências necessárias ao apuramento da situação tributária dos contribuintes, nomeadamente:

a) Aceder livremente às instalações ou locais onde possam existir elementos relacionados com a sua atividade ou com a dos demais obrigados fiscais;

b) Examinar e visar os seus livros e registos da contabilidade ou escrituração, bem como todos os elementos suscetíveis de esclarecer a sua situação tributária;

c) Aceder, consultar e testar o seu sistema informático, incluindo a documentação sobre a sua análise, programação e execução;

d) Solicitar a colaboração de quaisquer entidades públicas necessária ao apuramento da sua situação tributária ou de terceiros com quem mantenham relações económicas;

e) Requisitar documentos dos notários, conservadores e outras entidades oficiais;

f) Utilizar as suas instalações quando a utilização for necessária ao exercício da ação inspetiva.

2 – O acesso à informação protegida pelo segredo profissional ou qualquer outro dever de sigilo legalmente regulado depende de autorização judicial, nos termos da legislação aplicável.

3 – Sem prejuízo do número anterior, o acesso à informação protegida pelo sigilo bancário e pelo sigilo previsto no Regime Jurídico do Contrato de Seguro faz-se nos termos previstos nos artigos 63º-A, 63º-B e 63º-C.

4 – O procedimento da inspeção e os deveres de cooperação são os adequados e proporcionais aos objetivos a prosseguir, só podendo haver mais de um procedimento externo de fiscalização respeitante ao mesmo sujeito passivo ou obrigado tributário, imposto e período de tributação mediante decisão, fundamentada com base em factos novos, do dirigente máximo do serviço, salvo se a fiscalização visar apenas a confirmação dos pressupostos de direitos que o contribuinte invoque perante a administração tributária e sem prejuízo do apuramento da situação tributária do sujeito passivo por meio de inspeção ou inspeções dirigidas a terceiros com quem mantenha relações económicas.

5 – A falta de cooperação na realização das diligências previstas no nº 1 só será legítima quando as mesmas impliquem:

a) O acesso à habitação do contribuinte;

b) A consulta de elementos abrangidos pelo segredo profissional ou outro dever de sigilo legalmente regulado, com exceção do segredo bancário e do sigilo previsto no Regime Jurídico do Contrato de Seguro, realizada nos termos do nº 3;

c) O acesso a factos da vida íntima dos cidadãos;

d) A violação dos direitos de personalidade e outros direitos, liberdades e garantias dos cidadãos, nos termos e limites previstos na Constituição e na lei.

6 – Em caso de oposição do contribuinte com fundamento nalgumas circunstâncias referidas no número anterior, a diligência só poderá ser realizada mediante autorização concedida pelo tribunal da comarca competente com base em pedido fundamentado da administração tributária.

7 – A notificação das instituições de crédito, sociedades financeiras e demais entidades, para efeitos de permitirem o acesso a elementos cobertos pelo sigilo a que estejam vinculados quando a administração tributária exija fundamentadamente a sua derrogação, deve ser instruída com os seguintes elementos:

a) Nos casos de acesso direto, cópia da decisão fundamentada proferida pelo diretor-geral dos Impostos ou pelo diretor-geral das Alfândegas e dos Impostos Especiais sobre o Consumo, nos termos do nº 4 do artigo 63º-B;

b) Nos casos de acesso direto com audição prévia obrigatória do sujeito passivo ou de familiares ou terceiros que se encontrem numa relação especial com o contribuinte, prevista no nº 5 do artigo 63º-B, cópia da decisão fundamentada proferida pelo diretor-geral dos Impostos ou pelo diretor-geral das Alfândegas e dos Impostos Especiais sobre o Consumo e cópia da notificação dirigida para o efeito de assegurar a referida audição prévia.

8 – As instituições de crédito, sociedades financeiras e demais entidades devem cumprir as obrigações relativas ao acesso a elementos cobertos pelo sigilo a que estejam vinculadas no prazo de 10 dias úteis.

Artigo 63º-A – Informações relativas a operações financeiras

1 – As instituições de crédito e sociedades financeiras estão sujeitas a mecanismos de informação automática relativamente à abertura ou manutenção de contas por contribuintes cuja situação tributária não se encontre regularizada, nos termos dos nºs 5 e 6 do Artigo 64º, ou inseridos em sectores de risco, bem como quanto às transferências transfronteiras que não sejam relativas a pagamentos de rendimentos sujeitos a algum dos regimes de comunicação para efeitos fiscais já previstos na lei, a transações comerciais ou efetuadas por entidades públicas, nos termos a definir por portaria do Ministro das Finanças, ouvido o Banco de Portugal.

2 – As instituições de crédito, as sociedades financeiras e as demais entidades que prestem serviços de pagamento, estão obrigadas a comunicar à Autoridade Tributária e Aduaneira, até ao final do mês de julho de cada

ano, através de declaração de modelo oficial, aprovada por portaria do membro do Governo responsável pela área das finanças, as transferências e envio de fundos que tenham como destinatário entidade localizada em país, território ou região com regime de tributação privilegiada mais favorável que não sejam relativas a pagamentos de rendimentos sujeitos a algum dos regimes de comunicação para efeitos fiscais já previstos na lei ou operações efetuadas por pessoas coletivas de direito público.

3 – A Autoridade Tributária e Aduaneira fica obrigada a publicar anualmente, no seu sítio na Internet, o valor total anual das transferências e envio de fundos, bem como o motivo da transferência, por categoria de operação e de acordo com a respetiva tipologia, quando tenham como destinatários países, territórios e regiões com regime de tributação privilegiada mais favorável.

4 – As instituições de crédito, sociedades financeiras e as demais entidades que prestem serviços de pagamento têm a obrigação de comunicar à Autoridade Tributária e Aduaneira, até ao final do mês de julho de cada ano, através de declaração de modelo oficial, aprovada por portaria do membro do Governo responsável pela área das finanças e ouvido o Banco de Portugal, o valor dos fluxos de pagamentos com cartões de crédito e de débito ou por outros meios de pagamento eletrónico, efetuados por seu intermédio, a sujeitos passivos que aufiram rendimentos da categoria B de IRS e de IRC, sem por qualquer forma identificar os mandantes das ordens de pagamento.

5 – Sem prejuízo do disposto no número anterior, as instituições de crédito e sociedades financeiras e as demais entidades que prestem serviços de pagamento têm ainda a obrigação de fornecer, a qualquer momento, a pedido do diretor-geral da Autoridade Tributária e Aduaneira ou do seu substituto legal, ou do conselho diretivo do Instituto de Gestão Financeira da Segurança Social, I. P., as informações respeitantes aos fluxos de pagamentos com cartões de crédito e de débito ou por outros meios de pagamento eletrónico, efetuados por seu intermédio aos sujeitos passivos referidos no número anterior que sejam identificados no referido pedido de informação, sem por qualquer forma identificar os mandantes das ordens de pagamento.

6 – A informação a submeter, nos termos do nº 1, inclui a identificação das contas, o número de identificação fiscal dos titulares, o valor dos depósitos no ano, o saldo em 31 de Dezembro, bem como outros elementos que constem da declaração de modelo oficial.

7 – A obrigação de comunicação prevista no nº 2 abrange igualmente as transferências e os envios de fundos efetuados através das respetivas sucursais localizadas fora do território português ou de entidades não residentes com as quais exista uma situação de relações especiais, nos termos do nº 4 do artigo 63º do Código do IRC, sempre que a instituição de crédito, sociedade financeira ou entidade prestadora de serviços de pagamento tenha ou devesse ter conhecimento de que aquelas transferências ou envios de fundos têm como destinatário final uma entidade localizada em país, território ou região com regime de tributação privilegiada mais favorável.

8 – Os sujeitos passivos do IRS são obrigados a mencionar na correspondente declaração de rendimentos a existência e a identificação de contas de depósitos ou de títulos abertas em instituição financeira não residente em território português ou em sucursal localizada fora do território português de instituição financeira residente, de que sejam titulares, beneficiários ou que estejam autorizados a movimentar.

9 – Para efeitos do disposto no número anterior, entende-se por 'beneficiário' o sujeito passivo que controle, direta ou indiretamente, e independentemente de qualquer título jurídico mesmo que através de mandatário, fiduciário ou interposta pessoa, os direitos sobre os elementos patrimoniais depositados nessas contas.

Artigo 63º-B – Acesso a informações e documentos bancários

1 – A administração tributária tem o poder de aceder a todas as informações ou documentos bancários, bem como a informações ou documentos de outras entidades financeiras previstas como tal no artigo 3º da Lei nº 25/2008, de 5 de junho, alterado pelos Decretos-Leis nºs 317/2009, de 30 de outubro, e 242/2012, de 7 de novembro, sem dependência do consentimento do titular dos elementos protegidos:

a) Quando existam indícios da prática de crime em matéria tributária;

b) Quando se verifiquem indícios da falta de veracidade do declarado ou esteja em falta declaração legalmente exigível;

c) Quando se verifiquem indícios da existência de acréscimos de património não justificados, nos termos da alínea *f)* do nº 1 do artigo 87º;

d) Quando se trate da verificação de conformidade de documentos de suporte de registos contabilísticos dos sujeitos passivos de IRS e IRC que se encontrem sujeitos a contabilidade organizada ou dos sujeitos passivos de IVA que tenham optado pelo regime de IVA de caixa;

e) Quando exista a necessidade de controlar os pressupostos de regimes fiscais privilegiados de que o contribuinte usufrua;

f) Quando se verifique a impossibilidade de comprovação e quantificação direta e exata da matéria tributável, nos termos do artigo 88º, e, em geral, quando estejam verificados os pressupostos para o recurso a uma avaliação indireta.

g) Quando se verifique a existência comprovada de dívidas à administração fiscal ou à segurança social.

h) Quando se trate de informações solicitadas nos termos de acordos ou convenções internacionais em matéria fiscal a que o Estado português esteja vinculado.

2 – A administração tributária tem, ainda, o poder de aceder diretamente aos documentos bancários e aos documentos emitidos por outras entidades financeiras previstas como tal no artigo 3º da Lei nº 25/2008, de 5 de junho, nas situações de recusa da sua exibição ou de autorização para a sua consulta, quando se trate de familiares ou terceiros que se encontrem numa relação especial com o contribuinte.

3 – *(Revogado pela Lei nº 94/2009, de 1 de setembro).*

4 – As decisões da administração tributária referidas nos números anteriores devem ser fundamentadas com expressa menção dos motivos concretos que as justificam e, salvo o disposto no número seguinte e no nº 13, notificadas aos interessados no prazo de 30 dias após a sua emissão, sendo da competência do diretor-geral da Autoridade Tributária e Aduaneira, ou dos seus substitutos legais, sem possibilidade de delegação.

5 – Os atos praticados ao abrigo da competência definida no nº 1 são suscetíveis de recurso judicial com efeito meramente devolutivo e, sem prejuízo do disposto no nº 13, os atos previstos no nº 2 dependem da audição prévia do familiar ou terceiro e são suscetíveis de recurso judicial com efeito suspensivo, por parte destes.

6 – Nos casos de deferimento do recurso previsto no número anterior, os elementos de prova entretanto obtidos não podem ser utilizados para qualquer efeito em desfavor do contribuinte.

7 – As entidades que se encontrem numa relação de domínio com o contribuinte ficam sujeitas aos regimes de acesso à informação bancária referidos nos nºs 1, 2 e 3.

8 – *(Revogado pela Lei nº 94/2009, de 1 de setembro).*

9 – O regime previsto nos números anteriores não prejudica a legislação aplicável aos casos de investigação por infração penal e só pode ter por

objeto operações e movimentos bancários realizados após a sua entrada em vigor, sem prejuízo do regime vigente para as situações anteriores.

10 – Para os efeitos desta lei, considera-se documento bancário qualquer documento ou registo, independentemente do respetivo suporte, em que se titulem, comprovem ou registem operações praticadas por instituições de crédito ou sociedades financeiras no âmbito da respetiva atividade, incluindo os referentes a operações realizadas mediante utilização de cartões de crédito.

11 – Para os efeitos desta lei, considera-se documento de outras entidades financeiras, previstas como tal no artigo 3º da Lei nº 25/2008, de 5 de junho, qualquer documento ou registo, independentemente do respetivo suporte, que, não sendo considerado documento bancário, titule, comprove ou registe operações praticadas pelas referidas entidades.

12 – A administração tributária presta ao ministério da tutela informação anual de caráter estatístico sobre os processos em que ocorreu o levantamento do sigilo bancário e do sigilo previsto no Regime Jurídico do Contrato de Seguro, a qual é remetida à Assembleia da República com a apresentação do relatório detalhado sobre a evolução do combate à fraude e à evasão fiscais, previsto no artigo 64º-B.

13 – Nos casos abrangidos pela alínea *h)* do nº 1, não há lugar a notificação dos interessados nem a audição prévia do familiar ou terceiro quando o pedido de informações tenha caráter urgente ou essa audição ou notificação possa prejudicar as investigações em curso no Estado ou jurisdição requerente das informações e tal seja expressamente solicitado por este Estado ou jurisdição.

Artigo 63º-C – Contas bancárias exclusivamente afetas à atividade empresarial

1 – Os sujeitos passivos de IRC, bem como os sujeitos passivos de IRS que disponham ou devam dispor de contabilidade organizada, estão obrigados a possuir, pelo menos, uma conta bancária através da qual devem ser, exclusivamente, movimentados os pagamentos e recebimentos respeitantes à atividade empresarial desenvolvida.

2 – Devem, ainda, ser efetuados através da conta ou contas referidas no nº 1 todos os movimentos relativos a suprimentos, outras formas de empréstimos e adiantamentos de sócios, bem como quaisquer outros movimentos de ou a favor dos sujeitos passivos.

3 – Os pagamentos respeitantes a faturas ou documentos equivalentes de valor igual ou superior a (euro) 1000 devem ser efetuados através de meio de pagamento que permita a identificação do respetivo destinatário, designadamente transferência bancária, cheque nominativo ou débito direto.

4 – A administração tributária pode aceder a todas as informações ou documentos bancários relativos à conta ou contas referidas no nº 1 sem dependência do consentimento dos respetivos titulares.

5 – A possibilidade prevista no número anterior é estabelecida nos mesmos termos e circunstâncias do artigo 63º-B.

(...)

Artigo 64º – Confidencialidade

1 – Os dirigentes, funcionários e agentes da administração tributária estão obrigados a guardar sigilo sobre os dados recolhidos sobre a situação tributária dos contribuintes e os elementos de natureza pessoal que obtenham no procedimento, nomeadamente os decorrentes do sigilo profissional ou qualquer outro dever de segredo legalmente regulado.

2 – O dever de sigilo cessa em caso de:

a) Autorização do contribuinte para a revelação da sua situação tributária;

b) Cooperação legal da administração tributária com outras entidades públicas, na medida dos seus poderes;

c) Assistência mútua e cooperação da administração tributária com as administrações tributárias de outros países resultante de convenções internacionais a que o Estado Português esteja vinculado, sempre que estiver prevista reciprocidade;

d) Colaboração com a justiça nos termos do Código de Processo Civil e mediante despacho de uma autoridade judiciária, no âmbito do Código de Processo Penal;

e) Confirmação do número de identificação fiscal e domicílio fiscal às entidades legalmente competentes para a realização do registo comercial, predial ou automóvel.

3 – O dever de confidencialidade comunica-se a quem quer que, ao abrigo do número anterior, obtenha elementos protegidos pelo segredo fiscal, nos mesmos termos do sigilo da administração tributária.

4 – O dever de confidencialidade não prejudica o acesso do sujeito passivo aos dados sobre a situação tributária de outros sujeitos passivos que sejam comprovadamente necessários à fundamentação da reclamação,

recurso ou impugnação judicial, desde que expurgados de quaisquer elementos suscetíveis de identificar a pessoa ou pessoas a que dizem respeito.

5 – Não contende com o dever de confidencialidade:

a) A divulgação de listas de contribuintes cuja situação tributária não se encontre regularizada, designadamente listas hierarquizadas em função do montante em dívida, desde que já tenha decorrido qualquer dos prazos legalmente previstos para a prestação de garantia ou tenha sido decidida a sua dispensa;

b) A publicação de rendimentos declarados ou apurados por categorias de rendimentos, contribuintes, sectores de atividades ou outras, de acordo com listas que a administração tributária deve organizar anualmente a fim de assegurar a transparência e publicidade.

6 – Para efeitos do disposto na alínea *a)* do número anterior, considera-se como situação tributária regularizada o disposto no artigo 177º-A do CPPT.

7 – Para efeitos do disposto na alínea *d)* do nº 2, e com vista à realização das finalidades dos processos judiciais, incluindo as dos inquéritos em processo penal, as autoridades judiciárias acedem diretamente às bases de dados da Autoridade Tributária e Aduaneira.

8 – A concretização do acesso referido no número anterior é disciplinada por protocolo a celebrar entre o Conselho Superior da Magistratura, a Procuradoria-Geral da República e a Autoridade Tributária e Aduaneira.

Artigo 64º-A – Garantias especiais de confidencialidade

Compete ao Ministro das Finanças definir regras especiais de reserva da informação a observar pelos serviços da administração tributária no âmbito dos processos de derrogação do dever de sigilo bancário.

Artigo 64º-B – Combate à fraude e à evasão fiscais

1 – O Governo apresenta à Assembleia da República, até ao final do mês de junho de cada ano, um relatório detalhado sobre a evolução do combate à fraude e à evasão fiscais em todas as áreas da tributação, explicitando os resultados alcançados, designadamente quanto ao valor das liquidações adicionais realizadas, bem como quanto ao valor das coletas recuperadas nos diversos impostos.

2 – O relatório previsto no número anterior deve conter, designadamente:

a) O grau de execução dos planos plurianuais de combate à fraude e evasão fiscais e aduaneiras aprovados pelo Governo;

b) Os resultados obtidos com a utilização dos diversos instrumentos jurídicos para o combate à fraude e à evasão fiscais, nomeadamente:

i) No âmbito legislativo;

ii) No âmbito penal;

iii) No âmbito operacional;

iv) No âmbito do relacionamento institucional com outras entidades públicas nacionais e internacionais; e

v) No âmbito do relacionamento com o contribuinte;

c) A informação estatística relevante sobre a atuação da inspeção tributária, da justiça tributária, de outras áreas da Autoridade Tributária e Aduaneira e de outras entidades que colaboram no combate à fraude e evasão fiscais e aduaneiras.

d) A evolução dos montantes de transferências e envio de fundos quando tenham como destinatários países, territórios e regiões com regime de tributação privilegiada mais favorável, nos termos do nº 3 do artigo 63º-A, bem como os resultados da ação da inspeção tributária, da justiça tributária, de outras áreas da Autoridade Tributária e Aduaneira e de outras entidades que colaboram no combate à fraude e evasão fiscais e aduaneiras relativamente a esta matéria, designadamente quanto a número de inspeções realizadas, divergências detetadas, correções à matéria coletável, liquidação de imposto correspondente e remessa ao Ministério Público

(...)

Artigo 67º – Direito à informação

1 – O contribuinte tem direito à informação sobre:

a) A fase em que se encontra o procedimento e a data previsível da sua conclusão;

b) A existência e teor das denúncias dolosas não confirmadas e a identificação do seu autor;

c) A sua concreta situação tributária.

2 – As informações referidas no número anterior, quando requeridas por escrito, são prestadas no prazo de 10 dias.

Regime Jurídico do FATCA

Regime de Comunicação de Informações Financeiras (RCIF)

(Artigo 239º da Lei nº 82-B/2014, de 31 de dezembro)

Índice sistemático

Regime de Comunicação de Informações Financeiras
(Artigo 239º da Lei nº 82-B/2014, de 31 de dezembro)[1]

É aprovado o regime de comunicação de informações financeiras, com a seguinte redação:

Artigo 1º – Objeto

O presente regime estabelece as obrigações das instituições financeiras em matéria de identificação de determinadas contas e de comunicação de informações à Autoridade Tributária e Aduaneira, reforçando e assegurando as condições necessárias para a aplicação dos mecanismos de cooperação internacional e de combate à evasão fiscal previstos na Convenção entre a República Portuguesa e os Estados Unidos da América (EUA) para Evitar a Dupla Tributação e Prevenir a Evasão Fiscal em Matéria de Impostos sobre o Rendimento e no *Foreign Account Tax Compliance Act* (FATCA), através da assistência mútua baseada na troca automática e recíproca de informações.

Artigo 2º – Entidades abrangidas

1 – O disposto no presente regime é aplicável às instituições financeiras com sede ou direção efetiva em território português, excluindo qualquer sucursal situada fora do território português, bem como às sucursais situadas em território português de instituições financeiras com sede no estrangeiro, que, em qualquer caso, integrem uma das seguintes categorias de instituições financeiras:

a) "Instituição de depósito";

b) "Instituição de custódia";

c) "Entidade de investimento";

d) "Empresa de seguros especificada".

2 – Para efeitos do disposto no número anterior entende-se por:

a) "Instituição de depósito", a instituição de crédito ou qualquer outra entidade legalmente autorizada a exercer a atividade de receção de depósitos ou outros fundos reembolsáveis;

b) "Instituição de custódia", o intermediário financeiro, ou qualquer outra entidade, autorizado a prestar o serviço de registo e o depósito de ins-

[1] Entrou em vigor no dia 1 de janeiro de 2015 (artigo 261º da Lei nº 82-B/2014, de 31 de dezembro).

trumentos financeiros e cujos rendimentos brutos decorrentes da detenção dos ativos financeiros por conta de terceiros ou dos serviços financeiros relacionados sejam iguais ou superiores a 20% do rendimento bruto dessa entidade obtido no mais curto dos seguintes períodos de tempo:

i) No período de três anos que termine a 31 de dezembro do ano que anteceda aquele em que se efetue a determinação para os efeitos do presente artigo; ou

ii) No período que tenha ocorrido desde a data de constituição da entidade;

c) "Entidade de investimento", qualquer entidade que exerça como atividade, ou seja gerida por uma entidade que exerça como atividade, uma ou várias das seguintes atividades ou operações, por conta ou em nome de um cliente:

i) Negociação de instrumentos financeiros;

ii) Gestão de carteiras;

iii) Qualquer outra atividade que consista em investir, administrar ou gerir fundos ou dinheiro por conta de terceiros;

d) 'Empresa de seguros especificada', qualquer entidade legalmente autorizada a exercer a atividade seguradora em Portugal, no âmbito do ramo Vida, nos termos do regime jurídico do acesso e exercício da atividade seguradora e resseguradora, que emita ou seja obrigada a efetuar pagamentos em relação a um contrato de seguro monetizável ou a um contrato de renda.

3 – Consideram-se abrangidas pela alínea *c)* do número anterior, designadamente:

a) As instituições de crédito e as empresas de investimento autorizadas a prestar serviços de investimento e a exercer as atividades de investimento seguintes:

i) A receção e transmissão, por conta de clientes, de ordens relativas a um ou mais instrumentos financeiros;

ii) A execução de ordens por conta de clientes, relativas a um ou mais instrumentos financeiros;

iii) A gestão de carteiras, numa base discricionária e individualizada, no âmbito de mandato conferido pelos clientes, sempre que essas carteiras incluam um ou mais instrumentos financeiros;

b) Os organismos de investimento coletivo constituídos de acordo com a legislação nacional, e respetivas entidades responsáveis pela gestão;

c) Os fundos de investimento imobiliário constituídos de acordo com a legislação nacional, e respetivas entidades responsáveis pela gestão;

d) Os fundos de pensões constituídos de acordo com a legislação nacional, e respetivas entidades gestoras;

e) Os fundos de capital de risco, as sociedades de capital de risco e os investidores em capital de risco constituídos de acordo com a legislação nacional, bem como as entidades gestoras dos fundos de capital de risco;

f) Os fundos de titularização de créditos e as sociedades de titularização de créditos constituídos de acordo com a legislação nacional, bem como as entidades gestoras dos fundos de titularização de créditos.

4 – A alínea *c)* do nº 2 deve ser interpretada de forma consistente com os termos e expressões utilizados na definição de 'instituição financeira' constante das recomendações do grupo de ação financeira internacional (GAFI).

5 – Para efeitos deste regime, a expressão 'entidade' designa uma pessoa coletiva ou um instrumento jurídico, tal como um *trust* (estrutura fiduciária).

Artigo 3º – Entidades excluídas

1 – Não se encontram abrangidas pelas obrigações de comunicação previstas no presente regime as seguintes entidades, bem como as contas financeiras de que sejam titulares:

a) O Estado Português, suas subdivisões políticas ou administrativas ou autarquias locais, ou uma instituição ou organismo, excluindo as instituições financeiras, detido na totalidade pelo Estado, suas subdivisões políticas ou administrativas ou autarquias locais;

b) As instituições de segurança social e previdência e os fundos de capitalização por elas administrados;

c) O Banco de Portugal;

d) O Fundo de Garantia de Depósitos, o Fundo de Garantia do Crédito Agrícola Mútuo e o Fundo de Resolução;

e) O Sistema de Indemnização aos Investidores;

f) O Fundo de Acidentes de Trabalho e o Fundo de Garantia Automóvel;

g) A Agência de Gestão da Tesouraria e da Dívida Pública – IGCP, E. P. E.

2 – Estão, ainda, excluídos das obrigações de comunicação previstas no presente regime:

a) Os fundos de pensões e equiparáveis que se constituam e operem de acordo com a legislação nacional, com exceção dos que permitam apenas adesões individuais, incluindo os fundos de pensões constituídos por entidades referidas no número anterior, desde que possam beneficiar da aplicação da Convenção para Evitar a Dupla Tributação entre Portugal e os EUA ou nenhum beneficiário tenha direito a mais de 5% dos ativos do fundo ou, quando o fundo possua menos de 50 participantes, os participantes não residentes em território português não tenham direito a mais de 20% dos ativos do fundo;

b) As entidades de investimento que se qualifiquem como instituições financeiras devido, exclusivamente, ao exercício da atividade de consultoria para investimento em um ou mais instrumentos financeiros;

c) As entidades de investimento, em relação à atividade de gestão de carteiras, numa base discricionária e individualizada, no âmbito de mandato conferido pelos clientes, desde que os instrumentos financeiros sob gestão se encontrem depositados em nome do cliente em uma ou mais instituições financeiras e nenhuma delas seja considerada instituição financeira não participante nos termos da legislação FATCA;

d) Os organismos de investimento coletivo e respetivas entidades responsáveis pela gestão, sempre que todas as unidades de participação ou ações do organismo de investimento coletivo sejam detidas por, ou através de, uma ou mais instituições financeiras e nenhuma delas seja considerada instituição financeira não participante nos termos da legislação FATCA;

e) Os fundos de investimento imobiliário, sociedades de investimento imobiliário e respetivas entidades responsáveis pela gestão, sempre que todas as unidades de participação do fundo de investimento imobiliário ou ações da sociedade de investimento imobiliário sejam detidas por, ou através de, uma ou mais instituições financeiras e nenhuma delas seja considerada instituição financeira não participante nos termos da legislação FATCA.

Artigo 4º – Contas financeiras abrangidas

1 – Estão abrangidas pelas obrigações de comunicação previstas no presente regime as seguintes contas financeiras:

a) Contas de depósito, designadamente quaisquer contas comerciais, à ordem, de aforro, a prazo ou de poupança, as contas identificadas mediante certificados de depósitos, certificados de poupança, certificados de investimento, certificados de dívida ou outros instrumentos similares mantidos por uma instituição financeira no decurso normal de uma atividade bancária ou similar, bem como os montantes detidos por uma empresa de seguros nos termos de contratos de investimento garantido ou acordos similares de atribuição ou pagamento de juros relativamente a esses montantes;

b) Contas de custódia, considerando-se como tais as contas que não constituam contratos de seguro ou contratos de renda e de que sejam beneficiárias outras pessoas que detenham quaisquer instrumentos financeiros ou contratos de investimento, nomeadamente ações, quotas, títulos de crédito, obrigações, títulos de dívida ou quaisquer outros documentos de dívida, operações cambiais ou sobre mercadorias, *swaps* de risco de incumprimento de crédito, *swaps* baseados em índices não financeiros, contratos de capital nocional, contratos de seguro, contratos de renda, ou quaisquer opções ou outros instrumentos derivados;

c) Contratos de seguro monetizáveis, considerando-se como tais os contratos de seguro em que exista possibilidade de resgate e cujo valor de reembolso imediato seja superior a 50 000 dólares dos EUA;

d) Contratos de renda, considerando-se como tais os contratos nos termos do quais o emitente acorda efetuar pagamentos durante certo período de tempo determinado, no todo ou em parte, por referência à esperança de vida de uma ou mais pessoas singulares, bem como os contratos considerados como contratos de renda, nos termos das disposições legislativas ou regulamentares ou das práticas da jurisdição em que o contrato tenha sido emitido, nos termos dos quais o emitente acorda efetuar pagamentos durante um determinado período;

e) Contas financeiras mantidas por entidades de investimento.

2 – Para os efeitos da alínea *e)* do número anterior, consideram-se contas financeiras mantidas por entidades de investimento, designadamente:

a) As unidades de participação e as ações de organismos de investimento coletivo;

b) As unidades de participação de fundos de investimento imobiliário e as ações de sociedades de investimento imobiliário;

c) As unidades de participação e quaisquer outras participações em fundos de pensões;

d) As unidades de participação, ações e quaisquer outras formas de participação em fundos de capital de risco, sociedades de capital de risco e investidores em capital de risco;

e) As unidades de titularização de créditos emitidas por fundos de titularização de créditos;

f) As ações e as obrigações titularizadas emitidas pelas sociedades de titularização de créditos;

g) As carteiras de gestão discricionária mantidas por instituições de investimento autorizadas a exercer a atividade de gestão de carteiras, numa base discricionária e individualizada, no âmbito de mandato conferido pelos clientes;

h) As participações representativas de capital e direitos de crédito, considerando-se:

i) No caso de uma *partnership* (sociedade de pessoas) que seja uma instituição financeira, que constitui uma participação representativa de capital qualquer participação no capital ou nos lucros da *partnership* (sociedade de pessoas);

ii) No caso de um *trust* (estrutura fiduciária) que seja uma instituição financeira, que uma participação representativa de capital é detida por qualquer pessoa tratada como *settlor* (instituidor) ou beneficiário, no todo ou em parte, do *trust* (estrutura fiduciária), ou qualquer outra pessoa singular que exerça o controlo efetivo sobre o *trust* (estrutura fiduciária), ou, ainda, quando o *trust* (estrutura fiduciária) não seja dos EUA, por qualquer pessoa que tenha o direito de receber, direta ou indiretamente, por exemplo através de um mandatário, uma distribuição obrigatória ou possa receber, direta ou indiretamente, uma distribuição discricionária do *trust* (estrutura fiduciária);

i) Quaisquer outras formas de participação no capital ou de detenção de dívida emitida por instituições de investimento diferentes das mencionadas nas alíneas anteriores.

3 – Sempre que uma instituição financeira assim seja qualificada apenas porque gere uma ou mais das entidades de investimento mencionadas nas alíneas *a)* a *f)* do número anterior, as respetivas contas financeiras correspondem às contas financeiras das entidades de investimento sob sua gestão.

4 – Para efeitos do disposto na alínea *c)* do nº 1, considera-se valor de reembolso imediato o maior dos seguintes montantes:

a) O valor de resgate teórico, não deduzido de quaisquer penalizações de resgate ou de empréstimos ou adiantamentos sobre o contrato; ou

b) O valor máximo que poderá ser emprestado ou adiantado ao tomador no âmbito do contrato.

Artigo 5º – Contas financeiras excluídas

1 – São excluídas das obrigações previstas no presente regime as seguintes contas financeiras:

a) Contas de depósito detidas por pessoas singulares cujo saldo, no final de cada ano civil, não exceda 50 000 dólares dos EUA ou o montante equivalente em euros;

b) Contratos de seguro monetizáveis detidos por pessoas singulares cujo valor de reembolso imediato, no final de cada ano civil, não exceda 50 000 dólares dos EUA ou o montante equivalente em euros;

c) Contratos de seguro monetizáveis e contratos de renda detidos por pessoas singulares subscritos até 30 de junho de 2014 e cujo valor de reembolso imediato nesta data não excedesse 250 000 dólares dos EUA, enquanto o respetivo valor de reembolso imediato no final de cada ano civil não exceder 1 000 000 dólares dos EUA ou o montante equivalente em euros;

d) Outras contas financeiras, detidas por pessoas singulares, abertas até 30 de junho de 2014 e cujo saldo ou valor nesta data não excedesse 50 000 dólares dos EUA ou o montante equivalente em euros, enquanto o respetivo saldo ou valor não exceder, no final de cada ano civil, 1 000 000 dólares dos EUA ou o montante equivalente em euros;

e) Contas financeiras, detidas por entidades, abertas até 30 de junho de 2014 e cujo saldo nesta data não excedesse 250 000 dólares dos EUA ou o montante equivalente em euros, enquanto o respetivo saldo ou valor não exceder 1 000 000 dólares dos EUA ou o montante equivalente em euros.

2 – Sem prejuízo do disposto nos números seguintes, são ainda excluídas das obrigações de comunicação previstas no presente regime, designadamente, as seguintes contas financeiras:

a) Contas de reforma ou pensões que, nos termos da legislação nacional, verifiquem os seguintes requisitos:

i) Estejam sujeitas a regulamentação na qualidade de conta de reforma pessoal ou integrem um plano de reforma ou de pensões registado ou regulado para a atribuição de benefícios de reforma ou pensão, invalidez ou morte;

ii) As contribuições usufruam de benefícios fiscais ou a tributação dos rendimentos de capitais relacionados com estas contas seja diferida ou efetuada a uma taxa reduzida;

iii) Exista uma obrigação de comunicação anual de informações à Autoridade Tributária e Aduaneira; e

iv) Apenas possam ser efetuados levantamentos quando seja atingida uma determinada idade de reforma ou condição de invalidez, ou por morte, ou se verifiquem as condições previstas no Decreto-Lei nº 158/2002, de 2 de julho, ou no Decreto-Lei nº 12/2006, de 20 de janeiro, ou sejam aplicadas sanções em caso de levantamentos efetuados antes da ocorrência destes eventos;

b) Contratos de seguro de vida cujo período de cobertura termine antes de o segurado atingir os 90 anos de idade, desde que cumpram os seguintes requisitos:

i) O valor dos prémios periódicos não diminua com o tempo e estes prémios tenham uma periodicidade, pelo menos, anual durante a vigência do contrato ou até o segurado atingir os 90 anos de idade, consoante o período que for mais curto;

ii) O contrato não possua qualquer valor contratual a que qualquer pessoa possa aceder, seja através de levantamento, empréstimo ou por qualquer outro modo, sem a cessação do contrato;

iii) O montante a pagar, com exceção da prestação por morte, com o cancelamento ou cessação do contrato não possa exceder o montante acumulado dos prémios pagos durante o contrato, deduzido do montante dos encargos devidos por mortalidade, doença e despesas relativamente ao período ou períodos de vigência do contrato, bem como quaisquer montantes pagos antes do cancelamento ou cessação do contrato; e

iv) O contrato não seja detido por um adquirente a título oneroso;

c) Outras contas financeiras, desde que cumpram os seguintes requisitos:

i) Estejam sujeitas à regulamentação aplicável aos veículos de poupança para outros efeitos que não relativamente a reforma;

ii) As contribuições usufruam de benefícios fiscais ou a tributação dos rendimentos de capitais relacionados com estas contas seja diferida ou efetuada a uma taxa reduzida; e

iii) Apenas possam ser efetuados levantamentos quando se verifiquem determinadas condições relacionadas com os objetivos da conta de investimento ou poupança, por exemplo o pagamento de despesas com educação ou saúde, ou sejam aplicadas sanções em caso de levantamentos efetuados caso não se verifiquem essas condições.

3 – As contas financeiras abrangidas pela alínea *a)* do número anterior não são abrangidas pelas obrigações de comunicação estabelecidas no presente regime, desde que:

a) As contribuições anuais, com exceção das resultantes de transferências de contas financeiras com idênticas características, não ultrapassem 50 000 dólares dos EUA ou o montante equivalente em euros; ou *b)* O total de contribuições efetuadas não exceda 1 000 000 dólares dos EUA ou o montante equivalente em euros.

4 – As contas financeiras abrangidas pela alínea *c)* do nº 2 não são abrangidas pelas obrigações de comunicação estabelecidas pelo presente regime, desde que as contribuições anuais não ultrapassem 50 000 dólares dos EUA ou o montante equivalente em euros.

5 – Para efeitos da determinação dos limites referidos nos números anteriores, as instituições financeiras devem considerar os saldos ou valores agregados das várias contas, individuais ou conjuntas, que sejam direta ou indiretamente detidas, controladas ou estabelecidas, por uma mesma pessoa dos EUA, quando esta não atue na qualidade de fiduciário, mantidas junto dessa instituição.

Artigo 6º – Obrigações de identificação

1 – As instituições financeiras abrangidas devem aplicar os procedimentos de diligência devida para a identificação de todas as contas financeiras abrangidas pelo presente regime mantidas em Portugal e que sejam qualificadas como 'Contas dos EUA sujeitas a comunicação' ou sejam detidas por instituições financeiras consideradas não participantes nos termos da legislação FATCA.

2 – Para efeitos do presente regime, consideram-se:

a) "Contas dos EUA sujeitas a comunicação", as contas financeiras detidas por uma ou mais pessoas dos EUA, ou por uma entidade que não é dos EUA controlada por uma ou mais pessoas dos EUA;

b) "Pessoa dos EUA", um cidadão ou pessoa singular residente nos EUA, uma *partnership* (sociedade de pessoas) ou sociedade constituída nos Estados Unidos ou nos termos da legislação dos EUA ou de qualquer um dos seus Estados, um *trust* (estrutura fiduciária) se:

i) Um tribunal nos EUA tiver competência, nos termos da lei aplicável, para proferir decisões ou sentenças que, na sua substância, se relacionem com todos os assuntos relativos à administração do *trust* (estrutura fiduciária); e

ii) Uma ou mais pessoas dos EUA detiverem o poder de controlar todas as decisões de substância do *trust* (estrutura fiduciária), ou a herança de um autor da sucessão que seja cidadão ou residente dos EUA.

3 – Para efeitos do disposto nos números anteriores, quando sejam detetados indícios que associem uma conta financeira aos EUA, as instituições

financeiras devem adotar diligências para reunir os elementos adicionais adequados a aferir se se trata de uma "Conta dos EUA sujeita a comunicação".

4 – Quando o gestor de conta tiver conhecimento de factos que indiciem que o titular da conta é uma pessoa dos EUA, deve comunicar esses indícios à instituição financeira, para os efeitos previstos no número anterior.

Artigo 7º – Informações abrangidas pela obrigação de comunicação

1 – As instituições financeiras devem transmitir anualmente à Autoridade Tributária e Aduaneira, relativamente a cada uma das contas dos EUA sujeitas a comunicação, por si mantidas, os elementos seguintes:

a) Nome, morada e número de identificação fiscal federal dos EUA de cada pessoa dos EUA que seja considerada como titular da conta e, relativamente a uma entidade que não é dos EUA, sempre que, na sequência da aplicação dos procedimentos de identificação e diligência devida previstos no artigo 6º, seja identificada como controlada por uma ou mais pessoas dos EUA, o nome, a morada e o número de identificação fiscal federal dos EUA dessa entidade, quando aplicável, bem como de cada uma dessas pessoas dos EUA;

b) O número da conta ou, na sua ausência, o equivalente funcional;

c) O nome e número identificador da instituição financeira;

d) O saldo ou o valor da conta, incluindo, no caso de contratos de seguro monetizáveis ou de contratos de renda, o valor em numerário ou o valor de resgate, às 0 horas do dia 1 de janeiro de 2015 e, após esta data, no final de cada ano civil ou, caso a conta tenha sido encerrada no ano anterior, no momento imediatamente anterior ao do seu encerramento.

2 – Relativamente a cada uma das contas de custódia devem ainda ser transmitidas, além dos elementos referidos no nº 1, as seguintes informações:

a) O montante bruto total dos juros, o montante bruto total dos dividendos e o montante bruto total de outros rendimentos gerados pelos ativos detidos na conta que sejam, em qualquer dos casos, pagos ou creditados na conta, ou em conexão com a conta, durante o ano civil relevante; e

b) O montante total das receitas brutas da alienação ou resgate dos ativos pagas ou creditadas na conta durante o ano civil relevante relativamente ao qual a instituição financeira atuou na qualidade de custodiante, corretor, mandatário ou como representante por qualquer outra forma do titular da conta.

3 – Relativamente a cada uma das contas de depósito, além dos elementos referidos no nº 1, deve igualmente ser comunicado o montante bruto total dos juros pagos ou creditados na conta durante o ano civil relevante.

4 – Tratando-se de qualquer outra conta não descrita nos nºs 2 e 3, as informações a transmitir devem ainda incluir, além dos elementos referidos no nº 1, o total dos montantes brutos pagos ou creditados ao titular da conta relativamente à mesma, durante o ano civil relevante, em relação ao qual a instituição financeira seja o obrigado ou o devedor, incluindo o montante total de quaisquer pagamentos de resgates efetuados ao titular da conta durante esse ano.

5 – Para efeitos do disposto nos números anteriores, o montante e a caracterização dos pagamentos efetuados em relação a uma conta dos EUA sujeita a comunicação são determinados em conformidade com o disposto na legislação fiscal portuguesa.

6 – As informações sobre os montantes do saldo ou do valor das contas podem ser comunicadas na moeda em que a conta se encontre denominada ou em dólares dos EUA.

7 – Para efeitos da alínea *a)* do nº 1, relativamente a cada uma das contas dos EUA sujeitas a comunicação mantidas por uma instituição financeira em 30 de junho de 2014, caso o número de identificação fiscal federal dos EUA não conste dos seus registos, essa instituição financeira deve comunicar a data de nascimento da pessoa dos EUA em causa, caso essa data de nascimento conste dos seus registos.

8 –Sempre que uma instituição financeira efetue pagamentos a instituições financeiras consideradas não participantes nos termos da legislação FATCA deve, relativamente a 2015 e 2016, comunicar à Autoridade Tributária e Aduaneira o nome dessas instituições financeiras não participantes e o montante total dos pagamentos efetuados a cada uma dessas instituições financeiras.

Artigo 8º – Regra de conversão de moeda

Para efeitos do presente regime, a conversão de moeda é efetuada à taxa de câmbio à vista publicada correspondente ao último dia útil do ano civil anterior ao da transmissão do saldo ou valor.

Artigo 9º – Obrigações de comunicação à autoridade tributária e aduaneira[2]

As instituições financeiras são obrigadas a comunicar, por via eletrónica, à Autoridade Tributária e Aduaneira, até ao dia 31 de julho de cada ano, os elementos enunciados no artigo 7º relativos às contas financeiras por si mantidas em Portugal de que sejam titulares uma ou mais pessoas dos EUA ou entidades que, através da aplicação dos procedimentos de diligência devida previstos no artigo 6º, sejam identificadas como controladas por uma ou mais pessoas dos EUA, bem como as informações referidas no nº 8 do artigo 7º.

Artigo 10º – Períodos relevantes para a obtenção e transmissão das informações

As informações que devem ser obtidas e transmitidas pelas instituições financeiras respeitam a cada ano, com as seguintes especificações:

a) As informações a transmitir em 2015 são apenas as descritas no nº 1 do artigo 7º;

b) As informações a transmitir em 2016 são as descritas nos nºs 1 a 4 do artigo 7º, exceto as referentes às receitas brutas referidas na alínea *b)* do nº 2 do mesmo artigo, tendo como referência o ano de 2015;

c) As informações a transmitir em 2017 e nos anos subsequentes são as descritas nos nºs 1 a 4 do artigo 7º, tendo como referência o ano civil anterior.

Artigo 11º – Troca automática de informações

1 – A Autoridade Tributária e Aduaneira envia as informações referidas no artigo anterior às autoridades competentes dos EUA, nos termos e con-

[2] 1 – Prorrogação do prazo, até 10 de janeiro de 2017, pelo Despacho do SEAF, de 28 de dezembro de 2016. Anteriores prorrogações do SEAF: Despacho do SEAF nº 202/2016-XXI, de 29 de setembro de 2016, que prorroga o primeiro prazo de comunicação até à entrada em vigor da Regulamentação Complementar (12 de outubro de 2016), Despacho do SEAF nº 150/2016-XXI, de 30 de junho de 2016, que prorroga o primeiro prazo de comunicação para o dia 30 de setembro de 2016, Despacho do SEAF 64/2016-XXI, de 31 de março de 2016, que prorroga o primeiro prazo de comunicação para o dia 30 de junho de 2016, Despacho do SEAF 10/2015-XXI, de 28 de dezembro de 2015, que prorroga o primeiro prazo de comunicação para o dia 31 de março de 2016, Despacho do SEAF nº 2/2015-XIX, de 30 de novembro de 2015, que prorroga o primeiro prazo de comunicação para o dia 31 de dezembro de 2015, Despacho do SEAF nº 272/2015-XIX, de 30 de julho de 2015, que prorroga o primeiro prazo de comunicação para o dia 30 de novembro de 2015.

dições do acordo para a troca recíproca de informações a celebrar para o efeito, até 30 de setembro de cada ano.

2 – As informações transmitidas e recebidas das autoridades competentes dos EUA, ao abrigo do regime de reciprocidade definido no acordo referido no número anterior, ficam sujeitas às regras de confidencialidade e outros regimes de proteção previstos na legislação nacional e na Convenção entre a República Portuguesa e os Estados Unidos da América para Evitar a Dupla Tributação e Prevenir a Evasão Fiscal em Matéria de Impostos sobre o Rendimento, incluindo as disposições que limitam a utilização das informações recebidas.

Artigo 12º – Incumprimento

1 – Quando as informações comunicadas estejam incorretas ou incompletas, a Autoridade Tributária e Aduaneira notifica as instituições financeiras para a resolução das deficiências detetadas, designadamente através de uma nova comunicação das informações, aplicando-se, se for o caso, as penalidades correspondentes às infrações praticadas, nos termos dos artigos 117º ou 119º do Regime Geral das Infrações Tributárias, aprovado pela Lei nº 15/2001, de 5 de junho.

2 – Em caso de incumprimento das obrigações de comunicação ou de diligência devida previstas no presente regime por parte de uma instituição financeira, a Autoridade Tributária e Aduaneira notifica a instituição financeira para corrigir ou suprir as informações em falta ou, sendo o caso, adotar ou corrigir os procedimentos de diligência devida adequados a sanar a situação de incumprimento, sendo as coimas previstas no número anterior elevadas até ao dobro.

Artigo 13º – Medidas antiabuso

Sempre que uma pessoa ou uma instituição financeira realize operações ou pratique qualquer ato no âmbito da sua atividade tendo como único ou principal objetivo evitar o cumprimento das obrigações previstas nos artigos anteriores, tais operações ou atos são considerados ineficazes para efeitos do presente regime, aplicando-se as regras de identificação e comunicação que seriam aplicáveis na sua ausência.

Artigo 14º – Derrogação do dever de sigilo

O cumprimento das obrigações previstas no presente regime derroga qualquer dever de sigilo a que estejam sujeitas as entidades abrangidas por essas obrigações.

Artigo 15º – Proteção de dados pessoais

1 – Para efeitos da alínea *d)* do artigo 3º da Lei nº 67/98, de 26 de outubro, a Autoridade Tributária e Aduaneira é considerada responsável pelo tratamento de dados pessoais, transmitidos e recebidos ao abrigo do presente regime.

2 – Compete às instituições financeiras informar os titulares das contas sujeitas a comunicação que sejam pessoas singulares sobre a obrigação legal de recolha e transmissão dos dados relativos a essas contas através da prestação das informações previstas no artigo 10º da Lei nº 67/98, de 26 de outubro, identificando como destinatários da informação a Autoridade Tributária e Aduaneira e a autoridade competente dos EUA definida nos termos do acordo a que se refere o nº 1 do artigo 11º para que estas pessoas possam exercer os seus direitos em matéria de proteção de dados, antes de as informações serem comunicadas à Autoridade Tributária e Aduaneira.

3 – O titular dos dados exerce o seu direito de acesso aos dados transmitidos ao abrigo deste regime junto da Autoridade Tributária e Aduaneira, nas condições a definir por esta, em conformidade com o disposto no artigo 11º da Lei nº 67/98, de 26 de outubro.

4 – A Autoridade Tributária e Aduaneira deve notificar os titulares das contas dos EUA sujeitas a comunicação que sejam pessoas singulares abrangidas pela troca de informações da ocorrência de qualquer violação da segurança dos dados que lhe dizem respeito quando tal for suscetível de prejudicar a proteção dos seus dados pessoais ou da sua privacidade.

5 – As informações sobre as contas financeiras e seus titulares que são objeto de comunicação, bem como os documentos que justificam as declarações prestadas e as informações recolhidas em cumprimento das obrigações referidas nos artigos anteriores devem ser conservados pelas instituições financeiras, em boa ordem, pelo período de seis anos contados a partir do final do ano em que os procedimentos tenham sido efetuados.

6 – As informações transmitidas e recebidas nos termos do presente regime são conservadas pela Autoridade Tributária e Aduaneira apenas durante o período de tempo necessário para a prossecução das finalidades para que foram recolhidas ou são tratadas, não podendo ultrapassar o prazo máximo de 12 anos, suspendendo- se a contagem desse prazo nas situações e termos previstos no artigo 46º da lei geral tributária, aprovada pelo Decreto-Lei nº 398/98, de 17 de dezembro.

Artigo 16º – Regulamentação complementar[3]

1 – O Governo estabelece por decreto-lei:

a) As demais pessoas ou entidades cujas contas ficam excluídas das obrigações previstas no presente regime;

b) As contas financeiras excluídas das obrigações de comunicação, nos termos previstos no artigo 5º;

c) O desenvolvimento das regras e procedimentos de diligência devida relacionados com a identificação das contas dos EUA sujeitas a comunicação, previstos no artigo 6º;

d) As regras, procedimentos e prazos aplicáveis no âmbito da obtenção e transmissão à Autoridade Tributária e Aduaneira de informações pelas instituições financeiras, bem como da troca automática de informações e outros aspetos administrativos que se revelem necessários.

2 – Os procedimentos de identificação e diligência devida ao abrigo do presente regime não prejudicam as disposições legais e regulamentares em matéria de prevenção do branqueamento de capitais e do financiamento do terrorismo.

[3] Aprovada pelo n.º 1 do artigo 3.º do Decreto-Lei nº 64/2016, de 11 de outubro, a qual consta do Anexo I desse Decreto-Lei.

Regulamentação Complementar do FATCA
(Decreto-Lei nº 64/2016, de 11 de outubro)

Índice sistemático

Preâmbulo

O presente decreto-lei estabelece novas regras sobre o regime de acesso e troca automática de informações financeiras no domínio da fiscalidade, definindo, por um lado, as regras complementares para a implementação dos mecanismos de cooperação internacional e de combate à evasão fiscal estabelecidas no artigo 16º do Regime de Comunicação de Informações Financeiras (RCIF), aprovado pelo artigo 239º da Lei nº 82-B/2014, de 31 de dezembro, considerando o estabelecido no chamado *Foreign Account Tax Compliance Act* (FACTA), e, por outro lado, estabelecendo novas regras sobre a obrigatoriedade de cumprimento de normas de comunicação e diligência devida em relação a contas financeiras qualificáveis como sujeitas a comunicação de titulares ou beneficiários residentes noutros Estados-Membros da União Europeia ou em outras jurisdições participantes.

A importância da promoção ativa da troca automática de informações, particularmente as de natureza financeira, esteve subjacente às negociações entre os Estados Unidos da América e diversos outros países, incluindo Portugal, atendendo o disposto no FATCA, que determinaram, ao nível nacional, o estabelecimento de um conjunto de obrigações das instituições financeiras em matéria de identificação de determinadas contas e de comunicação de informações à Autoridade Tributária e Aduaneira (AT), nos termos previstos no RCIF. Ficaram, não obstante, por regulamentar, um conjunto de matérias complementares ao RCIF, designadamente, relacionadas com regimes de exclusão das obrigações aí previstas para determinadas pessoas, entidades ou contas financeiras, o desenvolvimento de regras e procedimentos de diligência devida relacionados com a identificação das contas sujeitas a comunicação e as regras, procedimentos e prazos aplicáveis no âmbito da obtenção e transmissão à AT de informações pelas instituições financeiras e demais aspetos administrativos.

Pretende-se, igualmente, promover um maior alargamento no acesso e troca automática de informações para finalidades fiscais, incidente sobre dados de contas financeiras, tomando como base a norma mundial única desenvolvida pela Organização para a Cooperação e Desenvolvimento Económico, comummente designada como *Common Reporting Standard* (Norma Comum de Comunicação), a qual, por sua vez, se constituiu como matriz para as modificações introduzidas nos instrumentos de cooperação administrativa existentes ao nível da União Europeia, mediante a aprovação da Diretiva 2014/107/UE, do Conselho, de 9 de dezembro de 2014, que altera a Diretiva 2011/16/UE, no que respeita à troca automática de informações obrigatória no domínio da fiscalidade.

O estabelecimento de um mecanismo geral de acesso e troca automática de informações financeiras no domínio da fiscalidade e a garantia de uma cooperação administrativa mútua mais ampla, quer com outros Estados-membros da União Europeia, quer com outras jurisdições participantes com as quais Portugal deva efetuar troca automática de informação de contas financeiras no âmbito do Acordo Multilateral das Autoridades Competentes para a Troca Automática de Informações de Contas Financeiras, celebrado ao abrigo da Convenção relativa à Assistência Mútua em Matéria Fiscal, adotada em Estrasburgo, em 25 de janeiro de 1988, conforme revista pelo Protocolo de Revisão à Convenção relativa à Assistência Mútua em Matéria Fiscal, adotado em paris, em 27 de maio de 2010, constitui, portanto, o fundamento essencial da disciplina que se pretende consagrar no presente decreto-lei.

Com este enquadramento legal, consolidado num único ato normativo, estabelece-se uma abordagem coerente, uniforme e abrangente em matéria da troca automática de informações sobre contas financeiras, de modo a minimizar os custos tanto para as instituições financeiras, às quais são impostas obrigações de diligência e comunicação relativa a elementos de contas financeiras por estas mantidas, como para a AT.

Em concreto, consagra-se, em simultâneo, no ordenamento nacional, as normas jurídicas essenciais, quer para a regulamentação complementar do artigo 16º do RCIF, quer para a transposição da referida Diretiva 2014/107//UE, do Conselho, de 9 de dezembro de 2014, quer para a implementação da Norma Comum de Comunicação.

Neste contexto, as disposições constantes do presente decreto-lei estabelecem, nomeadamente: (i) as categorias de instituições financeiras reportantes e de contas financeiras que ficam abrangidas pela nova disciplina de troca obrigatória e automática de informações, e os dados específicos sobre os quais se impõe a obrigação de comunicação à AT; (ii) as instituições financeiras que devem ser consideradas como não reportantes, bem como as contas que são qualificáveis como excluídas, porque, para além de apresentarem um baixo risco de serem utilizadas para efeitos de evasão fiscal, preenchem os requisitos normativos e/ou passam a estar, enquanto tal, expressamente elencadas numa lista definida a nível nacional pelo membro do Governo responsável pela área das finanças e comunicada à Comissão Europeia para publicação no Jornal Oficial da União Europeia; (iii) as informações financeiras concretas que devem ser objeto de comunicação e de troca, que passam a respeitar não só às categorias de rendimentos relevantes (juros, dividendos e outros rendimentos similares), mas também aos saldos de conta e produtos de venda de ativos financeiros, de modo a identificar situações de ocultação de património representativo de rendimentos ou ativos associada a práticas de evasão fiscal; (iv) o conjunto de procedimentos que devem ser aplicados pelas instituições financeiras reportantes em matéria de comunicação e diligência devida, de modo a que identifiquem, em relação a cada uma das contas financeiras que mantêm, o respetivo titular ou beneficiário, e delimitem o universo das contas e das pessoas que se encontram abrangidas pelo seu dever de comunicação à

AT; (v) as regras que devem ser observadas no tratamento dos dados pelas instituições financeiras reportantes, pela AT e pelos Estados-Membros ou outras jurisdições de receção da informação trocada, de modo a salvaguardar os direitos fundamentais e os princípios em matéria de proteção dos dados pessoais.

A consagração desta disciplina jurídica – que é extensa e muito pormenorizada – é concretizada mediante: (i) a criação de regulamentação específica aplicável à implementação do RCIF e das obrigações assumidas no âmbito do FATCA; (ii) a alteração do regime legal que atualmente regula a cooperação administrativa no domínio da fiscalidade, revendo-se e aditando-se um conjunto significativo de disposições legais e um novo anexo ao Decreto-Lei nº 61/2013, de 10 de maio, e procedendo-se à respetiva republicação; (iii) a introdução de ajustamentos no âmbito do Regime Complementar do Procedimento de Inspeção Tributária e Aduaneira, aprovado pelo Decreto-Lei nº 413/98, de 31 de dezembro, alterado pelas Leis nºs 32-B/2002, de 30 de dezembro, 50/2005, de 30 de agosto, e 53-A/2006, de 29 de dezembro, pelo Decreto-Lei nº 6/2013, de 17 de janeiro, pela Lei nº 75-A/2014, de 30 de setembro, e pelo Decreto-Lei nº 36/2016, de 1 de julho, sendo estes de carácter pontual, já que se entende não ser necessário alterar o âmbito do procedimento de inspeção, que pode comportar os controlos necessários à verificação do cumprimento dos procedimentos de comunicação e diligência devida que são exigíveis às instituições financeiras; (iv) a definição do quadro sancionatório aplicável em caso de incumprimento das obrigações de comunicação ou omissões e inexatidões praticadas pelas instituições financeiras reportantes, mediante a introdução de alterações ao Regime Geral das Infrações Tributárias, aprovado pela Lei nº 15/2001, de 5 de junho.

Face à devolução, sem promulgação, de um decreto anteriormente aprovado pelo Conselho de Ministros que disciplinava o regime de comunicação e acesso automático a informações financeiras relativas a residentes, o Governo retoma desde já a iniciativa legislativa na parte relativa à aplicação e transposição para a ordem interna das obrigações a que Portugal se obrigou por força de tratados internacionais e da Diretiva 2014/107/UE, do Conselho, de 9 de dezembro de 2014, e que não suscitaram, aliás, reserva quanto à sua promulgação.

Ciente das circunstâncias conjunturais que justificaram um juízo de inoportunidade política por parte do Presidente da República, o Governo concluirá a disciplina desta matéria, essencial ao combate à fraude e evasão fiscal, logo que tais circunstâncias estejam ultrapassadas.

Foram ouvidos os órgãos de governo próprio das Regiões Autónomas, o Banco de Portugal, a Associação Portuguesa de Seguradores e da Associação Portuguesa de Fundos de Investimentos, Pensões e Patrimónios e a Comissão Nacional de Proteção de Dados.

Foi promovida a audição da Comissão do Mercado de Valores Mobiliários, da Associação Portuguesa de Bancos, da Autoridade de Supervisão de Seguros e Fundos de Pensões e da AEM – Associação de Empresas Emitentes de Valores Cotados em Mercado.

Assim:

No uso da autorização Legislativa concedida pelo artigo 188º da Lei nº 7-A/2016, de 30 de março, e nos termos do artigo 16º do Regime de Comunicação de Informações Financeiras aprovado pelo artigo 239º da Lei nº 82-B/2014, de 31 de dezembro e das alíneas *a)* e *c)* do nº 1 do artigo 198º da Constituição, o Governo decreta o seguinte:

CAPÍTULO I – Disposições gerais

Artigo 1º – Objeto

1 – O presente decreto-lei:

a) Aprova a regulamentação complementar prevista no artigo 16º do Regime de Comunicação de Informações Financeiras (RCIF), aprovado pelo artigo 239º da Lei nº 82-B/2014, de 31 de dezembro;

b) Transpõe para a ordem jurídica interna a Diretiva 2014/107/UE do Conselho, de 9 de dezembro de 2014, que altera a Diretiva 2011/16/UE no que respeita à troca automática de informações obrigatória no domínio da fiscalidade.

2 – Para efeitos do disposto no número anterior, o presente decreto-lei:

a) Regulamenta as regras, procedimentos e prazos complementares necessários à implementação do RCIF;

b) Altera as regras e os procedimentos de cooperação administrativa no domínio da fiscalidade abrangidos pelo Decreto-Lei nº 61/2013, de 10 de maio;

c) Define as obrigações que impendem sobre as instituições financeiras no que respeita a regras de diligência devida e comunicação de informações à Autoridade Tributária e Aduaneira (AT);

d) Introduz um mecanismo de troca automática e recíproca de informações financeiras da competência da AT, no que diz respeito a residentes noutros Estados-Membros da União Europeia ou em outras jurisdições participantes, em observância da Norma Comum de Comunicação desenvolvida pela Organização para a Cooperação e Desenvolvimento Económico (OCDE);

e) Altera o Regime Geral das Infrações Tributárias, aprovado pela Lei nº 15/2001, de 5 de junho, definindo o quadro sancionatório a aplicar em caso de incumprimento, omissões ou inexatidões nos procedimentos de comunicação e diligência devida e demais obrigações que são impostas às instituições financeiras reportantes;

f) Altera o Regime Complementar do Procedimento de Inspeção Tributária e Aduaneira, aprovado pelo Decreto-Lei nº 413/98, de 31 de dezembro, alterado pelas Leis nºs 32-B/2002, de 30 de dezembro, 50/2005, de 30 de agosto, e 53-A/2006, de 29 de dezembro, pelo Decreto-Lei nº 6/2013, de 17 de janeiro, pela Lei nº 75-A/2014, de 30 de setembro, e pelo Decreto-Lei nº 36/2016, de 1 de julho, dotando a AT dos poderes adequados à verificação do cumprimento das obrigações previstas para as instituições financeiras reportantes.

Artigo 2º – Âmbito

1 – A regulamentação complementar introduzida no artigo seguinte e constante do anexo I ao presente decreto-lei, do qual faz parte integrante, deve ser observada no cumprimento das obrigações assumidas pela República Portuguesa no âmbito dos mecanismos de cooperação internacional e de combate à evasão fiscal previstos na Convenção entre a República Portuguesa e os Estados Unidos da América para Evitar a Dupla Tributação e Prevenir a Evasão Fiscal em Matéria de Impostos sobre o Rendimento e no *Foreign Account Tax Compliance Act* (FATCA).

2 – As regras e os procedimentos de cooperação administrativa introduzidos nos artigos 4º e seguintes e nos anexos II e III ao presente decreto-lei, do qual fazem parte integrante, devem ser observados no cumprimento das obrigações assumidas pela República Portuguesa em matéria de troca automática de informações predefinidas sobre residentes:

a) Em qualquer outro Estado-Membro, incluindo os territórios aos quais seja aplicável o Tratado sobre o Funcionamento da União Europeia;

b) Em outras jurisdições que implementem a Norma Comum de Comunicação ao abrigo de instrumento jurídico da União Europeia.

3 – O disposto no número anterior é aplicável, com as necessárias adaptações, às obrigações assumidas pela República Portuguesa em matéria de troca automática de informações de contas financeiras sobre residentes em outras jurisdições não integrantes da União Europeia, quando exista obrigação de troca automática de informação decorrente de convenção ou outro instrumento jurídico internacional convencional celebrado com essa jurisdição, nos termos do qual esta deva prestar as informações especificadas na Norma Comum de Comunicação.

4 – Para a troca automática de informação a que se refere o número anterior deve estar garantido que as jurisdições destinatárias da troca automática de informação asseguram uma proteção adequada de dados pessoais.

5 – Para efeitos do disposto no número anterior, nos casos em que não tenham sido proferidas pela Comissão Europeia ou pela Comissão Nacional de Proteção de Dados decisões sobre a adequação do nível de proteção de dados em jurisdições não integrantes da União Europeia, considera-se, que existe um nível de proteção adequado quando as autoridades competentes da jurisdição destinatária assegurem mecanismos suficientes de garantia de proteção da vida privada e dos direitos e liberdades fundamentais das pessoas, bem como do seu exercício e sujeito à verificação da Comissão Nacional de Proteção de Dados.

6 – A lista das jurisdições participantes, com expressa menção àquelas que reúnam as condições previstas nos nºs 4 e 5, consta de portaria aprovada pelo membro do Governo responsável pela área das finanças e é notificada:

a) À Comissão Europeia;

b) Ao Secretariado do órgão de coordenação a que se refere o nº 3 do artigo 24º da Convenção relativa à Assistência Mútua em Matéria Fiscal, adotada em Estrasburgo, em 25 de janeiro de 1988, conforme revista pelo Protocolo de Revisão à Convenção relativa à Assistência Mútua em Matéria Fiscal, adotado em paris, em 27 de maio de 2010, como elementos integrantes dos anexos a que se referem as alíneas *d)* e *f)* do nº 1 da secção 7 do Acordo Multilateral das Autoridades Competentes para a Troca Automática de Informações de Contas Financeiras, celebrado ao abrigo da Convenção relativa à Assistência Mútua em Matéria Fiscal, adotada em Estrasburgo, em 25 de janeiro de 1988, conforme revista pelo Protocolo de Revisão à Convenção relativa à Assistência Mútua em Matéria Fiscal.

7 – Para efeitos da aplicação das regras e procedimentos de cooperação administrativa introduzidos pelo presente decreto-lei no âmbito da troca automática obrigatória de informações com jurisdições não integrantes da

União Europeia, nos termos do nº 3, a expressão "Estado-Membro" deve entender-se, salvo disposição em contrário, como substituída por "jurisdição participante" que tenha adotado a Norma Comum de Comunicação.

Artigo 3º – Regulamentação complementar prevista no Regime de Comunicação de Informações Financeiras

1 – É aprovada a regulamentação complementar prevista no artigo 16º do RCIF, a qual consta do anexo I ao presente decreto-lei.

2 – Salvo disposição em contrário, as disposições previstas no anexo a que se refere o número anterior aplicam-se exclusivamente para efeitos do RCIF.

3 – As referências ao FATCA e ao *Internal Revenue Code* dos Estados Unidos da América contidas nas normas previstas no anexo I ao presente decreto-lei devem ser entendidas como referindo-se à redação existente à data de entrada em vigor do Acordo Celebrado entre Portugal e os Estados Unidos da América para reforçar o cumprimento fiscal e implementar o FATCA, exceto se o contrário resultar deste Acordo.

4 – O número anterior é igualmente aplicável às referências ao U.S. *Treasury* Regulations e a publicações do *Internal Revenue Service* (IRS), exceto se o contrário resultar do Acordo Celebrado entre Portugal e os Estados Unidos da América para reforçar o cumprimento fiscal e implementar o FATCA.

5 – Sempre que os Estados Unidos da América informem Portugal de alterações substantivas ao *Internal Revenue Code*, às U.S. *Treasury* Regulations ou a publicações do *Internal Revenue Service* (IRS) com impacto substantivo na aplicação das normas constantes do anexo I ao presente decreto-lei que para aqueles remetem, o membro do Governo responsável pela área das finanças regulamentará a aplicação das referidas alterações.

(...)

CAPÍTULO III – Outras alterações legislativas

(...)

Artigo 10º – Alteração ao Regime Complementar do Procedimento de Inspeção Tributária e Aduaneira

O artigo 29º do Regime Complementar do Procedimento de Inspeção Tributária e Aduaneira, aprovado pelo Decreto-Lei nº 413/98, de 31 de dezembro, alterado pelas Leis nºs 32-B/2002, de 30 de dezembro, 50/2005, de 30 de agosto, e 53-A/2006, de 29 de dezembro, pelo Decreto-Lei nº 6/2013, de 17 de janeiro, pela Lei nº 75-A/2014, de 30 de setembro, e pelo Decreto-Lei nº 36/2016, de 1 de julho, passa a ter seguinte a redação:

"Artigo 29º - [...]

1 - [...]:

a) [...]

b) [...]

c) [...]

d) [...]

e) [...]

f) [...]

g) [...]

h) [...]

i) [...]

j) Verificar no âmbito do acesso e da troca automática e obrigatória de informações para fins fiscais, do cumprimento das obrigações de comunicação de informações financeiras e de diligência devida por parte das instituições financeiras reportantes, registadas, para esse efeito, nos termos a definir por portaria do membro do Governo responsável pela área das finanças.

2 - [...].

3 - [...].

4 - [...]."

CAPÍTULO IV - Disposições finais

(...)

Artigo 12º - Norma transitória

1 - No caso das informações que devem ser comunicadas pelas instituições financeiras reportantes à Autoridade Tributária e Aduaneira para efeitos do disposto na alínea *b)* do nº 1 do artigo 17º do anexo I ao presente decreto-lei, as instituições financeiras reportantes devem enviar as informações respeitantes aos anos de 2014 e 2015 até ao final do segundo mês seguinte à entrada em vigor do presente diploma.

2 - No caso de contas novas cuja abertura tenha ocorrido antes da entrada em vigor do presente decreto-lei, as instituições financeiras reportantes

devem aplicar os procedimentos de diligência devida previstos no anexo II ao presente decreto-lei no prazo de 90 dias.

3 – As informações que devem ser comunicadas pelas instituições financeiras reportantes à Autoridade Tributária e Aduaneira para efeitos do disposto nos nºs 3 a 5 do artigo 6º do Decreto-Lei nº 61/2013, de 10 de maio, referem-se aos períodos de tributação que tenham início a partir de 1 de janeiro de 2016, devendo observar-se os prazos faseados para a troca obrigatória e automática de informações previstos nos nºs 2 e 3 do artigo 20º do Decreto-Lei nº 61/2013, de 10 de maio.

(...)

Artigo 14º – Entrada em vigor e produção de efeitos

1 – O artigo 3º do presente decreto-lei entra em vigor no dia seguinte ao da sua publicação.

2 – Sem prejuízo no número anterior, o presente decreto-lei produz efeitos a 1 de janeiro de 2016.

Visto e aprovado em Conselho de Ministros de 6 de outubro de 2016. – *António Luís Santos da Costa – Augusto Ernesto Santos Silva – Mário José Gomes de Freitas Centeno.*

Promulgado em 6 de outubro de 2016.

Publique-se.

O Presidente da República, MARCELO REBELO DE SOUSA.

Referendado em 7 de outubro de 2016.

O Primeiro-Ministro, *António Luís Santos da Costa.*

Regulamentação Complementar do FATCA

(Anexo I ao Decreto-Lei nº 64/2016, de 11 de outubro, que aprova a Regulamentação Complementar prevista no artigo 16º do Regime de Comunicação de Informações Financeiras, aprovado pelo artigo 239º da Lei nº 82-B/2014, de 31 de dezembro)

Índice sistemático

Artigo 20º – Procedimentos alternativos para contas novas constituídas, abertas ou subscritas antes da entrada em vigor da presente regulamentação
Artigo 21º – Declarações eletrónicas

Artigo 1º – Objeto

O presente anexo regulamenta o Regime de Comunicação de Informações Financeiras (RCIF) aprovado pelo artigo 239º da Lei nº 82-B/2014, de 31 de dezembro, nos termos previstos no artigo 16º desse Regime.

Artigo 2º – Definições

1 – Para efeitos da presente regulamentação entende-se:

a) "Conta financeira" uma conta de depósito, uma conta de custódia, um contrato de seguro monetizável, um contrato de renda ou uma conta financeira mantida por uma entidade de investimento, conforme definidas no artigo 4º do RCIF, que não seja excluída das obrigações previstas nesse Regime, nos termos do seu artigo 5º, ou do nº 2 do artigo 8º desta regulamentação;

b) "Estados Unidos da América (EUA)" os Estados Unidos da América, incluindo os seus Estados, e, quando esta expressão é usada em sentido geográfico, designa o território dos EUA, incluindo as águas interiores, o espaço aéreo, o seu mar territorial e qualquer área marítima exterior ao mar territorial onde os EUA possam exercer direitos de soberania ou jurisdição, em conformidade com o direito internacional, não incluindo os Territórios dos EUA, considerando-se que qualquer referência a um "Estado" dos EUA inclui o Distrito de Columbia;

c) "Entidade que não é dos EUA" uma "entidade" que não constitui uma "pessoa dos EUA", tal como estas expressões são definidas, respetivamente, no nº 5 do artigo 2º e na alínea *b)* do nº 2 do artigo 6º do RCIF;

d) "Entidade relacionada" se uma das entidades controlar a outra, ou se ambas estiverem sujeitas a um controlo comum, considerando-se, para este efeito, que o "controlo" inclui a titularidade, direta ou indireta, de mais de 50% dos direitos de voto ou do capital de uma entidade, não se considerando, contudo, que uma entidade é uma "entidade relacionada" com outra entidade quando estas não pertençam ao mesmo grupo alargado de sociedades afiliadas, nos termos definidos na secção 1471 (e) (2) do *Internal Revenue Code* dos EUA;

e) "Instituição financeira" uma instituição de depósito, uma instituição de custódia, uma entidade de investimento ou uma empresa de seguros especificada, aplicando-se as definições constantes nos nºs 2 a 4 do artigo 2º do RCIF;

f) "Instituição financeira portuguesa" uma instituição financeira com sede ou direção efetiva em território português, excluindo as respetivas sucursais situadas fora do território português, bem como uma sucursal situada em território português de uma instituição financeira com sede no estrangeiro;

g) "Instituição financeira de uma jurisdição parceira" uma instituição financeira, tal como definida na alínea *e)* com as necessárias adaptações, estabelecida numa jurisdição parceira, excluindo as respetivas sucursais situadas fora do território da jurisdição parceira, bem como uma sucursal situada no território da jurisdição parceira, de uma instituição financeira não estabelecida na jurisdição parceira;

h) "Instituição financeira estrangeira" uma instituição financeira estrangeira (*Foreign Financial Institution*), tal como definida nas *Treasury Regulations* dos EUA aplicáveis, incluindo, nomeadamente, as instituições financeiras portuguesas e as instituições financeiras de outras jurisdições parceiras;

i) "Instituição financeira não participante" uma instituição financeira estrangeira não participante (*non participating Foreign Financial Institution*), tal como esta expressão é definida nas *Treasury Regulations* dos EUA aplicáveis, não incluindo as instituições financeiras portuguesas nem as instituições financeiras de outras jurisdições parceiras, salvo se forem tratadas como instituições financeiras não participantes por não sanarem uma situação de incumprimento significativo, no prazo de 18 meses a contar da primeira notificação desse incumprimento, nos termos do nº 2 do artigo 12º do RCIF ou de um Acordo celebrado entre os EUA e uma jurisdição parceira a fim de facilitar a implementação da legislação FATCA;

j) "Jurisdição parceira" uma jurisdição onde se encontre em vigor um Acordo celebrado com os EUA a fim de facilitar a implementação da legislação FATCA;

k) "Pagamento com fonte nos EUA e aí sujeito a retenção" o pagamento de juros (incluindo descontos na emissão), dividendos, rendas, ordenados, salários, prémios, anuidades, retribuições, remunerações, emolumentos e outros rendimentos, lucros ou mais-valias, determinados ou determináveis, anuais ou periódicos, sempre que seja proveniente de fonte situada nos EUA, exceto quando não seja suscetível de retenção na fonte (*withholdable payment*) nos termos das *Treasury Regulations* dos EUA aplicáveis;

l) "Pessoas que exercem o controlo" as pessoas singulares que detêm o controlo de uma entidade, devendo a expressão ser interpretada de forma consistente com as recomendações do grupo de ação financeira internacional (GAFI) e considerando-se como tal:

i) No caso de um *trust* (estrutura fiduciária), o *settlor* (instituidor), os *trustees* (gestores fiduciários), o *protector* (curador) caso exista, os beneficiários ou categoria de beneficiários, bem como qualquer outra pessoa singular que em última instância exerça o controlo efetivo do *trust*; e

ii) No caso de outro instrumento jurídico que não o *trust*, as pessoas com funções similares ou equivalentes.

m) "Território dos EUA" a Samoa Americana, a Comunidade das Ilhas Marianas do Norte, Guam, a Comunidade de Porto Rico ou as Ilhas Virgens Americanas;

2 – Para efeitos do disposto na presente regulamentação, considera-se que a expressão "pessoa específica dos EUA" designa uma "pessoa dos EUA", tal como definida pela alínea *b)* do nº 2 do artigo 6º do RCIF, com as seguintes exceções:

a) Uma sociedade cujas participações sejam regularmente negociadas num ou mais mercados de valores mobiliários estabelecidos, considerando-se para este efeito que as participações são "regularmente negociadas" caso exista um volume significativo de negociação respeitante às participações numa base permanente, e que a expressão "mercados de valores mobiliários estabelecidos" designa uma bolsa oficialmente reconhecida e sujeita a supervisão por uma entidade pública onde o mercado se encontra situado e com um valor anual significativo de participações negociadas na bolsa;

b) Qualquer sociedade que integre o mesmo grupo alargado de sociedades afiliadas, nos termos definidos pela secção 1471(e)(2) do *Internal Revenue Code* dos EUA, ao qual pertença uma sociedade abrangida pela alínea anterior;

c) Os EUA ou qualquer instituição ou organismo detido na totalidade pelos EUA;

d) Um Estado ou Território dos EUA, ou uma sua subdivisão política, ou qualquer instituição ou organismo detido na totalidade por uma ou mais entidades referidas nesta alínea;

e) Uma organização isenta de imposto nos termos da secção 501(a) do *Internal Revenue Code* dos EUA ou plano individual de reforma nos termos definidos na secção 7701(a)(37) do *Internal Revenue Code* dos EUA;

f) Um banco, tal como definido na secção 581 do *Internal Revenue Code* dos EUA;

g) Um *trust* (estrutura fiduciária) de investimento imobiliário (*Real Estate Investment Trust*), tal como definido na secção 856 do *Internal Revenue Code* dos EUA;

h) Uma sociedade de investimento regulada (*Regulated Investment Company*), tal como definida na secção 851 do *Internal Revenue Code* dos EUA ou uma entidade registada na *Securities and Exchange Commission* dos EUA, nos termos do *Investment Company Act* dos EUA de 1940 (15 U.S.C. 80a-64);

i) Um fundo fiduciário comum (*common trust fund*), tal como definido na secção 584(a) do *Internal Revenue Code* dos EUA;

j) Um *trust* que esteja isento de imposto nos termos da secção 664(c) do *Internal Revenue Code* dos EUA ou que esteja descrito na secção 4947(a)(1) do *Internal Revenue Code* dos EUA;

k) Um operador (*dealer*) nos mercados de valores mobiliários, mercadorias ou instrumentos financeiros derivados que se encontre registado nessa qualidade nos termos da legislação dos EUA ou de qualquer dos seus Estados;

l) Um corretor (*broker*), tal como definido na secção 6045(c) do *Internal Revenue Code* dos EUA;

m) Um *trust* (estrutura fiduciária) isento de imposto ao abrigo de um plano descrito na secção 403(b) ou na secção 457(g) do *Internal Revenue Code* dos EUA.

3 – Não obstante o disposto nos números anteriores, as instituições financeiras podem utilizar, para efeitos do RCIF e da presente regulamentação, as correspondentes definições contidas nas *Treasury Regulations* dos EUA relevantes, desde que essa aplicação não frustre as finalidades do RCIF e da legislação FATCA.

Artigo 3º – Instituições financeiras reportantes e não reportantes

1 – Entende-se por instituições financeiras reportantes as instituições financeiras portuguesas, abrangidas pelo artigo 2º do RCIF, não qualificadas como instituições financeiras não reportantes nos termos do número seguinte.

2 – Consideram-se instituições financeiras não reportantes as instituições financeiras portuguesas:

a) Qualificadas como "beneficiários efetivos isentos", nos termos dos artigos 4º e 5º, bem como as demais instituições qualificadas como "beneficiários efetivos isentos", nos termos das *Treasury Regulations* dos EUA aplicáveis;

b) Qualificadas como "instituições financeiras estrangeiras consideradas cumpridoras", nos termos dos artigos 6º e 7º, bem como as demais instituições qualificadas como "instituições financeiras estrangeiras consideradas cumpridoras", nos termos das *Treasury Regulations* dos EUA aplicáveis.

3 – A responsabilidade pelo cumprimento das obrigações previstas na presente regulamentação cabe sempre às instituições financeiras reportantes.

Artigo 4º – Beneficiários efetivos isentos que não sejam fundos de pensões

1 – São qualificadas como beneficiários efetivos isentos as entidades abrangidas pelo nº 1 do artigo 3º do RCIF e as referidas no presente artigo, exceto relativamente a qualquer pagamento decorrente de uma obrigação assumida em conexão com uma atividade financeira comercial do tipo das realizadas por uma empresa de seguros especificada, instituição de custódia ou instituição de depósito.

2 – Consideram-se abrangidas pelas alíneas *a)* e *b)* do nº 1 do artigo 3º do RCIF, as entidades aí referidas, incluindo os seus organismos integrantes e as entidades por elas controladas, tal como definidas no nº 5.

3 – Os organismos integrantes não incluem as pessoas singulares que sejam membros de órgãos de soberania, funcionários ou administradores que atuem a título pessoal ou particular.

4 – Os rendimentos líquidos dos organismos integrantes devem ser creditados nas suas contas próprias ou noutras contas do Estado Português, sem que qualquer parte dos seus rendimentos reverta a favor de uma pessoa singular ou de uma pessoa coletiva de direito privado.

5 – Uma entidade controlada é uma entidade distinta do Estado Português quanto à forma ou uma entidade jurídica autónoma, que verifique as condições seguintes:

a) Seja totalmente detida e controlada por uma ou várias entidades referidas nas alíneas *a)* e *b)* do nº 1 do artigo 3º do RCIF, diretamente ou por intermédio de uma ou mais entidades controladas;

b) Os rendimentos líquidos da entidade devem ser creditados na sua própria conta ou nas contas de uma ou várias entidades referidas nas alíneas *a)* e *b)* do nº 1 do artigo 3º do RCIF, sem que qualquer parte dos seus rendimentos reverta a favor de pessoas singulares ou de pessoas coletivas de direito privado; e

c) Os ativos da entidade devem reverter, após a sua dissolução, a favor de uma ou mais entidades referidas nas alíneas *a)* e *b)* do nº 1 do artigo 3º do RCIF.

6 – Considera-se que os rendimentos não revertem a favor de pessoas singulares ou coletivas de direito privado quando estas sejam destinatárias de um programa público cujas atividades sejam desenvolvidas em benefício do público em geral, visando o bem comum, ou estejam relacionadas com qualquer nível da administração, exceto quando aqueles rendimentos sejam provenientes de uma entidade pública utilizada para o exercício de uma atividade comercial, designadamente uma atividade de banca comercial, que presta serviços financeiros a pessoas singulares ou a pessoas coletivas de direito privado.

7 – São, ainda, consideradas "beneficiários efetivos isentos" as organizações internacionais, incluindo as organizações supranacionais, bem como as instituições e organismos detidos na totalidade por essas organizações, que verifiquem as seguintes condições:

a) Sejam principalmente constituídas por Estados que não sejam os EUA;

b) Tenham em vigor um acordo de sede com Portugal; e

c) Os seus rendimentos não revertam a favor de pessoas singulares ou de pessoas coletivas de direito privado.

Artigo 5º – Fundos de pensões e entidades de investimento considerados beneficiários efetivos isentos

1 – São qualificados como beneficiários efetivos isentos os fundos de pensões e equiparáveis que se constituam e operem de acordo com a legislação nacional para a concessão de benefícios conexos com pensões de reforma, invalidez ou morte, ou qualquer combinação destes, desde que:

a) Os fundos possam beneficiar da Convenção para evitar a dupla tributação entre Portugal e os EUA; ou

b) Os beneficiários dos fundos sejam, ou tenham sido, trabalhadores dependentes, ou pessoas por eles designadas, de uma ou mais entidades empregadoras, em contrapartida de serviços prestados, desde que nenhum dos beneficiários tenha direito a mais de 5 % dos ativos do fundo e os fundos estejam sujeitos à supervisão da Autoridade de Supervisão de Seguros e Fundos de Pensões e ao dever de comunicação anual à Autoridade Tributária e Aduaneira de informações sobre os seus beneficiários e cumpram pelo menos um dos seguintes requisitos:

i) Beneficiem de isenção do IRC sobre os rendimentos de capitais;

ii) Recebam, pelo menos, %[1] do total das suas contribuições da entidade empregadora associada, com exceção das transferências provenientes de outros fundos de pensões considerados beneficiários efetivos isentos ou de contas-poupança de pensões ou reforma não consideradas contas financeiras previstas na alínea *a)* do nº 2 do artigo 5º do RCIF;

iii) As distribuições ou levantamentos sejam permitidos apenas mediante a ocorrência de determinados eventos associados à reforma, invalidez ou morte, excetuadas as transferências para outros fundos de pensões considerados beneficiários efetivos isentos ou de contas-poupança de pensões ou reforma não consideradas contas financeiras, ou estejam previstas sanções para as distribuições ou levantamentos que ocorram antes da verificação desses eventos; e

iv) As contribuições para o fundo, excetuadas as contribuições adicionais permitidas, efetuadas pelos trabalhadores dependentes, estejam limitadas em função do rendimento de trabalho dependente auferido ou não possam exceder anualmente cinquenta mil dólares dos EUA ou o montante equivalente em euros, aplicando-se as regras de agregação de contas e de conversão de moeda previstas no artigo 16º.

2 – São também qualificados como beneficiários efetivos isentos os fundos de pensões e equiparáveis que se constituam e operem de acordo com a legislação nacional para a concessão de benefícios conexos com pensões de reforma, invalidez ou morte, ou qualquer combinação destes, em contrapartida de serviços prestados, desde que os seus beneficiários sejam, ou tenham sido, trabalhadores dependentes, ou pessoas por eles designadas, de uma ou mais entidades empregadoras, e se verifiquem os seguintes requisitos:

a) Possuam menos de 50 participantes;

b) Tenham como associados uma ou mais entidades empregadoras que não sejam entidades de investimento ou entidades estrangeiras não financeiras passivas, tal como definidas no artigo 15º;

[1] Por lapso legislativo, a percentagem não é indicada. Nos termos do parágrafo II.B.3.b) do Anexo II ao Acordo entre a República Portuguesa e os EUA para reforçar o cumprimento fiscal e implementar o FATCA, a percentagem indicada é de 50%.

c) As contribuições do trabalhador e da entidade empregadora, excetuadas as transferências de ativos de fundos de pensões abrangidos pela alínea *a)* do nº 1 ou de contas-poupança de pensões ou reforma não consideradas contas financeiras previstas na alínea *a)* do nº 2 do artigo 5º do RCIF, estejam limitadas ao rendimento de trabalho dependente por ele auferido e à retribuição paga ao trabalhador, respetivamente;

d) Os participantes que não sejam residentes em Portugal não tenham direito a mais de 20 % dos ativos do fundo; e

e) Os fundos estejam sujeitos à supervisão da Autoridade de Supervisão de Seguros e Fundos de Pensões e ao dever de comunicação anual à Autoridade Tributária e Aduaneira de informações sobre os seus beneficiários.

3 – São ainda qualificados como beneficiários efetivos isentos os fundos constituídos por um beneficiário efetivo isento para a concessão de benefícios conexos com reforma, invalidez ou morte, aos beneficiários ou participantes que sejam, ou tenham sido, trabalhadores dependentes do beneficiário efetivo isento, ou pessoas designadas por estes trabalhadores dependentes, ou que, não sendo nem tendo sido trabalhadores dependentes, os benefícios sejam concedidos a estes beneficiários ou participantes em contrapartida de serviços pessoais prestados ao beneficiário efetivo isento.

4 – São igualmente consideradas beneficiários efetivos isentos as instituições financeiras qualificadas como tal, exclusivamente, por serem consideradas entidades de investimento, desde que todos os titulares diretos de uma participação no capital dessas entidades sejam beneficiários efetivos isentos e todos os detentores diretos de direitos de crédito sobre essas entidades sejam instituições de depósito, relativamente a empréstimos efetuados a essas entidades, ou beneficiários efetivos isentos.

Artigo 6º – Instituições financeiras de âmbito limitado consideradas cumpridoras

1 – As instituições financeiras referidas nos números seguintes são qualificadas como "instituições financeiras não reportantes" e tratadas como "instituições financeiras estrangeiras consideradas cumpridoras".

2 – Uma instituição financeira com uma base local de clientes, considerando-se como tal a que satisfaça cumulativamente os seguintes requisitos:

a) Esteja autorizada pelas autoridades de supervisão competentes a operar como instituição financeira e esteja sujeita à legislação nacional aplicável às instituições financeiras;

b) Não disponha de instalações fixas fora do território português para exercer a atividade;

c) Não angarie titulares de contas ou clientes fora de Portugal, não se considerando, para este efeito, que a instituição financeira angaria titulares de contas ou clientes fora de Portugal, apenas pelo facto de:

i) Dispor de uma página na internet, desde que esta não sugira especificamente que a instituição financeira oferece contas financeiras ou serviços a não residentes em Portugal e a instituição financeira não se dirija nem angarie, por qualquer outro modo, titulares de contas ou clientes dos EUA; ou

ii) Efetuar publicidade através de meios de comunicação social, principalmente distribuídos ou emitidos em Portugal, que sejam acessoriamente distribuídos ou emitidos noutros países, desde que essa publicidade não sugira especificamente que a instituição financeira oferece contas financeiras ou serviços a não residentes em Portugal e a instituição financeira não se dirija nem angarie, por qualquer outro modo, titulares de contas ou clientes dos EUA;

d) Identifique os titulares de conta residentes, por força de imposição da legislação e regulamentação nacionais, para efeitos de comunicação de informações ou de retenção na fonte de imposto, relativamente às contas financeiras detidas por residentes ou para efeitos de dar cumprimento aos procedimentos de identificação e diligência exigidos pela legislação e regulamentação nacionais de combate ao branqueamento de capitais e ao financiamento do terrorismo;

e) Pelo menos 98 % das contas financeiras, em termos de valor, mantidas pela instituição financeira devem ser detidas por residentes em Portugal ou num Estado membro da União Europeia;

f) Deve estar em condições de aplicar os procedimentos de diligência devida previstos na presente regulamentação ou similares, desde 1 de julho de 2014, para evitar que a instituição financeira ofereça contas financeiras a instituições financeiras não participantes e para verificar se a instituição financeira abre ou mantém contas financeiras de pessoas específicas dos EUA que não sejam residentes em Portugal, incluindo pessoas dos EUA que eram residentes em Portugal no momento da abertura das contas financeiras, mas que posteriormente deixaram de ser residentes em Portugal, ou de quaisquer entidades estrangeiras não financeiras passivas quando alguma das pessoas que exerçam o controlo destas entidades seja residente ou cidadão dos EUA e não residente em Portugal;

g) No caso de a aplicação dos procedimentos de diligência devida resultar na identificação de uma conta financeira cujo titular seja uma pessoa específica dos EUA, tal como definida no nº 2 do artigo 2º, que não seja residente em Portugal ou cujo titular seja uma entidade estrangeira não financeira passiva, tal como definida no nº 2 do artigo 15º, controlada por pessoas residentes ou cidadãos dos EUA que não sejam residentes em Portugal, a instituição financeira deve comunicar essa conta financeira, como se a instituição financeira fosse uma instituição financeira reportante, devendo designadamente cumprir as obrigações de registo junto da Autoridade Tributária e Aduaneira e das autoridades tributárias dos EUA (*Internal Revenue Service*), ou encerrar essa conta financeira;

h) As "contas preexistentes" cujos titulares sejam pessoas singulares não residentes de Portugal ou cujos titulares sejam entidades devem ser analisadas em conformidade com os procedimentos de diligência devida previstos na presente regulamentação e devem ser comunicadas, como se a instituição financeira fosse uma instituição financeira reportante, devendo designadamente cumprir as obrigações de registo junto da Autoridade Tributária e Aduaneira e das autoridades tributárias dos EUA (*Internal Revenue Service*), ou encerrar essas contas financeiras;

i) As entidades relacionadas com a instituição financeira que sejam instituições financeiras devem ser constituídas em Portugal e, exceto se forem fundos de pensões considerados beneficiários efetivos isentos, devem cumprir os requisitos estabelecidos neste número; e

j) Não deve adotar normas ou práticas discriminatórias relativas à abertura ou manutenção de contas financeiras cujos titulares sejam pessoas singulares consideradas pessoas específicas dos EUA e residentes em Portugal.

3 – Uma instituição financeira qualificada como banco local, considerando-se como tal a que satisfaça cumulativamente os seguintes requisitos:

a) Exerça a atividade para a qual se encontra autorizada pelo Banco de Portugal, nos termos da legislação nacional, unicamente como banco ou cooperativa de crédito ou outra organização cooperativa de crédito similar sem fins lucrativos;

b) A atividade exercida consista principalmente na receção de depósitos e na concessão de crédito, no caso de um banco, a clientes de retalho não relacionados ou, no caso de uma cooperativa de crédito ou outra organização cooperativa de crédito similar, aos respetivos membros, desde que nenhum dos respetivos membros possua uma participação superior a 5% nessa cooperativa de crédito ou organização cooperativa de crédito similar;

c) Cumpra os requisitos descritos nas alíneas *b)* e *c)* do número anterior desde que, sem prejuízo das restrições relativas à página na Internet previstas na subalínea *i)* da alínea *c)* do número anterior, a página na Internet não permita a abertura de contas financeiras;

d) O valor do ativo constante do balanço não exceda 175 milhões de dólares dos EUA ou o montante equivalente em euros e, em termos do balanço consolidado da instituição financeira e das entidades com ela relacionadas, o total do ativo não seja superior a 500 milhões de dólares dos EUA ou ao montante equivalente em euros; e

e) As entidades relacionadas devem ser constituídas em Portugal e sendo instituições financeiras, com exceção dos fundos de pensões considerados beneficiários efetivos isentos e das instituições financeiras que apenas mantenham contas de reduzido valor referidas no número seguinte, devem ainda cumprir os requisitos descritos no presente número.

4 – Uma instituição financeira que apenas mantenha contas de reduzido valor, considerando-se como tal a que satisfaça cumulativamente os seguintes requisitos:

a) Não seja uma entidade de investimento;

b) Nenhuma conta financeira mantida pela instituição financeira ou por qualquer entidade com ela relacionada tenha um saldo ou valor superior a USD 50 000 ou ao montante equivalente em euros, aplicando-se as regras de agregação de contas e de conversão de moeda previstas no artigo 16º; e

c) O valor do ativo constante do balanço não exceda USD 50 000 000 ou o montante equivalente em euros e, em termos do balanço consolidado da instituição financeira e das entidades com ela relacionadas, o total do ativo não seja superior a USD 50 000 000 ou ao montante equivalente em euros.

5 – Uma instituição financeira emissora de cartões de créditos qualificada, considerando-se como tal a que preencha os seguintes requisitos:

a) A qualificação como instituição financeira resulte exclusivamente de ser emissora de cartões de crédito, que aceita depósitos apenas quando um cliente efetua um pagamento superior ao valor do saldo devido, respeitante ao cartão de crédito, e o montante pago em excesso não seja imediatamente restituído ao cliente; e

b) Desde 1 de julho de 2014, a instituição financeira tenha adotado normas e procedimentos destinados a evitar que um depósito de um cliente ultrapasse USD 50 000 ou o montante equivalente em euros ou a assegurar que um depósito de montante superior é restituído ao cliente no prazo de

60 dias, aplicando- se as regras de agregação de contas e de conversão de moeda previstas no artigo 16º.

Artigo 7º – Entidades de investimento qualificadas como instituições financeiras consideradas cumpridoras

1 – As entidades de investimento referidas nos nºs 2, 3 e 6 a 9 são qualificadas como "instituições financeiras não reportantes" e tratadas como "instituições financeiras estrangeiras consideradas cumpridoras".

2 – Uma instituição financeira é qualificada como "entidade de investimento patrocinada" (*sponsored*) quando:

a) Seja estabelecida em Portugal;

b) Não seja considerada, nos termos das *Treasury Regulations* dos EUA aplicáveis, um intermediário qualificado (*Qualified Intermediary*), uma sociedade de pessoas estrangeira que efetua retenções na fonte (*withholding foreign partnership*) nem uma estrutura fiduciária estrangeira que efetua retenções na fonte (*withholding foreign trust*); e

c) Tenha celebrado um acordo com uma entidade que satisfaça os requisitos previstos no nº 5, nos termos do qual esta se tenha comprometido a atuar na qualidade de entidade patrocinadora (*sponsoring entity*).

3 – Uma instituição financeira é considerada uma "sociedade estrangeira controlada patrocinada" (*sponsored*) se preencher os seguintes requisitos:

a) Seja considerada uma "sociedade estrangeira controlada", tal como definida no número seguinte, constituída de acordo com a legislação nacional e não seja considerada, nos termos das *Treasury Regulations* dos EUA aplicáveis, um intermediário qualificado (*Qualified Intermediary*), uma sociedade de pessoas estrangeira que efetua retenções na fonte (*withholding foreign partnership*) nem uma estrutura fiduciária estrangeira que efetua retenções na fonte (*withholding foreign trust*);

b) Seja detida, na totalidade, direta ou indiretamente, por uma instituição financeira dos EUA reportante que aceite atuar, ou exija que uma sociedade afiliada da instituição financeira atue, como entidade patrocinadora (*sponsoring entity*) da instituição financeira, tal como definida no nº 5; e

c) Partilhe um sistema de contas eletrónico comum com a entidade patrocinadora (*sponsoring entity*) que permita a esta identificar todos os titulares de contas e todos os beneficiários da instituição financeira, bem como ter acesso a todas as informações sobre as contas e clientes mantidas pela instituição financeira, incluindo, designadamente, as informações sobre a identificação dos clientes, documentação dos clientes, saldos das contas e todos os pagamentos efetuados aos titulares das contas ou beneficiários.

4 – A expressão "sociedade estrangeira controlada" designa qualquer entidade que não é dos EUA e que seja uma sociedade relativamente à qual mais de 50% do total dos direitos de voto de todas as categorias de ações com direito de voto dessa sociedade, ou o valor total do capital dessa sociedade, seja detido, ou considerado detido, em qualquer dia do seu período de tributação, por "sócios dos EUA", sendo designados como tais, as pessoas dos EUA que detenham, ou que se considere deterem, pelo menos 10% do total dos direitos de voto de todas as categorias de ações com direito de voto dessa sociedade.

5 – A entidade patrocinadora (*sponsoring entity*) deve cumprir os seguintes requisitos:

a) Estar autorizada a atuar em nome da instituição financeira, designadamente na qualidade de gestor do fundo, *trustee* (gestor fiduciário), administrador ou sócio diretor, para o cumprimento das obrigações de registo junto da Autoridade Tributária e Aduaneira e junto das autoridades tributárias dos EUA (*Internal Revenue Service*);

b) Encontrar-se registada na qualidade de entidade patrocinadora (*sponsoring entity*) junto da Autoridade Tributária e Aduaneira e junto das autoridades tributárias dos EUA (*Internal Revenue Service*);

c) No caso de identificar uma conta dos EUA sujeita a comunicação respeitante à instituição financeira, deve proceder ao registo da instituição financeira junto da Autoridade Tributária e Aduaneira e junto das autoridades tributárias dos EUA (*Internal Revenue Service*), até 31 de dezembro de 2015, ou até 90 dias após essa conta dos EUA sujeita a comunicação ser identificada;

d) Aplicar, em nome da instituição financeira, todos os procedimentos de diligência devida, e cumprir todas as obrigações de retenção na fonte, comunicação e outras que a instituição financeira teria de cumprir se fosse considerada uma instituição financeira reportante;

e) Identificar a instituição financeira e inserir o seu número de registo FATCA (*Global Intermediary Identification Number* ou, abreviadamente, GIIN) em todas as comunicações efetuadas em nome da instituição financeira; e

f) Não ter sido revogada a sua qualidade de entidade patrocinadora (*sponsoring entity*).

6 – Uma instituição financeira portuguesa é qualificada como "veículo de investimento de âmbito restrito patrocinado (*sponsored*)" desde que satisfaça os seguintes requisitos:

a) Seja considerada uma instituição financeira exclusivamente por ser qualificada como uma entidade de investimento e não seja considerada, nos termos das *Treasury Regulations* dos EUA aplicáveis, um intermediário qualificado (*Qualified Intermediary*), uma sociedade de pessoas estrangeira que efetua retenções na fonte (*withholding foreign partnership*) nem uma estrutura fiduciária estrangeira que efetua retenções na fonte (*withholding foreign trust*);

b) A entidade patrocinadora (*sponsoring entity*):

i) Seja uma instituição financeira dos EUA reportante, uma instituição financeira estrangeira reportante nos termos de um Acordo FATCA Modelo 1, ou uma instituição financeira estrangeira participante;

ii) Esteja autorizada a atuar em nome da instituição financeira, designadamente na qualidade de gestor profissional, *trustee* (gestor fiduciário) ou sócio diretor; e

iii) Aceite efetuar, em nome da instituição financeira, todos os procedimentos de diligência devida, e cumprir todas as obrigações de retenção na fonte, comunicação e outras que a instituição financeira teria de cumprir se fosse considerada instituição financeira reportante, e cumpra os requisitos descritos nas alíneas *b)*, *d)*, *e)* e *f)* do nº 5, devendo conservar a documentação obtida, respeitante à instituição financeira, durante um período de seis anos;

c) A instituição financeira não se apresente como um veículo de investimento para partes não relacionadas;

d) A totalidade das participações representativas de dívida e do capital da instituição financeira seja detida por um número máximo de 20 pessoas singulares, não contando para este efeito as participações representativas de dívida detidas por "instituições financeiras estrangeiras participantes" nem por "instituições financeiras estrangeiras consideradas cumpridoras", bem como as participações representativas do capital detidas por uma entidade que detenha 100 % da instituição financeira e que seja qualificada como um "veículo de investimento de âmbito restrito patrocinado (*sponsored*)", nos termos do presente número.

7 – As entidades de investimento a que se referem as alíneas *b)* e *c)* do nº 2 do artigo 3º do RCIF, que sejam qualificadas como instituições financeiras, exclusivamente, devido ao exercício de uma atividade de prestação

de serviços de consultoria para investimento ou de gestão de carteiras de investimento, numa base discricionária e individualizada, no âmbito de mandato conferido pelos clientes, desde que os instrumentos financeiros sob gestão se encontrem depositados em nome do cliente em uma ou mais instituições financeiras e nenhuma delas seja considerada instituição financeira não participante.

8 – As entidades de investimento constituídas e a operar em Portugal ao abrigo da regulamentação aplicável aos organismos de investimento coletivo, ainda que previstos em legislação especial, cujas unidades de participação ou ações, incluindo participações representativas de dívida de montante superior a USD 50 000 ou ao montante equivalente em euros, sejam detidas por, ou através de, um ou mais beneficiários efetivos isentos, entidades estrangeiras não financeiras ativas, conforme definidas no nº 3 do artigo 15º, pessoas dos EUA que não sejam pessoas específicas dos EUA ou instituições financeiras que não sejam consideradas instituições financeiras não participantes.

9 – Os organismos de investimento coletivo e respetivas entidades responsáveis pela gestão, bem como os fundos de investimento imobiliário, sociedades de investimento imobiliário e respetivas entidades responsáveis pela gestão, referidos nas alíneas *d)* e *e)* do nº 2 do artigo 3º do RCIF.

10 – Se as entidades de investimento constituídas e a operar em Portugal ao abrigo da regulamentação aplicável aos organismos de investimento coletivo, não abrangidas pelo disposto nos nºs 8 e 9, cumprirem a obrigação de comunicação de informações relativas às participações neles detidas ou se essas obrigações forem cumpridas por outra pessoa, as obrigações de comunicação de todas as outras entidades de investimento relativas àquelas participações consideram-se cumpridas.

11 – Para efeitos da alínea *b)* do nº 6, considera-se que:

a) A expressão "instituição financeira estrangeira reportante nos termos de um Acordo FATCA Modelo 1" designa uma instituição financeira relativamente à qual uma jurisdição, Governo ou organismo que não seja dos EUA se comprometa a obter e trocar informações ao abrigo de um Acordo FATCA Modelo 1, excetuando-se as instituições financeiras tratadas como instituições financeiras não participantes nos termos do Acordo FATCA Modelo 1, considerando-se para este efeito que a expressão "Acordo FATCA Modelo 1" designa um acordo celebrado entre os EUA ou o *Treasury* dos EUA e uma jurisdição, Governo ou seu organismo ou organismos que não sejam dos EUA, para a aplicação da legislação FATCA através da comunicação efetuada por instituições financeiras a essa jurisdição, Governo ou organismo que não seja dos EUA, seguida da troca automática dessas informações com as autoridades tributárias dos EUA (*Internal Revenue Service*);

b) A expressão "instituição financeira estrangeira participante" designa uma instituição financeira que tenha acordado cumprir os requisitos de um Acordo IFE, incluindo uma instituição financeira descrita num Acordo FATCA Modelo 2 que tenha acordado cumprir os requisitos de um Acordo IFE, bem como uma sucursal, considerada intermediário qualificado (*Qualified Intermediaries*) nos termos das *Treasury* Regulations dos EUA aplicáveis, de uma instituição financeira dos EUA reportante, salvo se essa sucursal for uma instituição financeira estrangeira reportante nos termos de um Acordo FATCA Modelo 1, considerando-se, para este efeito, que a expressão "Acordo IFE" designa um acordo que estabelece os requisitos para que uma instituição financeira possa ser tratada como cumpridora nos termos previstos na secção 1471(b) do *Internal Revenue Code* dos EUA, e que a expressão "Acordo FATCA Modelo 2" designa um acordo celebrado entre os EUA ou o *Treasury* dos EUA e uma jurisdição, Governo ou seu organismo ou organismos que não sejam dos EUA, para facilitar a aplicação da legislação FATCA através da comunicação efetuada por instituições financeiras diretamente às autoridades tributárias dos EUA (*Internal Revenue Service*) de acordo com os requisitos de um Acordo IFE, complementada pela troca de informações entre essa jurisdição, Governo ou seu organismo que não seja dos EUA e as autoridades tributárias dos EUA (*Internal Revenue Service*).

Artigo 8º – Contas financeiras abrangidas e excluídas

1 – É uma "conta dos EUA sujeita a comunicação" toda a conta financeira:

a) Mantida por uma instituição financeira reportante;

b) Cujo titular seja uma ou mais "pessoas específicas dos EUA" ou uma "entidade que não é dos EUA" controlada por uma ou mais "pessoas específicas dos EUA"; e

c) Que seja identificada como uma "conta dos EUA sujeita a comunicação" na sequência da aplicação dos procedimentos de devida diligência estabelecidos na presente regulamentação.

2 – Para além das contas financeiras previstas no artigo 5º do RCIF, são ainda excluídas das obrigações previstas no RCIF e na presente regulamentação as contas financeiras seguintes:

a) Contas mantidas em Portugal, detidas exclusivamente por uma herança, desde que a documentação referente a essa conta compreenda uma cópia do testamento ou uma certidão de óbito do de cujus;

b) Contas de garantia ou caução mantidas em Portugal e relacionadas com:

1) Um despacho ou sentença judicial;

2) Uma venda, permuta ou locação de bens móveis ou imóveis, desde que essa conta cumpra os seguintes requisitos:

i) A conta seja financiada exclusivamente pela entrega de sinal, caução, depósito num montante adequado para garantir a execução da obrigação diretamente associada a uma operação, ou um pagamento similar, ou seja financiada por um ativo financeiro depositado na conta em conexão com a venda, permuta ou locação do bem;

ii) A conta seja constituída e movimentada exclusivamente para garantir a obrigação do comprador de pagamento do preço de aquisição do bem, do vendedor de pagamento de passivos contingentes, ou do locador ou locatário de pagamento de quaisquer danos relacionados com o bem locado, conforme tenha sido acordado no contrato de locação;

iii) Os ativos da conta, incluindo os rendimentos por eles gerados, sejam pagos ou distribuídos em benefício do comprador, vendedor, locador ou locatário, quando o bem for vendido ou permutado ou ocorra a cessação do contrato de locação;

iv) A conta não seja uma "conta margem" (*margin account*) ou similar associada a uma venda ou permuta de um ativo financeiro; e

v) A conta não esteja associada a uma conta de cartão de crédito;

3) Uma obrigação de uma instituição financeira que gere um empréstimo garantido por um bem imóvel, de reter na conta uma parte do pagamento exclusivamente para assegurar o pagamento, numa data futura, de impostos ou seguros respeitantes ao bem imóvel;

4) Uma obrigação de uma instituição financeira exclusivamente para assegurar o pagamento de impostos numa data futura;

c) Uma conta mantida em Portugal e excluída da definição de conta financeira nos termos de um acordo celebrado entre os EUA e uma outra jurisdição parceira para assegurar a aplicação da legislação FATCA, desde que essa conta esteja sujeita aos mesmos requisitos e à mesma supervisão do que os previstos no direito interno dessa outra jurisdição parceira, tal como se tivesse sido constituída nessa outra jurisdição parceira e aí fosse mantida por uma instituição financeira dessa jurisdição.

3 – O valor de reembolso imediato de um contrato de seguro monetizável, previsto no nº 4 do artigo 4º do RCIF, não inclui os montantes devidos nos termos de um contrato de seguro a título de:

a) Prestação por danos pessoais, doença ou indemnização por um prejuízo económico decorrente de um evento seguro;

b) Reembolso, ao tomador do seguro, de um prémio pago anteriormente nos termos de um contrato de seguro, que não seja um contrato de seguro de vida, em virtude de revogação, denúncia ou resolução do contrato de seguro, de diminuição da exposição ao risco durante a vigência do contrato de seguro ou em resultado de uma nova determinação do prémio devido a retificação da notificação ou erro similar; ou

c) Participação do tomador em resultados técnicos gerados pelo contrato de seguro ou pelo conjunto de contratos em que aquele se insere.

Artigo 9º – Titular da conta financeira

1 – Para efeitos do disposto na presente regulamentação bem como na alínea *a)* do nº 1 do artigo 7º do RCIF, considera-se titular da conta financeira a pessoa como tal indicada ou identificada pela instituição financeira que mantém a conta, tendo-se em consideração o disposto nos números seguintes.

2 – Não é considerada como titular da conta uma pessoa que, não sendo uma instituição financeira, salvo uma instituição financeira constituída num território dos EUA, detenha uma conta financeira em benefício, ou por conta, de outra pessoa, na qualidade de agente, depositário, mandatário, signatário, consultor de investimentos ou intermediário, considerando-se, neste caso, que o titular da conta financeira é essa outra pessoa.

3 – Num contrato de seguro monetizável ou num contrato de renda, considera-se que o titular da conta é qualquer pessoa com direito a aceder ao valor em numerário ou a alterar o beneficiário do contrato ou, se não existir tal pessoa, considera-se que o titular da conta é qualquer pessoa designada como titular para efeitos do contrato e qualquer pessoa com direito adquirido a um pagamento nos termos do contrato.

4 – Quando ocorra o vencimento de um contrato de seguro monetizável ou de um contrato de renda, consideram-se como titulares da conta as pessoas com direito a receber um pagamento nos termos do contrato.

Artigo 10º – Obrigação de identificação das contas financeiras sujeitas a comunicação

1 – As instituições financeiras reportantes devem identificar as "contas dos EUA sujeitas a comunicação", bem como as contas detidas por "instituições financeiras não participantes", através da aplicação dos proce-

dimentos de diligência devida previstos nos artigos seguintes, ou, caso assim optem, através da aplicação dos procedimentos previstos nas *Treasury* Regulations dos EUA relevantes.

2 – As instituições financeiras reportantes podem efetuar a opção prevista no número anterior para a totalidade das contas financeiras ou, separadamente, para grupos dessas contas claramente identificados, designadamente por segmentos de negócio ou em função do local onde a conta é mantida.

3 – Para efeitos de aplicação do RCIF e da presente regulamentação, todos os montantes expressos em dólares dos EUA devem ser interpretados como incluindo, igualmente, o montante equivalente em euros ou noutras moedas.

4 – Salvo se o contrário se encontrar expressamente previsto, o saldo ou valor de uma conta deve ser determinado no último dia do ano civil relevante.

5 – Quando o limite do saldo ou valor deva ser determinado no último dia do ano civil, nos termos do disposto na presente regulamentação ou no RCIF, o saldo ou valor relevante deve ser determinado nesse dia ou no último dia do período de comunicação que termine durante esse ano civil.

6 – Sem prejuízo do disposto na alínea *a)* do nº 13 do artigo seguinte, uma conta deve ser tratada como sendo uma "conta dos EUA sujeita a comunicação" a partir da data em que seja identificada como tal, na sequência da aplicação dos procedimentos de diligência devida previstos nos artigos seguintes.

7 – Salvo se o contrário se encontrar expressamente previsto, as informações respeitantes a uma "conta dos EUA sujeita a comunicação" devem ser comunicadas anualmente e no ano civil seguinte ao ano a que as informações respeitam.

Artigo 11º – Regras e procedimentos de diligência devida aplicáveis a contas financeiras preexistentes cujos titulares sejam pessoas singulares

1 – Para efeitos de aplicação do RCIF e desta regulamentação, designadamente para efeitos do disposto nos artigos 6º e 7º desse Regime, consideram-se "contas preexistentes" as contas financeiras mantidas por instituições financeiras reportantes em 30 de junho de 2014.

2 – A fim de determinar o âmbito e a natureza dos procedimentos de diligência devida aplicáveis, nos termos do disposto neste artigo, as contas

preexistentes cujos titulares sejam pessoas singulares devem ser qualificadas como uma das seguintes categorias:

a) Contas preexistentes cujos titulares sejam pessoas singulares a seguir indicadas, que ficam excluídas das obrigações de análise, de identificação como "contas dos EUA sujeitas a comunicação", e de comunicação de informações a elas respeitantes:

i) As contas financeiras cujo saldo ou valor, em 30 de junho de 2014, não excedesse 50 000 dólares dos EUA ou o montante equivalente em euros, exceto se forem qualificadas como "contas de elevado valor" em 31 de dezembro de 2015 ou de qualquer ano subsequente, caso em é aplicável o disposto na alínea *b)* do nº 13;

ii) Os contratos de seguro monetizáveis e os contratos de renda cujo saldo ou valor, em 30 de junho de 2014, não excedesse 250 000 dólares dos EUA ou o montante equivalente em euros, exceto se forem qualificados como "contas de elevado valor" em 31 de dezembro de 2015 ou de qualquer ano subsequente alínea *b)* do nº 13, caso em é aplicável o disposto na alínea *b)* do nº 13;

iii) Os contratos de seguro monetizáveis e os contratos de renda, quando a legislação ou a regulamentação nacional ou dos EUA impeça de forma efetiva a sua venda a residentes nos EUA, considerando-se verificado este requisito, designadamente, quando a instituição financeira relevante não possua a licença exigida nos termos da legislação dos EUA e a legislação nacional exija a comunicação ou a retenção de imposto relativamente aos contratos de seguro subscritos por residentes em Portugal;

iv) As contas de depósito cujo saldo não exceda USD 50 000 ou o montante equivalente em euros;

b) "Contas de menor valor", sendo consideradas como tais, as contas preexistentes cujos titulares sejam pessoas singulares e cujo saldo ou valor, em 30 de junho de 2014, excedesse USD 250 000 ou o montante equivalente em euros, no caso de um contrato de seguro monetizável ou de um contrato de renda, ou USD 50 000 ou o montante equivalente em euros, nos restantes casos, mas não exceda USD 1 000 000 ou o montante equivalente em euros;

c) "Contas de elevado valor", sendo consideradas como tais, as contas preexistentes cujos titulares sejam pessoas singulares e cujo saldo ou valor, em 30 de junho de 2014, em 31 de dezembro de 2015 ou em 31 de dezembro de qualquer ano subsequente, exceda USD 1 000 000 ou o montante equivalente em euros.

3 – As instituições financeiras reportantes devem ter efetuado, até 30 de junho de 2016, uma análise das "contas de menor valor", tal como são definidas na alínea *b)* do número anterior, para efeitos de identificação das "contas dos EUA sujeitas a comunicação", através de uma pesquisa nos seus registos, por via eletrónica, de qualquer dos seguintes indícios:

a) Identificação do titular de conta como cidadão ou residente nos EUA;

b) Indicação inequívoca de um local de nascimento nos EUA;

c) Endereço postal ou domicílio atual nos EUA, incluindo um apartado de correios nos EUA;

d) Número de telefone atual dos EUA;

e) Existência de instruções permanentes para transferência de fundos para uma conta mantida nos EUA;

f) Procuração válida ou autorização de assinatura concedida a uma pessoa com um endereço nos EUA; ou

g) Um endereço nos EUA para receção de correspondência (*hold mail*) ou que contenha a menção "ao cuidado de" (*in-care-of*), que seja o único endereço de que a instituição financeira reportante possua registo, relativamente ao titular da conta.

4 – Quando, através da pesquisa eletrónica, não seja detetado nenhum dos indícios de vinculação aos EUA referidos no número anterior, as instituições financeiras reportantes não são obrigadas a adotar, relativamente a uma "conta de menor valor", qualquer outro procedimento, até que ocorra uma alteração de circunstâncias que resulte na associação a essa conta de qualquer desses indícios, ou até que essa conta deva passar a ser considerada como "conta de elevado valor", tal como é definida na alínea *c)* do nº 2.

5 – Quando, através da pesquisa eletrónica, seja detetado qualquer dos indícios de vinculação aos EUA referidos no nº 3 ou ocorra uma alteração de circunstâncias que resulte na associação à conta de um ou mais indícios de vinculação aos EUA, as instituições financeiras reportantes devem tratá-la como uma "conta dos EUA sujeita a comunicação" a partir desse momento, salvo se, em resultado da aplicação do disposto no número seguinte, seja abrangida por uma das exceções nele previstas.

6 – Não obstante o disposto no número anterior e no nº 12, uma conta financeira aí referida não é considerada uma "conta dos EUA sujeita a comunicação" nas seguintes situações:

a) Quando os registos respeitantes ao titular da conta contenham uma indicação inequívoca de um local de nascimento nos EUA, mas a instituição financeira reportante obtenha, ou tenha previamente analisado e mantenha nos seus registos:

i) Uma declaração do titular da conta de que não é cidadão nem residente para efeitos fiscais dos EUA, podendo utilizar-se para este efeito o Formulário W-8 disponibilizado pelas autoridades tributárias dos EUA (*Internal Revenue Service*) ou outro formulário similar que seja acordado para o mesmo efeito;

ii) Um passaporte que não seja dos EUA ou qualquer outro documento de identificação emitido por uma entidade pública que comprove que o titular da conta possui a cidadania ou a nacionalidade de um país que não os EUA; e

iii) Uma cópia do certificado de perda da nacionalidade dos EUA do titular da conta ou, na sua falta, uma explicação plausível da razão pela qual o titular da conta não possui tal certificado apesar de ter perdido a cidadania dos EUA, ou da razão pela qual o titular da conta não obteve a cidadania dos EUA com o nascimento;

b) Quando os registos respeitantes ao titular da conta contenham um endereço postal ou domicílio atual nos EUA, ou um ou mais números de telefone dos EUA que sejam os únicos números de telefone associados à conta, ou instruções permanentes para transferência de fundos para uma conta mantida nos EUA, mas a instituição financeira reportante obtenha, ou tenha previamente analisado e mantenha nos seus registos:

i) Uma declaração do titular da conta de que não é cidadão nem residente para efeitos fiscais dos EUA, podendo utilizar-se para este efeito o Formulário W-8 disponibilizado pelas autoridades tributárias dos EUA (*Internal Revenue Service*) ou outro formulário similar que seja acordado para o mesmo efeito; e

ii) Prova documental, nos termos definidos no nº 5 do artigo 16º, a estabelecer que o titular da conta não é cidadão nem residente para efeitos fiscais dos EUA;

c) Quando os registos respeitantes ao titular da conta contenham indicação de uma procuração válida ou uma autorização de assinatura concedida a uma pessoa com um endereço nos EUA, ou um endereço nos EUA para retenção de correspondência (*hold mail*) ou que contenha a menção "ao cuidado de" (*in- care-of*) que seja o único endereço associado ao titular da conta, ou um ou mais números de telefone dos EUA desde que esteja igualmente associado à conta um número de telefone que não seja dos EUA, mas a instituição financeira reportante obtenha, ou tenha previamente analisado e mantenha nos seus registos:

i) Uma declaração do titular da conta de que não é cidadão nem residente para efeitos fiscais dos EUA, podendo utilizar-se para este efeito o Formulário W-8 disponibilizado pelas autoridades tributárias dos EUA (*Internal Revenue Service*) ou outro formulário similar que seja acordado para o mesmo efeito; ou

ii) Prova documental, nos termos definidos no nº 5 do artigo 16º, a estabelecer que o titular da conta não é cidadão não é cidadão nem residente para efeitos fiscais dos EUA.

7 – Relativamente às "contas de elevado valor", tal como são definidas na alínea *c)* do nº 2, as instituições financeiras reportantes devem efetuar uma análise, para efeitos de identificação das "contas dos EUA sujeitas a comunicação", através de uma pesquisa nos seus registos, por via eletrónica, de qualquer dos indícios de vinculação aos EUA referidos no nº 3.

8 – As instituições financeiras reportantes não são obrigadas a efetuar a pesquisa adicional nos seus registos com suporte em papel prevista no número seguinte, quando as suas bases de dados suscetíveis de serem objeto de pesquisa eletrónica incluam campos para registar, e efetivamente registem, todas as informações a seguir descritas:

a) A nacionalidade ou o estatuto respeitante à residência do titular da conta;

b) O domicílio e o endereço postal do titular da conta constante atualmente dos registos da instituição financeira reportante;

c) O(s) número(s) de telefone do titular da conta atualmente constante(s) dos registos da instituição financeira reportante, caso exista(m);

d) Se existem instruções permanentes para a transferência de fundos da conta para uma outra conta, incluindo uma conta noutra sucursal da instituição financeira reportante ou noutra instituição financeira;

e) Se existe um endereço atual respeitante ao titular da conta para a retenção de correspondência ou que contenha a menção "ao cuidado de"; e

f) Se existe uma procuração ou autorização de assinatura relativa à conta.

9 – Sempre que as suas bases de dados eletrónicas não registem todas as informações referidas no número anterior, as instituições financeiras reportantes devem efetuar, relativamente às "contas de elevado valor", uma pesquisa adicional, nos seus registos em suporte de papel, de qualquer dos indícios de vinculação aos EUA referidos no nº 3, devendo analisar o ficheiro principal atual do cliente e, na medida em que dele não

constem, os seguintes documentos associados à conta, obtidos nos últimos cinco anos:

a) As provas documentais mais recentes recolhidas relativamente à conta;

b) O contrato ou a documentação relativa à abertura de conta mais recente;

c) A documentação mais recente obtida pela instituição financeira reportante em conformidade com a legislação contra o branqueamento de capitais ou para outros fins de regulamentação;

d) Qualquer procuração ou formulário de autorização de assinatura atualmente válido; e

e) Quaisquer instruções permanentes para a transferência de fundos atualmente válidas.

10 – Para além das pesquisas nos seus registos eletrónicos e em suporte de papel previstas nos nºs 7 a 9, as instituições financeiras reportantes devem tratar como "conta dos EUA sujeita a comunicação" qualquer "conta de elevado valor" atribuída a um gestor de conta, incluindo quaisquer contas financeiras agregadas a essa "conta de elevado valor", caso o gestor de conta tenha conhecimento efetivo de que o titular da conta é uma "pessoa específica dos EUA".

11 – Quando, através das pesquisas nos seus registos eletrónicos e em suporte de papel previstas nos nºs 7 a 9, não seja detetado nenhum dos indícios de vinculação aos EUA referidos no nº 3 e a conta não seja identificada como tendo como titular uma "pessoa específica dos EUA" nos termos do disposto no número anterior, as instituições financeiras reportantes não são obrigadas a adotar, relativamente a uma "conta de elevado valor", qualquer outro procedimento, até que ocorra uma alteração de circunstâncias que resulte na associação a essa conta de um ou mais indícios de vinculação aos EUA.

12 – Quando, através das pesquisas nos seus registos eletrónicos e em suporte de papel previstas nos nºs 7 a 9, seja detetado qualquer dos indícios de vinculação aos EUA referidos no nº 3, relativamente a uma "conta de elevado valor", ou ocorra uma alteração de circunstâncias que resulte na associação a essa conta de qualquer desses indícios, as instituições financeiras reportantes devem tratá-la como uma "conta dos EUA sujeita a comunicação" a partir desse momento, salvo se, em resultado da aplicação do disposto no nº 6, seja abrangida por uma das exceções nele previstas.

13 – Às "contas de elevado valor" são ainda aplicáveis as regras seguintes:

a) Relativamente às contas preexistentes cujos titulares sejam pessoas singulares e que sejam consideradas "contas de elevado valor" em 30 de junho de 2014, as instituições financeiras reportantes devem ter concluído os procedimentos previstos nos nºs 7 a 12 até 30 de junho de 2015; se, na sequência da aplicação desses procedimentos, qualquer dessas contas for identificada, até 31 de dezembro de 2014, como uma "conta dos EUA sujeita a comunicação", as instituições financeiras reportantes devem comunicar as informações exigidas, respeitantes a essa conta, relativamente a 2014 e aos anos seguintes; se, na sequência da aplicação desses procedimentos, qualquer dessas contas tiver sido identificada, após 31 de dezembro de 2014 e até 30 de junho de 2015, como uma "conta dos EUA sujeita a comunicação", as instituições financeiras reportantes devem comunicar as informações exigidas, respeitantes a essa conta, relativamente a 2015 e aos anos seguintes;

b) Relativamente às "contas preexistentes" cujos titulares sejam pessoas singulares, que não sejam consideradas "contas de elevado valor" em 30 de junho de 2014, mas que passem a ser consideradas como tal em 31 de dezembro de 2015 ou de qualquer ano subsequente, as instituições financeiras reportantes devem concluir os procedimentos previstos nos nºs 7 a 12 no prazo de seis meses a contar do último dia do ano em que passem a ser consideradas "contas de elevado valor"; se, na sequência da aplicação desses procedimentos, qualquer dessas contas for identificada como uma "conta dos EUA sujeita a comunicação", as instituições financeiras reportantes devem comunicar as informações exigidas, respeitantes a essa conta, relativamente ao ano em seja identificada como "conta dos EUA sujeita a comunicação" e aos anos seguintes, salvo se o titular da conta deixar de ser uma "pessoa específica dos EUA";

c) As instituições financeiras reportantes têm que aplicar os procedimentos previstos nos nºs 7 a 12, relativamente a uma "conta de elevado valor", uma única vez, não sendo obrigadas a aplicar esses procedimentos, relativamente à mesma conta, nos anos seguintes, salvo no que respeita à consulta ao gestor de conta referida no nº 10;

d) As instituições financeiras reportantes devem adotar procedimentos de modo a garantir que os gestores de conta identifiquem qualquer alteração de circunstâncias que resulte na associação a uma conta de qualquer dos indícios de vinculação aos EUA; designadamente, no caso em que um gestor de conta seja notificado de que o titular de uma conta tem um novo endereço postal nos EUA, as instituições financeiras reportantes devem considerar que ocorreu uma alteração das circunstâncias relativamente a essa conta.

14 – As instituições financeiras reportantes que tenham anteriormente obtido documentação do titular de uma conta, comprovando que ele não é cidadão nem residente para efeitos fiscais dos EUA, para efeitos do cumprimento das suas obrigações, nos termos de um Acordo celebrado com as autoridades tributárias dos EUA (*Internal Revenue Service*), na qualidade de intermediário qualificado (*Qualified Intermediary*), sociedade de pessoas estrangeira que efetua retenções na fonte (*withholding foreign partnership*), ou de estrutura fiduciária estrangeira que efetua retenções na fonte (*withholding foreign trust*), ou nos termos do capítulo 61º do título 26º do *Internal Revenue Code* dos EUA, não são obrigadas a aplicar os procedimentos previstos no nº 3, relativamente às "contas de menor valor", nem os procedimentos previstos nos nºs 8 e 9, relativamente às "contas de elevado valor".

15 – Com exceção das contas abrangidas pela subalínea iv) da alínea *a)* do nº 2, as contas preexistentes, cujos titulares sejam pessoas singulares, que tenham sido identificadas como sendo "contas dos EUA sujeitas a comunicação" nos termos do disposto no presente artigo, devem ser tratadas como tal em todos os anos subsequentes, salvo se o titular da conta deixar de ser uma "pessoa específica dos EUA".

Artigo 12º – Regras e procedimentos de diligência devida aplicáveis a contas financeiras novas cujos titulares sejam pessoas singulares

1 – Para efeitos de aplicação do RCIF e desta regulamentação, designadamente para efeitos do disposto nos artigos 6º e 7º desse Regime, consideram-se "contas novas" as contas financeiras que sejam constituídas, abertas ou subscritas em ou após 1 de julho de 2014.

2 – Ficam excluídas das obrigações de análise, identificação como "contas dos EUA sujeitas a comunicação" e de comunicação de informações a elas respeitantes, as seguintes "contas novas" cujos titulares sejam pessoas singulares:

a) As contas de depósito cujo saldo não exceda, no final de qualquer ano civil, USD 50 000 ou o montante equivalente em euros;

b) Os contratos de seguro monetizáveis cujo valor em numerário não exceda, no final de qualquer ano civil, USD 50 000 ou o montante equivalente em euros.

3 – As instituições financeiras reportantes devem obter, no momento da constituição, abertura ou subscrição de "contas novas" cujos titulares sejam pessoas singulares, ou no prazo de 90 dias a contar do final do ano civil em

que as contas deixem de estar abrangidas pelo disposto no número anterior, uma declaração do titular da conta, que pode fazer parte da documentação necessária para a constituição, abertura ou subscrição da mesma, que lhes permita determinar se o titular da conta é residente para efeitos fiscais dos EUA, considerando-se para este efeito que um cidadão dos EUA é residente para efeitos fiscais dos EUA, ainda que também seja residente para efeitos fiscais de outra jurisdição, e devem confirmar a razoabilidade dessa declaração, com base nas informações obtidas no âmbito do processo de constituição, abertura ou subscrição da conta, incluindo a documentação recolhida nos termos da legislação e regulamentação nacionais de combate ao branqueamento de capitais e ao financiamento do terrorismo.

4 – Sempre que a declaração referida no número anterior permita determinar que o titular da conta é residente para efeitos fiscais dos EUA, as instituições financeiras reportantes devem tratar essa conta como uma "conta dos EUA sujeita a comunicação" e obter uma declaração do titular da contada qual conste o seu número de identificação fiscal federal dos EUA, podendo utilizar-se para este efeito o formulário W-9 disponibilizado pelas autoridades tributárias dos EUA (*Internal Revenue Service*) ou outro formulário similar que seja acordado para o mesmo efeito.

5 – Caso ocorra uma alteração das circunstâncias, relativamente a uma "conta nova" cujos titulares sejam pessoas singulares, que leve a instituição financeira reportante a ter conhecimento, ou a ter razões para concluir, que a declaração original referida no nº 3 está incorreta ou não é fidedigna, a instituição financeira reportante não pode basear-se nessa declaração, devendo obter uma declaração válida do titular da conta que lhe permita determinar se ele é cidadão ou residente para efeitos fiscais dos EUA e, caso não a consiga obter, deve tratar essa conta como sendo uma "conta dos EUA sujeita a comunicação".

Artigo 13º – Regras e procedimentos de diligência devida aplicáveis a contas financeiras preexistentes cujos titulares sejam entidades

1 – Ficam excluídas das obrigações de análise, de identificação como "contas dos EUA sujeitas a comunicação" ou como contas detidas por "instituições financeiras não participantes", e de comunicação de informações a elas respeitantes, as "contas preexistentes" cujos titulares sejam entidades e cujo saldo ou valor não excedesse USD 250 000 ou o montante equivalente

em euros, em 30 de junho de 2014, enquanto não exceder USD 1 000 000 ou o montante equivalente em euros.

2 – Devem ser objeto de análise, em conformidade com os procedimentos descritos no nº 4, as seguintes "contas preexistentes" cujos titulares sejam entidades:

a) As contas cujo saldo ou valor excedesse USD 250 000 ou o montante equivalente em euros, em 30 de junho de 2014;

b) As contas cujo saldo ou valor não excedesse USD 250 000 ou o montante equivalente em euros, em 30 de junho de 2014, mas que exceda USD 1 000 000 ou o montante equivalente em euros, em 31 de dezembro de 2015 ou de qualquer ano subsequente.

3 – Relativamente às contas financeiras abrangidas pelo número anterior, as instituições financeiras reportantes apenas devem tratar como "contas dos EUA sujeitas a comunicação" as contas detidas por uma ou mais entidades consideradas "pessoas específicas dos EUA" ou por "entidades estrangeiras não financeiras passivas" controladas por uma ou mais pessoas, tal como definidas pela alínea *m)* do nº 1 do artigo 2º, que sejam cidadãos ou residentes nos EUA; as contas detidas por "instituições financeiras não participantes" devem ser tratadas como contas relativamente às quais o montante total dos pagamentos efetuados ao seu titular deve, relativamente a 2015 e 2016, ser comunicado à Autoridade Tributária e Aduaneira, conforme o disposto no nº 8 do artigo 7º do RCIF.

4 – Para determinar se as "contas preexistentes" cujos titulares sejam entidades, abrangidas pelo disposto no nº 2, são detidas por uma ou mais "pessoas específicas dos EUA" ou por "entidades estrangeiras não financeiras passivas" controladas por uma ou mais pessoas que sejam cidadãos ou residentes nos EUA ou, ainda, por "instituições financeiras não participantes", as instituições financeiras reportantes devem aplicar os seguintes procedimentos:

a) Determinar se a entidade titular da conta é uma "pessoa específica dos EUA", devendo para este efeito ser analisadas as informações mantidas pelas instituições financeiras reportantes para efeitos da regulamentação ou da relação com o cliente, incluindo as informações por elas recolhidas nos termos da legislação contra o branqueamento de capitais; caso essas informações indiciem que a entidade titular da conta é uma "pessoa específica dos EUA", considerando-se para este efeito, designadamente, que as informações de que o local de constituição ou organização da entidade é nos EUA ou de que a entidade tem um domicílio nos EUA indiciam que a entidade titular da conta é uma "pessoa específica dos EUA", as instituições financeiras reportantes devem tratar a conta como uma "conta dos EUA sujeita a comunicação", exceto se obtiverem da entidade titular da conta uma declaração de que não é uma "pessoa específica dos EUA", podendo utilizar-se para este efeito o formulário W-8 ou W-9 disponibilizado pelas autoridades tributárias dos EUA (*Internal Revenue Service*) ou outro formulário similar acordado para o mesmo efeito, ou se determinarem, de forma razoável, que a entidade titular da conta não é uma "pessoa específica dos EUA", com base nas informações de que disponham ou que sejam públicas;

b) Determinar se uma "entidade que não é dos EUA" é uma "instituição financeira", devendo para este efeito ser analisadas as informações mantidas pelas instituições financeiras reportantes para efeitos da regulamentação ou da relação com o cliente, incluindo as informações por elas recolhidas nos termos da legislação contra o branqueamento de capitais; caso essas informações indiciem que a entidade titular da conta é uma "instituição financeira" ou as instituições financeiras reportantes verifiquem que o número de registo FATCA (GIIN) da entidade titular da conta consta da lista de "instituições financeiras estrangeiras" divulgada pelas autoridades tributárias dos EUA (*Internal Revenue Service*), a conta não é considerada uma "conta dos EUA sujeita a comunicação";

c) Determinar se uma "instituição financeira" é uma "instituição financeira não participante", através da aplicação dos seguintes procedimentos:

i) Sem prejuízo do disposto na subalínea seguinte, as instituições financeiras reportantes podem considerar que a entidade titular da conta é uma instituição financeira portuguesa ou uma instituição financeira de outra jurisdição parceira caso determinem, de forma razoável, que a entidade titular da conta se qualifica como tal, com base no número de registo FATCA (GIIN) dessa entidade, que conste da lista de "instituições financeiras estrangeiras" divulgada pelas autoridades tributárias dos EUA (*Internal Revenue Service*), ou noutras informações que sejam públicas ou de que disponham, consoante o caso, não sendo exigível, relativamente a essa conta, aplicar qualquer outro procedimento de análise, identificação ou comunicação;

ii) Quando a entidade titular da conta é uma instituição financeira portuguesa ou uma instituição financeira de outra jurisdição parceira tratada pelas autoridades tributárias dos EUA (*Internal Revenue Service*) como uma "instituição financeira não participante", a conta não é considerada uma "conta dos EUA sujeita a comunicação", mas o montante total dos pagamentos efetuados ao seu titular deve, relativamente a 2015 e 2016, ser comunicado à Autoridade Tributária e Aduaneira, conforme o disposto no nº 8 do artigo 7º do RCIF;

iii) Quando a entidade titular da conta não é uma instituição financeira portuguesa ou uma instituição financeira de outra jurisdição parceira, as instituições financeiras reportantes devem considerá-la como uma "instituição financeira não participante" e comunicar à Autoridade Tributária e Aduaneira, relativamente a 2015 e 2016, o montante total dos pagamentos que lhe sejam efetuados, conforme o disposto no nº 8 do artigo 7º do RCIF, salvo se obtiverem da entidade titular da conta uma declaração de que é uma "instituição financeira estrangeira considerada cumpridora" certificada, ou um "beneficiário efetivo isento", tal como estes termos são definidos nas *Treasury* Regulations dos EUA aplicáveis, podendo utilizar-se para este efeito o formulário W-8 disponibilizado pelas autoridades tributárias dos EUA (*Internal Revenue Service*) ou outro formulário similar acordado para o mesmo efeito, ou, tratando-se de uma "instituição financeira estrangeira participante" ou de uma "instituição financeira estrangeira considerada cumpridora" registada, se verificarem que o número de registo FATCA (GIIN) da entidade titular da conta consta da lista de "instituições financeiras estrangeiras" divulgada pelas autoridades tributárias dos EUA (*Internal Revenue Service*);

d) Determinar se uma conta detida por uma "entidade estrangeira não financeira" é uma "conta dos EUA sujeita a comunicação", devendo as instituições financeiras reportantes, relativamente às entidades titulares de "contas preexistentes" que não sejam identificadas como "pessoas dos EUA" nem como "instituições financeiras", aplicar os seguintes procedimentos, segundo a ordem mais adequada às circunstâncias:

i) Determinar se a entidade titular da conta é controlada por uma mais pessoas, devendo identificar as "pessoas que exercem o controlo" da entidade titular da conta, podendo, para este efeito, basear-se nas informações recolhidas e mantidas nos termos da legislação e regulamentação nacionais de combate ao branqueamento de capitais e ao financiamento do terrorismo;

ii) Determinar se a entidade titular da conta é uma entidade estrangeira não financeira passiva, devendo obter da entidade titular da conta uma declaração de que é uma "entidade estrangeira não financeira passiva", podendo utilizar-se para este efeito o formulário W-8 ou W-9 disponibilizado pelas autoridades tributárias dos EUA (*Internal Revenue Service*) ou outro formulário similar acordado para o mesmo efeito, salvo quando possam determinar, de forma razoável, que a entidade titular da conta é uma "entidade estrangeira não financeira ativa" com base em informações de que disponham ou que sejam públicas;

iii) Determinar se qualquer das "pessoas que exercem o controlo" da entidade titular da conta é um cidadão ou residente nos EUA, baseando-se nas informações recolhidas e mantidas nos termos da legislação contra o branqueamento de capitais, no caso de uma "conta preexistente", detida por uma ou mais entidades estrangeiras não financeiras, cujo saldo ou valor não exceda USD 1 000 000 ou o montante equivalente em euros, ou baseando-se numa declaração da entidade titular da conta ou da "pessoa que exerce o controlo" dessa entidade, no caso de uma "conta preexistente", detida por uma ou mais entidades estrangeiras não financeiras, cujo saldo ou valor exceda USD 1 000 000 ou o montante equivalente em euros, podendo utilizar-se para este efeito o formulário W-8 ou W-9 disponibilizado pelas autoridades tributárias dos EUA (*Internal Revenue Service*) ou outro formulário similar acordado para o mesmo efeito;

iv) Tratar uma conta como sendo uma "conta dos EUA sujeita a comunicação", se qualquer das "pessoas que exercem o controlo" da entidade titular dessa conta, qualificada como uma "entidade estrangeira não financeira passiva", for um cidadão ou residente nos EUA.

5 – A análise das "contas preexistentes" cujos titulares sejam entidades e cujo saldo ou valor excedesse USD 250 000 ou o montante equivalente em euros, em 30 de junho de 2014, deve ter sido concluída até 30 de junho de 2016 e a análise das contas "preexistentes" cujos titulares sejam entidades e cujo saldo ou valor não excedesse USD 250 000 ou o montante equivalente em euros, em 30 de junho de 2014, mas que exceda USD 1 000 000 ou o montante equivalente em euros, em 31 de dezembro de 2015 ou de qualquer ano subsequente, deve ser concluída no prazo de seis meses a contar do último dia do ano em que o saldo ou valor da conta exceda USD 1 000 000 ou o montante equivalente em euros.

6 – Em caso de ocorrência de uma alteração das circunstâncias, relativamente a uma "conta preexistente" cujo titular seja uma entidade, que leve a instituição financeira reportante a ter conhecimento, ou a ter motivos para saber, que a declaração ou outra documentação associada a essa conta, está incorreta ou não é fidedigna, a instituição financeira reportante deve determinar novamente o estatuto dessa conta em conformidade com os procedimentos descritos no nº 4.

Artigo 14º – Regras e procedimentos de diligência devida aplicáveis a contas financeiras novas cujos titulares sejam entidades

1 – Ficam excluídas das obrigações de análise, de identificação como "contas dos EUA sujeitas a comunicação" ou como contas detidas por "instituições financeiras não participantes", e de comunicação de informações a elas respeitantes, as seguintes "contas novas" cujos titulares sejam entidades, desde que as instituições financeiras reportantes que mantêm tais contas apliquem normas e procedimentos com vista a impedir que o saldo da conta devido ao seu titular exceda USD 50 000 ou o montante equivalente em euros:

a) As contas associadas a cartões de crédito;

b) As linhas de crédito renováveis tratadas como "contas novas" cujos titulares sejam entidades.

2 – Relativamente às "contas novas" cujos titulares sejam entidades não abrangidas pelo número anterior, as instituições financeiras reportantes devem determinar se o titular da conta é:

a) Uma pessoa específica dos EUA;

b) Uma instituição financeira portuguesa ou uma instituição financeira de outra jurisdição parceira;

c) Uma instituição financeira estrangeira participante, uma instituição financeira estrangeira participante considerada cumpridora ou um beneficiário efetivo isento, tal como estas expressões são definidas nas *Treasury* Regulations dos EUA aplicáveis; ou

d) Uma entidade estrangeira não financeira ativa ou uma entidade estrangeira não financeira passiva.

3 – Sem prejuízo do disposto no número seguinte, as instituições financeiras reportantes podem considerar que a entidade titular da conta é uma entidade estrangeira não financeira ativa, uma instituição financeira portuguesa ou uma instituição financeira de outra jurisdição parceira, caso determinem, de forma razoável, que a entidade titular da conta se qualifica como tal, com base no número de registo FATCA (GIIN) dessa entidade ou noutras informações que sejam públicas ou de que disponham, consoante o caso.

4 – Se o titular da conta for uma instituição financeira das referidas na alínea *b)* do nº 2 tratada pelas autoridades tributárias dos EUA (*Internal Revenue Service*) como uma instituição financeira não participante, a conta não é considerada uma "conta dos EUA sujeita a comunicação", mas o montante total dos pagamentos efetuados ao titular da conta deve, relativa-

mente a 2015 e 2016, ser comunicado à Autoridade Tributária e Aduaneira, conforme o disposto no nº 8 do artigo 7º do RCIF.

5 – Nos restantes casos, as instituições financeiras reportantes devem obter uma declaração da entidade titular da conta, para determinar o seu estatuto, sendo de observar as regras seguintes:

a) Se a entidade titular da conta for uma "pessoa específica dos EUA", as instituições financeiras reportantes devem tratar a conta como uma "conta dos EUA sujeita a comunicação";

b) Se a entidade titular da conta for uma entidade estrangeira não financeira passiva, as instituições financeiras reportantes devem identificar as pessoas que exercem o controlo dessa entidade em conformidade com a legislação e regulamentação nacionais de combate ao branqueamento de capitais e ao financiamento do terrorismo, e determinar se alguma dessas pessoas é um cidadão ou residente nos EUA, com base numa declaração da entidade titular da conta ou dessa pessoa; caso alguma dessas pessoas seja um cidadão ou residente nos EUA, as instituições financeiras reportantes devem tratar essa conta como uma "conta dos EUA sujeita a comunicação";

c) A conta não é considerada uma "conta dos EUA sujeita a comunicação" e nenhuma comunicação de informações a ela respeitante é exigida, se a entidade titular da conta for:

i) Uma "pessoa dos EUA" que não seja considerada uma "pessoa específica dos EUA";

ii) Uma instituição financeira portuguesa ou uma instituição financeira de outra jurisdição parceira, sem prejuízo do disposto na alínea seguinte;

iii) Uma instituição financeira estrangeira participante, uma instituição financeira estrangeira considerada cumpridora, ou um beneficiário efetivo isento, tal como estas expressões são definidas nas *Treasury Regulations* dos EUA aplicáveis;

iv) Uma entidade estrangeira não financeira ativa; ou

v) Uma entidade estrangeira não financeira passiva e nenhuma das pessoas que exercem o controlo dessa entidade for cidadão ou residente nos EUA;

d) Se a entidade titular da conta for uma instituição financeira não participante, incluindo uma instituição financeira portuguesa ou uma instituição financeira de outra jurisdição parceira tratada como instituição financeira não participante pelas autoridades tributárias dos EUA (*Internal Revenue Service*), a conta não é considerada uma "conta dos EUA sujeita a comunicação", mas o montante total dos pagamentos efetuados ao titular da conta deve, relativamente a 2015 e 2016, ser comunicado à Autoridade Tributária e Aduaneira, conforme o disposto no nº 8 do artigo 7º do RCIF.

Artigo 15º – Entidade estrangeira não financeira

1 – Para efeitos da presente regulamentação, a expressão "entidade estrangeira não financeira" designa uma "entidade que não é dos EUA" que não seja uma "instituição financeira estrangeira" tal como esta expressão é definida nas *Treasury* Regulations dos EUA aplicáveis ou que seja uma entidade abrangida pela alínea *j)* do nº 3 e inclui, ainda, uma "entidade que não é dos EUA" constituída em Portugal ou noutra jurisdição parceira que não seja uma instituição financeira.

2 – Considera-se como "entidade estrangeira não financeira passiva", uma entidade estrangeira não financeira que:

a) Não seja considerada uma entidade estrangeira não financeira ativa; ou

b) Não seja considerada, nos termos das *Treasury* Regulations dos EUA aplicáveis, uma sociedade de pessoas estrangeira que efetua retenções na fonte (*withholding foreign partnership*) ou uma estrutura fiduciária estrangeira que efetua retenções na fonte (*withholding foreign trust*).

3 – Uma "entidade estrangeira não financeira ativa" é uma entidade estrangeira não financeira que preencha qualquer dos seguintes critérios:

a) Menos de 50% dos rendimentos brutos da entidade estrangeira não financeira, no ano anterior, representam "rendimentos passivos" e menos de 50% dos ativos detidos por essa entidade, durante o ano anterior, representam ativos que geram "rendimentos passivos" ou que são detidos para gerarem "rendimentos passivos";

b) As partes de capital da entidade estrangeira não financeira são regularmente negociadas em mercados de valores mobiliários estabelecidos ou a entidade estrangeira não financeira é uma entidade relacionada com uma entidade cujas partes de capital são negociadas regularmente num mercado de valores mobiliários estabelecido;

c) A entidade estrangeira não financeira foi constituída num Território dos EUA e todos os titulares da entidade beneficiária são efetivamente residentes desse Território dos EUA;

d) A entidade estrangeira não financeira é uma jurisdição ou Governo (que não seja o Governo dos EUA), uma sua subdivisão política ou administrativa, tal como um Estado, província, condado ou autarquia local, ou um organismo público a exercer as funções dessa jurisdição ou Governo ou sua subdivisão política ou administrativa, um Governo de um Território dos EUA, uma organização internacional, um banco central que não seja dos EUA, ou uma entidade detida na totalidade por uma ou mais das entidades referidas na presente alínea;

e) Todas as atividades da entidade estrangeira não financeira consistem substancialmente na detenção, total ou parcial, de ações em circulação de uma ou mais subsidiárias que exercem uma atividade distinta da de uma instituição financeira, bem como no financiamento e na prestação de serviços a essa subsidiária ou a essas subsidiárias, salvo se a entidade estrangeira não financeira operar ou se apresentar como um fundo de investimento, designadamente um fundo de investimento alternativo em ações (*private equity fund*), um fundo de capital de risco, um fundo de aquisição com recurso a endividamento (*leveraged buy-out fund*) ou qualquer outro veículo de investimento cuja finalidade seja adquirir ou financiar sociedades e subsequentemente deter participações nessas sociedades como ativos de capital para fins de investimento;

f) A entidade estrangeira não financeira não exerce ainda qualquer atividade e não tem qualquer histórico de atividade anterior, mas encontra-se a investir capital em ativos com o intuito de exercer uma atividade distinta da de uma instituição financeira, desde que a entidade estrangeira não financeira não beneficie desta exceção após o decurso de 24 meses a contar da data da sua constituição;

g) A entidade estrangeira não financeira não é considerada uma instituição financeira, com referência aos últimos cinco anos, e encontra-se em processo de liquidação dos seus ativos ou de reorganização com o intuito de prosseguir ou reiniciar o exercício de uma atividade distinta da de uma instituição financeira;

h) A entidade estrangeira não financeira exerce a título principal uma atividade de financiamento e operações de cobertura com ou para entidades relacionadas que não são instituições financeiras, e não presta quaisquer serviços de financiamento ou operações de cobertura a qualquer entidade que não seja uma entidade relacionada, desde que o grupo de qualquer uma dessas entidades relacionadas exerça a título principal uma atividade distinta da de uma instituição financeira;

i) A entidade estrangeira não financeira é uma entidade estrangeira não financeira excluída (*excepted NFFE*), nos termos das *Treasury* Regulations dos EUA aplicáveis; ou *j)* A entidade estrangeira não financeira cumpre todos os seguintes requisitos:

i) Foi constituída e opera na sua jurisdição de residência exclusivamente para fins religiosos, filantrópicos, científicos, artísticos, culturais, desportivos ou educativos; ou foi constituída e opera na sua jurisdição de residência como uma organização profissional, associação empresarial, câmara de comércio, organização de trabalhadores, associação agrícola, associação cívica ou, exclusivamente, como instituição de solidariedade social;

ii) Encontra-se isenta de imposto sobre o rendimento na sua jurisdição de residência;

iii) Não tem sócios ou membros que sejam beneficiários legais ou efetivos dos seus resultados ou do seu património;

iv) A legislação aplicável da jurisdição de residência da entidade estrangeira não financeira ou os documentos de constituição da entidade estrangeira não financeira não permitem a distribuição de rendimentos ou ativos da entidade estrangeira não financeira a, nem a sua aplicação em benefício de, uma pessoa singular ou uma pessoa coletiva de direito privado ou uma entidade não filantrópica, exceto no âmbito do exercício das atividades filantrópicas da entidade estrangeira não financeira, ou como um pagamento razoável em contrapartida por serviços prestados, ou como um pagamento correspondente ao valor de mercado dos bens adquiridos pela entidade estrangeira não financeira; e

v) A legislação aplicável da jurisdição de residência da entidade estrangeira não financeira ou os documentos de constituição da entidade estrangeira não financeira exigem que, com a liquidação ou dissolução da entidade estrangeira não financeira, todos os seus ativos sejam distribuídos a uma entidade pública ou a outra organização sem fins lucrativos, ou revertam para a jurisdição de residência da entidade estrangeira não financeira ou para qualquer das suas subdivisões políticas ou administrativas.

4 – Consideram-se "rendimentos passivos" os rendimentos não provenientes do exercício de uma atividade comercial, industrial, agrícola ou de prestação de serviços, incluindo designadamente, lucros distribuídos, juros, royalties e outros rendimentos de capitais, mais-valias e rendas.

Artigo 16º – Regras adicionais relativas à aplicação dos procedimentos de diligência devida

1 – Em conformidade com o previsto nº 5 do artigo 5º do RCIF, para efeitos da determinação do saldo ou valor agregado das contas financeiras

detidas por uma pessoa singular, uma instituição financeira reportante deve agregar todas as contas financeiras por ela mantidas, ou mantidas por entidades relacionadas com essa instituição financeira reportante, mas apenas na medida em que os sistemas informáticos dessa instituição financeira reportante associem as contas financeiras por referência a um elemento de informação, tal como um número de cliente ou um número de identificação fiscal, e permitam a agregação dos saldos ou valores das contas. Para efeitos da aplicação da regra de agregação prevista neste número, o saldo ou valor total de uma conta financeira conjunta deve ser imputado a cada um dos titulares dessa conta financeira conjunta.

2 – Para efeitos da determinação do saldo ou valor agregado das contas financeiras detidas por uma entidade, uma instituição financeira reportante deve ter em conta todas as contas financeiras por ela mantidas, ou mantidas por entidades relacionadas com essa instituição financeira reportante, mas apenas na medida em que os sistemas informáticos dessa instituição financeira reportante associem as contas financeiras por referência a um elemento de informação, tal como um número de cliente ou um número de identificação fiscal, e permitam a agregação dos saldos ou valores das contas.

3 – Para efeitos da determinação do saldo ou valor agregado das contas financeiras detidas por uma pessoa, quando se trate de verificar se uma conta financeira é considerada uma "conta de elevado valor", uma instituição financeira reportante deve também agregar todas as contas financeiras relativamente às quais um gestor de conta tenha conhecimento ou tenha motivos para saber que são, direta ou indiretamente, detidas, controladas ou constituídas pela mesma pessoa, desde que não seja na qualidade de fiduciário.

4 – No âmbito da aplicação dos procedimentos de diligência devida previstos na presente regulamentação, as instituições financeiras reportantes devem, para efeitos da determinação do saldo ou valor das contas financeiras denominados em euros ou noutra moeda que não seja o dólar dos EUA, converter os montantes dos limites expressos em dólares dos EUA previstos nos artigos anteriores em montantes expressos na moeda em que essas contas financeiras sejam denominadas, utilizando as taxas de câmbio à vista publicadas pelo Banco Central Europeu (BCE) correspondentes ao último dia útil do ano anterior àquele em que determinem os saldos ou valores das contas.

5 – Considera-se que a "prova documental" aceitável para efeitos da aplicação dos procedimentos de diligência devida previstos na presente regulamentação, inclui qualquer dos seguintes documentos:

a) Um certificado de residência emitido por um organismo público com competência para tal, designadamente um Governo, uma agência pública ou uma autarquia local, da jurisdição de que o beneficiário declara ser residente;

b) Relativamente a uma pessoa singular, um documento de identificação válido emitido por um organismo público com competência para tal, designadamente um Governo, uma agência pública ou uma autarquia local, do qual conste o nome da pessoa singular e que seja normalmente usado para fins de identificação;

c) Relativamente a uma entidade, qualquer documento oficial emitido por um organismo público com competência para tal, designadamente um Governo, uma agência pública ou uma autarquia local, do qual conste a denominação da entidade e, bem assim, o endereço da sede na jurisdição (ou Território dos EUA) de que a entidade declara ser residente ou na jurisdição (ou Território dos EUA) em que a entidade foi constituída;

d) Relativamente a uma conta financeira mantida numa jurisdição em que vigore legislação de combate ao branqueamento de capitais e ao financiamento do terrorismo que tenha sido aprovada pelas autoridades tributárias dos EUA (*Internal Revenue Service*) em ligação com um Acordo de intermediário qualificado (*Qualified Intermediary*), conforme se descreve nas *Treasury* Regulations dos EUA aplicáveis, qualquer dos documentos, que não seja um Formulário W-8 ou W-9, mencionados no anexo ao Acordo de intermediário qualificado (*Qualified Intermediary*) dessa jurisdição, para a identificação de pessoas singulares ou entidades;

e) Qualquer relatório financeiro, relatório creditício de terceiros, pedido de declaração de insolvência ou relatório da *Securities and Exchange Commission* dos EUA.

6 – As instituições financeiras reportantes não podem basear-se nas declarações ou nas provas documentais previstas na presente regulamentação, quando tiverem conhecimento, ou motivos para saber, que essas declarações ou provas documentais estão incorretas ou não são fidedignas.

7 – As instituições financeiras reportantes podem presumir que uma pessoa singular beneficiária de um contrato de seguro monetizável, que não seja o seu titular, e que receba uma indemnização por morte, não é uma "pessoa específica dos EUA "e podem tratar essa conta financeira como não sendo uma "conta dos EUA sujeita a comunicação", exceto se tiverem conhecimento de facto, ou motivos para saber, que o beneficiário é uma "pessoa específica dos EUA", o que se considera verificado quando as

informações obtidas pelas instituições financeiras reportantes e associadas ao beneficiário compreendam indícios de vinculação aos EUA referidos no nº 3 do artigo 11º; quando as instituições financeiras reportantes tiverem conhecimento de facto, ou motivos para saber, que o beneficiário é uma "pessoa específica dos EUA", devem adotar os procedimentos previstos no nº 5 do mesmo artigo.

8 – As instituições financeiras reportantes podem recorrer a terceiros para a aplicação dos procedimentos de diligência devida previstos na presente regulamentação, na medida do estipulado nas *Treasury* Regulations dos EUA aplicáveis, ficando as informações obtidas através dos serviços prestados por esses terceiros sujeitas ao dever de segredo profissional, nos termos do disposto no artigo 78º do Regime Geral e das Instituições de Crédito e Sociedades Financeiras, aprovado pelo Decreto-Lei nº 298/92, de 31 de dezembro.

Artigo 17º – Outras obrigações das instituições financeiras reportantes

As instituições financeiras reportantes devem ainda cumprir as seguintes obrigações:

a) Comunicar à Autoridade Tributária e Aduaneira o registo junto das autoridades tributárias dos EUA (*Internal Revenue Service*) para efeitos de obtenção do número de identificação FATCA, indicando o respetivo *Global Intermediary Identification Number* (GIIN);

b) Comunicar, por via eletrónica, à Autoridade Tributária e Aduaneira, até ao dia 31 de julho de cada ano, em conformidade com os artigos 9º e 10º do RCIF, os elementos enunciados no artigo 7º do mesmo regime, relativos às "contas dos EUA sujeitas a comunicação", conforme definidas no artigo 8º da presente regulamentação, por si mantidas em Portugal e identificadas como tal na sequência da aplicação dos procedimentos de diligência devida previstos nesta regulamentação;

c) Relativamente a 2015 e 2016, comunicar, por via eletrónica, à Autoridade Tributária e Aduaneira, até ao dia 31 de julho do ano seguinte àquele a que respeitam, o nome das "instituições financeiras não participantes", tal como são definidas na alínea *h)* do nº 1 do artigo 2º da presente regulamentação, caso tenham efetuado pagamentos a essas instituições financeiras nesses anos, bem como o montante total dos pagamentos efetuados a cada uma dessas instituições financeiras, conforme o disposto no nº 8 do artigo 7º do RCIF;

d) Na medida em que estejam a atuar na qualidade de intermediário qualificado (*Qualified Internediary*), para efeitos do previsto na secção 1441 do *Internal Revenue Code* dos EUA, que tenha optado por assumir a responsabilidade primária pela retenção, nos termos do capítulo 3 do subtítulo A do *Internal Revenue Code* dos EUA, ou sejam uma sociedade de pessoas estrangeira que tenha optado por atuar na qualidade de sociedade de pessoas estrangeira que efetua retenções na fonte (*withholding foreign partnership*) para efeitos do previsto nas secções 1441 e 1471 do *Internal Revenue Code* dos EUA ou sejam uma estrutura fiduciária (trust) estrangeira que tenha optado por atuar na qualidade de estrutura fiduciária estrangeira que efetua retenções na fonte (*withholding foreign trust*), para efeitos do previsto nas secções 1441 e 1471 do *Internal Revenue Code* dos EUA, devem reter 30 % de qualquer "pagamento com fonte nos EUA e aí sujeito a retenção" que seja efetuado a uma "instituição financeira não participante";

e) Quando não estejam abrangidas pela alínea anterior e efetuem um "pagamento com fonte nos EUA e aí sujeito a retenção" a uma instituição financeira não participante, ou atuem na qualidade de intermediário em relação a um tal pagamento, devem fornecer ao pagador imediato as informações necessárias para a retenção e comunicação, relativamente a esse pagamento.

Artigo 18º - Regras aplicáveis a contas financeiras em situações especiais

1 - Relativamente às contas financeiras identificadas como "contas dos EUA sujeitas a comunicação" em 31 de dezembro de um determinado ano, se as instituições financeiras reportantes detetarem, posteriormente, erros que possam levar a excluir essas contas da obrigação de comunicação, devem, até à data da transmissão das informações à Autoridade Tributária e Aduaneira, desenvolver todos os esforços para obter as provas justificativas dessa exclusão ou, não sendo possível, devem comunicar as informações exigidas relativamente a essas contas.

2 - Uma conta conjunta em que um dos titulares é uma "pessoa específica dos EUA" que se retira da conta no decurso do ano, é considerada, em relação a essa pessoa, como uma conta encerrada, e deve ser comunicada no ano da retirada.

3 - Uma "conta dos EUA sujeita a comunicação" que seja objeto de transferência no decurso do ano para uma outra instituição financeira, é

considerada como conta encerrada pela instituição financeira que a detinha e deve comunicá-la no ano da transferência.

4 – As contas inativas só devem ser encerradas após a divulgação das informações obrigatórias exigidas pelo formulário da troca de informações.

5 – Para efeitos do número anterior, considera-se conta inativa a conta financeira que cumpra os requisitos previstos nos nºs 4 ou 5 do artigo 6º do anexo ao Decreto-Lei nº 61/2013, de 10 de maio, salvo se for aplicável outra definição, nos termos do *Internal Revenue Code*dos EUA, das *Treasury* Regulations dos EUA ou das publicações do *Internal Revenue Service* (IRS) dos EUA.

Artigo 19º – Regras especiais relativas a entidades relacionadas e sucursais consideradas instituições financeiras não participantes

Quando uma instituição financeira portuguesa, qualificada como instituição financeira reportante e que cumpra as obrigações previstas no RCIF e nesta regulamentação, como instituição financeira considerada cumpridora ou como beneficiário efetivo isento, possua entidades relacionadas ou sucursais que operem numa jurisdição que não permita que estas cumpram as obrigações previstas na legislação FATCA ou possua entidades relacionadas ou sucursais que sejam consideradas instituições financeiras não participantes apenas devido à caducidade da disposição transitória para instituições financeiras estrangeiras de âmbito limitado e sucursais de âmbito limitado, nos termos das *Treasury* Regulations dos EUA aplicáveis, a instituição financeira portuguesa continua a ser considerada como instituição financeira reportante cumpridora ou mantém a qualificação de instituição financeira considerada cumpridora ou de beneficiário efetivo isento, consoante o caso, desde que:

a) Trate cada uma dessas entidades relacionadas ou sucursais como instituições financeiras não participantes distintas, para efeitos do cumprimento das obrigações de comunicação e de retenção previstas no RCIF e nesta regulamentação, e essa entidade relacionada ou sucursal se identifique, perante as entidades que efetuem a retenção, como "instituição financeira não participante";

b) Cada uma dessas entidades relacionadas ou sucursais identifique as suas contas dos EUA e comunique as informações respeitantes a essas contas, nos termos da secção 1471 do *Internal Revenue Code* dos EUA, na medida em que tal seja permitido pela legislação aplicável a essa entidade relacionada ou sucursal; e

c) Essa entidade relacionada ou sucursal não angarie especificamente contas dos EUA cujos titulares sejam pessoas não residentes na jurisdição em que essa entidade relacionada ou sucursal se encontra situada ou sejam instituições financeiras não participantes não estabelecidas nessa jurisdição e essa entidade relacionada ou sucursal não seja utilizada pela instituição financeira portuguesa, ou por qualquer outra entidade com ela relacionada, para evitar o cumprimento das obrigações previstas no RCIF e nesta regulamentação ou na secção 1471 do *Internal Revenue Code* dos EUA, consoante o caso.

Artigo 20º – Procedimentos alternativos para contas novas constituídas, abertas ou subscritas antes da entrada em vigor da presente regulamentação

1 – Relativamente às "contas novas" constituídas, abertas ou subscritas antes da data de entrada em vigor da presente regulamentação, as instituições financeiras reportantes podem optar pela aplicação dos procedimentos previstos nos nºs 2 a 4, em alternativa aos procedimentos estabelecidos nos artigos anteriores.

2 – No prazo de um ano a contar da data de entrada em vigor da presente regulamentação, as instituições financeiras reportantes devem, relativamente às "contas novas" abrangidas pelo número anterior:

a) Quando os titulares sejam pessoas singulares, solicitar a declaração do titular da conta prevista no artigo 12º e confirmar a razoabilidade dessa declaração em consonância com os procedimentos estabelecidos nesse artigo;

b) Quando os titulares sejam entidades, efetuar os procedimentos de diligência devida estabelecidos no artigo 14º e solicitar as informações necessárias para documentar a conta, incluindo as declarações que sejam exigidas nos termos desse artigo.

3 – No prazo de um ano a contar da data de entrada em vigor da presente regulamentação, as instituições financeiras reportantes devem proceder ao encerramento das "contas novas" abrangidas pelo nº 1 relativamente às quais não obtenham a declaração ou outra documentação exigida nos termos do número anterior.

4 – No prazo de um ano a contar da data de entrada em vigor da presente regulamentação, as instituições financeiras reportantes devem, ainda, relativamente às contas abrangidas pelo número anterior:

a) Quando os titulares sejam pessoas singulares, efetuar os procedimentos de diligência devida previstos nos nºs 7 a 12 do artigo 11º, ainda que essas contas não fossem consideradas "contas de elevado valor"; ou

b) Quando os titulares sejam entidades, efetuar os procedimentos de diligência devida previstos no artigo 13º

5 – As instituições financeiras reportantes são obrigadas a comunicar à Autoridade Tributária e Aduaneira, por via eletrónica, os elementos previstos na presente regulamentação e no RCIF relativos às contas financeiras que, através da aplicação dos procedimentos previstos no nº 2 ou no número anterior, sejam identificadas como "contas dos EUA sujeitas a comunicação" ou como contas detidas por "instituições financeiras não participantes" até ao último dia do mês de julho seguinte à data em que a conta seja identificada como "conta dos EUA sujeita a comunicação" ou como conta detida por uma "instituição financeira não participante" ou, se posterior, até ao último dia do mês seguinte à data em que a conta seja identificada como "conta dos EUA sujeita a comunicação" ou como conta detida por uma "instituição financeira não participante".

6 – A Autoridade Tributária e Aduaneira envia as informações referidas no número anterior às autoridades competentes dos EUA., nos termos e condições previstos no RCIF, até ao dia 30 do mês de setembro seguinte à data em que a conta seja identificada como "conta dos EUA sujeita a comunicação" ou como conta detida por uma "instituição financeira não participante" ou, se posterior, no prazo de 90 dias a contar da data em que a conta seja identificada como "conta dos EUA sujeita a comunicação" ou como conta detida por uma "instituição financeira não participante".

7 – Em alternativa aos procedimentos estabelecidos nos números anteriores e nos artigos anteriores, as instituições financeiras reportantes podem optar por tratar as "contas novas" cujos titulares sejam entidades e que tenham sido constituídas, abertas ou subscritas antes de 1 de janeiro de 2015, na sua totalidade ou relativamente a qualquer grupo claramente identificado, como "contas financeiras preexistentes cujos titulares sejam entidades" e aplicar-lhes, em alternativa às regras e procedimentos de diligência devida previstas no artigo 14º, as regras e procedimentos de diligência devida previstas no artigo 13º independentemente de o saldo ou valor da conta exceder, ou não, o limite previsto no nº 1 desse artigo.

Artigo 21º – Declarações eletrónicas[2]

As comunicações previstas nas alíneas *b)* e *c)* do artigo 17º são efetuadas pelas instituições financeiras reportantes, por via eletrónica, mediante remessa de ficheiro normalizado, nos termos a definir por portaria do membro do Governo responsável pela área das finanças.

[2] Portaria nº 302-A/2016, de 2 de dezembro, que regula a estrutura e conteúdo do ficheiro a utilizar para efeitos do cumprimento das obrigações de comunicação previstas nas alíneas *b)* e *c)* do artigo 17º do Anexo I ao Decreto-Lei nº 64/2016, de 11 de outubro (retificada pela Declaração de Retificação nº 24/2016), com as alterações introduzidas pela Portaria nº 169/2017, de 25 de maio.

Regime Jurídico do CRS

Norma Comum de Comunicação
(Decreto-Lei nº 61/2013, de 10 de maio)

Decreto-Lei nº 64/2016, de 11 de outubro, que altera o Decreto-Lei nº 61/2013, de 10 de maio

(Transpõe para a ordem jurídica interna a Diretiva 2014/107/UE do Conselho, de 9 de dezembro de 2014, que altera a Diretiva 2011/16/UE no que respeita à troca automática de informações obrigatória no domínio da fiscalidade e introduz um mecanismo de troca automática e recíproca de informações financeiras da competência da AT, no que diz respeito a residentes noutros Estados-Membros da União Europeia ou em outras jurisdições participantes, em observância da Norma Comum de Comunicação desenvolvida pela OCDE)

Índice sistemático

Artigo 9º – Aditamento ao Regime Geral das Infrações Tributárias

Artigo 10º – Alteração ao Regime Complementar do Procedimento de Inspeção Tributária e Aduaneira

CAPÍTULO IV – Disposições finais

Artigo 11º – Fontes auxiliares à interpretação das normas

CAPÍTULO IV – Disposições finais

Artigo 12º – Norma transitória

Preâmbulo

O presente decreto-lei estabelece novas regras sobre o regime de acesso e troca automática de informações financeiras no domínio da fiscalidade, definindo, por um lado, as regras complementares para a implementação dos mecanismos de cooperação internacional e de combate à evasão fiscal estabelecidas no artigo 16º do Regime de Comunicação de Informações Financeiras (RCIF), aprovado pelo artigo 239º da Lei nº 82-B/2014, de 31 de dezembro, considerando o estabelecido no chamado *Foreign Account Tax Compliance Act* (FACTA), e, por outro lado, estabelecendo novas regras sobre a obrigatoriedade de cumprimento de normas de comunicação e diligência devida em relação a contas financeiras qualificáveis como sujeitas a comunicação de titulares ou beneficiários residentes noutros Estados-Membros da União Europeia ou em outras jurisdições participantes.

A importância da promoção ativa da troca automática de informações, particularmente as de natureza financeira, esteve subjacente às negociações entre os Estados Unidos da América e diversos outros países, incluindo Portugal, atendendo o disposto no FATCA, que determinaram, ao nível nacional, o estabelecimento de um conjunto de obrigações das instituições financeiras em matéria de identificação de determinadas contas e de comunicação de informações à Autoridade Tributária e Aduaneira (AT), nos termos previstos no RCIF. Ficaram, não obstante, por regulamentar, um conjunto de matérias complementares ao RCIF, designadamente, relacionadas com regimes de exclusão das obrigações aí previstas para determinadas pessoas, entidades ou contas financeiras, o desenvolvimento de regras e procedimentos de diligência devida relacionados com a identificação das contas sujeitas a comunicação e as regras, procedimentos e prazos aplicáveis no âmbito da obtenção e transmissão à AT de informações pelas instituições financeiras e demais aspetos administrativos.

Pretende-se, igualmente, promover um maior alargamento no acesso e troca automática de informações para finalidades fiscais, incidente sobre dados de contas financeiras, tomando como base a norma mundial única desenvolvida pela Organização para a Cooperação e Desenvolvimento Económico, comummente designada como *Common Reporting Standard* (Norma Comum de Comunicação), a qual, por sua vez, se constituiu como matriz para as modificações introduzidas nos instrumentos de cooperação administrativa existentes ao nível da União Europeia, mediante a aprovação da Diretiva 2014/107/UE, do Conselho, de 9 de dezembro de 2014, que altera a Diretiva 2011/16/UE, no que respeita à troca automática de informações obrigatória no domínio da fiscalidade.

O estabelecimento de um mecanismo geral de acesso e troca automática de informações financeiras no domínio da fiscalidade e a garantia de uma cooperação administrativa mútua mais ampla, quer com outros Estados-membros da União Europeia, quer com outras jurisdições participantes com as quais Portugal deva efetuar troca automática de informação de contas financeiras no âmbito do Acordo Multilateral das Autoridades Competentes para a Troca Automática de Informações de Contas Financeiras, celebrado ao abrigo da Convenção relativa à Assistência Mútua em Matéria Fiscal, adotada em Estrasburgo, em 25 de janeiro de 1988, conforme revista pelo Protocolo de Revisão à Convenção relativa à Assistência Mútua em Matéria Fiscal, adotado em paris, em 27 de maio de 2010, constitui, portanto, o fundamento essencial da disciplina que se pretende consagrar no presente decreto-lei.

Com este enquadramento legal, consolidado num único ato normativo, estabelece-se uma abordagem coerente, uniforme e abrangente em matéria da troca automática de informações sobre contas financeiras, de modo a minimizar os custos tanto para as instituições financeiras, às quais são impostas obrigações de diligência e comunicação relativa a elementos de contas financeiras por estas mantidas, como para a AT.

Em concreto, consagra-se, em simultâneo, no ordenamento nacional, as normas jurídicas essenciais, quer para a regulamentação complementar do artigo 16º do RCIF, quer para a transposição da referida Diretiva 2014/107//UE, do Conselho, de 9 de dezembro de 2014, quer para a implementação da Norma Comum de Comunicação.

Neste contexto, as disposições constantes do presente decreto-lei estabelecem, nomeadamente: (i) as categorias de instituições financeiras reportantes e de contas financeiras que ficam abrangidas pela nova disciplina de troca obrigatória e automática de informações, e os dados específicos sobre os quais se impõe a obrigação de comunicação à AT; (ii) as instituições financeiras que devem ser consideradas como não reportantes, bem como as contas que são qualificáveis como excluídas, porque, para além de apresentarem um baixo risco de serem utilizadas para efeitos de evasão fiscal, preenchem os requisitos normativos e/ou passam a estar, enquanto tal, expressamente elencadas numa lista definida a nível nacional pelo membro do Governo responsável pela área das finanças e comunicada à Comissão Europeia para publicação no Jornal Oficial da União Europeia; (iii) as informações financeiras concretas que devem ser objeto de comunicação e de troca, que passam a respeitar não só às categorias de rendimentos relevantes (juros, dividendos e outros rendimentos similares), mas também aos saldos de conta e produtos de venda de ativos financeiros, de modo a identificar situações de ocultação de património representativo de rendimentos ou ativos associada a práticas de evasão fiscal; (iv) o conjunto de procedimentos que devem ser aplicados pelas instituições financeiras reportantes em matéria de comunicação e diligência devida, de modo a que identifiquem, em relação a cada uma das contas financeiras que mantêm, o respetivo titular ou beneficiário, e delimitem o universo das contas e das pessoas que se encontram abrangidas pelo seu dever de comunicação à AT; (v) as regras que devem ser observadas no tratamento dos dados pelas instituições financeiras reportantes, pela AT e pelos Estados-Membros ou outras jurisdições de receção da informação trocada, de modo a salvaguardar os direitos fundamentais e os princípios em matéria de proteção dos dados pessoais.

A consagração desta disciplina jurídica – que é extensa e muito pormenorizada – é concretizada mediante: (i) a criação de regulamentação específica aplicável à implementação do RCIF e das obrigações assumidas no âmbito do FATCA; (ii) a alteração do regime legal que atualmente regula a cooperação administrativa no domínio da fiscalidade, revendo-se e aditando-se um conjunto significativo de disposições legais e um novo anexo ao Decreto-Lei nº 61/2013, de 10 de maio, e procedendo-se à respetiva republicação; (iii) a introdução de ajustamentos no âmbito do Regime Complementar do Procedimento de Inspeção Tributária e Aduaneira, aprovado pelo Decreto-Lei nº 413/98, de 31 de dezembro, alterado pelas Leis nºs 32-B/2002, de 30 de dezembro, 50/2005, de 30 de agosto, e 53-A/2006, de 29 de dezembro, pelo Decreto-Lei nº 6/2013, de 17 de janeiro, pela Lei nº 75-A/2014, de 30 de setembro, e pelo Decreto-Lei nº 36/2016, de 1 de julho, sendo estes de carácter pontual, já que se entende não ser necessário alterar o âmbito do procedimento de inspeção, que pode comportar os controlos necessários à verificação do cumprimento dos procedimentos de comunicação e diligência devida que são exigíveis às instituições financeiras; (iv) a definição do quadro sancionatório aplicável em caso de incumprimento das obrigações de comunicação ou omissões e inexatidões praticadas pelas instituições financeiras reportantes, mediante a introdução de alterações ao Regime Geral das Infrações Tributárias, aprovado pela Lei nº 15/2001, de 5 de junho.

Face à devolução, sem promulgação, de um decreto anteriormente aprovado pelo Conselho de Ministros que disciplinava o regime de comunicação e acesso automático a informações financeiras relativas a residentes, o Governo retoma desde já a iniciativa legislativa na parte relativa à aplicação e transposição para a ordem interna das obrigações a que Portugal se obrigou por força de tratados internacionais e da Diretiva 2014/107/UE, do Conselho, de 9 de dezembro de 2014, e que não suscitaram, aliás, reserva quanto à sua promulgação.

Ciente das circunstâncias conjunturais que justificaram um juízo de inoportunidade política por parte do Presidente da República, o Governo concluirá a disciplina desta matéria, essencial ao combate à fraude e evasão fiscal, logo que tais circunstâncias estejam ultrapassadas.

Foram ouvidos os órgãos de governo próprio das Regiões Autónomas, o Banco de Portugal, a Associação Portuguesa de Seguradores e da Associação Portuguesa de Fundos de Investimentos, Pensões e Patrimónios e a Comissão Nacional de Proteção de Dados.

Foi promovida a audição da Comissão do Mercado de Valores Mobiliários, da Associação Portuguesa de Bancos, da Autoridade de Supervisão de Seguros e Fundos de Pensões e da AEM – Associação de Empresas Emitentes de Valores Cotados em Mercado.

Assim:

No uso da autorização Legislativa concedida pelo artigo 188º da Lei nº 7-A/2016, de 30 de março, e nos termos do artigo 16º do Regime de Comunicação de Informações Financeiras aprovado pelo artigo 239º da Lei nº 82-B/2014, de 31 de dezembro e das alíneas *a)* e *c)* do nº 1 do artigo 198º da Constituição, o Governo decreta o seguinte:

CAPÍTULO I – Disposições gerais

Artigo 1º – Objeto

1 – O presente decreto-lei:

a) Aprova a regulamentação complementar prevista no artigo 16º do Regime de Comunicação de Informações Financeiras (RCIF), aprovado pelo artigo 239º da Lei nº 82-B/2014, de 31 de dezembro;

b) Transpõe para a ordem jurídica interna a Diretiva 2014/107/UE do Conselho, de 9 de dezembro de 2014, que altera a Diretiva 2011/16/UE no que respeita à troca automática de informações obrigatória no domínio da fiscalidade.

2 – Para efeitos do disposto no número anterior, o presente decreto-lei:

a) Regulamenta as regras, procedimentos e prazos complementares necessários à implementação do RCIF;

b) Altera as regras e os procedimentos de cooperação administrativa no domínio da fiscalidade abrangidos pelo Decreto-Lei nº 61/2013, de 10 de maio;

c) Define as obrigações que impendem sobre as instituições financeiras no que respeita a regras de diligência devida e comunicação de informações à Autoridade Tributária e Aduaneira (AT);

d) Introduz um mecanismo de troca automática e recíproca de informações financeiras da competência da AT, no que diz respeito a residentes noutros Estados-Membros da União Europeia ou em outras jurisdições participantes, em observância da Norma Comum de Comunicação desenvolvida pela Organização para a Cooperação e Desenvolvimento Económico (OCDE);

e) Altera o Regime Geral das Infrações Tributárias, aprovado pela Lei nº 15/2001, de 5 de junho, definindo o quadro sancionatório a aplicar em caso de incumprimento, omissões ou inexatidões nos procedimentos de comunicação e diligência devida e demais obrigações que são impostas às instituições financeiras reportantes;

f) Altera o Regime Complementar do Procedimento de Inspeção Tributária e Aduaneira, aprovado pelo Decreto-Lei nº 413/98, de 31 de dezembro, alterado pelas Leis nºs 32-B/2002, de 30 de dezembro, 50/2005, de 30 de agosto, e 53-A/2006, de 29 de dezembro, pelo Decreto-Lei nº 6/2013, de 17 de janeiro, pela Lei nº 75-A/2014, de 30 de setembro, e pelo Decreto-Lei nº 36/2016, de 1 de julho, dotando a AT dos poderes adequados à verificação do cumprimento das obrigações previstas para as instituições financeiras reportantes.

Artigo 2º – Âmbito

1 – A regulamentação complementar introduzida no artigo seguinte e constante do anexo I ao presente decreto-lei, do qual faz parte integrante, deve ser observada no cumprimento das obrigações assumidas pela República Portuguesa no âmbito dos mecanismos de cooperação internacional e de combate à evasão fiscal previstos na Convenção entre a República Portuguesa e os Estados Unidos da América para Evitar a Dupla Tributação e Prevenir a Evasão Fiscal em Matéria de Impostos sobre o Rendimento e no *Foreign Account Tax Compliance Act* (FATCA).

2 – As regras e os procedimentos de cooperação administrativa introduzidos nos artigos 4º e seguintes e nos anexos II e III ao presente decreto-lei, do qual fazem parte integrante, devem ser observados no cumprimento das obrigações assumidas pela República Portuguesa em matéria de troca automática de informações predefinidas sobre residentes:

a) Em qualquer outro Estado-Membro, incluindo os territórios aos quais seja aplicável o Tratado sobre o Funcionamento da União Europeia;

b) Em outras jurisdições que implementem a Norma Comum de Comunicação ao abrigo de instrumento jurídico da União Europeia.

3 – O disposto no número anterior é aplicável, com as necessárias adaptações, às obrigações assumidas pela República Portuguesa em matéria de troca automática de informações de contas financeiras sobre residentes em outras jurisdições não integrantes da União Europeia, quando exista obrigação de troca automática de informação decorrente de convenção ou outro instrumento jurídico internacional convencional celebrado com essa jurisdição, nos termos do qual esta deva prestar as informações especificadas na Norma Comum de Comunicação.

4 – Para a troca automática de informação a que se refere o número anterior deve estar garantido que as jurisdições destinatárias da troca automática de informação asseguram uma proteção adequada de dados pessoais.

5 – Para efeitos do disposto no número anterior, nos casos em que não tenham sido proferidas pela Comissão Europeia ou pela Comissão Nacional de Proteção de Dados decisões sobre a adequação do nível de proteção de dados em jurisdições não integrantes da União Europeia, considera-se, que existe um nível de proteção adequado quando as autoridades competentes

da jurisdição destinatária assegurem mecanismos suficientes de garantia de proteção da vida privada e dos direitos e liberdades fundamentais das pessoas, bem como do seu exercício e sujeito à verificação da Comissão Nacional de Proteção de Dados.

6 – A lista das jurisdições participantes, com expressa menção àquelas que reúnam as condições previstas nos nºs 4 e 5, consta de portaria[1] aprovada pelo membro do Governo responsável pela área das finanças e é notificada:

a) À Comissão Europeia;

b) Ao Secretariado do órgão de coordenação a que se refere o nº 3 do artigo 24º da Convenção relativa à Assistência Mútua em Matéria Fiscal, adotada em Estrasburgo, em 25 de janeiro de 1988, conforme revista pelo Protocolo de Revisão à Convenção relativa à Assistência Mútua em Matéria Fiscal, adotado em paris, em 27 de maio de 2010, como elementos integrantes dos anexos a que se referem as alíneas *d)* e *f)* do nº 1 da secção 7 do Acordo Multilateral das Autoridades Competentes para a Troca Automática de Informações de Contas Financeiras, celebrado ao abrigo da Convenção relativa à Assistência Mútua em Matéria Fiscal, adotada em Estrasburgo, em 25 de janeiro de 1988, conforme revista pelo Protocolo de Revisão à Convenção relativa à Assistência Mútua em Matéria Fiscal.

7 – Para efeitos da aplicação das regras e procedimentos de cooperação administrativa introduzidos pelo presente decreto-lei no âmbito da troca automática obrigatória de informações com jurisdições não integrantes da União Europeia, nos termos do nº 3, a expressão "Estado-Membro" deve entender-se, salvo disposição em contrário, como substituída por "jurisdição participante" que tenha adotado a Norma Comum de Comunicação.

CAPÍTULO II – Alterações legislativas

Artigo 4º – Alteração ao Decreto-Lei nº 61/2013, de 10 de maio

Os artigos 1º, 2º, 3º, 6º, 16º, 18º, 19º e 20º do Decreto-Lei nº 61/2013, de 10 de maio, passam a ter a seguinte redação:

(...)

[1] Portaria nº 302-D/2016, de 2 de dezembro, que estabelece as listas das jurisdições participantes, prevista no nº 6 do artigo 2º do Decreto-Lei nº 64/2016, de 11 de outubro.

Artigo 5º – Aditamento ao Decreto-Lei nº 61/2013, de 10 de maio

São aditados ao Decreto-Lei nº 61/2013, de 10 de maio, os artigos 4º-A, 4º-B, 4º-C, 4º-D, 4º-E, 4º-F, 4º-G, 4º-H, 4º-I, 7º-A, 7º-B, 7º-C, 7º-D e 16º-A, com a seguinte redação:

(...)

Artigo 6º – Aditamento de anexo ao Decreto-Lei nº 61/2013, de 10 de maio

É aditado um anexo ao Decreto-Lei nº 61/2013, de 10 de maio, com a redação constante do anexo II ao presente decreto-lei, do qual faz parte integrante.

Artigo 7º – Alterações sistemáticas ao Decreto-Lei nº 61/2013, de 10 de maio

São introduzidas as seguintes alterações sistemáticas ao Decreto-Lei nº 61/2013, de 10 de maio:

a) É aditado o capítulo II, com a seguinte epígrafe "Definições específicas no âmbito da troca obrigatória e automática de informações", que inclui os artigos 4º-A a 4º-I, sendo o atual capítulo II renumerado como capítulo III;

b) Capítulo IV, com a seguinte epígrafe "Obrigações das instituições financeiras para efeitos da troca obrigatória e automática de informações", que inclui artigos 7º-A, 7º-B, 7º-C e 7º-D, sendo os atuais capítulos IV a VI renumerados como capítulos V a VII.

CAPÍTULO III – Outras alterações legislativas

Artigo 8º – Alteração ao Regime Geral das Infrações Tributárias

O artigo 117º do Regime Geral das Infrações Tributárias, aprovado pela Lei nº 15/2001, de 5 de junho, passa a ter a seguinte redação:

"Artigo 117º – [...]

1 – [...].
2 – [...].
3 – [...].
4 – [...].

5 – [...].
6 – [...].
7 – [...].
8 – [...].
9 – [...].

10 – A falta de apresentação ou apresentação fora do prazo legal da declaração de registo e da comunicação à administração tributária, da informação a que as instituições financeiras reportantes se encontram obrigadas a prestar por força do disposto no Decreto-Lei nº 61/2013, de 10 de maio, ou do Regime de acesso automático a informações financeiras relativas a residentes, no prazo que legalmente seja fixado, é punível com coima de €500 a €22 500."

Artigo 9º – Aditamento ao Regime Geral das Infrações Tributárias

É aditado ao Regime Geral das Infrações Tributárias, aprovado pela Lei nº 15/2001, de 5 de junho, o artigo 119º-B, com a seguinte redação:

"Artigo 119º-B – Incumprimento das regras de comunicação e diligência devida a aplicar pelas instituições financeiras

1 – As omissões ou inexatidões nas informações comunicadas pelas instituições financeiras reportantes, nos termos do Decreto-Lei nº 61/2013, de 10 de maio, ou do Regime de acesso automático a informações financeiras relativas a residentes, são puníveis com coima de €250 a €11 250.

2 – O incumprimento dos procedimentos de diligência devida, de registo e conservação dos documentos destinados a comprovar o respetivo cumprimento pelas instituições financeiras reportantes, nos termos do Decreto-Lei nº 61/2013, de 10 de maio, ou do Regime de acesso automático a informações financeiras relativas a residentes, são puníveis com coima de €250 a €11 250."

Artigo 10º – Alteração ao Regime Complementar do Procedimento de Inspeção Tributária e Aduaneira

O artigo 29º do Regime Complementar do Procedimento de Inspeção Tributária e Aduaneira, aprovado pelo Decreto-Lei nº 413/98, de 31 de dezembro, alterado pelas Leis nºs 32-B/2002, de 30 de dezembro, 50/2005, de 30 de agosto, e 53-A/2006, de 29 de dezembro, pelo Decreto-Lei nº 6/2013, de 17 de janeiro, pela Lei nº 75-A/2014, de 30 de setembro, e pelo Decreto-Lei nº 36/2016, de 1 de julho, passa a ter seguinte a redação:

"Artigo 29º - [...]

1 - [...]:

a) [...]

b) [...]

c) [...]

d) [...]

e) [...]

f) [...]

g) [...]

h) [...]

i) [...]

j) Verificar no âmbito do acesso e da troca automática e obrigatória de informações para fins fiscais, do cumprimento das obrigações de comunicação de informações financeiras e de diligência devida por parte das instituições financeiras reportantes, registadas, para esse efeito, nos termos a definir por portaria do membro do Governo responsável pela área das finanças.

2 - [...].

3 - [...].

4 - [...]."

CAPÍTULO IV - Disposições finais

Artigo 11º - Fontes auxiliares à interpretação das normas

1 - Na determinação do sentido e alcance das alterações introduzidas pelo presente decreto-lei ao Decreto-Lei nº 61/2013, de 10 de maio, deve atender-se aos Comentários sobre o Modelo de Acordo entre Autoridades Competentes e a Norma Comum de Comunicação, bem como ao Manual de Implementação desenvolvidos pela OCDE.

2 - O conceito de entidade de investimento, a que se refere a alínea *c)* do nº 2 e o nº 3 do artigo 4º-A do Decreto-Lei nº 61/2013, de 10 de maio, deve ser interpretado de forma compatível com a terminologia similar utilizada na definição de instituição financeira nas Recomendações do Grupo de Ação Financeira Internacional de fevereiro de 2012.

CAPÍTULO IV – Disposições finais

Artigo 12º – Norma transitória

1 – No caso das informações que devem ser comunicadas pelas instituições financeiras reportantes à Autoridade Tributária e Aduaneira para efeitos do disposto na alínea *b)* do nº 1 do artigo 17º do anexo I ao presente decreto-lei, as instituições financeiras reportantes devem enviar as informações respeitantes aos anos de 2014 e 2015 até ao final do segundo mês seguinte à entrada em vigor do presente diploma.

2 – No caso de contas novas cuja abertura tenha ocorrido antes da entrada em vigor do presente decreto-lei, as instituições financeiras reportantes devem aplicar os procedimentos de diligência devida previstos no anexo II ao presente decreto-lei no prazo de 90 dias.

3 – As informações que devem ser comunicadas pelas instituições financeiras reportantes à Autoridade Tributária e Aduaneira para efeitos do disposto nos nºs 3 a 5 do artigo 6º do Decreto-Lei nº 61/2013, de 10 de maio, referem-se aos períodos de tributação que tenham início a partir de 1 de janeiro de 2016, devendo observar-se os prazos faseados para a troca obrigatória e automática de informações previstos nos nºs 2 e 3 do artigo 20º do Decreto-Lei nº 61/2013, de 10 de maio.

(...)

Artigo 14º – Entrada em vigor e produção de efeitos

1 – O artigo 3º do presente decreto-lei entra em vigor no dia seguinte ao da sua publicação.

2 – Sem prejuízo no número anterior, o presente decreto-lei produz efeitos a 1 de janeiro de 2016.

Visto e aprovado em Conselho de Ministros de 6 de outubro de 2016. – *António Luís Santos da Costa – Augusto Ernesto Santos Silva – Mário José Gomes de Freitas Centeno.*

Promulgado em 6 de outubro de 2016.

Publique-se.

O Presidente da República, MARCELO REBELO DE SOUSA.

Referendado em 7 de outubro de 2016.

O Primeiro-Ministro, *António Luís Santos da Costa.*

Norma Comum de Comunicação
(Decreto-Lei nº 61/2013, de 10 de maio[1])

Decreto-Lei nº 61/2013, de 10 de maio (versão consolidada)

Índice sistemático

[1] Inclui as alterações efetuadas pelo Decreto-Lei nº 64/2016, de 11 de outubro.

Preâmbulo

O presente decreto-lei tem por objeto a transposição para o ordenamento jurídico nacional da Diretiva nº 2011/16/UE, do Conselho, de 15 de fevereiro de 2011, relativa à cooperação administrativa no domínio da fiscalidade e que revoga a Diretiva nº 77/799/CEE, do Conselho, de 19 de dezembro de 1977, relativa à assistência mútua das autoridades competentes dos Estados-Membros no domínio dos impostos diretos e prémios de seguros.

A Diretiva nº 2011/16/UE, acima identificada, baseia-se nos resultados da Diretiva nº77/799/CEE, supra referida, mas estabelece regras mais claras e mais desenvolvidas para reger a cooperação administrativa entre Estados-Membros, e fornece instrumentos suscetíveis de garantir uma atuação mais eficaz contra os fenómenos da evasão e fraude fiscais no contexto internacional evitando, assim, perdas significativas de receitas fiscais. Com efeito, à medida que se intensifica a globalização das economias nacionais, estes fenómenos adquirem uma crescente dimensão transnacional, tendo reflexo nas novas formas como as operações comerciais e financeiras são estruturadas. Neste contexto, as administrações tributárias dos Estados-Membros só podem enfrentar devidamente os problemas resultantes da evasão e da fraude se a sua atuação se ancorar numa visão global destes fenómenos, mediante a adoção de diversas formas de cooperação mútua.

Os novos elementos incorporados nesta diretiva são, entre outros: (i) a extensão substancial do âmbito da cooperação administrativa em matéria de impostos e modalidades de cooperação; (ii) a inclusão das informações na posse de instituições bancárias ou financeiras; (iii) a introdução da troca obrigatória e automática em determinados domínios; (iv) a fixação de prazos para efetuar a transmissão de dados; (v) o retorno de informação e a utilização de formulários e canais de comunicação normalizados.

Dada a ausência de disposições, em especial na Lei Geral Tributária, que definam, de forma expressa, o âmbito dos poderes e deveres da Autoridade Tributária e Aduaneira no exercício da atividade de recolha e transmissão de dados, procede-se no presente decreto-lei a uma extensão do respetivo âmbito de aplicação, com as necessárias adaptações, a todos os instrumentos internacionais, de caráter bilateral ou multilateral, em matéria de cooperação administrativa.

Tendo em conta as significativas alterações que a transposição da Diretiva nº 2011/16/UE, do Conselho, de 15 de fevereiro de 2011, implica na regulamentação constante do Decreto-Lei nº 127/90, de 17 de abril, o presente decreto-lei prevê a sua revogação e concomitante substituição.

Foi ouvida a Comissão Nacional de Proteção de Dados.

Assim:

No uso da autorização legislativa concedida pelo artigo 237º da Lei nº 66-B/2012, de 31 de dezembro, e nos termos das alíneas *a)* e *b)* do nº 1 do artigo 198º da Constituição, o Governo decreta o seguinte:

CAPÍTULO I – Disposições gerais

Artigo 1º – Objeto

1 – O presente decreto-lei transpõe para a ordem jurídica nacional a Diretiva 2014/107/UE do Conselho, de 9 de dezembro de 2014, que altera a Diretiva 2011/16/UE no que respeita à troca automática de informações obrigatória no domínio da fiscalidade.

2 – As regras e os procedimentos de cooperação administrativa abrangidos pelo presente decreto-lei têm em vista a troca de informações previsivelmente relevantes para a aplicação e execução da legislação dos Estados-Membros respeitante aos impostos referidos no artigo 2º

3 – O presente decreto-lei não afeta a aplicação das regras relativas ao auxílio judiciário mútuo em matéria penal a prestar a outros Estados-Membros, nem prejudica a execução de quaisquer obrigações assumidas pelo Estado Português no quadro de uma cooperação administrativa mais ampla resultante de outros instrumentos jurídicos, incluindo acordos ou convenções bilaterais ou multilaterais.

Artigo 2º – Âmbito de aplicação

1 – São abrangidos pelo presente decreto-lei os impostos de qualquer natureza cobrados pelos Estados- Membros, ou em seu nome, ou pelas suas subdivisões políticas territoriais ou administrativas, ou em nome destas, incluindo as autarquias locais, cobrados no território a que são aplicáveis os tratados por força do artigo 52º do Tratado da União Europeia.

2 – Não obstante o disposto no número anterior, o presente decreto-lei não se aplica ao Imposto sobre o Valor Acrescentado, aos direitos aduaneiros, aos impostos especiais de consumo abrangidos por outra legislação da União Europeia em matéria de cooperação administrativa entre Estados-Membros e as contribuições obrigatórias para a segurança social devidas a um Estado-Membro, a uma subdivisão do Estado-Membro, ou às instituições de segurança social de direito público.

3 – Os impostos referidos no nº 1 não incluem quaisquer taxas, designadamente as devidas pela emissão de certidões e outros documentos pelas

autoridades públicas, nem quaisquer direitos de natureza contratual, tais como os pagamentos de serviços públicos.

4 – São igualmente reguladas pelo presente decreto-lei as obrigações que impendem sobre as instituições financeiras no que respeita a regras de diligência devida e comunicação de informações à Autoridade Tributária e Aduaneira para efeitos da troca obrigatória e automática de informações a que se referem os nºs 3 a 5 do artigo 6º

Artigo 3º – Definições

1 – Para efeitos do presente decreto-lei, entende-se por:

a) "Autoridade competente" de um Estado-Membro, a autoridade que tenha sido designada como tal pelo respetivo Estado-Membro da União Europeia;

b) "Serviço central de ligação", o serviço designado como tal, dotado da responsabilidade principal pelos contactos com os outros Estados-Membros no domínio da cooperação administrativa;

c) "Serviço de ligação", qualquer serviço, com exceção do serviço central de ligação, designado como tal, para trocar diretamente informações ao abrigo do presente decreto-lei;

d) "Funcionário competente", qualquer funcionário autorizado a proceder à troca direta de informações ao abrigo do presente decreto-lei;

e) "Autoridade requerente", o serviço central de ligação, um serviço de ligação ou um funcionário competente de um Estado-Membro que formule um pedido de assistência em nome da autoridade competente;

f) "Autoridade requerida", o serviço central de ligação, um serviço de ligação ou um funcionário competente de um Estado-Membro que receba um pedido de assistência em nome da autoridade competente;

g) "Diligências administrativas", todos os controlos, verificações e ações empreendidas pelos Estados- Membros no desempenho das suas atribuições, com o objetivo de assegurar a correta aplicação da legislação fiscal;

h) "Troca de informações a pedido", a troca de informações realizada com base numa solicitação apresentada pelo Estado-Membro requerente ao Estado-Membro requerido num caso específico;

i) "Troca obrigatória e automática de informações", a comunicação sistemática de informações predefinidas sobre residentes noutros Estados-membros ao Estado-membro de residência relevante, sem pedido prévio, em intervalos regulares preestabelecidos;

j) "Troca espontânea de informação", a comunicação não sistemática, a qualquer momento e sem pedido prévio, de informações a outro Estado-Membro;

l) "Pessoa":

i) Uma pessoa singular;

ii) Uma pessoa coletiva;

iii) Sempre que a legislação em vigor o preveja, uma associação de pessoas à qual seja reconhecida capacidade para a prática de atos jurídicos, mas que não possua o estatuto de pessoa coletiva; ou

iv) Qualquer outra estrutura jurídica, seja qual for a sua natureza ou forma, dotada ou não de personalidade jurídica, cujos ativos de que seja proprietária ou gestora e rendimentos deles derivados estejam sujeitos a qualquer um dos impostos abrangidos pelo artigo 2º

m) "Por via eletrónica", a utilização de equipamento eletrónico de processamento, incluindo a compressão digital, e de armazenamento de dados, através de fios, radiocomunicações, meios óticos ou outros meios eletromagnéticos;

n) "Rede CCN", a plataforma comum baseada na Rede Comum de Comunicações (CCN), desenvolvida pela União Europeia para assegurar todas as transmissões por via eletrónica entre autoridades competentes nos domínios aduaneiro e fiscal.

2 – Para efeitos da troca obrigatória e automática de informações a que se referem os nºs 3 a 5 do artigo 6º, são igualmente relevantes as definições constantes nos artigos 4º-A a 4º-H e no anexo ao presente decreto-lei, do qual faz parte integrante.

Artigo 4º – Organização

1 – A autoridade competente é, para os efeitos do presente decreto-lei, o Ministro das Finanças, o Diretor-Geral da Autoridade Tributária e Aduaneira ou os seus representantes autorizados.

2 – Os funcionários que participam na cooperação administrativa ao abrigo do presente decreto-lei são, em qualquer caso, considerados funcionários competentes para esse efeito, nos termos das disposições estabelecidas pela autoridade competente nacional.

3 – A troca de informações com outros Estados-Membros é feita através da Direção de Serviços de Relações Internacionais, que funciona como "serviço central de ligação", sendo igualmente responsável pelos contactos com a Comissão Europeia.

4 – São reconhecidas como autoridades competentes de outros Estados-Membros, com competência para solicitar as informações a que se refere o presente decreto-lei, as autoridades que constem da lista publicada pela Comissão Europeia no Jornal Oficial da União Europeia ao abrigo do nº 1 do artigo 4º da Diretiva nº 2011/16/UE, relativa à cooperação administrativa no domínio da fiscalidade e que revoga a Diretiva nº 77/799/CEE, do Conselho, de 19 de dezembro de 1977, os serviços centrais de ligação, os serviços de ligação e os funcionários competentes por estas designados nos termos daquela Diretiva.

CAPÍTULO II – Definições específicas no âmbito da troca obrigatória e automática de informações

Artigo 4º-A – Instituições financeiras reportantes

1 – Para efeitos da troca obrigatória e automática de informações a que se referem os nºs 3 a 5 do artigo 6º entende-se por:

a) "Instituição financeira reportante", qualquer instituição financeira que não seja considerada"Instituição financeira não reportante", com sede ou direção efetiva em território português, com exceção de qualquer sucursal dessa instituição financeira situada fora deste território, bem como qualquer sucursal situada em território português de uma instituição financeira com sede fora deste território, desde que, em qualquer caso, integrem uma das seguintes categorias de instituições financeiras:

i) "Instituição de custódia";

ii) "Instituição de depósito";

iii) "Entidade de investimento";

iv) "Empresa de seguros especificada".

b) "Instituição Financeira de um Estado-Membro", qualquer instituição financeira residente num Estado- Membro, com exceção de qualquer sucursal dessa instituição financeira situada fora desse Estado- Membro, bem como qualquer sucursal de uma instituição financeira não residente num Estado-Membro se essa sucursal estiver situada nesse Estado-Membro;

c) "Instituição financeira de uma jurisdição participante", qualquer instituição financeira residente numa jurisdição participante, com exceção de qualquer sucursal dessa instituição financeira situada fora dessa jurisdição participante, bem como qualquer sucursal de uma instituição financeira não residente numa jurisdição participante se essa sucursal estiver situada nessa jurisdição participante;

2 – Para efeitos da alínea *a)* do número anterior, entende-se por:

a) "Instituição de custódia", o intermediário financeiro ou qualquer entidade cuja atividade consista na detenção de ativos financeiros por conta de terceiros e desde que os rendimentos brutos gerados pela detenção dos ativos financeiros por conta de terceiros e serviços financeiros conexos sejam iguais ou superiores a 20% do rendimento bruto dessa entidade obtido no mais curto dos seguintes períodos de tempo:

i) No período de três anos que termine a 31 de dezembro do ano que anteceda aquele em que se efetue o cálculo para os efeitos do presente artigo; ou

ii) No período de existência da entidade;

b) "Instituição de depósito", a instituição de crédito ou qualquer outra entidade legalmente autorizada a exercer a atividade de receção de depósitos ou de outros fundos reembolsáveis no decurso de uma atividade bancária ou similar;

c) "Entidade de investimento", qualquer entidade que exerça como atividade principal uma ou várias das seguintes atividades ou operações, em nome ou por conta de um cliente:

i) Transações sobre instrumentos do mercado monetário, nomeadamente, cheques, letras e livranças, certificados de depósitos e derivados, bem como do mercado cambial, em instrumentos sobre divisas, taxas de juro e índices, valores mobiliários ou operações a prazo sobre mercadorias;

ii) Gestão individual e coletiva de carteiras; ou

iii) Outros tipos de investimento, administração ou gestão de ativos financeiros ou numerário por conta de outrem;

d) "Empresa de seguros especificada", qualquer entidade que seja uma empresa de seguros ou sociedade gestora de participações no setor dos seguros, legalmente autorizada a exercer a atividade seguradora em Portugal, no âmbito do ramo Vida, nos termos do regime jurídico do acesso e exercício da atividade seguradora e resseguradora, que emita ou esteja obrigada a efetuar pagamentos em relação a um contrato de seguro monetizável ou a um contrato de renda.

3 – Sem prejuízo do disposto na alínea *c)* do número anterior, entende-se ainda por "Entidade de investimento" qualquer entidade cujos rendimentos brutos provenham principalmente de atividades de investimento, reinvestimento ou negociação de ativos financeiros, desde que:

a) Seja gerida por outra entidade qualificável, para efeitos do presente decreto-lei, como instituição de depósito, instituição de custódia, empresa de seguros especificada, ou entidade de investimento, ou por um conjunto de entidades de diferente natureza que integre pelo menos uma entidade assim qualificável; e

b) A entidade gestora efetue, diretamente ou por intermédio de um outro prestador de serviços, uma ou mais das atividades indicadas na alínea *c)* do número anterior por conta da entidade gerida e possua poder discricionário para gerir, no todo ou em parte, os ativos da entidade gerida.

4 – Considera-se que uma entidade tem como principal atividade económica uma ou mais das atividades indicadas na alínea *c)* do nº 2 e que o rendimento bruto de uma entidade provém principalmente de atividades de investimento, reinvestimento e negociação de ativos financeiros para efeitos do número anterior, sempre que os rendimentos brutos gerados pelas atividades em causa sejam iguais ou superiores a 50% do rendimento bruto dessa entidade obtido no mais curto dos seguintes períodos de tempo:

a) No período de três anos que termine a 31 de dezembro do ano que anteceda aquele em que se efetue o cálculo para os efeitos do presente artigo; ou

b) No período de existência da entidade.

5 – Ficam excluídas do conceito de "Entidade de investimento" a que se refere a alínea *c)* do nº 2 e o nº 3 as entidades que sejam qualificáveis como entidades não financeiras (ENF) ativas, por cumprirem qualquer um dos critérios definidos no nº 10 do artigo 4º-G.

6 – Para efeitos do presente decreto-lei, a expressão "Ativo financeiro" inclui:

a) Títulos, nomeadamente, de participação no capital de sociedades de capitais ou em sociedades de pessoas ou na qualidade de beneficiários efetivos numa *partnership* (sociedade de pessoas) com múltiplos sócios ou numa sociedade em comandita por ações cotada em bolsa ou num *trust* (estrutura fiduciária), bem como notas, obrigações, ou outros títulos de dívida;

b) Participações em sociedades, mercadorias e *swaps*, nomeadamente, *swaps* de taxa de juro, *swaps* de divisas, *swaps* de base, limites máximos da taxa de juro, limites mínimos da taxa de juro, *swaps* de mercadorias, *swaps* de ações, *swaps* relativos a um índice sobre ações, bem como em instrumentos similares;

c) Contratos de seguros ou contratos de renda;

d) Qualquer participação, incluindo contratos de futuros, *forward* ou opções, em títulos, sociedades de pessoas, mercadorias, *swaps*, contratos de seguro ou contratos de renda.

7 – O conceito de ativo financeiro a que se refere o número anterior não inclui a participação direta, não ligada a uma dívida, em bens imóveis.

8 – Consideram-se abrangidos no conceito de entidade de investimento a que se refere a alínea *c)* do nº 2, designadamente:

a) As instituições e crédito e as empresas de investimento que estejam autorizadas a exercer atividades de intermediação financeira em Portugal;

b) As instituições de investimento coletivo e a entidades responsáveis pela respetiva gestão autorizados autorizadas a exercer essa atividade em Portugal, nomeadamente:

i) Organismos de investimento coletivo em valores mobiliários;

ii) Organismos de investimento alternativo em valores mobiliários e organismos de investimento em ativos não financeiros;

iii) Organismos de investimento imobiliário;

iv) Organismos de investimento em capital de risco, organismos de empreendedorismo social e organismos de investimento alternativo especializado; e

v) Fundos de pensões;

vi) Fundos de titularização de créditos.

Artigo 4º-B – Instituições financeiras não reportantes

1 – Para efeitos do disposto na alínea *a)* do nº 1 do artigo anterior, entende-se por "Instituição financeira não reportante" qualquer instituição financeira que seja:

a) Uma entidade pública, uma organização internacional ou um banco central, salvo no que diz respeito ao pagamento resultante de uma obrigação detida em ligação com uma atividade financeira comercial exercida por uma empresa de seguros especificada, uma instituição de custódia ou uma instituição de depósito;

b) Um fundo de pensões de participação alargada, um fundo de pensões de participação limitada, um fundo de pensões de uma entidade pública, de uma organização internacional ou de um banco central, ou um emitente qualificado de cartões de crédito;

c) Qualquer outra entidade que apresente um baixo risco de ser utilizada para efeitos de evasão fiscal, que tenha características substancialmente idênticas às das entidades descritas nas alíneas anteriores e que esteja incluída na lista de instituições financeiras não reportantes a que se refere o artigo 4º-F, desde que o estatuto dessa entidade enquanto instituição financeira não reportante não ponha em causa os objetivos do presente decreto-lei;

d) Um veículo de investimento coletivo isento;

e) Um *trust* (estrutura fiduciária), desde que o *trustee* (fiduciário) seja uma instituição financeira reportante e transmita todas as informações exigidas no artigo 1º do anexo ao presente decreto-lei, no que diz respeito a todas as contas sujeita a comunicação do *trust* (estrutura fiduciária).

2 – Entende-se por "Entidade pública" o governo de um Estado-Membro ou outra jurisdição, qualquer subdivisão política de um Estado-membro ou outra jurisdição, incluindo estados, regiões autónomas, províncias, distritos ou municípios, bem como qualquer agência ou instrumento de intervenção totalmente detido por um Estado-Membro ou outra jurisdição ou por uma ou várias entidades públicas, abrangendo ainda:

a) "Partes integrantes" de um Estado-Membro ou outra jurisdição, que se entendem como incluindo qualquer pessoa, organização, agência, gabinete, fundo, instrumento de intervenção ou outro organismos, seja qual for a sua designação, que constitua uma autoridade de governação de um Estado-Membro ou outra jurisdição, desde que os rendimentos líquidos dessa autoridade de governação sejam creditados na sua própria conta ou noutras contas do Estado-Membro ou outra jurisdição, não podendo nenhuma parte desses rendimentos reverter a favor de uma pessoa singular, e como excluindo qualquer pessoa que seja membro do governo, funcionário, ou administrador que atue a título privado ou pessoal;

b) "Entidades controladas", que se entendem como incluindo qualquer entidade formalmente distinta de um Estado-Membro ou outra jurisdição que seja totalmente detida e controlada por uma ou várias entidades públicas, diretamente ou através de uma ou várias entidades controladas, desde que os respetivos rendimentos líquidos sejam creditados na sua própria conta ou nas contas de uma ou várias entidades públicas, não podendo nenhuma parte dos seus rendimentos reverter a favor de uma pessoa singular, e desde que, em caso de dissolução, os ativos dessa entidade revertam a favor de uma ou várias entidades públicas.

3 – Para efeitos do disposto no número anterior, considera-se que:

a) O rendimento não reverte a favor de pessoas singulares caso essas pessoas sejam os beneficiários de um programa público e as atividades do programa forem realizadas em prol do bem-estar comum da população ou estiverem de alguma forma relacionadas com a administração pública;

b) O rendimento reverte a favor de pessoas singulares caso esse rendimento resultar do recurso a uma entidade pública para a condução de uma atividade comercial como a atividade da banca comercial, que presta serviços financeiros a pessoas singulares.

4 – Entende-se por "Organização internacional" qualquer organização internacional ou qualquer agência ou instrumento de intervenção totalmente detido por essa organização, incluindo qualquer organização intragovernamental ou supranacional que seja composta essencialmente por governos, que tenha um acordo de sede ou um acordo substancialmente idêntico com o Estado-Membro, desde que respetivo rendimento não reverta a favor de pessoas singulares.

5 – Entende-se por "Banco central" uma instituição que, por lei ou por decisão governamental, é a autoridade principal, distinta do próprio governo do Estado-Membro, que emite instrumentos destinados a circular como divisas, podendo ainda incluir um instrumento de intervenção independente do governo do Estado-Membro, quer seja ou não total ou parcialmente detido pelo Estado-Membro.

6 – Em território nacional, são qualificáveis como instituições financeiras não reportantes para efeitos do disposto na alínea *a)* do nº 1, nomeadamente:

a) O Estado Português, suas subdivisões políticas ou administrativas ou autarquias locais, ou qualquer instituição ou organismo, excluindo as instituições financeiras, detido na totalidade pelo Estado, suas subdivisões políticas ou administrativas ou autarquias locais;

b) As instituições de segurança social e previdência e os fundos de capitalização por elas administrados;

c) O Banco de Portugal;

d) O Fundo de Garantia de Depósitos, o Fundo de Garantia do Crédito Agrícola Mútuo e o Fundo de Resolução;

e) O Sistema de Indemnização aos Investidores;

f) O Fundo de Acidentes de Trabalho e o Fundo de Garantia Automóvel;

g) A Agência de Gestão da Tesouraria e da Dívida Pública – IGCP, E. P. E.;

7 – Para efeitos da alínea *b)* do nº 1, entende-se por:

a) "Fundo de pensões de participação alargada" um fundo instituído para conceder prestações de reforma, de invalidez, ou por morte, ou qualquer combinação das anteriores, a beneficiários que são ou foram assalariados de um ou vários empregadores em contrapartida de serviços prestados ou são pessoas por aqueles designados, desde que o fundo não tenha um único beneficiário com mais de 5% dos seus ativos, esteja sujeito a regulação pública, efetue a comunicação de informações às autoridades fiscais e satisfaça pelo menos um dos seguintes requisitos:

i) O fundo beneficie de isenção de impostos sobre os rendimentos de investimentos ou a tributação de tais rendimentos seja diferida ou efetuada a uma taxa reduzida, devido ao seu estatuto de plano de reforma ou pensões;

ii) O fundo receba pelo menos 50% das suas contribuições totais dos empregadores que o financiem, não entrando para tal cômputo as transferências de ativos de qualquer outro dos fundos de pensões qualificados como instituições financeiras não reportantes nos termos do presente artigo, ou de contas de reforma ou de pensões qualificadas como excluídas, nos termos da alínea *a)* do nº 1 do artigo 4º-E;

iii) As distribuições ou levantamentos do fundo, salvo no caso de transferências de ativos para qualquer outro dos fundos de pensões qualificados como instituições financeiras não reportantes nos termos do presente artigo, ou para contas de reforma ou de pensões qualificadas como excluídas nos termos da alínea *a)* do nº 1 do artigo 4º-E, só estejam autorizadas no momento da ocorrência de determinados eventos relacionados com a reforma, invalidez, ou morte, sendo aplicadas penalizações a distribuições ou levantamentos efetuados antes da ocorrência de tais eventos;

iv) As contribuições dos assalariados para o fundo, salvo quando correspondentes a contribuições compensatórias autorizadas, estejam limitadas por referência ao rendimento do trabalho dos assalariados ou não excedam, anualmente, um montante correspondente a USD 50 000;

b) "Fundo de pensões de participação limitada" um fundo instituído para conceder prestações de reforma, de invalidez, ou por morte a beneficiários que são ou foram assalariados, ou pessoas por estes designadas, de um ou vários empregadores em contrapartida de serviços prestados, desde que:

i) O fundo tenha menos de 50 participantes;

ii) O fundo seja financiados por um ou vários empregadores que não sejam entidades de investimento nem ENF passivas;

iii) As contribuições dos assalariados e dos empregadores para o fundo, com exceção das transferências de ativos de contas de reforma ou de pensões qualificadas como excluídas, nos termos da alínea *a)* do nº 1 do artigo 4º-E, estejam limitadas por referência ao rendimento do trabalho e à remuneração dos assalariados, respetivamente;

iv) Os participantes que não sejam residentes em território nacional não tenham direito a mais de 20 % dos ativos dos fundos; e

v) O fundo esteja constituído e opere de acordo com a legislação nacional, com sujeição à supervisão pelas autoridades competentes, e esteja obrigado a comunicar informações à Autoridade Tributária e Aduaneira;

c) "Fundo de pensões de uma entidade pública, uma organização internacional, ou um banco central" um fundo instituído por qualquer uma destas entidades para conceder prestações de reforma, de invalidez, ou por morte a beneficiários ou participantes que são ou foram seus assalariados, ou pessoas por eles designadas, bem como a beneficiários ou participantes que não são nem foram seus assalariados caso as prestações lhes sejam concedidas em contrapartida de serviços pessoais prestados à entidade pública, organização internacional ou banco central;

d) "Emitente qualificado de cartões de crédito" uma instituição financeira que o seja unicamente pelo facto de, enquanto emitente de cartões de crédito, aceitar depósitos exclusivamente quando um cliente efetua um pagamento que excede o saldo devido a título do cartão e o excedente não seja imediatamente devolvido ao cliente, desde que, pelo menos a partir de 1 de janeiro de 2016, essa instituição implemente políticas e procedimentos para:

i) Evitar que os clientes efetuem pagamentos em excesso superiores a USD 50 000, incluindo-se neste cômputo os saldos credores resultantes da devolução de mercadorias e excluindo-se os saldos credores imputáveis a taxas em litígio; ou

ii) Garantir que qualquer pagamento em excesso superior ao montante referido na subalínea anterior seja reembolsado ao cliente no prazo de 60 dias.

8 – Para efeitos da alínea *d)* do nº 1, entende-se por "Veículo de investimento coletivo isento" uma entidade de investimento regulada enquanto tal, ainda que em legislação especial, desde que todas as participações no veículo de investimento coletivo sejam detidas por pessoas singulares ou entidades que não sejam pessoas sujeitas a comunicação, ou através de tais

pessoas ou entidades, exceto se essa entidade for qualificável como ENF com pessoas que exercem o controlo que são pessoas sujeitas a comunicação.

9 – Uma entidade de investimento regulada enquanto veículo de investimento coletivo não deixa de ser considerada um veículo de investimento coletivo isento nos termos do número anterior unicamente pelo facto de ter emitido ações físicas ao portador, desde que:

a) Não tenha emitido, e não emita, quaisquer ações físicas ao portador após 31 de dezembro de 2015;

b) Retire todas essas ações no momento do respetivo resgate;

c) Ponha em prática todos os procedimentos de diligência devida estabelecidos nos artigos 3º a 27º do anexo ao presente decreto-lei e transmita todas as informações que tenham de ser comunicadas no que diz respeito a essas ações quando estas forem apresentadas para resgate ou outro pagamento; e

d) Aplique políticas e procedimentos para garantir que essas ações são resgatadas ou imobilizadas o mais rapidamente possível e em todo o caso antes de 1 de janeiro de 2018.

Artigo 4º-C – Contas financeiras

1 – Para efeitos da troca obrigatória e automática de informações a que se referem os nºs 3 a 5 do artigo 6º entende-se por "Conta financeira" uma conta mantida por uma instituição financeira, que não seja considerada "Conta excluída", e que inclua:

a) Uma conta de depósito;

b) Uma conta de custódia;

c) Qualquer participação representativa de capital ou título de dívida da instituição financeira mantida por uma entidade de investimento, salvo se essa entidade for qualificável como entidade de investimento devido unicamente ao facto de:

i) Prestar consultoria a clientes em matéria de investimentos, e atuar em nome destes; ou

ii) Gerir carteiras por conta de clientes, e atuar em nome destes com o objetivo de investir, gerir, ou administrar ativos financeiros depositados em nome dos clientes numa instituição financeira distinta da referida entidade;

d) Qualquer participação representativa de capital ou título de dívida da instituição financeira mantida por outras instituições financeiras distintas das referidas na alínea anterior, se a categoria desses títulos tiver sido estabelecida com o objetivo de evitar a comunicação nos termos do artigo 1º do anexo ao presente decreto-lei;

e) Qualquer contrato de seguro monetizável e qualquer contrato de renda emitido ou gerido por uma instituição financeira, exceto se for uma renda vitalícia imediata, incessível e não ligada a um investimento, que é emitida a uma pessoa singular e converte em valor monetário uma pensão ou prestação por invalidez paga no âmbito de uma conta excluída.

2 – Para efeitos da alínea *c)* do número anterior, consideram-se contas financeiras mantidas por entidades de investimento, designadamente:

a) As unidades de participação e as ações de:

i) Organismos de investimento coletivo em valores mobiliários;

ii) Organismos de investimento alternativo em valores mobiliários;

iii) Organismos de investimento em ativos não financeiros;

iv) Organismos de investimento imobiliário;

b) As unidades de participação e quaisquer outras participações em fundos de pensões;

c) As unidades de participação, ações e quaisquer outras formas de participação em:

i) Organismos de investimento em capital de risco;

ii) Organismos de empreendedorismo social;

iii) Organismos de investimento alternativo especializado;

iv) Sociedades de capital de risco;

v) Investidores em capital de risco;

d) As unidades de titularização de créditos emitidas por fundos de titularização de créditos;

e) As ações e as obrigações titularizadas emitidas pelas sociedades de titularização de créditos;

f) As carteiras de gestão discricionária mantidas por instituições de investimento autorizadas a exercer a atividade de gestão de carteiras, numa base discricionária e individualizada, no âmbito de mandato conferido pelos clientes.

3 – Entende-se por "Conta de depósito" qualquer conta comercial, conta à ordem, conta poupança, conta a prazo ou plano de poupança com tributação diferida, ou uma conta comprovada por um certificado de depósito, certificado de poupança com tributação diferida, certificado de investimento, certificado de endividamento ou outros instrumentos similares mantidos por uma instituição financeira no decurso regular da atividade

bancária ou similar, bem como os montantes detidos por uma empresa de seguros ao abrigo de um contrato de investimento garantido ou contrato similar que tenha por objeto o pagamento de juros ou o respetivo crédito em conta.

4 – Entende-se por "Conta de custódia" qualquer conta, que não constitua um contrato de seguro ou um contrato de renda, na qual sejam conservados um ou vários ativos financeiros em benefício de outra pessoa, nomeadamente ações, quotas, títulos de crédito, obrigações, títulos de dívida ou quaisquer outros documentos de dívida, operações cambiais ou sobre mercadorias, *swaps* de risco de incumprimento de crédito, *swaps* baseados em índices não financeiros, contratos de capital nocional, contratos de seguro, contratos de renda, ou quaisquer opções ou outros instrumentos derivados.

5 – Entende-se por "Participação representativa de capital":

a) No caso de uma *partnership* (sociedade de pessoas) que seja uma instituição financeira, uma participação representativa do capital ou dos lucros dessa *partnership* (sociedade de pessoas);

b) No caso de um *trust* (estrutura fiduciária) que seja uma instituição financeira, uma participação representativa do capital que seja detida por qualquer pessoa equiparada a *settlor* (instituidor) ou a beneficiário da totalidade ou de parte do *trust* (estrutura fiduciária), ou por qualquer outra pessoa singular que detenha efetivamente o controlo final do *trust* (estrutura fiduciária), sendo, nestes casos, equiparada a beneficiária de um *trust* (estrutura fiduciária) qualquer pessoa sujeita a comunicação que tenha o direito a receber direta ou indiretamente, por exemplo, através de um *nominee* (mandatário), uma distribuição obrigatória ou possa receber, direta ou indiretamente, uma distribuição discricionária do *trust* (estrutura fiduciária).

6 – O disposto na alínea *b)* do número anterior é aplicável igualmente a qualquer estrutura jurídica equivalente ou similar a um *trust* (estrutura fiduciária) ou a uma fundação que seja uma instituição financeira.

7 – Entende-se por "Contrato de seguro" um contrato, que não seja um contrato de renda, nos termos do qual o emitente acorda em pagar um determinado montante no momento da ocorrência de um risco especificado, designadamente morte, doença, acidente, responsabilidade, ou risco patrimonial.

8 – Entende-se por "Contrato de renda" um contrato nos termos do qual o emitente acorda em efetuar pagamentos durante certo período de

tempo, total ou parcialmente determinado por referência à esperança de vida de uma ou várias pessoas singulares, bem como o contrato que seja considerado um contrato de renda nos termos das disposições legislativas ou regulamentares ou das práticas do Estado-Membro ou outra jurisdição em que o contrato tenha sido emitido e nos termos do qual o emitente acorda em efetuar pagamentos a termo certo.

9 – Entende-se por "Contrato de seguro monetizável" um contrato de seguro, que não seja um contrato de resseguro de responsabilidade civil entre duas empresas de seguros, que tenha valor em numerário.

10 – Para efeitos do número anterior, considera-se "Valor em numerário" o mais elevado dos seguintes montantes:

a) O montante que o tomador do seguro tem direito a receber no momento do resgate ou da resolução do contrato, calculado sem dedução de eventuais taxas de resgate ou de adiantamentos sobre a apólice;

b) O montante que o tomador do seguro pode tomar de empréstimo no âmbito ou a título do contrato.

11 – Ficam excluídos do conceito de valor em numerário a que se refere o número anterior quaisquer montantes a pagar no âmbito de um contrato de seguro:

a) Exclusivamente devido por morte de uma pessoa segura nos termos de um contrato de seguro de vida;

b) A título de prestações por danos corporais ou por doença, ou outras prestações de indemnização de perdas económicas incorridas no momento da materialização do risco segurado;

c) A título de reembolso de um prémio pago anteriormente, deduzido o custo dos encargos com o seguro, quer tenham sido ou não aplicados, nos termos de um contrato de seguro que não seja um contrato de renda ou de seguro de vida ligado a um investimento e devido à anulação ou à resolução do contrato, diminuição da exposição ao risco durante o período de vigência do contrato, ou a um novo cálculo do prémio do contrato em resultado da correção de um registo ou erro similar;

d) A título de dividendos do tomador do seguro, com exceção dos dividendos pagos no momento da resolução do contrato, desde que os dividendos digam respeito a um contrato de seguro nos termos do qual as únicas prestações a pagar sejam as mencionadas na alínea *b)*;

e) A título de devolução de um prémio provisional ou de um depósito de prémio para um contrato de seguro cujo prémio seja pago com uma periodicidade mínima anual, se o montante do prémio provisional ou do depósito de prémio não exceder o montante do prémio contratual devido no ano seguinte.

Artigo 4º-D – Tipos de contas financeiras

1 – Entende-se por "Conta preexistente":

a) Uma conta financeira mantida por uma instituição financeira reportante em 31 de dezembro de 2015;

b) Qualquer conta financeira do titular da conta, independentemente da data de abertura dessa conta financeira, desde que estejam verificados os seguintes requisitos cumulativos:

i) O titular da conta também detenha na instituição financeira reportante, ou numa entidade relacionada residente em território nacional, uma conta financeira que seja uma conta preexistente nos termos da alínea anterior;

ii) A instituição financeira reportante, e, quando aplicável, a entidade relacionada residente em território nacional, equipare, observando o disposto no artigo 23º do anexo ao presente decreto-lei, as contas financeiras em causa, e quaisquer outras contas financeiras do titular da conta que sejam equiparadas a contas preexistentes nos termos desta alínea, a uma conta financeira única, bem como para determinar o saldo ou valor de qualquer uma das contas financeiras quando se lhes aplicar qualquer um dos limiares;

iii) Relativamente a uma conta financeira que esteja sujeita aos procedimentos antibranqueamento de capitais/conheça o seu cliente (AML//KYC, "*Anti Money Laundering/Know your Customer*"), a instituição financeira reportante puder cumprir os procedimentos AML/KYC para a conta financeira baseando-se nos procedimentos AML/KYC seguidos para a conta preexistente indicada na alínea anterior;

iv) A abertura da conta financeira não exigir a prestação de informações novas, adicionais ou alteradas sobre o cliente por parte do titular da conta, exceto para efeitos do presente decreto-lei.

2 – Entende-se por "Conta nova" uma conta financeira mantida por uma instituição financeira reportante aberta em 1 de janeiro de 2016 ou após essa data, a não ser que seja equiparada a conta preexistente nos termos da alínea *b)* do número anterior.

3 – Entende-se por "Conta preexistente de pessoa singular" uma conta preexistente detida por uma ou várias pessoas singulares.

4 – Entende-se por "Conta nova de pessoa singular" uma conta nova detida por uma ou várias pessoas singulares.

5 – Entende-se por "Conta preexistente de entidade" uma conta preexistente detida por uma ou várias entidades.

6 – Entende-se por "Conta de menor valor" uma conta preexistente de pessoa singular cujo saldo ou valor agregado em 31 de dezembro de 2015 não exceda USD 1 000 000.

7 – Entende-se por "Conta de elevado valor" uma conta preexistente de pessoa singular cujo saldo ou valor agregado exceda USD 1 000 000 em 31 de dezembro de 2015 ou em 31 de dezembro de qualquer ano subsequente.

8 – Entende-se por "Conta nova de entidade" uma conta nova detida por uma ou várias entidades.

Artigo 4º-E – Contas financeiras excluídas

1 – São excluídas das obrigações previstas no presente decreto-lei as seguintes contas financeiras, que se entendem por "Contas excluídas":

a) Uma conta de reforma ou de pensão em que se verifiquem os seguintes requisitos:

i) A conta está sujeita a regulamentação na qualidade de conta de reforma pessoal ou integra um plano de reforma ou de pensões registado ou regulado para a concessão de prestações de reforma ou de pensão, incluindo por invalidez ou morte;

ii) A conta beneficia de um tratamento fiscal favorável, nos termos do qual as contribuições usufruem de benefícios fiscais ou a tributação dos rendimentos de capitais gerados pela conta é diferida ou efetuada a uma taxa reduzida;

iii) Existe uma obrigação de comunicação anual de informações relativas às contas à Autoridade Tributária e Aduaneira;

iv) Apenas podem ser efetuados levantamentos quando seja atingida uma determinada idade de reforma ou condição de invalidez, ou por morte, sendo aplicáveis penalizações em caso de levantamentos efetuados antes da ocorrência destes eventos; e

v) As contribuições anuais estão limitadas a um montante igual ou inferior a 50 000 USD ou existe um limite máximo de contribuição ao longo da vida para a conta que não ultrapassa 1 000 000 USD, sendo estes montantes calculados em conformidade com o disposto nos artigos 25º a 27º do anexo ao presente decreto-lei e não entrando para tal cômputo as transferências de ativos ou fundos de qualquer outra conta financeira qualificada como excluída nos termos desta alínea ou da alínea seguinte, bem como de ativos de fundos de reforma ou de pensões qualificados como instituições financeiras não reportantes nos termos das alíneas *a)* a *c)* do nº 7 do artigo 4º-B;

b) Uma conta que satisfaça os seguintes requisitos:

i) A conta está sujeita à regulamentação aplicável a um veículo de investimento para efeitos distintos da reforma e é regularmente negociada num mercado regulamentado de valores mobiliários, ou a conta está sujeita à regulamentação aplicável a um veículo de poupança para efeitos distintos da reforma;

ii) A conta beneficia de um tratamento fiscal favorável, nos termos do qual as contribuições usufruem de benefícios fiscais ou a tributação dos rendimentos de capitais gerados pela conta é diferida ou efetuada a uma taxa reduzida;

iii) Apenas podem ser efetuados levantamentos quando forem cumpridos determinados critérios relacionados com o objetivo da conta de investimento ou poupança, por exemplo o pagamento de despesas com educação ou saúde, sendo aplicáveis penalizações a levantamentos efetuados antes de se cumprirem esses critérios; e

iv) As contribuições anuais estão limitadas a um montante igual ou inferior a 50 000 USD, sendo este montante calculado em conformidade com o disposto nos artigos 25º a 27º do anexo III ao presente decreto-lei e não entrando para tal cômputo as transferências de ativos ou fundos de qualquer outra conta financeira qualificada como excluída, nos termos desta alínea ou da alínea anterior, bem como de ativos de fundos de reforma ou de pensões qualificados como instituições financeiras não reportantes nos termos das alíneas *a)* a *c)* do nº 7 do artigo 4º-B;

c) Um contrato de seguro de vida cujo período de cobertura termine antes de o segurado atingir os 90 anos de idade, desde que o contrato satisfaça os seguintes requisitos:

i) O montante dos prémios periódicos não diminua ao longo do tempo e estes prémios tenham uma periodicidade, pelo menos, anual durante o período de vigência do contrato ou até o segurado atingir os 90 anos de idade, consoante o período que for mais curto;

ii) O contrato não possua qualquer valor contratual a que qualquer pessoa possa aceder, seja através de levantamento, empréstimo ou por qualquer outro modo, sem que isso implique a resolução do contrato;

iii) O montante a pagar, com exceção da prestação por morte, no momento da anulação ou da resolução do contrato não possa exceder o montante acumulado dos prémios pagos a título do contrato, deduzido da soma dos encargos devidos por mortalidade, doença e custos, quer tenham sido ou não aplicados, relativamente ao período ou períodos de vigência do contrato, bem como quaisquer montantes pagos antes da anulação ou da resolução do contrato, e

iv) O contrato não seja detido por um cessionário a título oneroso;

d) Uma conta detida unicamente por uma sucessão se a documentação dessa conta incluir uma cópia do testamento ou da certidão de óbito do falecido;

e) Uma conta aberta em ligação com um dos seguintes atos:

i) Um despacho ou uma sentença judicial,

ii) A venda, permuta, ou locação de um bem imóvel ou pessoal;

iii) A obrigação que incumbe a uma instituição financeira que concede um empréstimo garantido por um bem imóvel de reservar uma parcela do pagamento exclusivamente para facilitar o pagamento de impostos ou de seguros relacionados com o bem imóvel numa data posterior;

iv) A obrigação que incumbe a uma instituição financeira exclusivamente para facilitar o pagamento de impostos numa data posterior;

f) Uma conta de depósito que exista apenas porque um cliente efetua um pagamento que excede o saldo devido a título do cartão de crédito ou de outra facilidade de crédito renovável e o excedente não é imediatamente devolvido ao cliente, desde que, a partir de 1 de janeiro de 2016 ou antes dessa data, a instituição financeira implemente políticas e procedimentos para:

i) Evitar que os clientes efetuem pagamentos em excesso superiores a 50 000 USD, incluindo-se neste cômputo os saldos credores resultantes da devolução de mercadorias e excluindo-se os saldos credores imputáveis a taxas em litígio; ou

ii) Garantir que qualquer pagamento em excesso superior ao montante referido na subalínea anterior seja reembolsado ao cliente no prazo de 60 dias;

g) Qualquer outra conta que apresente um risco baixo de ser utilizada para efeitos de evasão fiscal, que tenha características substancialmente idênticas às das contas descritas nas alíneas anteriores e que esteja incluída na lista de contas excluídas a que se refere o artigo 4º-F, desde que o estatuto dessa conta enquanto conta excluída não ponha em causa os objetivos da presente decreto-lei.

2 – A exclusão da conta aberta em ligação com os atos previstos na subalínea *ii)* da alínea *e)* do número anterior verifica-se apenas nos casos em que a conta satisfaça os seguintes requisitos:

a) Seja exclusivamente financiada por um pagamento de entrada, um sinal, um depósito de montante adequado para garantir uma obrigação diretamente relacionada com a transação, ou pagamento similar, ou seja financiada por um ativo financeiro que é depositado na conta a título da venda, permuta, ou locação do bem;

b) Tenha sido aberta e utilizada exclusivamente para garantir a obrigação que incumbe ao comprador de pagar o preço de aquisição do bem, ao vendedor de pagar qualquer passivo contingente, ou ao locador ou locatário de pagarem quaisquer danos relacionados com o bem locado, consoante acordado no contrato de locação;

c) Os ativos dessa conta, incluindo os rendimentos por esta gerados, sejam pagos ou distribuídos em benefício do comprador, vendedor, locador, ou locatário, inclusivamente para satisfazer as suas obrigações, no momento da venda, permuta ou cessão do bem, ou do termo do contrato de locação;

d) Não seja uma conta de margem ou similar aberta em ligação com a venda ou permuta de um ativo financeiro; e

e) Não esteja associada a uma conta a que se refere a alínea *f)* do número anterior.

Artigo 4º-F – Lista de instituições financeiras não reportantes e de contas excluídas[2]

1 – O membro do Governo responsável pela área das finanças aprova, por portaria, a lista de instituições financeiras e das contas que, para além das especificamente descritas nos artigos 4º-B e 4º-E, devem ser tratadas, respetivamente, como instituições financeiras não reportantes e contas excluídas, por apresentarem um baixo risco de serem utilizadas para efeitos de evasão fiscal e preencherem as condições previstas na alínea *c)* do nº 1 do artigo 4º-B e na alínea *g)* do nº 1 do artigo 4º-E.

[2] Portaria nº 302-B/2016, de 2 de dezembro, que aprova as listas de instituições financeiras não reportantes e de contas financeiras excluídas a que se refere o artigo 4º-F do Decreto-Lei nº 61/2013, de 10 de maio.

2 – A lista de instituições financeiras não reportantes e contas excluídas a que se refere o número anterior é comunicada à Comissão Europeia, em cumprimento do disposto no nº 7-A do artigo 8º da Diretiva nº 2011/16/UE, do Conselho, de 15 de fevereiro de 2011, bem como ao Secretariado do órgão de coordenação a que se refere o nº 3 do artigo 24º da Convenção relativa à Assistência Mútua em Matéria Fiscal, adotada em Estrasburgo, em 25 de janeiro de 1988, conforme revista pelo Protocolo de Revisão à Convenção relativa à Assistência Mútua em Matéria Fiscal, adotado em paris, em 27 de maio de 2010.

Artigo 4º-G – Contas sujeitas a comunicação

1 – Para efeitos da troca obrigatória e automática de informações a que se referem os nºs 3 a 5 do artigo 6º, entende-se por "Conta sujeita a comunicação" uma conta financeira, mantida por uma instituição financeira reportante no território nacional, que seja detida por uma ou mais pessoas sujeitas a comunicação ou por uma ENF passiva com uma ou mais pessoas que exercem o controlo que são pessoas sujeitas a comunicação, desde que tenha sido identificada como tal de acordo com os procedimentos de diligência devida previstos no anexo ao presente decreto-lei.

2 – Para efeitos do número anterior, entende-se por "Pessoa sujeita a comunicação" uma pessoa de um Estado-Membro que não seja:

a) Uma sociedade de capitais cujos títulos são regularmente negociados num ou em vários mercados regulamentados de valores mobiliários;

b) Qualquer sociedade que seja uma entidade relacionada de uma sociedade descrita na subalínea anterior;

c) Uma entidade pública;

d) Uma organização internacional;

e) Um banco central; ou

f) Uma instituição financeira.

3 – Entende-se por "Pessoa de um Estado-Membro" uma pessoa singular ou entidade que seja residente em qualquer outro Estado-Membro nos termos do direito fiscal desse outro Estado-Membro, ou a herança jacente de uma pessoa falecida que era residente em qualquer outro Estado-Membro.

4 – Para efeitos dos números anteriores, uma entidade tal como uma *partnership* (sociedade de pessoas), uma sociedade de responsabilidade limitada ou um instrumento jurídico similar que não tenha residência fiscal é equiparada a residente na jurisdição em que estiver situada a sua direção efetiva, sendo como tal considerado o local onde, em cada momento, são

tomadas as principais decisões comerciais e de gestão necessárias para o exercício da atividade da entidade na sua globalidade.

5 – Salvo no caso de *trusts* (estruturas fiduciárias) que sejam ENF passivas, consideram-se equiparados a instrumentos jurídicos similares, para efeitos do número anterior, qualquer pessoa coletiva ou entidade sem personalidade jurídica que não seja tributável em território nacional porque abrangida pelo regime da transparência fiscal.

6 – No âmbito nacional, entende-se por "Jurisdição participante":

a) Qualquer outro Estado-Membro;

b) Qualquer outra jurisdição com a qual o Estado Português tenha celebrado um acordo por força do qual essa jurisdição deva prestar as informações especificadas no artigo 1º do anexo ao presente decreto-lei e que esteja, como tal, identificada na lista aprovada por portaria[3] do membro do Governo responsável pela área das finanças, que é notificada à Comissão Europeia e ao Secretariado do órgão de coordenação a que se refere o nº 3 do artigo 24º da Convenção relativa à Assistência Mútua em Matéria Fiscal, adotada em Estrasburgo, em 25 de janeiro de 1988, conforme revista pelo Protocolo de Revisão à Convenção relativa à Assistência Mútua em Matéria Fiscal, adotado em paris, em 27 de maio de 2010, como elementos integrantes dos anexos a que se referem as alíneas *d)* e *f)* do nº 1 da secção 7 do Acordo Multilateral das Autoridades Competentes para a Troca Automática de Informações de Contas Financeiras, celebrado ao abrigo da Convenção relativa à Assistência Mútua em Matéria Fiscal, adotada em Estrasburgo, em 25 de janeiro de 1988, conforme revista pelo Protocolo de Revisão à Convenção relativa à Assistência Mútua em Matéria Fiscal;

c) Qualquer outra jurisdição com a qual a União Europeia tenha celebrado um acordo por força do qual essa jurisdição deva prestar as informações especificadas no artigo 1º do anexo ao presente decreto-lei e que esteja, como tal, identificada numa lista publicada pela Comissão Europeia.

7 – Entende-se por "Pessoas que exercem o controlo" as pessoas singulares que exercem o controlo de uma entidade, devendo esta expressão ser interpretada de forma compatível com as Recomendações do Grupo de Ação Financeira Internacional, nos termos aprovados em fevereiro de 2012, considerando- se que:

[3] Portaria nº 302-D/2016, de 2 de dezembro, que estabelece as listas das jurisdições participantes, prevista no nº 6 do artigo 2º do Decreto-Lei nº 64/2016, de 11 de outubro

a) No caso de um *trust* (estrutura fiduciária), esta expressão designa o(s) *settlor*(s) (fundador ou fundadores), o(s) *trustee*(s) (administrador ou administradores fiduciários), o(s) *protector*(s) (curador ou curadores), se aplicável, o(s) beneficiário(s) ou categoria(s) de beneficiários, e quaisquer outras pessoas singulares que detenham efetivamente o controlo final do *trust* (estrutura fiduciária);

b) No caso de fundações, centros de interesses coletivos sem personalidade jurídica ou qualquer outro instrumento jurídico que não seja um *trust* (estrutura fiduciária), este termo designa as pessoas com funções similares ou equivalentes às mencionadas na alínea anterior.

8 – Entende-se por "ENF" qualquer entidade que não seja uma instituição financeira.

9 – Entende-se por "ENF passiva" qualquer ENF que não seja uma ENF ativa, ou uma entidade de investimento mencionada no nº 3 do artigo 4º-A que não seja uma instituição financeira de uma jurisdição participante.

10 – Entende-se por "ENF ativa" qualquer ENF que cumpra um dos seguintes critérios:

a) Menos de 50% do respetivo rendimento bruto do ano civil anterior corresponda a rendimentos passivos e menos de 50% dos ativos detidos por essa entidade durante o ano civil anterior sejam ativos que geram ou são detidos para gerar rendimento passivo;

b) As partes representativas do respetivo capital social são regularmente negociadas num mercado regulamentado de valores mobiliários ou é uma entidade relacionada de uma outra entidade cujas partes do capital social são regularmente negociadas num mercado regulamentado de valores mobiliários;

c) É uma entidade pública, uma organização internacional, um banco central ou uma entidade totalmente detida por uma ou várias das entidades anteriormente referidas;

d) O essencial das atividades que desenvolve consiste na detenção, total ou parcial, das ações em circulação emitidas por uma ou várias filiais cujas atividades económicas sejam distintas da atividade de uma instituição financeira, ou no financiamento e prestação de serviços a essas filiais, salvo se for uma entidade que opere, ou se apresente, como um fundo de investimento, um fundo de *private equity*, um fundo de capital de risco, um fundo de aquisição alavancada, ou qualquer veículo de investimento cujo objetivo seja adquirir ou financiar empresas para deter participações nessas empresas como ativos fixos para efeitos de investimento;

e) Decorridos menos de 24 meses a contar da data da sua constituição inicial, a entidade ainda não exerce atividades nem exerceu anteriormente qualquer atividade, mas está a investir capital em ativos com o objetivo de exercer uma atividade distinta da de instituição financeira;

f) Nos últimos cinco anos a entidade não foi uma instituição financeira e está em processo de liquidação dos seus ativos ou de reestruturação com o objetivo de continuar ou recomeçar uma atividade distinta da de instituição financeira;

g) A respetiva atividade principal consiste em operações de financiamento e de cobertura de risco com entidades relacionadas que não sejam instituições financeiras, ou por conta dessas entidades, e a ENF não presta serviços de financiamento nem de cobertura de risco a nenhuma entidade que não seja uma entidade relacionada, desde que a atividade principal do grupo a que pertencem essas entidades relacionadas seja uma atividade distinta da de uma instituição financeira; ou

h) A ENF preenche cumulativamente os seguintes requisitos:

i) Está estabelecida e opera no Estado-Membro ou noutra jurisdição de residência exclusivamente com objetivos religiosos, de beneficência, artísticos, culturais, desportivos ou educativos, ou está estabelecida e opera no Estado-Membro ou noutra jurisdição de residência e é uma organização profissional, associação empresarial, câmara de comércio, organização sindical, organização agrícola ou hortícola, associação cívica, ou uma organização orientada exclusivamente para a promoção do bem-estar social;

ii) Está isenta de imposto sobre o rendimento no Estado-Membro ou noutra jurisdição de residência;

iii) Não tem acionistas nem sócios que disponham de um direito de propriedade ou de usufruto dos seus rendimentos ou ativos;

iv) O direito aplicável no Estado-Membro ou noutra jurisdição de residência da ENF ou os documentos constitutivos da ENF não permitem que os seus rendimentos ou ativos sejam distribuídos a pessoas singulares ou entidades que não sejam instituições de beneficência, nem aplicados em seu benefício, exceto no âmbito das atividades de beneficência da ENF, ou a título de pagamento de uma remuneração adequada por serviços prestados ou de pagamento que represente o justo valor de mercado de bens que a ENF tenha adquirido; e

v) O direito aplicável no Estado-Membro ou outra jurisdição de residência da ENF ou os documentos constitutivos da ENF exigem que, no momento da sua liquidação ou dissolução, todos os seus ativos sejam distribuídos a uma entidade pública ou outra organização sem fins lucrativos, ou revertam a favor do governo do Estado-Membro ou de outra jurisdição de residência da ENF, ou de uma das suas subdivisões políticas.

11 – Para efeitos do disposto no número anterior, e salvo no caso do rendimento proveniente de transações realizadas no decurso normal da respetiva atividade por uma ENF que atue regularmente como corretor de ativos financeiros, considera-se que o rendimento passivo corresponde à parte do rendimento bruto composto por:

a) Dividendos;

b) Juros;

c) Rendimentos equivalentes a juros;

d) Rendas e *royalties*, desde que não sejam rendas e *royalties* provenientes do exercício ativo de uma atividade exercida, pelo menos em parte, por assalariados da ENF;

e) Anuidades;

f) O excedente dos ganhos em relação às perdas da venda ou permuta de ativos financeiros que dão origem ao rendimento passivo descrito anteriormente;

g) O excedente dos ganhos em relação às perdas de transações, incluindo contratos de futuros, contratos *forward*, opções e transações similares, relativas a quaisquer ativos financeiros;

h) O excedente de ganhos cambiais em relação às perdas cambiais;

i) Rendimento líquido de *swaps*; ou

j) Montantes recebidos ao abrigo de contratos de seguro monetizáveis.

Artigo 4º-H – Outras definições

1 – Para efeitos da troca obrigatória e automática de informações a que se referem os nºs 3 a 5 do artigo 6º, entende-se por "Titular da conta" a pessoa registada ou identificada como titular de uma conta financeira pela instituição financeira que efetua a gestão da conta.

2 – Não obstante o disposto no número anterior, não é considerada titular da conta a pessoa, distinta de uma instituição financeira, que detenha uma conta financeira em benefício ou por conta de outra pessoa na qualidade de representante, custodiante, mandatário, signatário, consultor de investimentos ou intermediário, sendo equiparada a titular da conta essa outra pessoa.

3 – No caso de um contrato de seguro monetizável ou de um contrato de renda, considera-se titular da conta qualquer pessoa habilitada a benefi-

ciar do valor de resgate ou a mudar o beneficiário do contrato, devendo, nos casos em que nenhuma pessoa puder dispor do valor em numerário nem alterar o beneficiário, considerar-se como tal qualquer pessoa identificada no contrato como beneficiária e qualquer pessoa com direito ao pagamento nos termos do contrato.

4 – No vencimento de um contrato de seguro monetizável ou de um contrato de renda, cada pessoa que esteja habilitada a receber um pagamento nos termos do contrato é equiparada a titular da conta.

5 – Entende-se por "Procedimentos AML/KYC" os procedimentos de diligência devida relativamente à clientela a cujo cumprimento está sujeita uma instituição financeira reportante a título do combate ao branqueamento de capitais, ou requisitos análogos a que essa instituição financeira reportante esteja sujeita, com observância das condições previstas no artigo 28º do anexo ao presente decreto-lei.

6 – Entende-se por "Entidade" uma pessoa coletiva ou um instrumento jurídico, como uma sociedade de capitais, uma *partnership* (sociedade de pessoas), um *trust* (estrutura fiduciária), ou uma fundação.

7 – Entende-se que uma entidade é uma "Entidade relacionada" com uma outra entidade quando:

a) Qualquer uma das entidades exercer controlo sobre a outra;

b) Ambas as entidades estiverem sob controlo comum;

c) Ambas as entidades forem entidades de investimento a que se refere o nº 3 do artigo 4º-A, estiverem sob direção comum e essa direção cumprir as obrigações de diligência devida dessas entidades de investimento.

8 – Para efeitos do disposto no número anterior, o controlo inclui a titularidade direta ou indireta de mais de 50 % dos votos e do valor de uma entidade.

9 – Entende-se por "NIF" o número de identificação fiscal, ou equivalente funcional na ausência de um número de identificação fiscal.

10 – A expressão "Documento comprovativo" inclui qualquer um dos seguintes documentos:

a) Um certificado de residência emitido por um organismo público autorizado que seja, designadamente, um organismo da administração pública central ou municipal do Estado-Membro ou de outra jurisdição em que o beneficiário declare ser residente;

b) No caso de uma pessoa singular, qualquer identificação válida emitida por um organismo público autorizado que seja, designadamente, um organismo da administração pública central ou municipal, na qual figure o nome da pessoa singular e que seja habitualmente utilizada para efeitos de identificação;

c) No caso de uma entidade, qualquer documentação oficial emitida por um organismo público autorizado que seja, designadamente, um organismo da administração pública central ou municipal, na qual figure o nome da entidade e o endereço do seu estabelecimento principal no Estado-Membro ou noutra jurisdição em que declare ser residente, ou no Estado-Membro ou noutra jurisdição em que a entidade tenha sido constituída ou organizada;

d) Qualquer demonstração financeira auditada, relatório de crédito realizado por terceiros, declaração de falência, ou relatório do regulador de valores mobiliários.

11 – Sem prejuízo do disposto no número anterior, relativamente a uma conta preexistente de entidades, as instituições financeiras reportantes podem ainda utilizar como documento comprovativo qualquer classificação nos registos da instituição financeira reportante relativa ao titular da conta, desde que esta classificação tenha sido:

a) Determinada com base num sistema padrão de codificação do setor, entendendo-se como tal um sistema de codificação utilizado para classificar instituições por área de atividade com objetivos que não sejam objetivos fiscais;

b) Registada pela instituição financeira reportante de acordo com as suas práticas comerciais habituais para efeitos dos Procedimentos AML/KYC ou para outros efeitos regulatórios, exceto para efeitos fiscais; e

c) Implementada pela instituição financeira reportante antes da data utilizada para classificar a conta financeira como conta preexistente.

12 – A instituição financeira reportante só pode utilizar a classificação a que se refere o número anterior caso não tenha conhecimento nem motivos para presumir que essa classificação está incorreta ou não é fiável.

Artigo 4º-I – Conversão de moeda

Para efeitos do presente decreto-lei, a conversão dos montantes expressos em dólares dos Estados Unidos (USD) para euros é efetuada à taxa de câmbio à vista publicada correspondente à data indicada em cada uma das normas em causa ou, na falta de indicação, ao último dia útil do ano civil anterior ao da transmissão do saldo ou valor.

CAPÍTULO III – Troca de informações

Artigo 5º – Troca de informações a pedido

1 – A troca de informações a pedido, para os fins previstos no nº 2 do artigo 1º é efetuada com base numa solicitação prévia apresentada pela autoridade competente de outro Estado-Membro.

2 – Para os efeitos do número anterior, a autoridade competente nacional comunica à autoridade requerente todas as informações previsivelmente relevantes, de que disponha ou que obtenha nos termos do número seguinte, relativas à situação tributária da pessoa ou pessoas que sejam objeto do pedido.

3 – Quando a autoridade competente nacional não disponha das informações solicitadas deve proceder às diligências administrativas necessárias, incluindo controlos, verificações e quaisquer ações a desenvolver no âmbito das suas atribuições, com o objetivo de as obter.

4 – Sempre que a solicitação a que se refere o nº 1 contenha um pedido fundamentado de diligências administrativas específicas, estas só serão executadas se forem consideradas necessárias, devendo, em caso negativo, informar-se a autoridade requerente das razões que justifiquem a recusa.

5 – Para obter as informações solicitadas ou para proceder às diligências administrativas necessárias, a autoridade competente nacional deve atuar como se agisse por iniciativa própria ou a pedido de outra autoridade nacional.

6 – Na resposta a um pedido específico de uma autoridade competente e quando expressamente solicitado, podem ser enviados documentos originais, exceto quando a lei o não permitir.

7 – A autoridade requerida deve remeter o aviso de receção do pedido de informações dentro do prazo de sete dias úteis após a data de receção, se possível, por via eletrónica.

8 – As informações solicitadas devem ser transmitidas à autoridade requerente no prazo máximo de seis meses a contar da receção do pedido ou, caso os elementos se encontrem já disponíveis, no prazo de dois meses a contar daquela data.

9 – Em casos específicos, podem ser acordados entre a autoridade requerida e a autoridade requerente prazos diferentes dos estabelecidos no número anterior.

10 – Sempre que no teor do pedido sejam detetadas lacunas ou insuficiências de elementos, a autoridade requerente deve disso ser notificada,

no prazo de um mês a contar da data de receção do pedido, para fornecer eventuais informações adicionais ou complementares, caso em que os prazos fixados no nº 8 começam a correr no dia seguinte ao da receção pela autoridade requerida das informações adicionais ou complementares que tenham sido solicitadas.

11 – Quando não seja possível a transmissão das informações solicitadas dentro dos prazos referidos nos números anteriores, a autoridade requerida deve informar de imediato a autoridade requerente e, em qualquer caso, comunicar-lhe, o mais tardar, no prazo de três meses a contar da receção do pedido, os motivos que justificam tal impossibilidade e a data em que considera estar em condições de responder.

12 – Nos casos em que a autoridade requerida não disponha das informações solicitadas e não esteja em condições de responder ao pedido de informações ou se recuse a responder pelos motivos previstos no artigo 13º, deve comunicar de imediato à autoridade requerente as razões justificativas do impedimento ou recusa, o mais tardar no prazo de um mês a contar da receção do pedido.

13 – A autoridade competente nacional, enquanto autoridade requerente, pode, após esgotar as fontes de informação internas, solicitar às autoridades competentes de outros Estados-Membros as informações previsivelmente relevantes para a aplicação e execução da legislação interna respeitante aos impostos abrangidos pelo artigo 2º e, quando se tornar necessário, designadamente em ações de inspeção, deve solicitar tais informações logo que disponha dos elementos suficientes para a formulação do pedido.

Artigo 6º – Troca obrigatória e automática de informações

1 – A autoridade competente nacional comunica às autoridades competentes de outros Estados- Membros, mediante troca automática, as informações disponíveis relativas a residentes nesses outros Estados, no que se refere aos seguintes tipos de rendimentos e de elementos patrimoniais tal como são definidos pela legislação nacional aplicável:

a) Rendimentos do trabalho;

b) Remunerações dos membros de órgãos de gestão/administração;

c) Produtos de seguro de vida não abrangidos por outros instrumentos jurídicos da União Europeia em matéria de troca de informações e outras medidas análogas;

d) Pensões;

e) Propriedade e rendimento de bens imóveis.

2 – Consideram-se informações disponíveis, para efeitos da troca obrigatória e automática prevista no presente decreto-lei, as informações constantes dos registos e bases de dados que podem ser obtidas pelos procedimentos de recolha e tratamento de informações da Autoridade Tributária e Aduaneira.

3 – A autoridade competente nacional envia igualmente às autoridades competentes de outros Estados- Membros, mediante troca automática, as informações comunicadas pelas instituições financeiras sujeitas ao cumprimento das regras previstas no capítulo II-A e no anexo ao presente decreto-lei, referentes aos seguintes elementos de contas financeiras, por si mantidas, que sejam qualificadas como sujeitas a comunicação:

a) Nome, endereço e número de identificação fiscal de cada pessoa sujeita a comunicação que seja titular da conta;

b) O número da conta ou, na sua ausência, o equivalente funcional;

c) O nome e número identificador da instituição financeira reportante;

d) O saldo ou o valor da conta, incluindo, no caso de contratos de seguro monetizáveis ou de contratos de renda, o valor em numerário ou o valor do resgate no final do ano civil em causa ou, caso a conta tenha sido encerrada no decurso desse ano, o seu encerramento.

4 – Sem prejuízo do disposto no número anterior:

a) No caso do titular da conta ser pessoa singular deve ainda ser comunicada a data e o local do respetivo nascimento;

b) No caso de uma entidade que seja titular da conta e que, na sequência da aplicação das regras de diligência devida previstas no anexo ao presente decreto-lei, se verifique ter uma ou mais pessoas que exercem o controlo que sejam pessoas sujeitas a comunicação, deve ainda ser comunicado o nome, endereço e número de identificação fiscal da entidade e o nome, endereço, número de identificação fiscal e data e local de nascimento de cada pessoa sujeita a comunicação.

5 – Para além dos elementos referidos nos números anteriores, são ainda comunicadas as seguintes informações:

a) Em relação a cada conta de custódia:

i) O montante bruto total de juros, o montante bruto total de dividendos e o montante bruto total de outros rendimentos gerados pelos ativos detidos na conta que sejam, em qualquer dos casos, pagos ou creditados na conta, ou relativos a essa conta, durante o ano civil relevante; e *ii)* A totalidade da receita bruta da alienação ou resgate dos ativos financeiros paga ou creditada na conta durante o ano civil relevante relativamente ao qual a instituição financeira reportante atuou na qualidade de custodiante, corretor, mandatário ou como representante por qualquer outra forma do titular da conta;

b) Em relação a cada conta de depósito, o montante bruto total dos juros pagos ou creditados na conta durante o ano civil relevante;

c) Em relação a qualquer outra conta não descrita nas alíneas anteriores, o montante bruto total pago ou creditado ao titular da conta relativamente à mesma, durante o ano civil relevante, em relação ao qual a instituição financeira seja o obrigado ou o devedor, incluindo o montante agregado de todos os pagamentos de reembolso efetuados ao titular da conta durante esse ano.

6 – Sem prejuízo do disposto no presente decreto-lei, o montante e a caracterização dos pagamentos efetuados em relação a uma conta sujeita a comunicação são determinados, para efeitos dos nºs 3 a 5, em conformidade com o disposto na legislação nacional.

7 – A comunicação das informações tem lugar do seguinte modo:

a) Para os tipos de rendimentos e elementos patrimoniais a que se refere o nº 1, pelo menos uma vez por ano, no prazo de seis meses a contar do termo do período de tributação durante o qual as informações foram disponibilizadas;

b) Para as informações comunicadas pelas instituições financeiras a que se referem os nºs 3 a 5, anualmente, no prazo de nove meses a contar do termo do ano civil a que as informações digam respeito.

8 – Podem ser transmitidas informações relativas a outros tipos de rendimentos e a outros elementos patrimoniais não referidos no nº 1, sempre que tal resulte de acordos bilaterais ou multilaterais celebrados com outros Estados-Membros, devendo tais acordos ser comunicados à Comissão Europeia.

9 – A troca automática a que se referem os nºs 3 a 5 prevalece sobre a obrigatoriedade de troca de informações relativas a tipos de rendimentos e elementos patrimoniais abrangidos pela alínea *c)* do nº 1, ou sobre qualquer outro instrumento jurídico da União Europeia, incluindo a Diretiva nº 2003/48/CE, do Conselho, de 3 de junho, na medida em que a troca de informações em questão esteja abrangida pelo âmbito de aplicação da alínea *c)* do nº 1 ou de qualquer outro instrumento jurídico da União Europeia, incluindo a Diretiva nº 2003/48/CE, do Conselho.

Artigo 7º – Troca espontânea de informações

1 – As informações obtidas pela autoridade competente nacional que previsivelmente sejam relevantes para a aplicação e execução da legislação dos Estados-Membros, respeitante aos impostos referidos no artigo 2º, devem ser transmitidas, sem dependência de qualquer pedido, à autoridade competente de qualquer outro Estado-Membro interessado, sempre que verificada uma das seguintes circunstâncias:

a) Haja razões para suspeitar que existe uma perda da receita fiscal no outro Estado-Membro;

b) Um sujeito passivo obtém em Portugal uma redução ou isenção de imposto que pode implicar um agravamento de imposto ou a sujeição a imposto no outro Estado-Membro;

c) Operações de carácter empresarial entre sujeitos passivos de imposto residentes em Portugal e sujeitos passivos residentes noutro Estado-Membro efetuadas com interposição de uma ou mais entidades residentes em um ou mais países, de forma a conduzir a uma diminuição do imposto em Portugal, no outro Estado-Membro ou em ambos;

d) Haja razões para presumir que existe uma diminuição do imposto devido em resultado de transferências fictícias de lucros no interior de um grupo de empresas;

e) Na sequência de informações comunicadas pela autoridade competente de outro Estado-Membro, são obtidas informações em Portugal que podem ser úteis à determinação do imposto devido nesse outro Estado-Membro.

2 – A autoridade competente nacional pode comunicar, de forma espontânea, às autoridades competentes de outros Estados-Membros quaisquer outras informações de que tenha conhecimento e que possam ser úteis àquelas autoridades, designadamente respostas prestadas a pedidos de informação vinculativa que sejam consideradas suscetíveis de ter implicações na situação tributária de contribuintes desses outros Estados-Membros ou relativas a acordos prévios sobre preços de transferência de carácter unilateral, nos termos que forem definidos pela Comissão Europeia.

3 – A informação referida no nº 1 deve ser transmitida no prazo máximo de um mês a contar da data da respetiva obtenção.

4 – A autoridade competente nacional, quando lhe sejam comunicadas informações por esta forma, deve enviar, no prazo máximo de sete dias contados da data da sua receção, se possível por via eletrónica, um aviso

de receção das mesmas à autoridade competente do Estado-Membro que prestou as informações.

CAPÍTULO IV – Obrigações das instituições financeiras para efeitos da troca obrigatória e automática de informações

Artigo 7º-A – Regras de comunicação e diligência devida a aplicar pelas instituições financeiras

1 – As instituições financeiras reportantes devem comunicar à Autoridade Tributária e Aduaneira as informações a respeito de cada conta sujeita a comunicação que seja por estas mantida, nos termos definidos em anexo ao presente decreto-lei.

2 – As regras em matéria de comunicação e os procedimentos de diligência devida que devem ser aplicadas pelas instituições financeiras para identificação e comunicação à Autoridade Tributária e Aduaneira dos elementos sobre as contas financeiras abrangidas pela troca obrigatória e automática de informações a que se refere os nºs 3 a 5 do artigo 6º são definidas no anexo ao presente decreto-lei.

3 – As instituições financeiras reportantes ficam obrigadas a manter registo das medidas tomadas e dos elementos comprovativos que tenham servido de base à obtenção das informações e à execução dos procedimentos a que se referem os números anteriores.

Artigo 7º-B – Registo de instituições reportantes[4]

1 – As instituições financeiras que sejam qualificáveis como instituições financeiras reportantes nos termos previstos no presente decreto-lei devem apresentar uma declaração de registo, nos prazos, condições e com o modelo aprovados em portaria do membro do Governo responsável pela área das finanças.

2 – A portaria a que se refere o número anterior regulamenta igualmente o âmbito de obrigatoriedade, os suportes, o início de vigência e os procedimentos do regime de envio da declaração de registo por transmissão eletrónica de dados.

[4] Portaria nº 302-E/2016, de 2 de dezembro, que aprova a declaração modelo 53 e respetivas instruções de preenchimento, anexas à presente portaria e que dela fazem parte integrante, para efeitos do disposto no artigo 7º-B do Decreto-Lei nº 61/2013, de 10 de maio.

Artigo 7º-C – Incumprimento das obrigações

1 – Sem prejuízo da responsabilidade contraordenacional que ao caso couber, atento o disposto no Regime Geral das Infrações Tributárias, aprovado pela Lei nº 15/2001, de 5 de junho:

a) Quando nas informações comunicadas ocorram omissões e inexatidões, a Autoridade Tributária e Aduaneira notifica as instituições financeiras para a resolução das mesmas, designadamente através de uma nova comunicação;

b) Em caso de incumprimento das obrigações de comunicação ou de diligência devida previstas no presente decreto-lei, por parte de uma instituição financeira, a Autoridade Tributária e Aduaneira notifica a instituição financeira para corrigir ou suprir as informações em falta ou, sendo o caso, adotar ou corrigir os procedimentos de diligência devida adequados a sanar a situação de incumprimento.

2 – Em caso de incumprimento da obrigação de manutenção de registo e de elementos comprovativos que tenham servido de base à obtenção das informações e à execução dos procedimentos de comunicação e diligência devida, aplicam-se, sendo o caso, as penalidades correspondentes às infrações previstas no Regime Geral das Infrações Tributárias, aprovado pela Lei nº 15/2001, de 5 de junho.

Artigo 7º-D – Medidas antiabuso

Sempre que uma pessoa ou uma instituição financeira realize operações ou pratique qualquer ato no âmbito da sua atividade tendo como único ou principal objetivo evitar o cumprimento das obrigações previstas no presente decreto-lei, tais operações ou atos são considerados ineficazes para efeitos do presente regime, aplicando-se as regras de identificação e comunicação que seriam aplicáveis na sua ausência.

CAPÍTULO V – Outras formas de cooperação administrativa

Artigo 8º – Presença de funcionários de um Estado-Membro nos serviços administrativos e participação em diligências administrativas

1 – Mediante acordo a celebrar com a autoridade competente de outro Estado-Membro, a autoridade competente nacional e nos termos por si

estabelecidos, os funcionários autorizados por aquele Estado-Membro podem, para efeitos da troca de informações prevista no presente decreto-lei:

a) Estar presentes nos serviços em que a Autoridade Tributária e Aduaneira exerce as suas funções;

b) Estar presentes durante as diligências administrativas de investigação para a recolha de informações.

2 – Sempre que as informações solicitadas constem de documentação a que os funcionários da autoridade requerida tenham acesso, devem ser facultadas aos funcionários da autoridade requerente cópias dessa documentação.

3 – Os funcionários do Estado requerente autorizados a estar presentes no território nacional ficam sujeitos à legislação nacional e devem poder apresentar, a qualquer momento, um mandato escrito com a indicação da sua identidade e qualidade oficial.

4 – O acordo referido no nº 1 pode prever que, sempre que estejam presentes durante as diligências administrativas, os funcionários da autoridade requerente possam entrevistar pessoas e analisar registos.

5 – No âmbito das diligências administrativas a que se referem os números anteriores, a eventual recusa de colaboração das pessoas envolvidas na execução das medidas de controlo dos funcionários da autoridade requerente é tratada, para efeitos de responsabilidade, como uma recusa dirigida aos funcionários da Autoridade Tributária e Aduaneira.

6 – A autoridade competente nacional pode, para efeitos da troca de informações prevista no presente decreto-lei, solicitar à autoridade competente de um outro Estado-Membro a presença de funcionários da Autoridade Tributária e Aduaneira no território desse outro Estado-Membro em situações idênticas às previstas no nº 1.

Artigo 9º – Controlos simultâneos

1 – A autoridade competente nacional e as autoridades competentes de outros Estados-Membros podem acordar em proceder, cada um no seu território, a controlos simultâneos, de uma ou mais pessoas que se revistam de interesse comum ou complementar para os mesmos, tendo em vista a troca das informações que assim sejam obtidas.

2 – Para o efeito, a autoridade competente nacional:

a) Identifica, de forma independente, as pessoas sujeitas a imposto que tenciona propor para serem objeto de controlos simultâneos;

b) Comunica às autoridades competentes de outros Estados-Membros interessados quaisquer casos para os quais propõe um controlo simultâneo e justifica a escolha efetuada;

c) Indica o prazo dentro do qual esses controlos devem ser efetuados.

3 – A autoridade competente nacional decide, caso a caso, se deseja participar em controlos simultâneos devendo, para o efeito, quando receber uma proposta de controlo simultâneo, confirmar à autoridade homóloga a sua aceitação ou comunicar-lhe a sua recusa, devidamente justificada.

4 – A autoridade competente nacional deve designar um representante responsável pela direção e coordenação da operação de controlo.

Artigo 10º – Notificação administrativa

1 – A pedido da autoridade competente de um Estado-Membro, a autoridade competente nacional procede à notificação ao respetivo destinatário de todos os atos e decisões emanados das autoridades administrativas do Estado-Membro requerente que respeitem à aplicação, no seu território, de legislação relativa aos impostos abrangidos pelo artigo 2º

2 – A notificação referida no número anterior é efetuada em conformidade com a legislação nacional aplicável à notificação de atos análogos.

3 – Os pedidos de notificação devem indicar o objeto do ato ou da decisão a notificar e especificar o nome e o endereço do destinatário, bem como quaisquer informações que possam facilitar a sua identificação.

4 – A autoridade competente nacional deve informar imediatamente a autoridade requerente da sequência dada ao pedido de notificação e comunicar-lhe, em especial, a data em que o ato ou a decisão foi notificada ao destinatário.

5 – A autoridade competente nacional pode solicitar à autoridade competente de outro Estado-Membro, nos termos definidos nos números anteriores, a notificação de qualquer ato ou decisão por ela praticado, devendo a notificação efetuada ao abrigo da legislação aplicável nesse Estado-Membro ser considerada como validamente efetuada.

6 – A autoridade competente nacional só deve apresentar um pedido de notificação nos termos do presente artigo, quando não estiver em condições de notificar de acordo com as disposições da lei interna que regem a notificação dos atos em causa, ou quando tal notificação seja suscetível de implicar dificuldades desproporcionadas.

7 – A autoridade competente nacional pode notificar diretamente qualquer documento, por carta registada ou por via eletrónica, a uma pessoa

estabelecida no território de outro Estado-Membro obedecendo, em qualquer caso, às regras nacionais aplicáveis em matéria de notificação.

Artigo 11º – Retorno de informação

1 – Quando a autoridade competente nacional preste informações ao abrigo dos artigos 5º e 7º, pode pedir à autoridade competente que as recebeu um retorno de informação.

2 – Sempre que um retorno de informações é solicitado pela autoridade competente de outro Estado- Membro, a autoridade competente nacional que recebeu as informações deve proceder ao envio do mesmo à autoridade competente que comunica as informações, nos termos da legislação nacional e com observância das regras relativas ao sigilo fiscal e proteção de dados aplicáveis.

3 – A informação referida no número anterior deve ser enviada o mais rapidamente possível e no prazo máximo de três meses após ser conhecido o resultado da utilização das informações recebidas.

4 – A autoridade competente nacional deve enviar, uma vez por ano, às autoridades competentes dos outros Estados-Membros interessados os resultados da utilização das informações recebidas por troca automática, de acordo com as modalidades práticas que venham a ser estabelecidas ao nível bilateral.

CAPÍTULO VI – Condições que regem a cooperação administrativa

Artigo 12º – Divulgação de informações e de documentos

1 – As informações comunicadas entre a autoridade competente nacional e as autoridades competentes de outros Estados-Membros, sob qualquer forma, nos termos deste decreto-lei, estão sujeitas ao dever de confidencialidade fiscal e beneficiam da proteção concedida às informações da mesma natureza pela legislação nacional do Estado-Membro que as recebeu.

2 – As informações recebidas ou transmitidas podem ser utilizadas na aplicação e execução da legislação interna dos Estados-Membros relativa aos impostos a que se refere o artigo 2º

3 – As informações referidas no número anterior podem também ser utilizadas para a determinação e cobrança de outros impostos e direitos abrangidos pelo artigo 3º do Decreto-Lei nº 263/2012, de 20 de dezembro,

que transpõe a Diretiva nº 2010/24/UE, do Conselho, de 16 de março, relativa à assistência mútua em matéria de cobrança de créditos respeitantes a impostos, direitos e outras medidas, ou para a determinação e execução das contribuições obrigatórias para a segurança social.

4 – As informações podem ainda ser utilizadas em processos judiciais e administrativos, que possam determinar a aplicação de sanções, instaurados na sequência de infrações tributárias, sem prejuízo das regras gerais e disposições legais que regem os direitos dos arguidos e das testemunhas em processos dessa natureza.

5 – A autoridade competente nacional pode utilizar as informações e documentos recebidos ao abrigo do presente decreto-lei para fins diferentes dos referidos nos números anteriores, nas situações previstas na lei interna, desde que tal seja autorizado pela autoridade competente do Estado-Membro que as comunicou.

6 – A autoridade competente nacional pode autorizar a autoridade competente de outro estado membro a utilizar as informações e documentos enviados para fins diferentes dos referidos nos nºs 1 a 4, sempre que possam ser utilizados para fins similares ao abrigo da legislação interna e lhe tenha sido solicitado.

7 – A autoridade competente nacional, quando considerar que as informações recebidas da autoridade competente de outro Estado-Membro podem ser úteis para a autoridade competente de um outro Estado-Membro para os fins referidos nos nºs 1 a 5, pode transmitir essas informações à autoridade competente deste último Estado-Membro com observância das regras e procedimentos previstos neste decreto-lei, devendo a intenção de as partilhar com um terceiro Estado-Membro ser, previamente, comunicada à autoridade competente do Estado-Membro de origem das informações.

8 – O Estado-Membro de origem das informações pode opor-se à partilha de informações a que se refere o número anterior, no prazo de 10 dias úteis a contar da data de receção da comunicação da autoridade competente nacional sobre a pretensão de partilhar as informações.

9 – A autorização para utilizar as informações em conformidade com o disposto no nº 5, quando obtidas em termos similares aos previstos no número anterior, só pode ser concedida pela autoridade competente do Estado-Membro de origem das informações.

10 – O disposto no artigo 76º da lei geral tributária é aplicável às informações, relatórios, certificados e quaisquer documentos, ou cópias

autenticadas ou extratos dos mesmos, comunicados pelas autoridades competentes de outros Estados-Membros ao abrigo do presente decreto-lei.

Artigo 13º – Limites

1 – A autoridade competente nacional comunica à autoridade requerente de outro Estado-Membro as informações solicitadas ao abrigo do artigo 5º, desde que a autoridade requerente tenha esgotado as fontes habituais de informação a que teria podido recorrer, consoante as circunstâncias, para obter as informações solicitadas sem correr o risco de prejudicar a consecução dos seus objetivos.

2 – A autoridade competente nacional não é obrigada a efetuar diligências administrativas ou a comunicar informações quando a realização dessas diligências ou a recolha das informações solicitadas para fins próprios, violar a legislação nacional.

3 – A autoridade competente nacional pode recusar-se a fornecer informações sempre que, por razões legais, a autoridade competente do Estado-Membro requerente não esteja em condições de prestar informações análogas.

4 – A prestação de informações pode ser recusada quando conduza à divulgação de um segredo comercial, industrial ou profissional, ou de um processo comercial ou de informações cuja divulgação seja contrária à ordem pública.

5 – A autoridade competente nacional informa a autoridade requerente dos motivos que obstam a que o pedido de informações seja satisfeito.

Artigo 14º – Obrigações da Autoridade Tributária e Aduaneira

1 – Para efeitos de dar cumprimento à obrigação de prestação de informações solicitadas por um Estado-Membro nos termos previstos no presente decreto-lei, devem ser utilizados os poderes que a lei concede à Autoridade Tributária e Aduaneira, com respeito pelos direitos e garantias dos contribuintes e demais obrigados tributários, para o acesso e recolha de dados e das informações necessárias ao apuramento da situação tributária dos contribuintes, mesmo que não necessite desses elementos para os seus próprios fins fiscais.

2 – A obrigação referida no número anterior é aplicável sem prejuízo do disposto nos nºs 2 a 4 do artigo 13º, cuja invocação não pode, em caso algum, ser interpretada como autorizando a autoridade competente nacio-

nal a não prestar informações apenas por não ter interesse nessas informações ao nível interno.

3 – A autoridade competente nacional, enquanto autoridade requerida, deve comunicar à pessoa relativamente à qual são solicitadas as informações a identificação da autoridade requerente e a natureza das informações solicitadas.

4 – Não há lugar à comunicação prevista no número anterior, sempre que se verifique uma das seguintes situações:

a) Se trate de prestação automática ou espontânea de informações;

b) O pedido de informações tenha carácter urgente ou a comunicação possa prejudicar as investigações sobre indícios de evasão e fraude fiscais noutro Estado-Membro e isso for expressamente solicitado pela autoridade competente desse Estado;

c) As informações que são objeto do pedido constarem da base de dados da Autoridade Tributária e Aduaneira.

5 – A pessoa referida no nº 3 pode, no prazo que lhe for concedido para o efeito, pronunciar-se sobre o pedido e apresentar as razões pelas quais considera que as informações não devem ser prestadas.

6 – O disposto nos nºs 2 e 4 do artigo 13º não pode, em caso algum, ser entendido como autorizando a autoridade competente nacional a escusar-se a prestar informações, invocando apenas como fundamento o facto de as informações solicitadas estarem na posse de uma instituição bancária, de outra instituição financeira, de uma pessoa designada ou atuando na qualidade de agente ou de fiduciário ou pelo facto de estarem relacionadas com uma participação no capital de uma pessoa.

CAPÍTULO VII – Relações com países terceiros

Artigo 15º – Troca de informações com países terceiros

1 – Quando informações previsivelmente relevantes para a aplicação e execução da legislação interna respeitante aos impostos a que refere o artigo 2º são comunicadas por um país terceiro à autoridade competente nacional, na medida em que uma convenção ou um acordo celebrado com esse país o permita, esta autoridade pode transmitir essas informações às autoridades competentes dos Estados- Membros aos quais as mesmas possam ser úteis e a quaisquer outras autoridades requerentes.

2 – A autoridade competente nacional pode, ao abrigo e nos termos das disposições internas em matéria de comunicação de dados de carácter pessoal a países terceiros, comunicar as informações obtidas nos termos do presente decreto-lei, desde que sejam cumulativamente preenchidas as seguintes condições:

a) A autoridade competente do Estado-Membro que forneceu as informações dê o seu consentimento a essa transmissão;

b) O país terceiro em causa assuma o compromisso de prestar a cooperação requerida para reunir as provas do carácter irregular ou ilegal das operações que alegadamente sejam contrárias ou configurem uma infração à legislação fiscal.

CAPÍTULO VIII – Disposições gerais e finais

Artigo 16º – Proteção de dados

1 – As trocas de informações ao abrigo do presente decreto-lei estão sujeitas ao disposto na Lei nº 67/98, de 26 de outubro, sobre proteção de dados pessoais, sem prejuízo da limitação do âmbito das obrigações e dos direitos previstos nos nºs 1 e 2 do artigo 10º, e nos artigos 11º e 13º da mesma Lei, na medida em que tal se revele necessário para salvaguardar a eficácia do combate à evasão e fraude fiscais e a proteção de interesses importantes do Estado em matéria de receitas públicas.

2 – Para efeitos da alínea *d)* do artigo 3º da Lei nº 67/98, de 26 de outubro, as instituições financeiras reportantes e a Autoridade Tributária e Aduaneira são consideradas responsáveis pelo tratamento de dados pessoais transmitidos e recebidos ao abrigo do presente decreto-lei.

3 – Compete às instituições financeiras reportantes informar os titulares das contas sujeitas a comunicação que sejam pessoas singulares sobre a obrigação legal de recolha e transmissão de dados que lhes dizem respeito para execução do disposto nos nº 3 a 5 do artigo 6º, através da prestação das informações previstas no artigo 10º da Lei nº 67/98, de 26 de outubro, identificando como destinatários da informação a Autoridade Tributária e Aduaneira e a autoridade competente da jurisdição destinatária da informação.

4 – As instituições financeiras reportantes estão dispensadas da obrigação prevista no número anterior quando:

a) O consentimento prévio dos titulares das contas sujeitas a comunicação já tenha sido obtido pelas instituições financeiras reportantes ao abrigo de outras obrigações legais de comunicação da mesma natureza e fins, desde que aplicáveis relativamente à mesma conta sujeita a comunicação;

b) A informação já tenha sido prestada aos titulares das contas sujeitas a comunicação antes de ser efetuada a primeira comunicação e não tenha havido alterações à conta sujeita a comunicação nos anos subsequentes.

5 – A informação a que se refere o número anterior deve ser comunicada pelas instituições financeiras reportantes com a antecedência suficiente para que as pessoas singulares em causa possam exercer os seus direitos em matéria de proteção de dados e, em qualquer caso, antes das informações serem comunicadas à Autoridade Tributária e Aduaneira.

6 – O titular dos dados exerce o seu direito de acesso aos dados transmitidos ao abrigo do presente decreto-lei junto da Autoridade Tributária e Aduaneira, nas condições a definir por esta, em conformidade com o disposto no artigo 11º da Lei nº 67/98, de 26 de outubro.

7 – As informações sobre as contas financeiras e seus titulares que são objeto de comunicação, bem como os documentos que justificam as declarações prestadas e as informações recolhidas em cumprimento das obrigações de diligência devida e comunicação impostas às instituições financeiras reportantes ao abrigo do presente decreto-lei devem ser por estas conservadas, em boa ordem, pelo período de seis anos contados a partir do final do ano em que os procedimentos tenham sido efetuados.

8 – As informações transmitidas e recebidas nos termos do presente decreto-lei são conservadas pela Autoridade Tributária e Aduaneira apenas durante o período de tempo necessário para a prossecução das finalidades para que foram recolhidas ou são tratadas, não podendo ultrapassar o máximo de 12 anos, suspendendo-se a contagem desse prazo nas situações e termos previstos no artigo 46º da Lei Geral Tributária, aprovada pelo Decreto-Lei nº 398/98, de 17 de dezembro.

Artigo 16º-A – Segurança e confidencialidade do tratamento dos dados

1 – A Autoridade Tributária e Aduaneira deve:

a) Adaptar os respetivos sistemas para permitir a troca das informações através da Rede CCN, ou de outra rede que garanta segurança equivalente;

b) Implementar as medidas técnicas e organizativas adequadas para proteger os dados pessoais contra a destruição, a perda, a alteração, a difusão ou o acesso não autorizados, em conformidade com o disposto no artigo 14º da Lei nº 67/98, de 26 de outubro;

c) Garantir o cumprimento das medidas especiais de segurança previstas no artigo 15º da Lei nº 67/98, de 26 de outubro.

2 – A Autoridade Tributária e Aduaneira deve notificar as pessoas singulares sujeitas a comunicação da ocorrência de qualquer violação da segurança dos dados que lhe dizem respeito quando tal for suscetível de prejudicar a proteção dos seus dados pessoais ou da sua privacidade.

3 – A recolha e o tratamento de dados pessoais por parte das entidades responsáveis deve limitar-se ao que for necessário para o cumprimento das obrigações previstas no presente decreto-lei, não podendo os dados ser posteriormente tratados de forma incompatível com essas finalidades.

Artigo 17º – Extensão da cooperação mais ampla concedida a um país terceiro

Sempre que Portugal, ao abrigo de um acordo celebrado com um país terceiro, se comprometa a prestar cooperação de âmbito mais amplo do que o previsto no presente decreto-lei, não pode recusar a prestação dessa cooperação a um Estado-Membro que manifeste, junto da autoridade competente nacional, o desejo de participar em tal cooperação mútua mais ampla.

Artigo 18º – Formulários normalizados e informatizados

1 – Os pedidos de informações e de diligências administrativas apresentados ao abrigo do artigo 5º, bem como as respetivas respostas, os avisos de receção, os pedidos de informações complementares de carácter geral e as declarações de impossibilidade ou de recusa são, na medida do possível, transmitidos através de um formulário normalizado, adotado pela Comissão Europeia em conformidade com o procedimento previsto no nº 2 do artigo 26º da Diretiva nº 2011/16/UE, do Conselho, de 15 de fevereiro de 2011.

2 – Os formulários normalizados podem ser acompanhados de relatórios, declarações e quaisquer outros documentos, cópias autenticadas ou extratos dos mesmos.

3 – A troca espontânea de informações e respetivo aviso de receção ao abrigo do artigo 7º, os pedidos de notificação administrativa ao abrigo do artigo 10º, bem como o retorno de informação ao abrigo do artigo 11º, são transmitidos através do formulário normalizado adotado pela Comissão Europeia em conformidade com o procedimento previsto no nº 2 do artigo 26º da Diretiva nº 2011/16/UE, do Conselho, de 15 de fevereiro de 2011.

4 – A troca automática de informações ao abrigo do artigo 6º é efetuada utilizando os formatos eletrónicos normalizados concebidos e adotados em conformidade com o procedimento previsto no nº 2 do artigo 26º da Diretiva nº 2011/16/UE, do Conselho, de 15 de fevereiro de 2011, e com os regulamentos de execução da Comissão Europeia que fixam as normas de execução de certas disposições da Diretiva nº 2011/16/UE, do Conselho, de 15 de fevereiro de 2011, relativa à cooperação administrativa no domínio da fiscalidade.

5 – São definidos em portaria[5] do membro do Governo responsável pela área das finanças:

a) O conteúdo e estrutura dos formatos eletrónicos para a troca obrigatória e automática de informações a que se referem os nºs 3 a 5 do artigo 6º que devem ser utilizados pelas instituições financeiras reportantes;

b) As condições para a respetiva submissão por via eletrónica.

Artigo 19º – Disposições diversas

1 – As informações comunicadas ao abrigo do presente decreto-lei são, sempre que possível, transmitidas por via eletrónica através da rede CCN desenvolvida pela União Europeia para todas as transmissões por via eletrónica entre autoridades competentes no domínio tributário e aduaneiro.

2 – Os pedidos de cooperação, incluindo os pedidos de notificação, e os documentos anexados podem ser apresentados em qualquer língua acordada entre a autoridade requerida e a autoridade requerente, só devendo ser acompanhados de uma tradução na língua oficial ou numa das línguas oficiais do Estado-Membro da autoridade requerida nos casos especiais em que esta autoridade fundamente o seu pedido de tradução.

3 – Sem prejuízo da faculdade concedida aos funcionários em serviço de inspeção tributária de solicitar informações às administrações tributárias estrangeiras, pela alínea *i)* do nº 1 do artigo 29º do Regime Complementar do Procedimento de Inspeção Tributária e Aduaneira, todos os pedidos devem ser tramitados através da Direção de Serviços de Relações Internacionais.

[5] Portaria nº 302-C/2016, de 2 de dezembro, que regula a estrutura e conteúdo do ficheiro a utilizar para efeitos do cumprimento das obrigações de comunicação previstas na alínea *a)* do nº 3 do artigo 20º do Decreto-Lei nº 61/2013, de 10 de maio (retificada pela Declaração de Retificação nº 23/2016).

Artigo 20º – Disposições transitórias

1 – As disposições do presente decreto-lei relativas à execução de troca obrigatória e automática de informações a que se refere o nº 1 do artigo 6º entram em vigor em 1 de janeiro de 2015, abrangendo as informações disponíveis correspondentes aos períodos de tributação com início a partir de 1 de janeiro de 2014.

2 – A troca obrigatória e automática de informações a que se referem os nºs 3 a 5 do artigo 6º abrange as informações correspondentes aos períodos de tributação iniciados:

a) A partir de 1 de janeiro de 2016, no que respeita a residentes noutros Estados-membros, bem como noutras jurisdições fora da União Europeia que devam, por força de convenção ou outro instrumento jurídico internacional, prestar as informações especificadas na Norma Comum de Comunicação a partir da mesma data;

b) A partir de 1 de janeiro de 2017 e dos anos subsequentes, no que respeita às demais jurisdições participantes não abrangidas pela alínea anterior.

3 – Para permitir a troca obrigatória e automática de informação a que se refere o número anterior:

a) As instituições financeiras reportantes devem comunicar as informações a respeito de cada conta sujeita a comunicação por elas mantida, nos termos previstos no artigo 1º do anexo ao presente decreto-lei, até:

i) Ao dia 31 de julho de 2017, no que respeita às informações relativas ao período de tributação a que se refere a alínea *a)* do número anterior;

ii) Ao dia 31 de julho de 2018 e dos anos subsequentes, no que respeita às informações relativas a períodos de tributação seguintes;

b) A Autoridade Tributária a Aduaneira deve concretizar a troca de informação a que se referem os nºs 3 a 5 do artigo 6º até:

i) Ao dia 30 de setembro de 2017, no que respeita às informações relativas ao período de tributação a que se refere a alínea *a)* do número anterior;

ii) Ao dia 30 de setembro de 2018 e dos anos subsequentes, no que respeita às informações relativas a períodos de tributação seguintes

Artigo 21º – Extensão do âmbito de aplicação

1 – As regras e procedimentos estabelecidos no presente decreto-lei devem ser aplicados, com as necessárias adaptações, sempre que a assistência e a cooperação administrativa em matéria tributária resulte de acordos ou

convenções internacionais, bilaterais ou multilaterais, a que o Estado Português se encontre vinculado.

2 – O disposto no número anterior não abrange os casos em que a assistência mútua e cooperação administrativa em matéria tributária são realizadas ao abrigo de Regulamentos do Conselho da União Europeia relativos ao imposto sobre o valor acrescentado e aos impostos especiais de consumo.

Artigo 22º – Norma revogatória

É revogado o Decreto-Lei nº 127/90, de 17 de abril.

Artigo 23º – Entrada em vigor

O presente decreto-lei entra em vigor no dia seguinte ao da sua publicação.

Norma Comum de Comunicação
(Decreto-Lei nº 61/2013, de 10 de maio)

Anexo ao Decreto-Lei nº 61/2013, de 10 de maio[1]

Regras de comunicação e diligência devida a aplicar pelas instituições financeiras[2]

Índice sistemático

[1] Aprovado pelo Decreto-Lei nº64/2016, de 11 de outubro

[2] A que se refere o artigo 13º do Decreto-Lei nº 64/2016, de 11 de outubro, a que se refere o nº 2 do artigo 3º, a alínea *e)* do nº 1, as alíneas *c)* e *d)* do nº 9 do artigo 4º-B, a subalínea *ii)* da alínea *b)* do nº 1 do artigo 4º-D, a subalínea v) da alínea *a)* do nº 1 do artigo 4º-E, o nº 1 e as alíneas *b)* e *c)* do nº 6 do artigo 4º-G, o nº 5 do artigo 4º-H, o nº 3 e a alínea *b)* do nº 4 do artigo 6º, os nºs 1 e 2 do artigo 7º-A e a alínea *a)* do nº 3 do artigo 20º, do Decreto-Lei nº 61/2013, de 10 de maio

SUBSECÇÃO I – Contas de menor valor de pessoas singulares
Artigo 6º – Procedimentos de diligência devida para as contas de menor valor
Artigo 7º – Prazo para os procedimentos de análise
SUBSECÇÃO II – Contas de elevado valor de pessoas singulares
Artigo 8º – Procedimentos de diligência devida para as contas de elevado valor
Artigo 9º – Prazo para os procedimentos de análise
SECÇÃO II – Procedimentos de diligência devida para contas novas de pessoas singulares
Artigo 10º – Âmbito de aplicação
Artigo 11º – Diligência devida para contas novas de pessoas singulares
Artigo 12º – Autocertificação conta-a-conta
CAPÍTULO III – Procedimentos de diligência devida para contas de entidades
SECÇÃO I – Procedimentos de diligência devida para contas preexistentes de entidades
Artigo 13º – Âmbito de aplicação
Artigo 14º – Contas de entidades não sujeitas a análise, identificação ou comunicação
Artigo 15º – Contas de entidades sujeitas a análise
Artigo 16º – Contas de entidades em relação às quais é exigida comunicação
Artigo 17º – Procedimentos de análise para a identificação de contas de entidades em relação às quais é exigida comunicação
Artigo 18º – Prazo para procedimentos de análise
Artigo 19º – Procedimentos adicionais
SECÇÃO II – Procedimentos de diligência devida para contas novas de entidades
Artigo 20º – Âmbito de aplicação
Artigo 21º – Diligência devida para contas novas de entidades
CAPÍTULO IV – Regras especiais de diligência devida
Artigo 22º – Regras adicionais
Artigo 23º – Utilização de autocertificações e documentos comprovativos
Artigo 24º – Procedimentos alternativos
Artigo 25º – Agregação de contas de pessoas singulares
Artigo 26º – Agregação de contas de entidades
Artigo 27º – Agregação aplicável aos gestores de conta

CAPÍTULO I – Requisitos gerais

Artigo 1º – Requisitos gerais de comunicação

1 – Sem prejuízo das exceções previstas nos números seguintes, as instituições financeiras reportantes devem comunicar à Autoridade Tributária e Aduaneira as seguintes informações a respeito de cada conta sujeita a comunicação mantida por essa instituição financeira reportante:

a) O nome, endereço, Estado(s)-Membro(s) de residência, NIF(s) e, no caso de uma pessoa singular também data e local de nascimento, de cada pessoa sujeita a comunicação que seja titular da conta e, no caso de uma entidade que seja titular da conta e que, após a aplicação dos procedimentos de diligência devida de acordo com os capítulos III e IV, se verifique ser controlada por uma ou mais pessoas que sejam pessoas sujeitas a comunicação, o nome, endereço, Estado(s)-Membro(s) e, sendo o caso, outra(s) jurisdição(ões) de residência e NIF(s) da entidade e o nome, endereço, Estado(s)-Membro(s) ou jurisdição(ões) de residência, NIF(s) e data e local de nascimento de cada pessoa sujeita a comunicação;

b) O número da conta, ou na sua ausência, o equivalente funcional;

c) O nome e, caso exista, o número identificador da instituição financeira reportante;

d) O saldo ou o valor da conta, incluindo, no caso de contratos de seguro monetizáveis ou de contratos de renda, o valor em numerário ou o valor de resgate no final do ano civil em causa ou, caso a conta tenha sido encerrada no decurso desse ano, o seu encerramento;

e) No caso de uma conta de custódia:

i) O montante bruto total de juros, o montante bruto total de dividendos e o montante bruto total de outros rendimentos gerados pelos ativos detidos na conta, pagos ou creditados na conta, ou relativos a essa conta, durante o ano civil relevante; e

ii) A totalidade da receita bruta da venda ou resgate dos ativos financeiros pagos ou creditados na conta durante o ano civil relevante, relativamente ao qual a instituição financeira reportante atuou na qualidade de custodiante, corretora, mandatária ou como representante por qualquer outra forma do titular da conta;

f) No caso de uma conta de depósito, o montante bruto total dos juros pagos ou creditados na conta durante o ano civil relevante; e

g) No caso de qualquer outra conta não descrita nas alíneas anteriores, o montante bruto total pago ou creditado ao titular da conta relativamente à mesma, durante o ano civil relevante, em relação ao qual a instituição financeira reportante seja o obrigado ou o devedor, incluindo o montante agregado de todos os pagamentos de reembolso efetuados ao titular da conta durante esse ano.

2 – As informações comunicadas têm de identificar a moeda na qual é denominado cada montante.

3 – Relativamente a contas sujeitas a comunicação que sejam contas preexistentes, não é obrigatório comunicar o(s) NIF(s) ou a data de nascimento caso tais dados não constem dos registos da instituição financeira reportante e a sua obtenção por essa instituição financeira reportante não seja de outro modo obrigatória nos termos do direito nacional ou de qualquer instrumento jurídico da União Europeia.

4 – Não obstante o disposto no artigo anterior, a instituição financeira reportante é obrigada a envidar esforços razoáveis para obter o(s) NIF(s) e a data de nascimento no que diz respeito às contas preexistentes até ao final do segundo ano civil subsequente àquele em que essas contas tiverem sido identificadas como contas sujeitas a comunicação.

5 – Não existe obrigatoriedade de comunicar o NIF caso:

a) O Estado-Membro em causa ou outra jurisdição de residência não o tiver emitido; ou *b)* Estando em causa titulares de contas financeiras com residência em jurisdições que apliquem a Norma Comum de Comunicação fora do âmbito da Diretiva 2014/107/UE, do Conselho, de 9 de dezembro de 2014, o direito nacional dessa jurisdição não exija a recolha do NIF emitido por essa jurisdição sujeita a comunicação.

6 – Não obstante o disposto na alínea *a)* do nº 1, a instituição financeira reportante apenas fica obrigada a comunicar o local de nascimento nos casos em que:

a) Esteja de outro modo obrigada a obter esta informação e a comunica-la nos termos do direito nacional ou por força de qualquer instrumento jurídico da União Europeia que esteja ou tenha estado em vigor em 5 de janeiro de 2015; e

b) Esta informação figure nos dados mantidos pela instituição financeira reportante que podem ser pesquisados eletronicamente.

Artigo 2º – Saldo ou valor da conta conjunta

1 – Para efeitos da comunicação da informação a que se refere a alínea *d)* do nº 1 do artigo anterior, considera-se que:

a) No âmbito de uma conta conjunta, deve ser comunicado relativamente a cada um dos titulares dessa conta a totalidade do saldo ou do valor da conta conjunta, bem como a totalidade dos montantes pagos ou creditados na conta conjunta ou em relação à conta conjunta;

b) No âmbito de uma conta detida por uma ENF passiva com uma ou mais pessoas que exercem o controlo que sejam pessoas sujeitas a comunicação, deve ser comunicado relativamente a cada uma das pessoas que exercem o controlo a totalidade do saldo ou do valor da conta detida pela ENF passiva, bem como a totalidade dos montantes pagos ou creditados na conta.

2 – Relativamente a uma conta detida por um titular que seja uma pessoa sujeita a comunicação e seja identificada como tendo mais do que uma jurisdição de residência, deve ser comunicada a totalidade do saldo ou do valor da conta, bem como a totalidade do montante pago ou creditado na conta, relativamente a cada jurisdição de residência desse titular da conta.

3 – Relativamente a uma conta detida por uma ENF passiva com uma pessoa que exerce o controlo que seja uma pessoa sujeita a comunicação e seja identificada como tendo mais do que uma jurisdição de residência, deve ser comunicada a totalidade do saldo ou do valor da conta detida pela ENF passiva, bem como a totalidade do montante pago ou creditado na

conta, relativamente a cada jurisdição de residência da pessoa que exerce o controlo.

4 – No âmbito de uma conta detida por uma ENF passiva que seja qualificável como pessoa sujeita a comunicação com uma pessoa que exerce o controlo que seja igualmente qualificável como uma pessoa sujeita a comunicação, deve ser comunicada a totalidade do saldo ou do valor da conta detida pela ENF passiva, bem como a totalidade do montante pago ou creditado na conta, tanto relativamente à ENF passiva como à pessoa que exerce o controlo.

Artigo 3º – Requisitos gerais em matéria de diligência devida

1 – Uma conta é equiparada a conta sujeita a comunicação a partir da data em que for identificada como tal de acordo com os procedimentos de diligência devida previstos no presente anexo devendo, salvo disposição em contrário, as informações respeitantes a uma conta sujeita a comunicação ser comunicadas anualmente no ano civil subsequente ao ano a que dizem respeito.

2 – Nos casos em que uma instituição financeira reportante identifique, por força da execução dos procedimentos de diligência devida previstos no presente anexo, qualquer conta cujo titular seja residente numa jurisdição que aplique a Norma Comum de Comunicação fora do âmbito da Diretiva 2014/107/UE, do Conselho, de 9 de dezembro de 2014, que não seja qualificável como conta sujeita a comunicação no momento em que são realizados os procedimentos de diligência devida, pode basear-se nos resultados desses procedimentos para cumprir obrigações futuras de comunicação.

3 – O saldo ou o valor de uma conta é determinado no último dia do ano civil.

4 –As instituições financeiras reportantes podem utilizar prestadores de serviços para cumprir as obrigações de comunicação e de diligência devida a que estão sujeitas, de acordo com a legislação nacional, mantendo-se as instituições financeiras reportantes como responsáveis pelo cumprimento dessas obrigações e ficando aqueles automaticamente abrangidos pelas mesmas obrigações de proteção de dados pessoais aplicáveis àquelas.

5 – As instituições financeiras reportantes podem aplicar:

a) Às contas preexistentes os procedimentos de diligência devida previstos para contas novas, continuando a ser aplicadas as restantes regras às contas preexistentes.

b) Às contas de menor valor os procedimentos de diligência devida para contas de elevado valor.

6 – Para efeitos do disposto no artigo 1º, considera-se que uma conta sujeita a comunicação conserva esse estatuto até à data em que deixa de ser uma conta sujeita a comunicação, mesmo se o saldo ou valor da conta for igual a zero ou negativo, ou mesmo se nenhum montante tiver sido pago ou creditado na conta ou em relação a essa conta.

CAPÍTULO II – Procedimentos de diligência devida para contas de pessoas singulares

SECÇÃO I – Procedimentos de diligência devida para contas preexistentes de pessoas singulares

Artigo 4º – Âmbito de aplicação

1 – Os procedimentos de diligência devida previstos na presente secção devem ser aplicados pelas instituições financeiras reportantes para a identificação das contas sujeitas a comunicação de entre as contas preexistentes de pessoas singulares.

2 – Qualquer conta preexistente de pessoa singular que tenha sido identificada como conta sujeita a comunicação nos termos da presente secção deve ser considerada conta sujeita a comunicação em todos os anos subsequentes, a menos que o titular da conta deixe de ser uma pessoa sujeita a comunicação.

Artigo 5º – Exclusão do âmbito de aplicação

1 – Uma conta preexistente de pessoa singular com residência em qualquer jurisdição que aplique a Norma Comum de Comunicação fora do âmbito da Diretiva 2014/107/UE, do Conselho, de 9 de dezembro de 2014, que seja um contrato de seguro monetizável ou um contrato de renda não está sujeita a análise, identificação ou comunicação, desde que a instituição financeira reportante esteja efetivamente impedida por lei de vender esse contrato a residentes dessa outra jurisdição.

2 – A exclusão a que se reporta o número anterior é igualmente aplicável caso esta se encontre expressamente prevista em instrumento jurídico da União Europeia.

SUBSECÇÃO I – Contas de menor valor de pessoas singulares

Artigo 6º – Procedimentos de diligência devida para as contas de menor valor

1 – Quando a instituição financeira reportante tiver nos seus registos um endereço de residência atual para o titular da conta de pessoa singular baseado em documentos comprovativos, esta pode equiparar o titular da conta de pessoa singular a residente para efeitos fiscais do Estado-Membro ou de outra jurisdição em que o endereço esteja situado para determinar se esse titular é uma pessoa sujeita a comunicação.

2 – Para efeitos do número anterior, entende-se que:

a) Uma caixa postal pode ser considerada um endereço de residência quando for parte de um endereço e for acompanhada de um nome de rua, de um número de edifício ou apartamento, ou de uma estrada rural, permitindo identificar com precisão a residência efetiva do titular da conta;

b) Um endereço de residência é "atual" quando se trate do endereço de residência mais recente registado pela instituição financeira reportante relativamente ao titular da conta de pessoa singular, salvo se este tiver sido usado para efeitos de envio postal e o correio tiver sido devolvido por não ser possível a sua entrega naquele endereço, desde que não seja por erro;

c) Um endereço de residência é baseado em documentos comprovativos quando o endereço conste dos documentos comprovativos emitidos por entidades oficiais, ou, nos casos em que estes documentos não contenham qualquer endereço de residência:

i) O endereço de residência corresponda à jurisdição onde os documentos foram oficialmente emitidos; ou

ii) O endereço de residência conste de documentação recente emitida por um organismo público autorizado, como seja notificações formais ou liquidações emitidas pela administração tributária, ou por uma empresa de fornecimento de serviços públicos associados a um determinado bem, como seja a fatura de água, eletricidade, gás ou de telefone de linha fixa; ou

iii) O endereço de residência conste de uma declaração datada e assinada pela pessoa singular que seja o titular da conta sob compromisso de honra, desde que a instituição financeira reportante estivesse obrigada a obter esta declaração sob compromisso de honra durante um determinado número de anos;

d) Nos casos em que a instituição financeira não tenha analisado documentos comprovativos no processo inicial de registo do contribuinte por tal não lhe ser, à data, exigível face aos Procedimentos AML/KYC, pode ser considerado endereço de residência atual o constante dos respetivos registos desde que este se situe na mesma jurisdição do endereço:

i) Constante na mais recente documentação obtida por essa instituição financeira reportante de tipo equivalente à que se referem as subalíneas *ii)* e iii) da alínea anterior; e

ii) Comunicado ao abrigo de quaisquer outras obrigações declarativas fiscais aplicáveis;

e) Quando esteja em causa um contrato de seguro monetizável e não tenha ocorrido a análise de documentos comprovativos nas condições a que se refere a alínea anterior, pode ainda ser considerado endereço de residência atual o constante dos registos da instituição financeira reportante até:

i) À ocorrência de uma alteração de circunstâncias que leve a instituição financeira reportante a ter conhecimento ou motivos para presumir que esse endereço de residência é incorreto ou não é fiável; ou

ii) À data do pagamento, total ou parcial ou de vencimento desse contrato de seguro monetizável.

3 – Não obstante o disposto na alínea *b)* do número anterior, o endereço de residência associado a uma conta inativa é considerado "atual" durante o período de inatividade.

4 – Considera-se inativa qualquer conta, que não seja um contrato de renda, em relação à qual se verifique alguma das seguintes condições:

a) O titular da conta não tiver iniciado uma transação em relação à conta ou a qualquer outra conta por este detida junto da instituição financeira reportante nos últimos três anos;

b) O titular da conta não tiver comunicado à instituição financeira reportante que mantém essa conta relativamente à conta ou a qualquer outra conta por este detida junto da instituição financeira reportante nos últimos seis anos;

c) No caso de um contrato de seguro monetizável, a instituição financeira reportante não tiver comunicado ao titular da conta que detém essa conta relativamente à conta ou a qualquer outra conta por este detida junto da mesma instituição financeira reportante nos últimos seis anos;

5 – Sem prejuízo do disposto no número anterior, pode ainda ser considerada conta inativa uma conta, que não seja contrato de renda, desde que a legislação, os regulamentos aplicáveis ou os procedimentos normais de funcionamento da instituição financeira reportante, aplicados de forma coerente a todas as contas mantidas por essa instituição numa determinada

jurisdição prevejam requisitos similares, em termos de substância, aos previstos no número anterior.

6 – Uma conta deixa de ser uma conta inativa quando:

a) O titular da conta inicie uma transação relativamente à conta ou a qualquer outra conta por si detida junto da instituição financeira reportante;

b) O titular da conta comunique junto da instituição financeira reportante que mantém essa conta ou qualquer outra conta por si detida junto da instituição financeira reportante; ou

c) A conta deixe de ser uma conta inativa ao abrigo da legislação e dos regulamentos ou dos procedimentos normais de funcionamento da instituição financeira reportante.

7 – Nos casos em que a instituição financeira reportante não utilize um endereço de residência atual do titular da conta de pessoa singular baseado em documentos comprovativos conforme estabelecido no nº 1, deve examinar os dados que mantém e que possam ser pesquisados eletronicamente para detetar qualquer um dos seguintes indícios:

a) Identificação do titular da conta como residente de um outro Estado-Membro;

b) Endereço postal ou de residência atual, incluindo uma caixa postal, num outro Estado-Membro;

c) Um ou vários números de telefone num outro Estado-Membro e nenhum número de telefone em território nacional;

d) Ordens de transferência permanentes, exceto para uma conta de depósito, para uma conta mantida num outro Estado-Membro;

e) Procuração ou autorização de assinatura válida outorgada a uma pessoa com um endereço num outro Estado-Membro; ou

f) Menção "posta restante" ou "ao cuidado de" no endereço de um outro Estado-Membro, se a instituição financeira reportante não tiver registo de outro endereço para o titular da conta.

8 – Caso na pesquisa eletrónica a que se refere o número anterior:

a) Não seja detetado nenhum dos indícios, fica a instituição financeira reportante dispensada de qualquer ação adicional até que se verifique uma alteração de circunstâncias que resulte na associação de um ou mais indícios à conta ou a sua transformação numa conta de elevado valor;

b) Seja detetado algum dos indícios constantes das alíneas *a)* a *e)* do número anterior, ou se verifique uma alteração de circunstâncias que resulte na associação de um ou mais indícios à conta, a instituição financeira reportante deve equiparar o titular da conta a residente para efeitos fiscais de cada Estado- Membro em relação ao qual seja identificado um indício, salvo se, verificando-se os condicionalismos descritos, optar pela aplicação do procedimento previsto no nº 11.

9 – Nos casos em que na pesquisa eletrónica se detetar a menção "posta restante" ou "ao cuidado de" no endereço e não seja identificado, em relação ao titular da conta, nenhum outro endereço ou qualquer outro dos indícios enumerados nas alíneas *a)* a *e)* do nº 7, a instituição financeira reportante deve, na ordem mais adequada às circunstâncias, efetuar a pesquisa nos registos em papel indicada no artigo 8º, nº 3, ou procurar obter do titular da conta uma autocertificação ou documento comprovativo a fim de determinar a residência ou residências para efeitos fiscais desse titular da conta.

10 – Quando, nos casos referidos no artigo anterior, a pesquisa em papel não permitir encontrar um indício e a tentativa para obtenção da autocertificação ou documento comprovativo falhar, a instituição financeira reportante deve comunicar a conta à Autoridade Tributária e Aduaneira como conta não documentada.

11 – Sem prejuízo da deteção de indícios nos termos do nº 7, uma instituição financeira reportante não é obrigada a equiparar um titular de conta a residente de um determinado Estado-Membro nos seguintes casos:

a) As informações sobre o titular da conta contêm um endereço postal ou de residência atual nesse Estado-Membro, um ou vários números de telefone nesse Estado-Membro e nenhum número de telefone em território nacional, ou ordens de transferência permanentes, relativas a contas financeiras que não são contas de depósito, para uma conta mantida num outro Estado-Membro, mas a instituição financeira reportante obteve, ou analisou e manteve previamente um registo de:

i) Uma autocertificação do titular da conta do(s) Estado(s)-Membro(s) ou de outra(s) jurisdição(ões) de residência desse titular da conta que não menciona esse Estado-Membro, e

ii) Documentos comprovativos de que o titular da conta não está sujeito a comunicação;

b) As informações sobre o titular da conta contêm uma procuração ou autorização de assinatura válida outorgada a uma pessoa com um endereço nesse Estado-Membro, mas a instituição financeira reportante obteve, ou analisou e manteve previamente um registo de:

i) Uma autocertificação do titular da conta do(s) Estado(s)-Membro(s) ou de outra(s) jurisdição(ões) de residência desse titular da conta que não menciona esse Estado-Membro, ou *ii)* Documentos comprovativos de que o titular da conta não está sujeito a comunicação.

Artigo 7º – Prazo para os procedimentos de análise

A análise das contas preexistentes de menor valor de pessoas singulares deve estar concluída até 31 de dezembro de 2017.

SUBSECÇÃO II – Contas de elevado valor de pessoas singulares

Artigo 8º – Procedimentos de diligência devida para as contas de elevado valor

1 – As instituições financeiras reportantes devem examinar os dados que possam ser pesquisados eletronicamente por ela mantidos para detetar qualquer um dos indícios indicados no nº 7 do artigo 6º

2 – Nos casos em que as bases de dados da instituição financeira reportante suscetíveis de ser pesquisadas eletronicamente apresentam campos em que possam figurar todas as informações enunciadas no nº 4, é dispensável qualquer nova pesquisa nos registos em papel.

3 – Quando as bases de dados eletrónicas não contiverem todas essas informações, a instituição financeira reportante deve ainda analisar, relativamente a uma conta de elevado valor, o atual ficheiro principal do cliente e, na medida em que não constem desse ficheiro, os seguintes documentos associados à conta e obtidos pela instituição financeira reportante nos últimos cinco anos para cada um dos indícios indicados no nº 7 do artigo 6º:

a) Os documentos comprovativos mais recentes obtidos em relação à conta;

b) A documentação ou o contrato de abertura de conta mais recente;

c) A documentação mais recente obtida pela instituição financeira reportante a título dos procedimentos antibranqueamento de capitais/conheça o seu cliente (AML/KYC, *Anti Money Laundering/Know your Customer*) ou para outros fins regulatórios;

d) Qualquer procuração ou autorização de assinatura válida; e

e) Quaisquer ordens de transferência permanentes válidas, exceto para uma conta de depósito.

4 – A instituição financeira reportante não é obrigada a efetuar a pesquisa nos registos em papel a que se refere o número anterior, na medida em que as informações da instituição financeira reportante suscetíveis de ser pesquisadas eletronicamente incluam:

a) O estatuto de residência do titular da conta;

b) O endereço de residência e o endereço postal do titular da conta que figuram no *dossier* da instituição financeira reportante;

c) O(s) número(s) de telefone do titular da conta que figurem eventualmente no *dossier* da instituição financeira reportante;

d) No caso das contas financeiras que não sejam contas de depósito, a eventual existência de ordens de transferência permanentes dessa conta para outra conta, incluindo uma conta noutra sucursal da instituição financeira reportante ou noutra instituição financeira;

e) A menção "posta restante" ou "ao cuidado de" no endereço do titular da conta; e

f) Uma procuração ou autorização de assinatura relativa à conta.

5 – Sem prejuízo dos procedimentos previstos nos nºs 1, 2 e 3, a instituição financeira reportante deve equiparar a uma conta sujeita a comunicação qualquer conta de elevado valor atribuída a um gestor de conta, incluindo quaisquer contas financeiras agregadas a essa conta de elevado valor, se o gestor de conta tiver conhecimento efetivo de que o titular da conta é uma pessoa sujeita a comunicação.

6 – Caso a análise reforçada de contas de elevado valor não detete nenhum dos indícios enumerados no nº 7 do artigo 6º, e a aplicação do previsto no número anterior, não permita constatar que a conta é detida por uma pessoa sujeita a comunicação, não são necessárias novas medidas até que se verifique uma alteração de circunstâncias que resulte na associação de um ou mais indícios à conta.

7 – Caso a análise reforçada das contas de elevado valor detete algum dos indícios enumerados nas alíneas *a)* a *e)* do nº 7 do artigo 6º, ou se verifique uma posterior alteração de circunstâncias que resulte na associação de um ou mais indícios à conta, a instituição financeira reportante deve considerar a conta como uma conta sujeita a comunicação no que respeita a cada Estado-Membro em relação ao qual seja identificado um indício, salvo se, verificando-se os condicionalismos descritos, optar pela aplicação do procedimento previsto no nº 11 do artigo 6º a essa conta.

8 – Caso a análise reforçada das contas de elevado valor detete a menção "posta restante" ou "ao cuidado de" no endereço e não for identificado, em relação ao titular da conta, nenhum outro endereço, nem qualquer um dos outros indícios enumerados nas alíneas *a)* a *e)* do nº 7 do artigo 6º, a instituição financeira reportante deve obter do titular da conta uma autocer-

tificação ou documento comprovativo a fim de determinar a residência ou residências do titular da conta para efeitos fiscais.

9 – Para efeitos do disposto no número anterior, quando a instituição financeira reportante não puder obter a autocertificação ou documento comprovativo, deve comunicar a conta à Autoridade Tributária e Aduaneira como conta não documentada.

10 – Nos casos em que, em 31 de dezembro de 2015, uma conta preexistente de pessoa singular não for uma conta de elevado valor, mas passar a ser uma conta de elevado valor no último dia de um ano civil subsequente, a instituição financeira reportante tem de concluir os procedimentos de análise reforçada constantes do presente artigo em relação a essa conta no decurso do ano civil subsequente àquele em que a conta tiver passado a ser uma conta de elevado valor.

11 – Quando, com base na análise prevista no número anterior, a conta for identificada como conta sujeita a comunicação, a instituição financeira reportante deve comunicar as informações necessárias sobre essa conta em relação ao ano em que é identificada como conta sujeita a comunicação e nos anos subsequentes numa base anual, a menos que o titular da conta deixe de ser uma pessoa sujeita a comunicação.

12 – A instituição financeira reportante que tenha aplicado os procedimentos de análise reforçada constantes deste artigo a uma conta de elevado valor, não fica obrigada a voltar a aplicar tais procedimentos à mesma conta de elevado valor nos anos subsequentes, com exceção da recolha de informações junto dos gestores de conta indicada no nº 5, a menos que a conta não esteja documentada, devendo nesse caso a instituição financeira reportante voltar a aplicar anualmente os procedimentos até que a conta em causa deixe de estar não documentada.

13 – Caso se verifique uma alteração de circunstâncias no que diz respeito a uma conta de elevado valor que resulte na associação à conta de um ou vários dos indícios indicados no nº 7 do artigo 6º, a instituição financeira reportante deve equiparar a conta a uma conta sujeita a comunicação no que respeita a cada Estado-Membro em relação ao qual seja identificado um indício, salvo se, verificando-se os condicionalismos descritos, optar pela aplicação do procedimento previsto no nº 11 do artigo 6º a essa conta.

14 – A instituição financeira reportante deve aplicar procedimentos que garantam que os gestores de conta identificam qualquer alteração das circunstâncias de uma conta.

15 – Para efeitos do disposto no número anterior, caso um gestor de conta seja notificado de que o titular da conta tem um novo endereço de correio num determinado Estado-Membro, a instituição financeira reportante é obrigada a tratar o novo endereço como uma alteração de circunstâncias e, caso opte por aplicar os procedimentos previstos no nº 11 do artigo 6º, é obrigada a obter a documentação adequada do titular da conta.

Artigo 9º – Prazo para os procedimentos de análise

A análise das contas preexistentes de elevado valor de pessoas singulares deve estar concluída até 31 de dezembro de 2016.

SECÇÃO II – Procedimentos de diligência devida para contas novas de pessoas singulares

Artigo 10º – Âmbito de aplicação

Os procedimentos de diligência devida previstos na presente secção devem ser aplicados pelas instituições financeiras reportantes para identificar as contas sujeitas a comunicação de entre as contas novas de pessoas singulares.

Artigo 11º – Diligência devida para contas novas de pessoas singulares

1 – No momento da abertura das contas novas de pessoas singulares, a instituição financeira reportante deve obter uma autocertificação, que pode fazer parte da documentação de abertura da conta, que lhe permita determinar a residência ou residências para efeitos fiscais do titular da conta, bem como confirmar a verosimilhança dessa autocertificação com base nas informações obtidas pela instituição financeira reportante no âmbito da abertura da conta, incluindo qualquer documentação coligida a título dos procedimentos AML/KYC.

2 – Sem prejuízo do disposto no nº 5 do artigo 1º, caso a autocertificação comprove que o titular da conta é residente para efeitos fiscais num Estado-Membro, a instituição financeira reportante deve considerar a conta como uma conta sujeita a comunicação, devendo a autocertificação incluir também o NIF do titular da conta relativo a esse Estado-Membro e a data de nascimento.

3 – Caso se verifique uma alteração de circunstâncias relativamente a uma conta nova de pessoa singular que leve a instituição financeira reportante a ter conhecimento, ou a ter motivos para presumir, que a auto-

certificação original está incorreta ou não é fiável, a instituição financeira reportante não pode utilizar a autocertificação original e deve obter uma autocertificação válida que comprove a residência ou residências do titular da conta para efeitos fiscais.

4 – A instituição financeira reportante deve notificar todas as pessoas que forneçam uma autocertificação da respetiva obrigação de notificar a referida instituição financeira reportante sempre que ocorra uma alteração de circunstâncias.

Artigo 12º – Autocertificação conta-a-conta

1 – Para efeitos do artigo anterior, considera-se que uma instituição financeira reportante junto da qual um cliente possa abrir uma conta deve obter uma autocertificação conta-a-conta.

2 – Não obstante o disposto no número anterior, uma instituição financeira reportante pode, no âmbito dos procedimentos de diligência devida para contas novas de pessoas singulares, ter por base, observando o disposto no artigo 23º, uma autocertificação fornecida por um cliente para uma outra conta, caso ambas as contas sejam tratadas como uma única conta.

CAPÍTULO III – Procedimentos de diligência devida para contas de entidades

SECÇÃO I – Procedimentos de diligência devida para contas preexistentes de entidades

Artigo 13º – Âmbito de aplicação

Os procedimentos de diligência devida, previstos na presente secção, devem ser aplicados pelas instituições financeiras reportantes para identificar as contas sujeitas a comunicação de entre as contas preexistentes de entidades.

Artigo 14º – Contas de entidades não sujeitas a análise, identificação ou comunicação

Sem prejuízo de decisão em contrário da instituição financeira reportante, quer no que diz respeito a todas as contas preexistentes de entidades quer, separadamente, no que diz respeito a qualquer grupo claramente identificado de tais contas, uma conta preexistente de entidade cujo saldo ou valor agregado não exceda 250 000 USD, em 31 de dezembro de 2015, não tem de ser analisada, identificada ou comunicada como conta sujeita a comunicação até que o respetivo saldo ou valor agregado exceda esse montante no último dia de cada ano civil subsequente.

Artigo 15º – Contas de entidades sujeitas a análise

Uma conta preexistente de entidade cujo saldo ou valor agregado exceda, em 31 de dezembro de 2015, 250 000 USD, bem como uma conta preexistente de entidade que, em 31 de dezembro de 2015, não exceda esse montante mas cujo saldo ou valor agregado exceda tal montante no último dia de cada ano civil subsequente, deve ser analisada segundo os procedimentos previstos no artigo 17º.

Artigo 16º – Contas de entidades em relação às quais é exigida comunicação

Apenas é exigível a comunicação das contas preexistentes de entidades sujeitas a análise nos termos previstos no artigo anterior, que sejam detidas:

a) Por uma ou mais entidades que sejam pessoas sujeitas a comunicação;

b) Por ENF passivas com uma ou mais pessoas que exercem o controlo que sejam pessoas que sejam pessoas sujeitas a comunicação.

Artigo 17º – Procedimentos de análise para a identificação de contas de entidades em relação às quais é exigida comunicação

1 – A instituição financeira reportante deve aplicar os procedimentos de análise previstos no presente artigo para determinar quais as contas preexistentes de entidades a que se refere o artigo 15º que são detidas por uma ou mais pessoas sujeitas a comunicação, ou por ENF passivas com uma ou mais pessoas que exercem o controlo que sejam pessoas sujeitas a comunicação.

2 – Para determinar se a entidade é uma pessoa sujeita a comunicação devem ser observados os seguintes procedimentos:

a) Analisar as informações mantidas para fins regulamentares ou de relações com o cliente, incluindo informações recolhidas a título dos procedimentos AML/KYC, para determinar se tais informações indicam que o titular da conta é residente num outro Estado-Membro, por decorrência do local de constituição ou organização, ou de um endereço nesse outro Estado-Membro;

b) Verificando-se que as informações indicam que o titular da conta é residente num outro Estado- Membro, a instituição financeira reportante deve equiparar essa conta a uma conta sujeita a comunicação, salvo se obtiver uma autocertificação do titular da conta, ou puder razoavelmente determinar, com base em informações que possua ou que estejam publicamente disponíveis, que o titular da conta não é uma pessoa sujeita a comunicação.

3 – Para determinar se a entidade é uma ENF passiva com uma ou mais pessoas que exercem o controlo que sejam pessoas sujeitas a comunicação, a instituição financeira reportante deve verificar se o titular da conta preexistente da entidade, incluindo uma entidade que seja uma pessoa sujeita a comunicação, é uma ENF passiva com uma ou mais pessoas que exercem o controlo que sejam pessoas sujeitas a comunicação.

4 – Verificada a condição a que se refere o número anterior, a conta deve ser equiparada a conta sujeita a comunicação, devendo a instituição financeira reportante seguir as seguintes orientações, na ordem mais adequada às circunstâncias:

a) Para determinar se o titular da conta é uma ENF passiva deve obter uma autocertificação do titular da conta para estabelecer o seu estatuto, a menos que razoavelmente determine, com base em informações que possua ou que estejam publicamente disponíveis, que o titular da conta é uma ENF ativa ou uma instituição financeira distinta de uma entidade de investimento, a que se refere o nº 3 do artigo 4º-A, que não seja uma instituição financeira de uma jurisdição participante;

b) Para determinar as pessoas que exercem o controlo de um titular de conta, pode basear-se nas informações recolhidas e mantidas a título dos procedimentos AML/KYC;

c) Para determinar se uma pessoa que exerce o controlo de uma ENF passiva é uma pessoa sujeita a comunicação pode basear-se:

i) Nas informações recolhidas e mantidas a título dos procedimentos AML/KYC no caso de uma conta preexistente de entidade detida por uma ou mais ENF cujo saldo ou valor agregado não exceda USD 1 000 000;

ii) Numa autocertificação do titular da conta ou da pessoa que exerce o controlo do(s) Estado(s)- Membro(s) ou de outra(s) jurisdição(ões) em que a pessoa que exerce o controlo seja residente para efeitos fiscais; ou

iii) Inexistindo autocertificação, nas informações resultantes dos procedimentos previstos nos nºs 2 a 15 do artigo 8º

5 – Os requisitos em matéria de validade das autocertificações relativamente a contas novas de pessoas singulares são aplicados para a validade das autocertificações relativamente a contas preexistentes de entidades, aplicando-se o mesmo procedimento à correção de erros de autocertifi-

cações, à obrigatoriedade de obter autocertificações conta-a-conta, e à documentação recolhida por outras pessoas.

6 – Caso uma instituição financeira reportante não consiga determinar o estatuto do titular da conta como uma ENF ativa ou como uma instituição financeira distinta de uma entidade de investimento a que se refere o nº 3 do artigo 4º-A deve considerar que se trata de uma ENF passiva.

7 – Quando a instituição financeira reportante não possuir nenhum dos indícios previstos no nº 7 do artigo 6º nos seus registos, fica dispensada de adotar qualquer outra medida até que ocorra uma alteração de circunstâncias que resulte na associação de um ou mais indícios à conta relativamente à pessoa que exerce o controlo.

Artigo 18º – Prazo para procedimentos de análise

1 – A análise das contas preexistentes de entidades cujo saldo ou valor agregado exceda USD 250 000, em 31 de dezembro de 2015, deve estar concluída até 31 de dezembro de 2017.

2 – A análise das contas preexistentes de entidades cujo saldo ou valor agregado não exceda USD 250 000, em 31 de dezembro de 2015, mas exceda esse montante em 31 de dezembro de um ano subsequente deve ser concluída no decurso do ano civil subsequente àquele em que o saldo ou valor agregado tiver excedido tal montante.

Artigo 19º – Procedimentos adicionais

1 – Caso se verifique uma alteração de circunstâncias no que diz respeito a uma conta preexistente de entidade em consequência da qual a instituição financeira reportante tenha conhecimento, ou tenha motivos para presumir, que a autocertificação ou outro documento comprovativo associado a uma conta está incorreto ou não é fiável, a instituição financeira reportante deve rever o estatuto da conta segundo os procedimentos previstos no artigo 17º

2 – Os procedimentos exigidos pelo número anterior devem ser aplicados pela instituição financeira reportante, no máximo, até ao último dia do ano civil relevante ou no prazo de 90 dias após o aviso ou a deteção da alteração de circunstâncias, devendo ainda proceder do seguinte modo:

a) Para determinar se o titular da conta é uma pessoa sujeita a comunicação, deve obter e uma autocertificação válida ou, quando aplicável, documentação ou justificação razoável que ateste a verosimilhança da autocertificação ou documentação original, devendo, na impossibilidade desta verificação, tratar o titular da conta como sendo uma pessoa sujeita a comunicação relativamente a ambas as jurisdições;

b) Para determinar se o titula da conta é uma instituição financeira, uma ENF ativa ou uma ENF passiva, deve obter documentação adicional ou, quando aplicável, uma autocertificação para estabelecer o estatuto do titular da conta, devendo, na impossibilidade desta verificação, tratar o titular da conta como sendo uma ENF passiva;

c) Para determinar se uma pessoa que exerce o controlo de uma ENF passiva é uma pessoa sujeita a comunicação, deve obter e uma autocertificação válida ou, quando aplicável, documentação ou justificação razoável que ateste a verosimilhança da autocertificação ou documentação obtida anteriormente, devendo, na impossibilidade desta verificação, basear-se nos indícios a que se refere o nº 7 do artigo 6º que constem dos seus registos.

SECÇÃO II – Procedimentos de diligência devida para contas novas de entidades

Artigo 20º – Âmbito de aplicação

Os procedimentos de diligência devida previstos na presente secção devem ser aplicados pelas instituições financeiras reportantes para identificar as contas sujeitas a comunicação de entre as contas novas de entidades.

Artigo 21º – Diligência devida para contas novas de entidades

1 – No âmbito de procedimentos de análise para a identificação de contas de entidades em relação às quais é exigida a comunicação, a instituição financeira reportante deve aplicar os procedimentos de análise previstos no presente artigo para determinar se a conta é detida por uma ou mais pessoas sujeitas a comunicação, ou por ENF passivas com uma ou mais pessoas que exercem o controlo que sejam pessoas sujeitas a comunicação.

2 – Para determinar se a entidade é uma pessoa sujeita a comunicação, a instituição financeira deve cumprir os seguintes procedimentos:

a) Obter uma autocertificação, que pode fazer parte da documentação de abertura da conta, que permita determinar a residência ou residências para efeitos fiscais do titular da conta e confirmar a verosimilhança dessa autocertificação com base nas informações obtidas pela instituição financeira reportante no âmbito da abertura da conta, incluindo qualquer documentação coligida a título dos procedimentos AML/KYC;

b) Caso a autocertificação indique que o titular da conta é residente num outro Estado-Membro, a instituição financeira reportante deve considerar a conta como uma conta sujeita a comunicação, a menos que possa razoavelmente determinar, com base em informações que possua ou que estejam publicamente disponíveis, que o titular da conta não é uma pessoa sujeita a comunicação em relação a esse Estado-Membro.

3 – Para efeitos do disposto na alínea *a)* do número anterior, nos casos em que a entidade certifique que não tem residência para efeitos fiscais, a instituição financeira reportante pode basear-se no endereço do estabelecimento principal da entidade para determinar a residência do titular da conta.

4 – Uma autocertificação é considerada válida se cumprir os requisitos previstos em matéria de validade das autocertificações para contas preexistentes de entidades, sendo igualmente aplicável a obrigatoriedade de obter autocertificações conta-a-conta.

5 – Para efeitos dos procedimentos exigíveis no presente artigo, uma instituição financeira reportante junto da qual um cliente pode abrir uma conta deve obter documentos comprovativos conta-a-conta, podendo, observando o disposto no artigo 23º, basear-se nos documentos comprovativos fornecidos por um cliente para uma outra conta, caso ambas as contas sejam tratadas como uma única conta.

6 – Para determinar se a entidade é uma ENF passiva com uma ou mais pessoas que exercem o controlo que sejam pessoas sujeitas a comunicação, a instituição financeira reportante no que diz respeito ao titular de uma conta nova de entidade, incluindo uma entidade que seja uma pessoa sujeita a comunicação, deve determinar se o titular da conta é uma ENF passiva com uma ou mais pessoas que exercem o controlo que sejam pessoas sujeitas a comunicação.

7 – Verificando-se que uma das pessoas que exercem o controlo de uma ENF passiva é uma pessoa sujeita a comunicação, a conta deve ser equiparada a conta sujeita a comunicação.

8 – Para efeitos do disposto nos nºs 6 e 7, a instituição financeira reportante deve seguir, pela ordem mais adequada às circunstâncias, as seguintes orientações:

a) Para determinar se o titular da conta é uma ENF passiva, a instituição financeira reportante deve basear-se numa autocertificação do titular da conta para estabelecer o seu estatuto, a menos que razoavelmente determine, com base em informações que possua ou que estejam publicamente disponíveis, que o titular da conta é uma ENF ativa ou uma instituição financeira distinta de uma entidade de investimento a que se refere o nº 3 do artigo 4º-A, que não seja uma instituição financeira de uma jurisdição participante;

b) Para determinar as pessoas que exercem o controlo do titular da conta, a instituição financeira reportante pode basear-se nas informações recolhidas e mantidas a título dos procedimentos AML/KYC;

c) Para determinar se a pessoa que exerce o controlo de uma ENF passiva é uma pessoa sujeita a comunicação, a instituição financeira reportante pode basear-se numa autocertificação do titular da conta ou da pessoa que exerce o controlo.

9 – Caso se verifique uma alteração de circunstâncias no que diz respeito a uma conta nova de entidade em consequência da qual a instituição financeira reportante tenha conhecimento, ou tenha motivos para presumir, que a autocertificação ou outro documento comprovativo associado a uma conta está incorreto ou não é fiável, a instituição financeira reportante deve rever o estatuto da conta segundo os procedimentos previstos no artigo 17º

CAPÍTULO IV – Regras especiais de diligência devida

Artigo 22º – Regras adicionais

Na execução de todos os procedimentos de diligência devida previstos no presente anexo são ainda aplicáveis as regras adicionais previstas no presente capítulo.

Artigo 23º – Utilização de autocertificações e documentos comprovativos

A instituição financeira reportante não pode utilizar uma autocertificação ou documento comprovativo se tiver conhecimento ou motivos para considerar que a autocertificação ou documento comprovativo está incorreto ou não é fiável.

Artigo 24º – Procedimentos alternativos

1 – No âmbito das contas financeiras detidas por pessoas singulares beneficiárias de um contrato de seguro monetizável ou de um contrato de renda e para contratos de seguro de grupo com valor de resgate ou contratos de renda em grupo, a instituição financeira reportante pode presumir que, com exceção do tomador do seguro, uma pessoa singular beneficiária de um contrato de seguro monetizável ou de um contrato de renda que

recebe uma prestação por morte não é uma pessoa sujeita a comunicação e pode considerar essa conta financeira como não sendo uma conta sujeita a comunicação salvo se tiver conhecimento, ou motivos para presumir, que o beneficiário é uma pessoa sujeita a comunicação.

2 – Para efeitos do número anterior, entende-se que a instituição financeira reportante tem motivos para presumir que o beneficiário de um contrato de seguro monetizável ou de um contrato de renda é uma pessoa sujeita a comunicação se as informações recolhidas pela instituição financeira reportante e associadas ao beneficiário contiverem os indícios previstos artigo 6º

3 – Caso a instituição financeira reportante tenha conhecimento, ou motivos para presumir, que o beneficiário é uma pessoa sujeita a comunicação, deve cumprir com os procedimentos estabelecidos no artigo 6º

4 – A instituição financeira reportante pode equiparar uma conta financeira que constitua a participação de um membro num contrato de seguro monetizável de grupo ou num contrato de renda em grupo a uma conta financeira não sujeita a comunicação até à data em que seja devido o pagamento de um montante ao trabalhador que seja titular do certificado ou beneficiário, desde que a conta financeira que constitui a participação do membro no contrato de seguro monetizável de grupo ou no contrato de renda em grupo preencha os seguintes requisitos:

a) O contrato de seguro monetizável de grupo ou o contrato de renda em grupo é emitido para um empregador e cobre 25 ou mais trabalhadores que são titulares do certificado;

b) Os trabalhadores que são titulares do certificado têm direito a receber qualquer valor contratual relacionado com as suas unidades de participação, bem como a designar beneficiários para a prestação devida por morte do trabalhador; e

c) O montante agregado devido a um trabalhador que é titular do certificado ou beneficiário não excede USD 1 000 000.

5 – Para efeitos do previsto nos números anteriores, considera-se:

a) "Contrato de seguro monetizável de grupo" um contrato de seguro monetizável que oferece cobertura a pessoas singulares associadas através de um empregador, associação comercial, sindicato ou outra associação ou grupo, e cobra um prémio por cada membro do grupo, ou membro de uma categoria dentro do grupo, que é determinado sem ter em conta o estado de saúde da pessoa singular com exceção da idade, sexo e hábitos tabágicos do membro, ou categoria de membros do grupo;

b) "Contrato de renda em grupo" um contrato de renda cujos credores são pessoas singulares associadas através de um empregador, associação comercial, sindicato ou outra associação ou grupo.

Artigo 25º – Agregação de contas de pessoas singulares

1 – Para determinar o saldo ou valor agregado das contas financeiras detidas por uma pessoa singular, a instituição financeira reportante é obrigada a agregar todas as contas financeiras que sejam por ela mantidas, ou por uma entidade relacionada, mas exclusivamente na medida em que os sistemas informáticos da instituição financeira reportante estabeleçam uma ligação entre essas contas financeiras por referência a um campo, como o número de cliente ou o NIF, permitindo assim agregar os saldos ou valores das contas.

2 – Para efeitos do disposto no número anterior, atribui-se a cada titular de uma conta financeira conjunta a totalidade do saldo ou do valor dessa conta para aplicação dos requisitos de agregação.

Artigo 26º – Agregação de contas de entidades

1 – Para determinar o saldo ou valor agregado das contas financeiras detidas por uma entidade, a instituição financeira reportante é obrigada a tomar em consideração todas as contas financeiras que sejam por ela mantidas, ou por uma entidade relacionada, mas exclusivamente na medida em que os sistemas informáticos da instituição financeira reportante estabeleçam uma ligação entre essas contas financeiras por referência a um campo, como o número de cliente ou o NIF, permitindo assim agregar os saldos ou valores das contas.

2 – Para efeitos do disposto no número anterior, atribui-se a cada titular de uma conta financeira conjunta a totalidade do saldo ou do valor dessa conta para da aplicação dos requisitos de agregação.

Artigo 27º – Agregação aplicável aos gestores de conta

Para determinação do saldo ou valor agregado das contas financeiras detidas por uma pessoa a fim de aferir se uma conta financeira é uma conta de elevado valor, a instituição financeira reportante é obrigada a agregar as contas financeiras em relação às quais um gestor de conta tenha conhecimento, ou motivos para considerar, que são direta ou indiretamente detidas ou controladas pela mesma pessoa ou que foram abertas pela mesma pessoa, salvo se na qualidade de fiduciário.

Artigo 28º – Procedimentos AML/KYC

1 – Para a determinação das pessoas que exercem o controlo de entidades que sejam titulares de contas preexistentes ou de contas novas considera-se que os procedimentos AML/KYC adotados pelas instituições financeiras reportantes devem ser compatíveis com as Recomendações 10 e 25 do GAFI de 2012 e permitir a identificação de informações suficientes, exatas e atuais sobre beneficiários efetivos de modo consentâneo com o previsto nos artigos 3º, 30º e 31º da Diretiva 2015/849/UE, do Parlamento Europeu e do Conselho, de 20 de maio de 2015, bem como a recolha de tal informação nas bases de dados implementadas a nível nacional.

2 – Para efeitos do disposto no número anterior, as instituições financeiras reportantes devem identificar os beneficiários efetivos e adotar medidas razoáveis para verificar a identidade dessas pessoas, através das seguintes informações:

a) No caso de *trusts* (estruturas fiduciárias), a identidade do fundador, administrador, curador, se aplicável, beneficiários ou categoria de beneficiários, e qualquer outra pessoa singular que detenha o controlo final do *trust* (estrutura fiduciária), nomeadamente através de uma cadeia de controlo ou propriedade;

b) No caso de fundações, centros de interesses coletivos ou outros tipos de entidades sem personalidade jurídica similares a *trusts* (estruturas fiduciárias), a pessoas ou pessoas singulares com posições equivalentes ou similares às mencionadas na alínea anterior.

3 – Os *trustees* (administradores) de qualquer *trust* (estrutura fiduciária) residentes em território nacional devem obter e conservar as informações suficientes, exatas e atuais sobre os beneficiários efetivos do *trust* (estrutura fiduciária), incluindo as informações sobre a identidade do instituidor, administrador, curador, se aplicável, beneficiários ou categoria de beneficiários, e qualquer outra pessoa singular que detenha o controlo final do *trust* (estrutura fiduciária).

4 – O *settlor* (fundador) de um *trust* (estrutura fiduciária) ou o fundador de uma fundação é sempre considerado uma pessoa que exerce o controlo dessas entidades.

CAPÍTULO V – Regras complementares de comunicação e diligência devida

Artigo 29º – Alteração de circunstâncias

1 – Para efeitos da aplicação das regras de comunicação e diligência previstas no presente anexo, considera-se que uma "Alteração de circunstâncias" abrange:

a) Qualquer alteração que tenha como resultado a inclusão de informações relevantes para o estatuto de uma pessoa ou que de alguma forma colidam com o estatuto dessa pessoa;

b) Qualquer alteração ou inclusão de informações na conta do titular da conta, incluindo a inclusão, substituição, ou outra alteração de um titular da conta, bem como qualquer alteração ou inclusão de informações em qualquer conta associada a essa conta de acordo com o previsto nos artigos 25º a 27º, desde que essa alteração ou inclusão de informações afete o estatuto do titular da conta.

2 – Nos casos em que uma instituição financeira reportante se tenha baseado no teste do endereço de residência a que se refere o nº 1 do artigo 6º, e se verifique uma alteração de circunstâncias em consequência da qual a instituição financeira reportante tenha conhecimento ou motivos para presumir que os documentos comprovativos originais, ou outra documentação equivalente, estão incorretos ou não são fiáveis, a instituição financeira reportante deve obter uma autocertificação e novos documentos comprovativos para determinar a residência ou residências do titular da conta para efeitos fiscais até ao último dia do ano civil ou até 90 dias após a notificação ou deteção dessa alteração de circunstâncias.

3 – Caso a instituição financeira não consiga obter a autocertificação e novos documentos comprovativos até à data prevista no número anterior, deve aplicar o procedimento de pesquisa dos registos eletrónicos previsto nos nºs 7 a 11 do artigo 6º

Artigo 30º – Autocertificação para contas novas de entidades

Para determinar se a pessoa que detém o controlo de uma ENF passiva é uma pessoa a comunicar no âmbito dos procedimentos de diligência relativos a contas novas de entidades, a instituição financeira reportante só pode basear-se numa autocertificação do titular da conta ou da pessoa que detém o controlo.

Artigo 31º – Determinação da residência de uma instituição financeira

1 – No caso de um *trust* (estrutura fiduciária) que seja uma instituição financeira, independentemente de ser ou não residente para efeitos fiscais no território nacional, considera-se que o fundo está sob jurisdição nacional e é uma instituição financeira de Portugal caso um ou mais dos seus *trustee*s (administradores fiduciários) sejam residentes em território nacional, exceto se o *trust* (estrutura fiduciária) comunicar todas as informações exigidas nos termos do presente anexo, no que diz respeito a contas a comunicar mantidas pelo *trust* (estrutura fiduciária), a outro Estado-Membro pelo facto de ser residente para efeitos fiscais nesse outro Estado-Membro.

2 – Considera-se que uma instituição financeira, que não seja um *trust* (estrutura fiduciária) e que não tenha residência fiscal, nomeadamente, por ser considerada fiscalmente transparente, ou por estar situada numa jurisdição que não aplica impostos sobre os rendimentos, está sob a jurisdição nacional e é uma instituição financeira de Portugal, quando se verifique que:

a) Foi constituída ao abrigo do direito nacional;

b) A sua sede ou direção efetiva está situada em território nacional; ou

c) Está sujeita a supervisão financeira em território nacional.

3 – Caso uma instituição financeira, que não seja um *trust* (estrutura fiduciária), seja considerada residente em dois ou mais Estados-Membros, essa instituição financeira fica sujeita às obrigações de comunicação e diligência devida em território nacional, desde que mantenha neste território a conta ou contas financeiras.

Artigo 32º – Manutenção da conta

Para efeitos da aplicação das regras de comunicação e diligência previstas no presente anexo, considera-se que uma conta é mantida por uma instituição financeira nos seguintes casos:

a) Uma conta de custódia, quando é mantida pela instituição financeira que detém a custódia dos ativos na conta, incluindo uma instituição financeira que detenha ativos em nome de corretores por conta do titular da conta nessa instituição;

b) Uma conta de depósito, quando é mantida pela instituição financeira que está obrigada a efetuar pagamentos relativos à conta, excluindo um agente de uma instituição financeira, independentemente de esse agente ser ou não uma instituição financeira;

c) Qualquer participação representativa de capital ou título de dívida de uma instituição financeira que constitua uma conta financeira, quando é mantida por essa instituição financeira;

d) Um contrato de seguro monetizável ou de um contrato de renda, quando é mantida pela instituição financeira que está obrigada a efetuar pagamentos relativos ao contrato.

Artigo 33º – Estruturas fiduciárias que são entidades não financeiras passivas

1 – De acordo com o nº 4 do artigo 4º-G, uma entidade como uma *partnership* (sociedade de pessoas), uma sociedade de responsabilidade limitada ou um instrumento jurídico similar que não tenha residência fiscal é equiparada a residente na jurisdição em que estiver situada a sua direção efetiva.

2 – Para efeitos do disposto no número anterior, uma pessoa coletiva ou instrumento jurídico é considerado "similar" a uma *partnership* (sociedade de pessoas) ou a uma sociedade de responsabilidade limitada quando não seja considerada uma entidade tributável em território nacional ao abrigo dos códigos tributários.

3 – Não obstante o disposto no número anterior, um *trust* (estrutura fiduciária) que seja uma ENF passiva não é considerado um instrumento jurídico similar para efeitos da equiparação a residente.

Artigo 34º – Endereço do estabelecimento principal da entidade

1 – Relativamente a uma entidade, a documentação oficial a que se refere o nº 10 do artigo 4º-H, deve incluir o endereço do estabelecimento principal da entidade no Estado-Membro ou noutra jurisdição em que declare ser residente ou no Estado-Membro ou noutra jurisdição em que a entidade tenha sido constituída ou organizada.

2 – Para efeitos do disposto no número anterior, considera-se que:

a) O endereço do estabelecimento principal da entidade corresponde geralmente ao local em que está situada a sua direção efetiva;

b) O endereço de uma instituição financeira na qual a entidade mantém uma conta, uma caixa postal, ou um endereço utilizado exclusivamente para envio de correspondência não constitui o endereço do estabelecimento principal da entidade a não ser que esse endereço seja o único endereço utilizado pela entidade e figure como endereço registado da entidade nos documentos constitutivos desta;

c) Um endereço que seja fornecido como endereço de posta restante para toda a correspondência não constitui o endereço do estabelecimento principal da entidade.

Artigo 35º – Entrega de declarações em branco

A instituição financeira reportante que não tenha mantido quaisquer contas sujeitas a comunicação durante o ano civil, mantém-se obrigada à apresentação de uma comunicação junto da Autoridade Tributária e Aduaneira, sem o preenchimento dos campos relativos a contas e titulares.

CAPÍTULO VI – Extensão do âmbito dos procedimentos de identificação de contas e de diligência devida a aplicar pelas instituições financeiras

Artigo 36º – Aplicação a titulares residentes noutras jurisdições incluídas no âmbito da Diretiva 2014/107/UE, do Conselho, de 9 de dezembro de 2014

1 – Os procedimentos de identificação de contas e de diligência devida para titulares de contas financeiras com residência em qualquer Estado-Membro, previstos no presente anexo, são aplicados, com as devidas adaptações, a todos os titulares de contas financeiras residentes:

a) Nos territórios dependentes e associados abrangidos pelo Tratado sobre o Funcionamento da União Europeia;

b) Em países ou outros territórios terceiros com os quais a União Europeia tenha celebrado um acordo para implementação da Norma Comum de Comunicação.

2 – Para efeitos do número anterior, todas as referências a "2016" e "2017" constantes do presente anexo devem ser lidas como referências a "2017" e "2018", respetivamente, sempre que sejam estas as datas relevantes previstas no instrumento jurídico da União Europeia celebrado com as jurisdições em causa.

Artigo 37º – Aplicação alargada independentemente da residência

1 – Os procedimentos de identificação de contas e de diligência devida previstos no presente anexo podem ser aplicados pelas instituições financeiras em relação a todos os titulares de contas financeiras por si mantidas independentemente da residência dos respetivos titulares ou beneficiários de modo a que seja por estas recolhida e conservada a informação sobre a

residência dos titulares das contas, ainda que tais contas e titulares possam não ficar abrangidos pela obrigação de comunicação no período em causa.

2 – No âmbito da aplicação alargada a que se refere o número anterior não é aplicável o disposto na alínea *b)* do nº 5 do artigo 1º, no nº 2 do artigo 3º e no artigo 5º sempre que se trate de titulares de contas financeiras com residência noutro Estado-membro.

3 – Após a conclusão dos procedimentos de identificação de contas e de diligência devida, as instituições financeiras devem apenas comunicar à Autoridade Tributária e Aduaneira as informações constantes, relativas aos titulares de contas financeiras qualificáveis como sujeitas a comunicação que sejam residentes nas jurisdições participantes constantes da lista aprovada por portaria[3] do membro do Governo responsável pela área das finanças.

[3] Portaria nº 302-D/2016, de 2 de dezembro, que estabelece as listas das jurisdições participantes, prevista no nº 6 do artigo 2º do Decreto-Lei nº 64/2016, de 11 de outubro.

Parte III
Legislação Complementar

Lei da Proteção de Dados Pessoais

Lei nº 67/98, de 26 de Outubro[1]

(Transpõe para a ordem jurídica portuguesa a Diretiva nº 95/46/CE, do Parlamento Europeu e do Conselho, de 24 de Outubro de 1995, relativa à proteção das pessoas singulares no que diz respeito ao tratamento dos dados pessoais e à livre circulação desses dados.)

Índice sistemático

[1] Contém as alterações efetuadas pela Lei nº 103/2015, de 24 de agosto.

CAPÍTULO I – Disposições gerais

Artigo 1º – Objeto

A presente lei transpõe para a ordem jurídica interna a Diretiva nº 95/46/CE, do Parlamento Europeu e do Conselho, de 24 de Outubro de 1995, relativa à proteção das pessoas singulares no que diz respeito ao tratamento de dados pessoais e à livre circulação desses dados.

Artigo 2º – Princípio geral

O tratamento de dados pessoais deve processar-se de forma transparente e no estrito respeito pela reserva da vida privada, bem como pelos direitos, liberdades e garantias fundamentais.

Artigo 3º – Definições

Para efeitos da presente lei, entende-se por:

a) "Dados pessoais": qualquer informação, de qualquer natureza e independentemente do respetivo suporte, incluindo som e imagem, relativa a uma pessoa singular identificada ou identificável ("titular dos dados"); é considerada identificável a pessoa que possa ser identificada direta ou indiretamente, designadamente por referência a um número de identificação ou a um ou mais elementos específicos da sua identidade física, fisiológica, psíquica, económica, cultural ou social;

b) "Tratamento de dados pessoais" ("tratamento"): qualquer operação ou conjunto de operações sobre dados pessoais, efetuadas com ou sem meios automatizados, tais como a recolha, o registo, a organização, a conservação, a adaptação ou alteração, a recuperação, a consulta, a utilização, a comunicação por transmissão, por difusão ou por qualquer outra forma de colocação à disposição, com comparação ou interconexão, bem como o bloqueio, apagamento ou destruição;

c) "Ficheiro de dados pessoais" ("ficheiro"): qualquer conjunto estruturado de dados pessoais, acessível segundo critérios determinados, quer seja centralizado, descentralizado ou repartido de modo funcional ou geográfico;

d) "Responsável pelo tratamento": a pessoa singular ou coletiva, a autoridade pública, o serviço ou qualquer outro organismo que, individualmente ou em conjunto com outrem, determine as finalidades e os meios de tratamento dos dados pessoais; sempre que as finalidades e os meios do tratamento sejam determinados por disposições legislativas ou regulamentares, o responsável pelo tratamento deve ser indicado na lei de organização e funcionamento ou no estatuto da entidade legal ou estatutariamente competente para tratar os dados pessoais em causa;

e) "Subcontratante": a pessoa singular ou coletiva, a autoridade pública, o serviço ou qualquer outro organismo que trate os dados pessoais por conta do responsável pelo tratamento;

f) "Terceiro": a pessoa singular ou coletiva, a autoridade pública, o serviço ou qualquer outro organismo que, não sendo o titular dos dados, o responsável pelo tratamento, o subcontratante ou outra pessoa sob autoridade direta do responsável pelo tratamento ou do subcontratante, esteja habilitado a tratar os dados;

g) "Destinatário": a pessoa singular ou coletiva, a autoridade pública, o serviço ou qualquer outro organismo a quem sejam comunicados dados pessoais, independentemente de se tratar ou não de um terceiro, sem prejuízo de não serem consideradas destinatários as autoridades a quem sejam comunicados dados no âmbito de uma disposição legal;

h) "Consentimento do titular dos dados": qualquer manifestação de vontade, livre, específica e informada, nos termos da qual o titular aceita que os seus dados pessoais sejam objeto de tratamento;

i) "Interconexão de dados": forma de tratamento que consiste na possibilidade de relacionamento dos dados de um ficheiro com os dados de um ficheiro ou ficheiros mantidos por outro ou outros responsáveis, ou mantidos pelo mesmo responsável com outra finalidade.

Artigo 4º – Âmbito de aplicação

1 – A presente lei aplica-se ao tratamento de dados pessoais por meios total ou parcialmente automatizados, bem como ao tratamento por meios não automatizados de dados pessoais contidos em ficheiros manuais ou a estes destinados.

2 – A presente lei não se aplica ao tratamento de dados pessoais efetuado por pessoa singular no exercício de atividades exclusivamente pessoais ou domésticas.

3 – A presente lei aplica-se ao tratamento de dados pessoais efetuado:

a) No âmbito das atividades de estabelecimento do responsável do tratamento situado em território português;

b) Fora do território nacional, em local onde a legislação portuguesa seja aplicável por força do direito internacional;

c) Por responsável que, não estando estabelecido no território da União Europeia, recorra, para tratamento de dados pessoais, a meios, automatizados ou não, situados no território português, salvo se esses meios só forem utilizados para trânsito através do território da União Europeia.

4 – A presente lei aplica-se à videovigilância e outras formas de captação, tratamento e difusão de sons e imagens que permitam identificar pessoas sempre que o responsável pelo tratamento esteja domiciliado ou sediado em Portugal ou utilize um fornecedor de acesso a redes informáticas e telemáticas estabelecido em território português.

5 – No caso referido na alínea *c)* do nº 3, o responsável pelo tratamento deve designar, mediante comunicação à Comissão Nacional de Proteção de Dados (CNPD), um representante estabelecido em Portugal, que se lhe substitua em todos os seus direitos e obrigações, sem prejuízo da sua própria responsabilidade.

6 – O disposto no número anterior aplica-se no caso de o responsável pelo tratamento estar abrangido por estatuto de extraterritorialidade, de imunidade ou por qualquer outro que impeça o procedimento criminal.

7 – A presente lei aplica-se ao tratamento de dados pessoais que tenham por objetivo a segurança pública, a defesa nacional e a segurança do Estado, sem prejuízo do disposto em normas especiais constantes de instrumentos de direito internacional a que Portugal se vincule e de legislação específica atinente aos respetivos sectores.

CAPÍTULO II – Tratamento de dados pessoais

SECÇÃO I – Qualidade dos dados e legitimidade do seu tratamento

Artigo 5º – Qualidade dos dados

1 – Os dados pessoais devem ser:

a) Tratados de forma lícita e com respeito pelo princípio da boa fé;

b) Recolhidos para finalidades determinadas, explícitas e legítimas, não podendo ser posteriormente tratados de forma incompatível com essas finalidades;

c) Adequados, pertinentes e não excessivos relativamente às finalidades para que são recolhidos e posteriormente tratados;

d) Exatos e, se necessário, atualizados, devendo ser tomadas as medidas adequadas para assegurar que sejam apagados ou retificados os dados inexatos ou incompletos, tendo em conta as finalidades para que foram recolhidos ou para que são tratados posteriormente;

e) Conservados de forma a permitir a identificação dos seus titulares apenas durante o período necessário para a prossecução das finalidades da recolha ou do tratamento posterior.

2 – Mediante requerimento do responsável pelo tratamento, e caso haja interesse legítimo, a CNPD pode autorizar a conservação de dados para fins históricos, estatísticos ou científicos por período superior ao referido na alínea *e)* do número anterior.

3 – Cabe ao responsável pelo tratamento assegurar a observância do disposto nos números anteriores.

Artigo 6º – Condições de legitimidade do tratamento de dados

O tratamento de dados pessoais só pode ser efetuado se o seu titular tiver dado de forma inequívoca o seu consentimento ou se o tratamento for necessário para:

a) Execução de contrato ou contratos em que o titular dos dados seja parte ou de diligências prévias à formação do contrato ou declaração da vontade negocial efetuadas a seu pedido;

b) Cumprimento de obrigação legal a que o responsável pelo tratamento esteja sujeito;

c) Proteção de interesses vitais do titular dos dados, se este estiver física ou legalmente incapaz de dar o seu consentimento;

d) Execução de uma missão de interesse público ou no exercício de autoridade pública em que esteja investido o responsável pelo tratamento ou um terceiro a quem os dados sejam comunicados;

e) Prossecução de interesses legítimos do responsável pelo tratamento ou de terceiro a quem os dados sejam comunicados, desde que não devam prevalecer os interesses ou os direitos, liberdades e garantias do titular dos dados.

Artigo 7º – Tratamento de dados sensíveis

1 – É proibido o tratamento de dados pessoais referentes a convicções filosóficas ou políticas, filiação partidária ou sindical, fé religiosa, vida privada e origem racial ou étnica, bem como o tratamento de dados relativos à saúde e à vida sexual, incluindo os dados genéticos.

2 – Mediante disposição legal ou autorização da CNPD, pode ser permitido o tratamento dos dados referidos no número anterior quando por motivos de interesse público importante esse tratamento for indispensável ao exercício das atribuições legais ou estatutárias do seu responsável, ou quando o titular dos dados tiver dado o seu consentimento expresso para esse tratamento, em ambos os casos com garantias de não discriminação e com as medidas de segurança previstas no artigo 15º

3 – O tratamento dos dados referidos no nº 1 é ainda permitido quando se verificar uma das seguintes condições:

a) Ser necessário para proteger interesses vitais do titular dos dados ou de uma outra pessoa e o titular dos dados estiver física ou legalmente incapaz de dar o seu consentimento;

b) Ser efetuado, com o consentimento do titular, por fundação, associação ou organismo sem fins lucrativos de carácter político, filosófico, religioso ou sindical, no âmbito das suas atividades legítimas, sob condição de o tratamento respeitar apenas aos membros desse organismo ou às pessoas que com ele mantenham contatos periódicos ligados às suas finalidades, e de os dados não serem comunicados a terceiros sem consentimento dos seus titulares;

c) Dizer respeito a dados manifestamente tornados públicos pelo seu titular, desde que se possa legitimamente deduzir das suas declarações o consentimento para o tratamento dos mesmos;

d) Ser necessário à declaração, exercício ou defesa de um direito em processo judicial e for efetuado exclusivamente com essa finalidade.

4 – O tratamento dos dados referentes à saúde e à vida sexual, incluindo os dados genéticos, é permitido quando for necessário para efeitos de medicina preventiva, de diagnóstico médico, de prestação de cuidados ou tratamentos médicos ou de gestão de serviços de saúde, desde que o tratamento desses dados seja efetuado por um profissional de saúde obrigado a sigilo ou por outra pessoa sujeita igualmente a segredo profissional, seja notificado à CNPD, nos termos do artigo 27º, e sejam garantidas medidas adequadas de segurança da informação.

Artigo 8º – Suspeitas de atividades ilícitas, infrações penais e contraordenações

1 – A criação e a manutenção de registos centrais relativos a pessoas suspeitas de atividades ilícitas, infrações penais, contraordenações e decisões que apliquem penas, medidas de segurança, coimas e sanções acessórias só podem ser mantidas por serviços públicos com competência específica prevista na respetiva lei de organização e funcionamento, observando normas procedimentais e de Proteção de dados previstas em diploma legal, com prévio parecer da CNPD.

2 – O tratamento de dados pessoais relativos a suspeitas de atividades ilícitas, infrações penais, contraordenações e decisões que apliquem penas, medidas de segurança, coimas e sanções acessórias pode ser autorizado pela CNPD, observadas as normas de Proteção de dados e de segurança da informação, quando tal tratamento for necessário à execução de finalidades legítimas do seu responsável, desde que não prevaleçam os direitos, liberdades e garantias do titular dos dados.

3 – O tratamento de dados pessoais para fins de investigação policial deve limitar-se ao necessário para a prevenção de um perigo concreto ou repressão de uma infração determinada, para o exercício de competências previstas no respetivo estatuto orgânico ou noutra disposição legal e ainda nos termos de acordo ou convenção internacional de que Portugal seja parte.

Artigo 9º – Interconexão de dados pessoais

1 – A interconexão de dados pessoais que não esteja prevista em disposição legal está sujeita a autorização da CNPD solicitada pelo responsável ou em conjunto pelos correspondentes responsáveis dos tratamentos, nos termos previstos no artigo 27º

2 – A interconexão de dados pessoais deve ser adequada à prossecução das finalidades legais ou estatutárias e de interesses legítimos dos responsáveis dos tratamentos, não implicar discriminação ou diminuição dos direitos, liberdades e garantias dos titulares dos dados, ser rodeada de adequadas medidas de segurança e ter em conta o tipo de dados objeto de interconexão.

SECÇÃO II – Direitos do titular dos dados

Artigo 10º – Direito de informação

1 – Quando recolher dados pessoais diretamente do seu titular, o responsável pelo tratamento ou o seu representante deve prestar-lhe, salvo se já dele forem conhecidas, as seguintes informações:

a) Identidade do responsável pelo tratamento e, se for caso disso, do seu representante;

b) Finalidades do tratamento;

c) Outras informações, tais como:

Os destinatários ou categorias de destinatários dos dados;

O carácter obrigatório ou facultativo da resposta, bem como as possíveis consequências se não responder;

A existência e as condições do direito de acesso e de retificação, desde que sejam necessárias, tendo em conta as circunstâncias específicas da recolha dos dados, para garantir ao seu titular um tratamento leal dos mesmos.

2 – Os documentos que sirvam de base à recolha de dados pessoais devem conter as informações constantes do número anterior.

3 – Se os dados não forem recolhidos junto do seu titular, e salvo se dele já forem conhecidas, o responsável pelo tratamento, ou o seu representante, deve prestar-lhe as informações previstas no nº 1 no momento do registo dos dados ou, se estiver prevista a comunicação a terceiros, o mais tardar aquando da primeira comunicação desses dados.

4 – No caso de recolha de dados em redes abertas, o titular dos dados deve ser informado, salvo se disso já tiver conhecimento, de que os seus dados pessoais podem circular na rede sem condições de segurança, correndo o risco de serem vistos e utilizados por terceiros não autorizados.

5 – A obrigação de informação pode ser dispensada, mediante disposição legal ou deliberação da CNPD, por motivos de segurança do Estado e prevenção ou investigação criminal, e, bem assim, quando, nomeadamente no caso do tratamento de dados com finalidades estatísticas, históricas ou de investigação científica, a informação do titular dos dados se revelar impossível ou implicar esforços desproporcionados ou ainda quando a lei determinar expressamente o registo dos dados ou a sua divulgação.

6 – A obrigação de informação, nos termos previstos no presente artigo, não se aplica ao tratamento de dados efetuado para fins exclusivamente jornalísticos ou de expressão artística ou literária.

Artigo 11º – Direito de acesso

1 – O titular dos dados tem o direito de obter do responsável pelo tratamento, livremente e sem restrições, com periodicidade razoável e sem demoras ou custos excessivos:

a) A confirmação de serem ou não tratados dados que lhe digam respeito, bem como informação sobre as finalidades desse tratamento, as categorias de dados sobre que incide e os destinatários ou categorias de destinatários a quem são comunicados os dados;

b) A comunicação, sob forma inteligível, dos seus dados sujeitos a tratamento e de quaisquer informações disponíveis sobre a origem desses dados;

c) O conhecimento da lógica subjacente ao tratamento automatizado dos dados que lhe digam respeito;

d) A retificação, o apagamento ou o bloqueio dos dados cujo tratamento não cumpra o disposto na presente lei, nomeadamente devido ao carácter incompleto ou inexato desses dados;

e) A notificação aos terceiros a quem os dados tenham sido comunicados de qualquer retificação, apagamento ou bloqueio efetuado nos termos da alínea d), salvo se isso for comprovadamente impossível.

2 – No caso de tratamento de dados pessoais relativos à segurança do Estado e à prevenção ou investigação criminal, o direito de acesso é exercido através da CNPD ou de outra autoridade independente a quem a lei atribua a verificação do cumprimento da legislação de Proteção de dados pessoais.

3 – No caso previsto no nº 6 do artigo anterior, o direito de acesso é exercido através da CNPD com salvaguarda das normas constitucionais aplicáveis, designadamente as que garantem a liberdade de expressão e informação, a liberdade de imprensa e a independência e sigilo profissionais dos jornalistas.

4 – Nos casos previstos nos nºs 2 e 3, se a comunicação dos dados ao seu titular puder prejudicar a segurança do Estado, a prevenção ou a investigação criminal ou ainda a liberdade de expressão e informação ou a liberdade de imprensa, a CNPD limita-se a informar o titular dos dados das diligências efetuadas.

5 – O direito de acesso à informação relativa a dados da saúde, incluindo os dados genéticos, é exercido por intermédio de médico escolhido pelo titular dos dados.

6 – No caso de os dados não serem utilizados para tomar medidas ou decisões em relação a pessoas determinadas, a lei pode restringir o direito de acesso nos casos em que manifestamente não exista qualquer perigo de violação dos direitos, liberdades e garantias do titular dos dados, designadamente do direito à vida privada, e os referidos dados forem exclusivamente utilizados para fins de investigação científica ou conservados sob forma de dados pessoais durante um período que não exceda o necessário à finalidade exclusiva de elaborar estatísticas.

Artigo 12º – Direito de oposição do titular dos dados

O titular dos dados tem o direito de:

a) Salvo disposição legal em contrário, e pelo menos nos casos referidos nas alíneas *d)* e

e) do artigo 6º, se opor em qualquer altura, por razões ponderosas e legítimas relacionadas com a sua situação particular, a que os dados que lhe digam respeito sejam objeto de tratamento, devendo, em caso de oposição justificada, o tratamento efetuado pelo responsável deixar de poder incidir sobre esses dados;

b) Se opor, a seu pedido e gratuitamente, ao tratamento dos dados pessoais que lhe digam respeito previsto pelo responsável pelo tratamento para efeitos de marketing direto ou qualquer outra forma de prospeção, ou de ser informado, antes de os dados pessoais serem comunicados pela primeira vez a terceiros para fins de marketing direto ou utilizados por conta de terceiros, e de lhe ser expressamente facultado o direito de se opor, sem despesas, a tais comunicações ou utilizações.

Artigo 13º – Decisões individuais automatizadas

1 – Qualquer pessoa tem o direito de não ficar sujeita a uma decisão que produza efeitos na sua esfera jurídica ou que a afete de modo significativo, tomada exclusivamente com base num tratamento automatizado de dados destinado a avaliar determinados aspetos da sua personalidade, designadamente a sua capacidade profissional, o seu crédito, a confiança de que é merecedora ou o seu comportamento.

2 – Sem prejuízo do cumprimento das restantes disposições da presente lei, uma pessoa pode ficar sujeita a uma decisão tomada nos termos do nº 1, desde que tal ocorra no âmbito da celebração ou da execução de um contrato, e sob condição de o seu pedido de celebração ou execução do contrato ter sido satisfeito, ou de existirem medidas adequadas que garantam a defesa dos seus interesses legítimos, designadamente o seu direito de representação e expressão.

3 – Pode ainda ser permitida a tomada de uma decisão nos termos do nº 1 quando a CNPD o autorize, definindo medidas de garantia da defesa dos interesses legítimos do titular dos dados.

SECÇÃO III – Segurança e confidencialidade do tratamento

Artigo 14º – Segurança do tratamento

1 – O responsável pelo tratamento deve pôr em prática as medidas técnicas e organizativas adequadas para proteger os dados pessoais contra a destruição, acidental ou ilícita, a perda acidental, a alteração, a difusão ou o acesso não autorizados, nomeadamente quando o tratamento implicar a sua transmissão por rede, e contra qualquer outra forma de tratamento ilícito; estas medidas devem assegurar, atendendo aos conhecimentos técnicos disponíveis e aos custos resultantes da sua aplicação, um nível de segurança adequado em relação aos riscos que o tratamento apresenta e à natureza dos dados a proteger.

2 – O responsável pelo tratamento, em caso de tratamento por sua conta, deverá escolher um subcontratante que ofereça garantias suficientes em relação às medidas de segurança técnica e de organização do tratamento a efetuar, e deverá zelar pelo cumprimento dessas medidas.

3 – A realização de operações de tratamento em subcontratação deve ser regida por um contrato ou ato jurídico que vincule o subcontratante ao responsável pelo tratamento e que estipule, designadamente, que o subcon-

tratante apenas atua mediante instruções do responsável pelo tratamento e que lhe incumbe igualmente o cumprimento das obrigações referidas no nº 1.

4 – Os elementos de prova da declaração negocial, do contrato ou do ato jurídico relativos à Proteção dos dados, bem como as exigências relativas às medidas referidas no nº 1, são consignados por escrito em documento em suporte com valor probatório legalmente reconhecido.

Artigo 15º – Medidas especiais de segurança

1 – Os responsáveis pelo tratamento dos dados referidos no nº 2 do artigo 7º e no nº 1 do artigo 8º devem tomar as medidas adequadas para:

a) Impedir o acesso de pessoa não autorizada às instalações utilizadas para o tratamento desses dados (controlo da entrada nas instalações);

b) Impedir que suportes de dados possam ser lidos, copiados, alterados ou retirados por pessoa não autorizada (controlo dos suportes de dados);

c) Impedir a introdução não autorizada, bem como a tomada de conhecimento, a alteração ou a eliminação não autorizadas de dados pessoais inseridos (controlo da inserção);

d) Impedir que sistemas de tratamento automatizados de dados possam ser utilizados por pessoas não autorizadas através de instalações de transmissão de dados (controlo da utilização);

e) Garantir que as pessoas autorizadas só possam ter acesso aos dados abrangidos pela autorização (controlo de acesso);

f) Garantir a verificação das entidades a quem possam ser transmitidos os dados pessoais através das instalações de transmissão de dados (controlo da transmissão);

g) Garantir que possa verificar-se *a posteriori*, em prazo adequado à natureza do tratamento, a fixar na regulamentação aplicável a cada sector, quais os dados pessoais introduzidos quando e por quem (controlo da introdução);

h) Impedir que, na transmissão de dados pessoais, bem como no transporte do seu suporte, os dados possam ser lidos, copiados, alterados ou eliminados de forma não autorizada (controlo do transporte).

2 – Tendo em conta a natureza das entidades responsáveis pelo tratamento e o tipo das instalações em que é efetuado, a CNPD pode dispensar a existência de certas medidas de segurança, garantido que se mostre o respeito pelos direitos, liberdades e garantias dos titulares dos dados.

3 – Os sistemas devem garantir a separação lógica entre os dados referentes à saúde e à vida sexual, incluindo os genéticos, dos restantes dados pessoais.

4 – A CNPD pode determinar que, nos casos em que a circulação em rede de dados pessoais referidos nos artigos 7º e 8º possa pôr em risco direitos, liberdades e garantias dos respetivos titulares, a transmissão seja cifrada.

Artigo 16º – Tratamento por subcontratante

Qualquer pessoa que, agindo sob a autoridade do responsável pelo tratamento ou do subcontratante, bem como o próprio subcontratante, tenha acesso a dados pessoais não pode proceder ao seu tratamento sem instruções do responsável pelo tratamento, salvo por força de obrigações legais.

Artigo 17º – Sigilo profissional

1 – Os responsáveis do tratamento de dados pessoais, bem como as pessoas que, no exercício das suas funções, tenham conhecimento dos dados pessoais tratados, ficam obrigados a sigilo profissional, mesmo após o termo das suas funções.

2 – Igual obrigação recai sobre os membros da CNPD, mesmo após o termo do mandato.

3 – O disposto nos números anteriores não exclui o dever do fornecimento das informações obrigatórias, nos termos legais, exceto quando constem de ficheiros organizados para fins estatísticos.

4 – Os funcionários, agentes ou técnicos que exerçam funções de assessoria à CNPD ou aos seus vogais estão sujeitos à mesma obrigação de sigilo profissional.

CAPÍTULO III – Transferência de dados pessoais

SECÇÃO I – Transferência de dados pessoais na União Europeia

Artigo 18º – Princípio

É livre a circulação de dados pessoais entre Estados membros da União Europeia, sem prejuízo do disposto nos atos comunitários de natureza fiscal e aduaneira.

SECÇÃO II - Transferência de dados pessoais para fora da União Europeia

Artigo 19º - Princípios

1 - Sem prejuízo do disposto no artigo seguinte, a transferência, para um Estado que não pertença à União Europeia, de dados pessoais que sejam objeto de tratamento ou que se destinem a sê-lo só pode realizar-se com o respeito das disposições da presente lei e se o Estado para onde são transferidos assegurar um nível de Proteção adequado.

2 - A adequação do nível de Proteção num Estado que não pertença à União Europeia é apreciada em função de todas as circunstâncias que rodeiem a transferência ou o conjunto de transferências de dados; em especial, devem ser tidas em consideração a natureza dos dados, a finalidade e a duração do tratamento ou tratamentos projetados, os países de origem e de destino final, as regras de direito, gerais ou sectoriais, em vigor no Estado em causa, bem como as regras profissionais e as medidas de segurança que são respeitadas nesse Estado.

3 - Cabe à CNPD decidir se um Estado que não pertença à União Europeia assegura um nível de Proteção adequado.

4 - A CNPD comunica, através do Ministério dos Negócios Estrangeiros, à Comissão Europeia os casos em que tenha considerado que um Estado não assegura um nível de Proteção adequado.

5 - Não é permitida a transferência de dados pessoais de natureza idêntica aos que a Comissão Europeia tiver considerado que não gozam de Proteção adequada no Estado a que se destinam.

Artigo 20º - Derrogações

1 - A transferência de dados pessoais para um Estado que não assegure um nível de Proteção adequado na aceção do nº 2 do artigo 19º pode ser permitida pela CNPD se o titular dos dados tiver dado de forma inequívoca o seu consentimento à transferência ou se essa transferência:

a) For necessária para a execução de um contrato entre o titular dos dados e o responsável pelo tratamento ou de diligências prévias à formação do contrato decididas a pedido do titular dos dados;

b) For necessária para a execução ou celebração de um contrato celebrado ou a celebrar, no interesse do titular dos dados, entre o responsável pelo tratamento e um terceiro; ou

c) For necessária ou legalmente exigida para a Proteção de um interesse público importante, ou para a declaração, o exercício ou a defesa de um direito num processo judicial; ou *d)* For necessária para proteger os interesses vitais do titular dos dados; ou

e) For realizada a partir de um registo público que, nos termos de disposições legislativas ou regulamentares, se destine à informação do público e se encontre aberto à consulta do público em geral ou de qualquer pessoa que possa provar um interesse legítimo, desde que as condições estabelecidas na lei para a consulta sejam cumpridas no caso concreto.

2 – Sem prejuízo do disposto no nº 1, a CNPD pode autorizar uma transferência ou um conjunto de transferências de dados pessoais para um Estado que não assegure um nível de Proteção adequado na aceção do nº 2 do artigo 19º desde que o responsável pelo tratamento assegure mecanismos suficientes de garantia de Proteção da vida privada e dos direitos e liberdades fundamentais das pessoas, bem como do seu exercício, designadamente, mediante cláusulas contratuais adequadas.

3 – A CNPD informa a Comissão Europeia, através do Ministério dos Negócios Estrangeiros, bem como as autoridades competentes dos restantes Estados da União Europeia, das autorizações que conceder nos termos do nº 2.

4 – A concessão ou derrogação das autorizações previstas no nº 2 efetua-se pela CNPD nos termos de processo próprio e de acordo com as decisões da Comissão Europeia.

5 – Sempre que existam cláusulas contratuais tipo aprovadas pela Comissão Europeia, segundo procedimento próprio, por oferecerem as garantias suficientes referidas no nº 2, a CNPD autoriza a transferência de dados pessoais que se efetue ao abrigo de tais cláusulas.

6 – A transferência de dados pessoais que constitua medida necessária à Proteção da segurança do Estado, da defesa, da segurança pública e da prevenção, investigação e repressão das infrações penais é regida por disposições legais específicas ou pelas convenções e acordos internacionais em que Portugal é parte.

CAPÍTULO IV – Comissão Nacional de Proteção de Dados

SECÇÃO I – Natureza, atribuições e competências

Artigo 21º – Natureza

1 – A CNPD é uma entidade administrativa independente, com poderes de autoridade, que funciona junto da Assembleia da República.

2 – A CNPD, independentemente do direito nacional aplicável a cada tratamento de dados em concreto, exerce as suas competências em todo o território nacional.

3 – A CNPD pode ser solicitada a exercer os seus poderes por uma autoridade de controlo de Proteção de dados de outro Estado membro da União Europeia ou do Conselho da Europa.

4 – A CNPD coopera com as autoridades de controlo de Proteção de dados de outros Estados na difusão do direito e das regulamentações nacionais em matéria de Proteção de dados pessoais, bem como na defesa e no exercício dos direitos de pessoas residentes no estrangeiro.

Artigo 22º – Atribuições

1 – A CNPD é a autoridade nacional que tem como atribuição controlar e fiscalizar o cumprimento das disposições legais e regulamentares em matéria de Proteção de dados pessoais, em rigoroso respeito pelos direitos do homem e pelas liberdades e garantias consagradas na Constituição e na lei.

2 – A CNPD deve ser consultada sobre quaisquer disposições legais, bem como sobre Instrumentos jurídicos em preparação em instituições comunitárias ou internacionais, relativos ao tratamento de dados pessoais.

3 – A CNPD dispõe:

a) De poderes de investigação e de inquérito, podendo aceder aos dados objeto de tratamento e recolher todas as informações necessárias ao desempenho das suas funções de controlo;

b) De poderes de autoridade, designadamente o de ordenar o bloqueio, apagamento ou destruição dos dados, bem como o de proibir, temporária ou definitivamente, o tratamento de dados pessoais, ainda que incluídos em redes abertas de transmissão de dados a partir de servidores situados em território português;

c) Do poder de emitir pareceres prévios ao tratamento de dados pessoais, assegurando a sua publicitação.

4 – Em caso de reiterado não cumprimento das disposições legais em matéria de dados pessoais, a CNPD pode advertir ou censurar publicamente o responsável pelo tratamento, bem como suscitar a questão, de acordo com as respetivas competências, à Assembleia da República, ao Governo ou a outros órgãos ou autoridades.

5 – A CNPD tem legitimidade para intervir em processos judiciais no caso de violação das disposições da presente lei e deve denunciar ao Ministério Público as infrações penais de que tiver conhecimento, no exercício

das suas funções e por causa delas, bem como praticar os atos cautelares necessários e urgentes para assegurar os meios de prova.

6 – A CNPD é representada em juízo pelo Ministério Público e está isenta de custas nos processos em que intervenha.

Artigo 23º – Competências

1 – Compete em especial à CNPD:

a) Emitir parecer sobre disposições legais, bem como sobre instrumentos jurídicos em preparação em instituições comunitárias e internacionais, relativos ao tratamento de dados pessoais;

b) Autorizar ou registar, consoante os casos, os tratamentos de dados pessoais;

c) Autorizar excecionalmente a utilização de dados pessoais para finalidades não determinantes da recolha, com respeito pelos princípios definidos no artigo 5º;

d) Autorizar, nos casos previstos no artigo 9º, a interconexão de tratamentos automatizados de dados pessoais;

e) Autorizar a transferência de dados pessoais nos casos previstos no artigo 20º;

f) Fixar o tempo da conservação dos dados pessoais em função da finalidade, podendo emitir diretivas para determinados sectores de atividade;

g) Fazer assegurar o direito de acesso à informação, bem como do exercício do direito de retificação e atualização;

h) Autorizar a fixação de custos ou de periodicidade para o exercício do direito de acesso, bem como fixar os prazos máximos de cumprimento, em cada sector de atividade, das obrigações que, por força dos artigos 11º a 13º, incumbem aos responsáveis pelo tratamento de dados pessoais;

i) Dar seguimento ao pedido efetuado por qualquer pessoa, ou por associação que a represente, para Proteção dos seus direitos e liberdades no que diz respeito ao tratamento de dados pessoais e informá-la do resultado;

j) Efetuar, a pedido de qualquer pessoa, a verificação de licitude de um tratamento de dados, sempre que esse tratamento esteja sujeito a restrições de acesso ou de informação, e informá-la da realização da verificação;

k) Apreciar as reclamações, queixas ou petições dos particulares;

l) Dispensar a execução de medidas de segurança, nos termos previstos no nº 2 do artigo 15º, podendo emitir diretivas para determinados sectores de atividade;

m) Assegurar a representação junto de instâncias comuns de controlo e em reuniões comunitárias e internacionais de entidades independentes de controlo da Proteção de dados pessoais, bem como participar em reuniões internacionais no âmbito das suas competências, designadamente exercer funções de representação e fiscalização no âmbito dos sistemas Schengen e Europol, nos termos das disposições aplicáveis;

n) Deliberar sobre a aplicação de coimas;

o) Promover e apreciar códigos de conduta;

p) Promover a divulgação e esclarecimento dos direitos relativos à Proteção de dados e dar publicidade periódica à sua atividade, nomeadamente através da publicação de um relatório anual;

q) Exercer outras competências legalmente previstas.

2 – No exercício das suas competências de emissão de diretivas ou de apreciação de códigos de conduta, a CNPD deve promover a audição das associações de defesa dos interesses em causa.

3 – No exercício das suas funções, a CNPD profere decisões com força obrigatória, passíveis de reclamação e de recurso para o Tribunal Central Administrativo.

4 – A CNPD pode sugerir à Assembleia da República as providências que entender úteis à prossecução das suas atribuições e ao exercício das suas competências.

Artigo 24º – Dever de colaboração

1 – As entidades públicas e privadas devem prestar a sua colaboração à CNPD, facultando- lhe todas as informações que por esta, no exercício das suas competências, lhes forem solicitadas.

2 – O dever de colaboração é assegurado, designadamente, quando a CNPD tiver necessidade, para o cabal exercício das suas funções, de examinar o sistema informático e os ficheiros de dados pessoais, bem como toda a documentação relativa ao tratamento e transmissão de dados pessoais.

3 – A CNPD ou os seus vogais, bem como os técnicos por ela mandatados, têm direito de acesso aos sistemas informáticos que sirvam de suporte ao tratamento dos dados, bem como à documentação referida no número anterior, no âmbito das suas atribuições e competências.

SECÇÃO II – Composição e funcionamento

Artigo 25º – Composição e mandato

1 – A CNPD é composta por sete membros de integridade e mérito reconhecidos, dos quais o presidente e dois dos vogais são eleitos pela Assembleia da República segundo o método da média mais alta de Hondt.

2 – Os restantes vogais são:

a) Dois magistrados com mais de 10 anos de carreira, sendo um magistrado judicial, designado pelo Conselho Superior da Magistratura, e um magistrado do Ministério Público, designado pelo Conselho Superior do Ministério Público;

b) Duas personalidades de reconhecida competência designadas pelo Governo.

3 – O mandato dos membros da CNPD é de cinco anos e cessa com a posse dos novos membros.

4 – Os membros da CNPD constam de lista publicada na 1ª série do Diário da República.

5 – Os membros da CNPD tomam posse perante o Presidente da Assembleia da República nos 10 dias seguintes à publicação da lista referida no número anterior.

Artigo 26º – Funcionamento

1 – São aprovados por lei da Assembleia da República:

a) A lei orgânica e o quadro de pessoal da CNPD;

b) O regime de incompatibilidades, de impedimentos, de suspeições e de perda de mandato, bem como o estatuto remuneratório dos membros da CNPD.

2 – O estatuto dos membros da CNPD garante a independência do exercício das suas funções.

3 – A Comissão dispõe de quadro próprio para apoio técnico e administrativo, beneficiando os seus funcionários e agentes do estatuto e regalias do pessoal da Assembleia da República.

SECÇÃO III – Notificação

Artigo 27º – Obrigação de notificação à CNPD

1 – O responsável pelo tratamento ou, se for caso disso, o seu representante deve notificar a CNPD antes da realização de um tratamento ou con-

junto de tratamentos, total ou parcialmente automatizados, destinados à prossecução de uma ou mais finalidades interligadas.

2 – A CNPD pode autorizar a simplificação ou a isenção da notificação para determinadas categorias de tratamentos que, atendendo aos dados a tratar, não sejam suscetíveis de pôr em causa os direitos e liberdades dos titulares dos dados e tenham em conta critérios de celeridade, economia e eficiência.

3 – A autorização, que está sujeita a publicação no Diário da República, deve especificar as finalidades do tratamento, os dados ou categorias de dados a tratar, a categoria ou categorias de titulares dos dados, os destinatários ou categorias de destinatários a quem podem ser comunicados os dados e o período de conservação dos dados.

4 – Estão isentos de notificação os tratamentos cuja única finalidade seja a manutenção de registos que, nos termos de disposições legislativas ou regulamentares, se destinem a informação do público e possam ser consultados pelo público em geral ou por qualquer pessoa que provar um interesse legítimo.

5 – Os tratamentos não automatizados dos dados pessoais previstos no nº 1 do artigo 7º estão sujeitos a notificação quando tratados ao abrigo da alínea *a)* do nº 3 do mesmo artigo.

Artigo 28º – Controlo prévio

1 – Carecem de autorização da CNPD:

a) O tratamento dos dados pessoais a que se referem o nº 2 do artigo 7º e o nº 2 do artigo 8º;

b) O tratamento dos dados pessoais relativos ao crédito e à solvabilidade dos seus titulares;

c) A interconexão de dados pessoais prevista no artigo 9º;

d) A utilização de dados pessoais para fins não determinantes da recolha.

2 – Os tratamentos a que se refere o número anterior podem ser autorizados por diploma legal, não carecendo neste caso de autorização da CNPD.

Artigo 29º – Conteúdo dos pedidos de parecer ou de autorização e da notificação

Os pedidos de parecer ou de autorização, bem como as notificações, remetidos à CNPD devem conter as seguintes informações:

a) Nome e endereço do responsável pelo tratamento e, se for o caso, do seu representante;

b) As finalidades do tratamento;

c) Descrição da ou das categorias de titulares dos dados e dos dados ou categorias de dados pessoais que lhes respeitem;

d) Destinatários ou categorias de destinatários a quem os dados podem ser comunicados e em que condições;

e) Entidade encarregada do processamento da informação, se não for o próprio responsável do tratamento;

f) Eventuais interconexões de tratamentos de dados pessoais;

g) Tempo de conservação dos dados pessoais;

h) Forma e condições como os titulares dos dados podem ter conhecimento ou fazer corrigir os dados pessoais que lhes respeitem;

i) Transferências de dados previstas para países terceiros;

j) Descrição geral que permita avaliar de forma preliminar a adequação das medidas tomadas para garantir a segurança do tratamento em aplicação dos artigos 14º e 15º

Artigo 30º – Indicações obrigatórias

1 – Os diplomas legais referidos no nº 2 do artigo 7º e no nº 1 do artigo 8º, bem como as autorizações da CNPD e os registos de tratamentos de dados pessoais, devem, pelo menos, indicar:

a) O responsável do ficheiro e, se for caso disso, o seu representante;

b) As categorias de dados pessoais tratados;

c) As finalidades a que se destinam os dados e as categorias de entidades a quem podem ser transmitidos;

d) A forma de exercício do direito de acesso e de retificação;

e) Eventuais interconexões de tratamentos de dados pessoais;

f) Transferências de dados previstas para países terceiros.

2 – Qualquer alteração das indicações constantes do nº 1 está sujeita aos procedimentos previstos nos artigos 27º e 28º.

Artigo 31º – Publicidade dos tratamentos

1 – O tratamento dos dados pessoais, quando não for objeto de diploma legal e dever ser autorizado ou notificado, consta de registo na CNPD, aberto à consulta por qualquer pessoa.

2 – O registo contém as informações enumeradas nas alíneas *a)* a *d)* e *i)* do artigo 29º

3 – O responsável por tratamento de dados não sujeito a notificação está obrigado a prestar, de forma adequada, a qualquer pessoa que lho solicite, pelo menos as informações referidas no nº 1 do artigo 30º

4 – O disposto no presente artigo não se aplica a tratamentos cuja única finalidade seja a manutenção de registos que, nos termos de disposições legislativas ou regulamentares, se destinem à informação do público e se encontrem abertos à consulta do público em geral ou de qualquer pessoa que possa provar um interesse legítimo.

5 – A CNPD deve publicar no seu relatório anual todos os pareceres e autorizações elaborados ou concedidas ao abrigo da presente lei, designadamente as autorizações previstas no nº 2 do artigo 7º e no nº 2 do artigo 9º

CAPÍTULO V – Códigos de conduta

Artigo 32º – Códigos de conduta

1 – A CNPD apoia a elaboração de códigos de conduta destinados a contribuir, em função das características dos diferentes sectores, para a boa execução das disposições da presente lei.

2 – As associações profissionais e outras organizações representativas de categorias de responsáveis pelo tratamento de dados que tenham elaborado projetos de códigos de conduta podem submetê-los à apreciação da CNPD.

3 – A CNPD pode declarar a conformidade dos projetos com as disposições legais e regulamentares vigentes em matéria de Proteção de dados pessoais.

CAPÍTULO VI – Tutela administrativa e jurisdicional

SECÇÃO I – Tutela administrativa e jurisdicional

Artigo 33º – Tutela administrativa e jurisdicional

Sem prejuízo do direito de apresentação de queixa à CNPD, qualquer pessoa pode, nos termos da lei, recorrer a meios administrativos ou jurisdicionais para garantir o cumprimento das disposições legais em matéria de Proteção de dados pessoais.

Artigo 34º – Responsabilidade civil

1 – Qualquer pessoa que tiver sofrido um prejuízo devido ao tratamento ilícito de dados ou a qualquer outro ato que viole disposições legais em matéria de Proteção de dados pessoais tem o direito de obter do responsável a reparação pelo prejuízo sofrido.

2 – O responsável pelo tratamento pode ser parcial ou totalmente exonerado desta responsabilidade se provar que o fato que causou o dano lhe não é imputável.

SECÇÃO II – Contraordenações

Artigo 35º – Legislação subsidiária

Às infrações previstas na presente secção é subsidiariamente aplicável o regime geral das contraordenações, com as adaptações constantes dos artigos seguintes.

Artigo 36º – Cumprimento do dever omitido

Sempre que a contraordenação resulte de omissão de um dever, a aplicação da sanção e o pagamento da coima não dispensam o infrator do seu cumprimento, se este ainda for possível.

Artigo 37º – Omissão ou defeituoso cumprimento de obrigações

1 – As entidades que, por negligência, não cumpram a obrigação de notificação à CNPD do tratamento de dados pessoais a que se referem os nºs 1 e 5 do artigo 27º, prestem falsas informações ou cumpram a obrigação de notificação com inobservância dos termos previstos no artigo 29º, ou ainda quando, depois de notificadas pela CNPD, mantiverem o acesso às redes abertas de transmissão de dados a responsáveis por tratamento de dados pessoais que não cumpram as disposições da presente lei, praticam contraordenação punível com as seguintes coimas:

a) Tratando-se de pessoa singular, no mínimo de 50000$00 e no máximo de 500000$00;

b) Tratando-se de pessoa coletiva ou de entidade sem personalidade jurídica, no mínimo de 300000$00 e no máximo de 3000000$00.

2 – A coima é agravada para o dobro dos seus limites quando se trate de dados sujeitos a controlo prévio, nos termos do artigo 28º

Artigo 38º – Contraordenações

1 – Praticam contraordenação punível com a coima mínima de 100000$00 e máxima de 1000000$00, as entidades que não cumprirem alguma das seguintes disposições da presente lei:

a) Designar representante nos termos previstos no nº 5 do artigo 4º;

b) Observar as obrigações estabelecidas nos artigos 5º, 10º, 11º, 12º, 13º, 15º, 16º e 31º, nº 3.

2 – A pena é agravada para o dobro dos seus limites quando não forem cumpridas as obrigações constantes dos artigos 6º, 7º, 8º, 9º, 19º e 20º

Artigo 39º – Concurso de infrações

1 – Se o mesmo fato constituir, simultaneamente, crime e contraordenação, o agente é punido sempre a título de crime.

2 – As sanções aplicadas às contraordenações em concurso são sempre cumuladas materialmente.

Artigo 40º – Punição de negligência e da tentativa

1 – A negligência é sempre punida nas contraordenações previstas no artigo 38º

2 – A tentativa é sempre punível nas contraordenações previstas nos artigos 37º e 38º

Artigo 41º – Aplicação das coimas

1 – A aplicação das coimas previstas na presente lei compete ao presidente da CNPD, sob prévia deliberação da Comissão.

2 – A deliberação da CNPD, depois de homologada pelo presidente, constitui título executivo, no caso de não ser impugnada no prazo legal.

Artigo 42º – Destino das receitas cobradas

O montante das importâncias cobradas, em resultado da aplicação das coimas, reverte, em partes iguais, para o Estado e para a CNPD.

SECÇÃO III – Crimes

Artigo 43º – Não cumprimento de obrigações relativas a Proteção de dados

1 – É punido com prisão até um ano ou multa até 120 dias quem intencionalmente:

a) Omitir a notificação ou o pedido de autorização a que se referem os artigos 27º e 28º;

b) Fornecer falsas informações na notificação ou nos pedidos de autorização para o tratamento de dados pessoais ou neste proceder a modificações não consentidas pelo instrumento de legalização;

c) Desviar ou utilizar dados pessoais, de forma incompatível com a finalidade determinante da recolha ou com o instrumento de legalização;

d) Promover ou efetuar uma interconexão ilegal de dados pessoais;

e) Depois de ultrapassado o prazo que lhes tiver sido fixado pela CNPD para cumprimento das obrigações previstas na presente lei ou em outra legislação de Proteção de dados, as não cumprir;

f) Depois de notificado pela CNPD para o não fazer, mantiver o acesso a redes abertas de transmissão de dados a responsáveis pelo tratamento de dados pessoais que não cumpram as disposições da presente lei.

2 – A pena é agravada para o dobro dos seus limites quando se tratar de dados pessoais a que se referem os artigos 7º e 8º

Artigo 44º – Acesso indevido

1 – Quem, sem a devida autorização, por qualquer modo, aceder a dados pessoais cujo acesso lhe está vedado é punido com prisão até um ano ou multa até 120 dias.

2 – A pena é agravada para o dobro dos seus limites quando o acesso:

a) For conseguido através de violação de regras técnicas de segurança;

b) Tiver possibilitado ao agente ou a terceiros o conhecimento de dados pessoais;

c) Tiver proporcionado ao agente ou a terceiros benefício ou vantagem patrimonial.

3 – No caso do nº 1 o procedimento criminal depende de queixa.

Artigo 45º – Viciação ou destruição de dados pessoais

1 – Quem, sem a devida autorização, apagar, destruir, danificar, suprimir ou modificar dados pessoais, tornando-os inutilizáveis ou afetando a sua capacidade de uso, é punido com prisão até dois anos ou multa até 240 dias.

2 – A pena é agravada para o dobro nos seus limites se o dano produzido for particularmente grave.

3 – Se o agente atuar com negligência, a pena é, em ambos os casos, de prisão até um ano ou multa até 120 dias.

Artigo 45º-A – Inserção de dados falsos

1 – Quem inserir ou facilitar a inserção de dados pessoais falsos, com a intenção de obter vantagem indevida para si ou para outrem ou para causar prejuízo, é punido com pena de prisão até 2 anos ou com pena de multa até 240 dias.

2 – A pena é agravada para o dobro se da alteração referida no número anterior resultar efetivo prejuízo para uma pessoa.

Artigo 46º – Desobediência qualificada

1 – Quem, depois de notificado para o efeito, não interromper, cessar ou bloquear o tratamento de dados pessoais é punido com a pena correspondente ao crime de desobediência qualificada.

2 – Na mesma pena incorre quem, depois de notificado:

a) Recusar, sem justa causa, a colaboração que concretamente lhe for exigida nos termos do artigo 24º;

b) Não proceder ao apagamento, destruição total ou parcial de dados pessoais;

c) Não proceder à destruição de dados pessoais, findo o prazo de conservação previsto no artigo 5º

Artigo 47º – Violação do dever de sigilo

1 – Quem, obrigado a sigilo profissional, nos termos da lei, sem justa causa e sem o devido consentimento, revelar ou divulgar no todo ou em parte dados pessoais é punido com prisão até dois anos ou multa até 240 dias.

2 – A pena é agravada de metade dos seus limites se o agente:

a) For funcionário público ou equiparado, nos termos da lei penal;

b) For determinado pela intenção de obter qualquer vantagem patrimonial ou outro benefício ilegítimo;

c) Puser em perigo a reputação, a honra e consideração ou a intimidade da vida privada de outrem.

3 – A negligência é punível com prisão até seis meses ou multa até 120 dias.

4 – Fora dos casos previstos no nº 2, o procedimento criminal depende de queixa.

Artigo 48º – Punição da tentativa

Nos crimes previstos nas disposições anteriores, a tentativa é sempre punível.

Artigo 49º – Pena acessória

1 – Conjuntamente com as coimas e penas aplicadas pode, acessoriamente, ser ordenada:

a) A proibição temporária ou definitiva do tratamento, o bloqueio, o apagamento ou a destruição total ou parcial dos dados;

b) A publicidade da sentença condenatória;

c) A advertência ou censura públicas do responsável pelo tratamento, nos termos do nº 4 do artigo 22º

2 – A publicidade da decisão condenatória faz-se a expensas do condenado, na publicação periódica de maior expansão editada na área da comarca da prática da infração ou, na sua falta, em publicação periódica da comarca mais próxima, bem como através da afixação de edital em suporte adequado, por período não inferior a 30 dias.

3 – A publicação é feita por extrato de que constem os elementos da infração e as sanções aplicadas, bem como a identificação do agente.

CAPÍTULO VII – Disposições finais

Artigo 50º – Disposição transitória

1 – Os tratamentos de dados existentes em ficheiros manuais à data da entrada em vigor da presente lei devem cumprir o disposto nos artigos 7º, 8º, 10º e 11º no prazo de cinco anos.

2 – Em qualquer caso, o titular dos dados pode obter, a seu pedido e, nomeadamente, aquando do exercício do direito de acesso, a retificação, o apagamento ou o bloqueio dos dados incompletos, inexatos ou conservados de modo incompatível com os fins legítimos prosseguidos pelo responsável pelo tratamento.

3 – A CNPD pode autorizar que os dados existentes em ficheiros manuais e conservados unicamente com finalidades de investigação histórica não tenham que cumprir os artigos 7º, 8º e 9º, desde que não sejam em nenhum caso reutilizados para finalidade diferente.

Artigo 51º – Disposição revogatória

São revogadas as Leis nºs 10/91, de 29 de Abril, e 28/94, de 29 de Agosto.

Artigo 52º – Entrada em vigor

A presente lei entra em vigor no dia seguinte ao da sua publicação.

Aprovada em 24 de Setembro de 1998.

O Presidente da Assembleia da República, *António de Almeida Santos.*

Promulgada em 7 de Outubro de 1998.

Publique-se.

O Presidente da República, JORGE SAMPAIO.

Referendada em 14 de Outubro de 1998.

O Primeiro-Ministro, *António Manuel de Oliveira Guterres.*

Portaria nº 302-A/2016, de 2 de dezembro[1]

Estrutura e conteúdo do ficheiro a utilizar para efeitos do cumprimento das obrigações de comunicação FATCA

O Regime de Comunicação de Informações Financeiras (RCIF), aprovado pelo artigo 239º da Lei nº 82-B/2014, de 31 de dezembro (Lei do Orçamento do Estado para 2015), e regulamentado pelo Decreto-Lei nº 64/2016, de 11 de outubro, veio estabelecer as obrigações das instituições financeiras em matéria de identificação de determinadas contas e de comunicação de informações à Autoridade Tributária e Aduaneira (AT), reforçando e assegurando as condições necessárias para a aplicação dos mecanismos de cooperação internacional e de combate à evasão fiscal previstos na Convenção entre a República Portuguesa e os Estados Unidos da América para Evitar a Dupla Tributação e Prevenir a Evasão Fiscal em Matéria de Impostos sobre o Rendimento e no *Foreign Account Tax Compliance Act* (FATCA), através da assistência mútua baseada na troca automática e recíproca de informações.

Por sua vez, o Anexo I ao Decreto-Lei nº 64/2016, de 11 de outubro, fixa as regras de comunicação e diligência devida a aplicar pelas instituições financeiras, no âmbito do RCIF. Assim, nos termos das alíneas *b*) e *c*) do artigo 17º do Anexo I ao Decreto-Lei nº 64/2016, de 11 de outubro, as insti-

[1] Contém as alterações efetuadas pela Declaração de Retificação nº 24/2016 e pela Portaria nº 169/2017, de 25 de maio.

tuições financeiras reportantes estão obrigadas a comunicar à AT, até ao dia 31 de julho de cada ano, respetivamente:

i) Os elementos enunciados no artigo 7º do RCIF, em conformidade com o disposto nos artigos 9º e 10º do mesmo regime, relativos às contas financeiras por si mantidas em Portugal de que sejam titulares uma ou mais pessoas dos Estados Unidos da América ou entidades que, através da aplicação dos procedimentos de diligência devida previstos no artigo 6º daquele Regime, sejam identificadas como controladas por uma ou mais pessoas específicas dos EUA;

ii) Relativamente a 2015 e 2016, o nome das instituições financeiras não participantes, como tal definidas na alínea *h*) do nº 1 do artigo 2º do Anexo I ao Decreto-Lei nº 64/2016, de 11 de outubro, a quem tenham efetuado pagamentos, bem como o montante total dos pagamentos efetuados.

Por sua vez, o artigo 21º do Anexo I ao Decreto-Lei nº 64/2016, de 11 de outubro, veio determinar que as comunicações previstas nas alíneas *b*) e *c*) do artigo 17º do Anexo I ao mesmo diploma são efetuadas por via eletrónica, mediante remessa de ficheiro normalizado, nos termos a definir por portaria do membro do Governo responsável pela área das finanças.

Neste contexto, a presente portaria tem como objetivo aprovar a estrutura e conteúdo do ficheiro a utilizar para efeitos do cumprimento das obrigações de comunicação previstas nas alíneas *b*) e *c*) do artigo 17º do Anexo I ao decreto-lei antes referido.

Assim:

Manda o Governo, pelo Ministro das Finanças, ao abrigo do disposto no artigo 21º do Anexo I ao Decreto-Lei nº 64/2016, de 11 de outubro, o seguinte:

Artigo 1º – Objeto

A presente portaria regula a estrutura e conteúdo do ficheiro a utilizar para efeitos do cumprimento das obrigações de comunicação previstas nas alíneas *b*) e *c*) do artigo 17º do Anexo I ao Decreto-Lei nº 64/2016, de 11 de outubro, no âmbito do Regime de Comunicação de Informações Financeiras (RCIF), aprovado pelo artigo 239º da Lei nº 82-B/2014, de 31 de dezembro.

Artigo 2º – Entidades abrangidas

Estão abrangidas pelas obrigações previstas nos artigos seguintes as entidades referidas no nº 1 do artigo 2º do RCIF, com as exceções previstas no artigo 3º do mesmo regime e no Anexo I ao Decreto-Lei nº 64/2016, de 11 de outubro, adiante designadas «instituições financeiras reportantes».

Artigo 3º – Informação a comunicar

1 – As instituições financeiras reportantes devem, até 31 de julho de cada ano e de acordo com o previsto na alínea *b*) do artigo 17º do Anexo I ao Decreto-Lei nº 64/2016, de 11 de outubro, comunicar à Autoridade Tributária e Aduaneira (AT), relativamente a cada uma das contas dos EUA sujeitas a comunicação, tal como estão definidas no artigo 8º do mesmo diploma, os seguintes elementos:

a) Nome, morada e número de identificação fiscal federal dos EUA de cada pessoa dos EUA que seja considerada como titular de conta e, relativamente a uma entidade que não é dos EUA, sempre que, na sequência da aplicação dos procedimentos de identificação e diligência devida previstos no artigo 6º do RCIF, seja identificada como controlada por uma ou mais pessoas dos EUA, o nome, a morada e o número de identificação fiscal federal dos EUA dessa entidade, quando aplicável, bem como de cada uma dessas pessoas dos EUA;

b) O número da conta ou, na sua ausência, o equivalente funcional;

c) O nome e número identificador da instituição financeira;

d) O saldo ou o valor da conta, incluindo, no caso de contratos de seguro monetizáveis ou de contratos de renda, o valor em numerário ou o valor de resgate, às 0 horas do dia 1 de janeiro de 2015 e, após esta data, no final de cada ano civil ou, caso a conta tenha sido encerrada no ano anterior, no momento imediatamente anterior ao do seu encerramento.

2 – Para além dos elementos identificados no número anterior, deve ainda ser comunicada a seguinte informação:

a) Tratando-se de contas de custódia e relativamente a cada uma delas:

i) O montante bruto total dos juros, o montante bruto total dos dividendos e o montante bruto total de outros rendimentos gerados pelos ativos detidos na conta que sejam, em qualquer dos casos, pagos ou creditados na conta, ou em conexão com a conta, durante o ano civil relevante; e

ii) O montante total das receitas brutas da alienação ou resgate dos ativos pagas ou creditadas na conta durante o ano civil relevante e por referência ao qual a instituição financeira atuou na qualidade de custodiante, corretor, mandatário ou como representante por qualquer outra forma do titular da conta;

b) Tratando-se de contas de depósito e relativamente a cada uma delas, o montante de juros pagos ou creditados na conta durante o ano civil relevante;

c) Nas demais contas, não identificadas nas alíneas anteriores, o total dos montantes brutos pagos ou creditados ao titular da conta relativamente à mesma, durante o ano civil relevante, em relação ao qual a instituição financeira assuma a qualidade de obrigado ou o devedor, incluindo o montante total de quaisquer pagamentos de resgates efetuados ao titular da conta durante esse ano.

3 – Para efeitos do disposto nos números anteriores, o montante e a caracterização dos pagamentos efetuados em relação a uma conta dos EUA sujeita a comunicação são determinados em conformidade com o disposto na legislação fiscal portuguesa.

4 – As informações sobre os montantes do saldo ou do valor das contas podem ser comunicadas na moeda em que a conta se encontre denominada ou em dólares dos EUA.

5 – Para efeitos da alínea *a*) do nº 1, relativamente a cada uma das contas dos EUA sujeitas a comunicação e que sejam mantidas por uma instituição financeira em 30 de junho de 2014, caso o número de identificação fiscal federal dos EUA não conste dos seus registos, essa instituição financeira deve comunicar a data de nascimento da pessoa dos EUA em causa, caso essa data de nascimento conste dos seus registos.

6 – As instituições reportantes devem ainda comunicar à AT, nos termos da alínea *c*) do artigo 17º do Anexo I ao Decreto-Lei nº 64/2016, de 11 de outubro, e relativamente a 2015 e 2016, o nome das «instituições financeiras não participantes», como tal definidas na alínea *h*) do nº 1 do artigo 2º do mesmo diploma, às quais tenham efetuado pagamentos, bem como o montante total dos pagamentos efetuados a cada uma dessas instituições.

Artigo 4º – Forma de comunicação

1 – A comunicação à AT das informações abrangidas pelas obrigações de comunicação previstas no artigo anterior é efetuada através do envio, no Portal das Finanças, de um ficheiro com o formato XML, com as características e estrutura disponibilizada no Portal das Finanças, o qual deve respeitar o esquema de validações «FATCA-schema-XML», disponível no mesmo Portal.

2 – As instituições financeiras reportantes que no final de cada período de reporte não tenham informações abrangidas pela obrigação de comu-

nicação a que se refere o artigo anterior comunicam esse facto à AT, através do Portal das Finanças, no ficheiro previsto no número anterior e no prazo estabelecido no nº 1 do mesmo artigo.

3 – Sem prejuízo do disposto nos números anteriores, o formato e a estrutura do ficheiro a utilizar para efeitos da comunicação das informações sobre as contas financeiras de determinadas pessoas específicas dos EUA são os que, em cada data relevante para a comunicação das referidas informações, constem do Portal das Finanças.

Artigo 5º – Períodos relevantes para a obtenção e transmissão das informações relativas a contas financeiras

As informações a obter e a transmitir nos termos dos nºs 1 e 2 do artigo 3º respeitam a cada ano, com as seguintes especificações:

a) As informações a transmitir em 2015 são apenas as previstas no nº 1 do artigo 3º;

b) As informações a transmitir em 2016 são as previstas nos nºs 1 e 2 do artigo 3º, com exceção da subalínea *ii*) da alínea *a*) do nº 2, tendo como referência o ano de 2015;

c) As informações a transmitir em 2017 e nos anos subsequentes são as previstas nos nºs 1 e 2 do artigo 3º, tendo como referência o ano civil anterior.

Artigo 6º – Norma transitória

As informações a comunicar, previstas no artigo 3º da presente portaria, respeitantes aos anos de 2014 e 2015, devem ser enviadas à AT até 31 de dezembro de 2016, em conformidade com o disposto no nº 1 do artigo 12º do Decreto-Lei nº 64/2016, de 11 de outubro.

Artigo 7º – Entrada em vigor

A presente portaria entra em vigor no dia seguinte ao da sua publicação.

O Ministro das Finanças, *Mário José Gomes de Freitas Centeno,* em 29 de novembro de 2016.

ANEXO

O ficheiro a enviar à AT, a que se refere o artigo 4º da presente portaria, para cumprimento do disposto no artigo 3º, deve conter a seguinte informação:

1 – Um cabeçalho contendo:
- Identificação da administração fiscal que envia a mensagem;
- Identificação do país que envia a mensagem ("PT");
- Identificação do país que recebe a mensagem ("US");
- Identificação do tipo de mensagem ("FATCA");
- Campo para observações;
- Identificação da mensagem (valor único, que permitirá referenciar esta mensagem mais tarde, em caso de necessidade);
- Identificação de uma mensagem corretiva/alterada/ anulada;
- Identificação do ano a que a mensagem diz respeito (no formato AAAA -MM -DD);

2 – Identificação de um titular de conta pessoa singular:
- Número de identificação Fiscal (NIF);
- Nome;
- Morada;
- Data de nascimento.

3 – Identificação de um titular de conta que seja uma entidade:
- Número de identificação Fiscal (NIF);
- Nome;
- Morada;

4 – Instituição financeira reportante:
- Identificação [através do GIIN (*Global Intermediary Identification Number)* obtido aquando do registo efetua do junto das autoridades competentes dos EUA];
- Informação acerca de quem envia a informação (a própria instituição financeira).
- Informação acerca da conta:
  - Identificador da mensagem (dados novos/corrigidos/ alterados/anulados);
  - Número da conta;
  - Tipo de titular da conta (singular ou entidade);
  - Tipo de entidade titular;
  - Identificação de detentores substanciais pessoas dos EUA;
  - Saldo da conta ou o valor da conta sujeita a reporte;
  - Moeda;
  - Informação acerca do pagamento efetuado à conta sujeita a reporte durante o período sob reporte ou efetuado a uma entidade que não é um titular de conta e que isto esteja sujeito a reporte. Esta informação pode ser repetida se houver mais do que um tipo de pagamento a reportar;
  - Identificação da natureza do pagamento (dividendos, juros, rendimentos brutos/resgates, outros – FATCA);

- Montante com a indicação da moeda.

– Informação acerca de quem envia a informação (a própria instituição financeira);

– Informação acerca da conta:
  - Identificador da mensagem (dados novos/corrigidos/ alterados/anulados);
  - Número da conta;
  - Tipo de titular da conta (singular ou entidade);
  - Tipo de entidade titular;
  - Identificação de detentores substanciais pessoas dos EUA;
  - Saldo da conta ou o valor da conta sujeita a reporte;
  - Moeda;
  - Informação acerca do pagamento efetuado à conta sujeita a reporte durante o período sob reporte ou efetuado a uma entidade que não é um titular de conta e que isto esteja sujeito a reporte. Esta informação pode ser repetida se houver mais do que um tipo de pagamento a reportar;
  - Identificação da natureza do pagamento (dividendos, juros, rendimentos brutos/resgates, outros-FATCA);
  - Montante com a indicação da moeda.

ANEXO

O ficheiro a enviar à AT, a que se refere o artigo 4º da presente portaria, para cumprimento do disposto no artigo 3º, deve conter a seguinte informação:

1 – Cabeçalho (Header)

Índice do Campo	Obrigatório	Nome do Campo	Observações
1.1	SIM	Identificação da entidade que envia (SendingCompanyIN)	
1.2	SIM	Identificação do país transmissor (TransmittingCountry)	
1.3	SIM	Identificação do país receptor (ReceivingCountry)	
1.4	SIM	Identificação do tipo de mensagem (MessageType)	
1.5		Observações (Warning)	Opcional
1.6		Contacto (Contact)	O campo não é usado no reporte do FATCA e pode ser deixado em branco
1.7	SIM	Identificação da Referência da Mensagem (MessageRefID)	
1.8		Identificação da Referência da Mensagem de Correcção (CorrMessageRefID)	Opcional
1.9	SIM	Período de Reporte (ReportingPeriod)	
1.10	SIM	Data de produção da mensagem (Timestamp)	

2 – Agente Pagador para Singulares

2.1 – Identificação do Agente Pagador para Singulares (PersonParty_Type)

Índice do Campo	Obrigatório	Nome do Campo	Observações
2.1.1		Código do País de Residência (ResCountryCode)	Opcional
2.1.2	SIM	Número de Identificação Fiscal (TIN)	Se o TIN não for conhecido deve ser preenchido o campo BirthInfo
2.1.3	SIM	Nome (Name)	
2.1.4	SIM	Morada (Address)	
2.1.5		Nacionalidade (Nationality)	O campo não é usado no reporte do FATCA e pode ser deixado em branco
2.1.6		Informação de Nascimento (BirthInfo)	Este campo pode ser utilizado para identificar o agente no caso de não ser conhecido o seu TIN

2.2 – Identificação do Tipo de NIF (TIN Type)

Índice do Campo	Obrigatório	Nome do Campo	Observações
2.2.1	SIM	Identificação do Número de Identificação Fiscal no país receptor (TIN)	As instituições financeiras devem obter o NIF dos EUA.
2.2.2		País de Emissão do Número de Identificação Fiscal (TIN)	Opcional. O Campo em branco significaria que o mesmo é emitido sob jurisdição dos Estados Unidos da América

2.3 – Código do País de Residência (ResCountry-Code)

Índice do Campo	Obrigatório	Nome do Campo	Observações
2.3.1		Código do País de Residência (CountryCode_Type)	Opcional

2.4 – Tipo de Nome de Pessoa Singular (NamePerson_Type)

Índice do Campo	Obrigatório	Nome do Campo	Observações
2.4.1		Tipo de Nome de Singular (NamePerson_Type)	O campo não é usado no reporte do FATCA e pode ser deixado em branco
2.4.2		Prefixo (PrecedingTitle)	O campo não é usado no reporte do FATCA e pode ser deixado em branco
2.4.3		Título (Title)	O campo não é usado no reporte do FATCA e pode ser deixado em branco
2.4.4	SIM	Nome Próprio (FirstName)	
2.4.5		Tipo de Nome Próprio (FirstName_Type)	O campo não é usado no reporte do FATCA e pode ser deixado em branco
2.4.6		Primeiro Apelido (MiddleName)	Optional
2.4.7		Tipo de Primeiro Apelido (MiddleName_Type)	O campo não é usado no reporte do FATCA e pode ser deixado em branco
2.4.8		Nome Prefixo (NamePrefix)	O campo não é usado no reporte do FATCA e pode ser deixado em branco
2.4.9		Tipo de Nome Prefixo (NamePrefix_Type)	O campo não é usado no reporte do FATCA e pode ser deixado em branco
2.4.10	SIM	Apelido (LastName)	
2.4.11		Tipo de Apelido (LastName_Type)	O campo não é usado no reporte do FATCA e pode ser deixado em branco
2.4.12		Gerador de Identificação (GenerationIdentifier)	O campo não é usado no reporte do FATCA e pode ser deixado em branco
2.4.13		Sufixo (Suffix)	O campo não é usado no reporte do FATCA e pode ser deixado em branco
2.4.14		Sufixo Geral (GeneralSuffix)	O campo não é usado no reporte do FATCA e pode ser deixado em branco

2.5 – Tipo de Morada (Address_Type)

Índice do Campo	Obrigatório	Nome do Campo	Observações
2.5.1	SIM	Código do País (CountryCode)	
2.5.2		Morada Livre (AddressFree)	Opcional
2.5.3		Tipo de Morada (AddressType)	O campo não é usado no reporte do FATCA e pode ser deixado em branco
2.5.3.1		Nome da Rua (Street)	Opcional
2.5.3.2		Número de Polícia (BuildingIdentifier)	Opcional
2.5.3.3		Número de Suite (SuiteIdentifier)	Opcional
2.5.3.4		Identificação do Andar (FloorIdentifier)	Opcional
2.5.3.5		Localidade (DistrictName)	Opcional
2.5.3.6		Caixa-Postal (POB)	Opcional
2.5.3.7		Código Postal (PostCode)	Opcional
2.5.3.8	SIM	Localidade (City)	
2.5.3.9		Entidade sub-estatual (CountrySubentity)	Opcional

2.6 – Nacionalidade (Nationality)

Índice do Campo	Obrigatório	Nome do Campo	Observações
2.6.1		Nacionalidade (Nationality)	O campo não é usado no reporte do FATCA e pode ser deixado em branco

2.7 – Informação de Nascimento (BirthInfo)

Índice do Campo	Obrigatório	Nome do Campo	Observações
2.7.1		Data de Nascimento (BirthDate)	Opcional
2.7.2		Localidade (City)	O campo não é usado no reporte do FATCA e pode ser deixado em branco
2.7.3		Entidade sub-estatual (CitySubentity)	O campo não é usado no reporte do FATCA e pode ser deixado em branco
2.7.4		Informação do País (CountryInfo)	O campo não é usado no reporte do FATCA e pode ser deixado em branco
2.7.5		Código do País (CountryCode)	O campo não é usado no reporte do FATCA e pode ser deixado em branco
2.7.6		Ex-Nome do País (FormerCountryName)	O campo não é usado no reporte do FATCA e pode ser deixado em branco

3 – Agente Pagador para Coletivos (OrganisationParty_Type)
3.1 – Identificação de Agente Pagador para Coletivos (OrganisationParty_Type)

Índice do Campo	Obrigatório	Nome do Campo	Observações
3.1.1		ResCountryCode	Opcional
3.1.2	SIM	Número de Identificação Fiscal (TIN)	
3.1.3	SIM	Nome (Name)	
3.1.4	SIM	Morada (Address)	

3.2 – Identificação do Tipo de NIF (TIN Type)

Índice do Campo	Obrigatório	Nome do Campo	Observações
3.2.1	SIM	Número de Identificação Fiscal (TIN)	As instituições financeiras devem obter o NIF dos EUA.
3.2.2		País de Emissão do Número de Identificação Fiscal (TIN_IssuedBy)	Opcional. O Campo em branco significaria que o mesmo é emitido sob jurisdição dos Estados Unidos da América

3.3 – Código do País de Residência (ResCountry-Code)

Índice do Campo	Obrigatório	Nome do Campo	Observações
3.3.1		Código do País de Residência (CountryCode_Type)	Opcional

3.4 – Nome da Entidade Coletiva

Índice do Campo	Obrigatório	Nome do Campo	Observações
3.4.1	SIM	Nome da Organização (Name)	
3.4.2		Tipo de Nome da Organização (Name_Type)	O campo não é usado no reporte do FATCA e pode ser deixado em branco

4 – Entidade Financeira (Reporting FI)

4.1 – Identificação da Entidade Financeira (Reporting FI)

Índice do Campo	Obrigatório	Nome do Campo	Observações
4.1.1	SIM	Nome da Entidade Financeira (ReportingFI)	

5 – Detalhes da Informação enviada (Reporting-Group)

Índice do Campo	Obrigatório	Nome do Campo	Observações
5.1	SIM	Grupo de Reporte (ReportingGroup)	
5.2		Patrocinador da Informação (Sponsor)	Opcional
5.3		Intermediário da Informação (Intermediary)	Opcional

5.1 – Relatório sem Dados (NillReport)

Índice do Campo	Obrigatório	Nome do Campo	Observações
5.1.1		Relatório sem Dados (NillReport)	Opcional
5.1.2	SIM	Identificador de Mensagem (DocSpec)	
5.1.3	SIM	Sem Contas para Reportar (NoAccountToReport)	O valor tem de ser preenchido com "yes"

5.2 – Detalhes da Conta (AccountReport)

Índice do Campo	Obrigatório	Nome do Campo	Observações
5.2.1		Detalhes da Conta (AccountReport)	Opcional
5.2.2	SIM	Identificador de Mensagem (DocSpec)	
5.2.2.1	SIM	Tipo de Identificador de Mensagem (DocTypeIndic)	FATCA1 FATCA2 FATCA3 FATCA4 FATCA11 FATCA12 FATCA13 FATCA14
5.2.2.2	SIM	Identificador Único de Referência (DocRefID)	
5.2.2.3		Identificador Único de Mensagem para correcção (CorrMessageRefID)	Opcional
5.2.2.4		Identificador Único de Referência para correcção (CorrDocRefID)	Opcional
5.2.3	SIM	Número de Conta (AccountNumber)	
5.2.4		Conta fechada (AccountClosed)	Opcional
5.2.5	SIM	Titular de Conta (AccountHolder)	
5.2.5.1		Titular de Conta Singular (Individual)	Opcional. Se o titular da conta for singular, as informações do mesmo, devem constar neste campo.
5.2.5.2		Titular de Conta Colectivo (Organization)	Opcional.
5.2.5.3	SIM	Tipo de Titular de Conta (AcctHolderType)	FATCA101 FATCA102 FATCA103 FATCA104 FATCA105
5.2.6		Titular de Conta Substancial (SubstantialOwner)	
5.2.7	SIM	Saldo da Conta (AccountBalance)	
5.2.7.1	SIM	Código da Moeda (AccountBalance_CurrCode)	
5.2.8		Pagamento (Payment)	Opcional
5.2.8.1	SIM	Tipo de Pagamento (Type)	FATCA501 FATCA502 FATCA503 FATCA504
5.2.8.2		Descrição do Tipo de Pagamento (PaymentTypeDesc)	Opcional
5.2.8.3	SIM	Valor do Pagamento (PaymentAmnt)	

Índice do Campo	Obrigatório	Nome do Campo	Observações
5.2.8.4	SIM	Código da Moeda (PaymentAmnt_CurrCode)	
5.2.9		Identificação do Pedido de Autoridade Competente (CARRef)	Opcional
5.2.10		Informação adicional (AdditionalData)	Opcional

5.3 – Informação agregada (PoolReport)

Índice do Campo	Obrigatório	Nome do Campo	Observações
5.3.1		Informação de Contas Colectivas (PoolReport)	Opcional
5.3.2	SIM	Identificador de Mensagem (DocSpec)	
5.3.3	SIM	Número de Contas Colectivas (AccountCount)	Indicação do número de contas presentes no grupo.
5.3.4	SIM	Tipo de Informação de Contas Colectivas (AccountPoolReportType)	FATCA201 FATCA202 FATCA203 FATCA204 FATCA205 FATCA206
5.3.5	SIM	Saldo de Contas Colectiva (PoolBalance)	
5.3.6	SIM	Código da Moeda (PoolBalance_CurrCode)	

Portaria nº 302-C/2016, de 2 de dezembro[1]

Estrutura e conteúdo do ficheiro de comunicação CRS

O Decreto-Lei nº 64/2016, de 11 de outubro de 2016, que transpôs para o ordenamento jurídico nacional a Diretiva 2014/107/UE, consagrou as normas jurídicas para a implementação da Norma Comum de Comunicação, instituiu o Regime de acesso automático a informações financeiras relativas a residentes e introduziu alterações ao Decreto-Lei nº 61/2013, de 10 de maio, veio estabelecer as obrigações das instituições financeiras em matéria de identificação de determinadas contas e de comunicação de informações à Autoridade Tributária e Aduaneira (AT).

Pretende-se com este normativo o estabelecimento de um mecanismo geral de acesso e troca automática de informações financeiras no domínio da fiscalidade e a garantia de uma cooperação administrativa mútua mais ampla, quer com outros Estados-membros da União Europeia, quer com outras jurisdições participantes com as quais Portugal deva efetuar troca automática de informações de contas financeiras no âmbito do Acordo Multilateral das Autoridades Competentes para a Troca Automática de Informações de Contas Financeiras, celebrado ao abrigo da Convenção

[1] Contém as alterações efetuadas pela Declaração de Retificação nº 23/2016, de 29 de dezembro.

sobre Assistência Mútua em Matéria Fiscal conforme alterada pelo Protocolo de Alteração à Convenção sobre Assistência Mútua em Matéria Fiscal.

Nos termos da alínea *a)* do nº 3 do artigo 20º do Decreto-Lei nº 61/2013, de 10 de maio, as instituições financeiras reportantes estão obrigadas a comunicar à AT as informações de cada conta sujeita a comunicação por elas mantida, nos termos previstos no artigo 1º do anexo a que se refere o artigo 7º-A do referido Decreto-Lei, até:

a) Ao dia 31 de julho de 2017, no que respeita às informações relativas ao período de tributação a partir de 1 de janeiro de 2016, respeitantes a residentes noutros Estados-membros, bem como noutras jurisdições fora da União Europeia que devam, por força de convenção ou outro instrumento jurídico internacional, prestar as informações especificadas na Norma Comum de Comunicação a partir da mesma data;

b) Ao dia 31 de julho de 2018 e dos anos subsequentes, no que diz a períodos de tributação a partir de 1 de janeiro de 2017 e dos anos subsequentes, no que respeita às demais jurisdições participantes não abrangidas pela alínea anterior.

Por sua vez, os nºs 4 e 5 do artigo 18º do Decreto-Lei nº 61/2013, de 10 de maio, vieram estabelecer que as comunicações previstas na alínea *a)*, do nº 3 do artigo 20º do Decreto-Lei nº 61/2013, de 10 de maio, são efetuadas utilizando formatos eletrónicos normalizados cujo conteúdo e estrutura, e também as condições para a respetiva submissão por via eletrónica, são definidos por portaria do membro do Governo responsável pela área das Finanças.

Neste contexto, a presente portaria tem como objetivo aprovar a estrutura e conteúdo do ficheiro a utilizar para efeitos do cumprimento das obrigações de comunicação previstas na alínea *a)* do nº 3 do artigo 20º do Decreto-Lei nº 61/2013, de 10 de maio.

Assim:

Manda o Governo, pelo Ministro das Finanças, ao abrigo do disposto no nº 5 do artigo 18º do Decreto-Lei nº 61/2013, de 10 de maio:

Artigo 1º – Objeto

A presente portaria regula a estrutura e conteúdo do ficheiro a utilizar para efeitos do cumprimento das obrigações de comunicação previstas na alínea *a)* do nº 3 do artigo 20º do Decreto-Lei nº 61/2013, de 10 de maio.

Artigo 2º – Entidades abrangidas

Estão abrangidas pelas obrigações previstas nos artigos seguintes as entidades referidas no nº 1 do artigo 4º-A do Decreto-Lei nº 61/2013, de 10 de maio, com as exceções previstas no artigo 4º-B do mesmo diploma, adiante designadas «instituições financeiras reportantes».

Artigo 3º – Informação a comunicar

1 – As instituições financeiras reportantes devem, nos prazos previstos na alínea *a)* do nº 3 do artigo 20º do Decreto-Lei nº 61/2013, de 10 de maio, comunicar à Autoridade Tributária e Aduaneira (AT), relativamente a cada uma das contas referidas no nº 1 do artigo 4º-C, e sujeitas a comunicação de acordo com o nº 1 do artigo 4º-G, ambos do Decreto-Lei nº 61/2013, de 10 de maio, com as exceções previstas no artigo 4º-E, do mesmo diploma, os seguintes elementos:

a) Nome, endereço e número de identificação fiscal de cada pessoa sujeita a comunicação que seja titular da conta;

b) O número da conta ou, na sua ausência, o equivalente funcional;

c) O nome e número identificador da instituição financeira reportante;

d) O saldo ou o valor da conta, incluindo, no caso de contratos de seguro monetizáveis ou de contratos de renda, o valor em numerário ou o valor do resgate no final de cada ano civil em causa ou, caso a conta tenha sido encerrada no decurso desse ano, o seu encerramento;

2 – Sem prejuízo do disposto no número anterior:

a) No caso do titular da conta ser pessoa singular deve ainda ser comunicada a data e o local do respetivo nascimento;

b) No caso do titular da conta ser uma entidade e que, na sequência da aplicação das regras de diligência devida previstas no anexo a que se refere o artigo 7º-A do Decreto-Lei nº 61/2013, de 10 de maio, se verifique que uma ou mais pessoas exercem o controlo e sejam pessoas sujeitas a comunicação, deve ainda ser

c) Comunicado o nome, endereço e número de identificação fiscal da entidade e o nome, endereço, número de identificação fiscal e data e local de nascimento da cada pessoa sujeita a comunicação.

3 – Para além dos elementos identificados nos números anteriores, deve ainda ser comunicada a seguinte informação:

a) Tratando-se de contas de custódia e relativamente a cada uma delas:

i) O montante bruto total de juros, o montante bruto total de dividendos e o montante bruto total de outros rendimentos gerados pelos ativos detidos na conta que sejam, em qualquer dos casos, pagos ou creditados na conta, ou relativos a essa conta, durante o ano civil relevante; e

ii) A totalidade da receita bruta da alienação ou resgate dos ativos paga ou creditada na conta durante o ano civil relevante e por referência ao qual a instituição financeira atuou na qualidade de custodiante, corretor, mandatário ou como representante por qualquer outra forma do titular da conta;

b) Em relação a cada conta de depósito, o montante bruto total dos juros pagos ou creditados na conta durante o ano civil relevante;

c) Em relação a qualquer outra conta não descrita nas alíneas anteriores, o montante bruto total pago ou creditado ao titular da conta relativamente à mesma, durante o ano civil relevante, em relação ao qual a instituição financeira seja o obrigado ou o devedor, incluindo o montante agregado de todos os pagamentos de reembolso efetuados ao titular da conta durante esse ano.

4 – Para efeitos do disposto nos números anteriores, o montante e a caracterização dos pagamentos efetuados em relação a uma conta sujeita a comunicação são determinados em conformidade com o disposto na legislação nacional.

Artigo 4º – Forma de comunicação

1 – A comunicação à AT das informações abrangidas pelas obrigações de comunicação previstas no artigo anterior é efetuada através, de um ficheiro com o formato XML, com as características e estrutura disponibilizada no sítio da Internet com o endereço http://www.portaldasfinancas.gov.pt, e cuja estrutura consta do Anexo à presente portaria, da qual faz parte integrante.

2 – O ficheiro referido no número anterior deve respeitar o esquema de validações «CRSxml-Schema», disponível no endereço http://www.portaldasfinancas.gov.pt.

3 – As instituições financeiras reportantes que no final de cada período de reporte não tenham informações abrangidas pela obrigação de comunicação a que se refere o artigo anterior devem comunicar esse facto à AT, mediante o envio do ficheiro previsto nos números anteriores, sem o preenchimento dos campos relativos a contas e titulares, através do referido endereço, no prazo previsto no nº 1 do mesmo artigo.

Artigo 5º – Entrada em vigor

A presente portaria entra em vigor no dia seguinte ao da sua publicação.

O Ministro das Finanças, *Mário José Gomes de Freitas Centeno*, em 29 de novembro de 2016.

ANEXO

O ficheiro a enviar à AT, a que se refere o artigo 4º da presente portaria, para cumprimento do disposto no artigo 3º, deve conter a seguinte informação:

Um cabeçalho contendo:

1 – Identificação da Entidade que envia a mensagem;

- Identificação do país que envia a mensagem ('PT');
- Identificação do país que recebe a mensagem (Código do País – ISO 3166-1 Alpha 2 standard);
- Identificação do tipo de mensagem ('CRS');
- Campo para observações;
- Identificação da mensagem (valor único, que permitirá referenciar esta mensagem mais tarde, em caso de necessidade);
- Identificação de mensagem corretiva/alterada/nada a reportar;
- Identificação do ano a que a mensagem diz respeito (no formato AAAA-MM-DD);
- Data/hora em que a mensagem foi elaborada (no formato YYYY-MMDD'T'hh:mm:ss)

2 – Identificação de um titular de conta que seja pessoa singular:

- País de residência
- Número de identificação Fiscal (NIF);
- Nome;
- Morada;
- Nacionalidade;
- Data de nascimento (no formato AAAA-MM-DD);
- Local de nascimento

3 – Identificação de um titular de conta que seja entidade:

- País de residência
- Número de identificação Fiscal (NIF);
- Nome;
- Morada;

4 – Detalhe da informação da instituição financeira reportante e da conta financeira.

- Identificação do NIF da instituição financeira reportante
- Informação acerca de quem envia a informação (a própria Instituição financeira reportante).

– Identificador da mensagem (dados novos/corrigidos/alterados/anulados);
– Informação acerca das contas:
  - Número da conta;
  - Tipo de titular da conta financeira (pessoa singular ou entidade);
  - Tipo de entidade titular da conta financeira;
  - Identificação dos titulares da conta financeira que sejam pessoas singulares sujeitas a comunicação que detenham o controlo da entidade (no caso de ser ENF passiva);
  - Saldo ou valor das contas financeiras sujeitas a comunicação;
  - Moeda na qual é denominado o montante do saldo ou valor das contas financeira sujeitas a comunicação (standard ISO 4217 Alpha 3)

ANEXO

O ficheiro a enviar à AT, a que se refere o artigo 4º da presente portaria, para cumprimento do disposto no artigo 3º, deve conter a seguinte informação:

1 – Cabeçalho (Header)

Índice do Campo	Obrigatório	Nome do Campo	Observações
1.1	SIM	Identificação da entidade que envia (SendingCompanyIN)	Número de Identificação fiscal da entidade que envia o ficheiro. Sem o prefixo "PT".
1.2	SIM	Identificação do país transmissor (TransmittingCountry)	"PT"
1.3	NÃO	Identificação do país recetor (ReceivingCountry)	ISO 3166-1 Alpha 2 standard.
1.4	SIM	Identificação do tipo de mensagem (MessageType)	"CRS"
1.5	NÃO	Observações (Warning)	
1.6	NÃO	Contacto (Contact)	
1.7	SIM	Identificação da Referência da Mensagem (MessageRefID)	Referência única da mensagem do ponto de vista da entidade que envia.
1.8	SIM	Tipo de mensagem (MessageTypeIndic)	CRS701= A mensagem contem nova informação CRS702= A mensagem contém correções a informação previamente enviada CRS703= A mensagem indica que não há dados a reportar

Índice do Campo	Obrigatório	Nome do Campo	Observações
1.9	NÃO	Identificação do tipo de Mensagem de Correção (CorrMessageRefID)	
1.10	SIM	Período de Reporte (ReportingPeriod)	YYYY-MM-DD (Ano de 2016 deve ser indicado como: 2016-12-31)
1.11	SIM	Data de produção da mensagem (Timestamp)	YYYY-MM-DD'T'hh:mm:ss

2 – Titular de Conta – Pessoas Singulares

2.1 – Identificação do titular de Conta que seja Pessoa Singular (PersonParty_Type)

Índice do Campo	Obrigatório	Nome do Campo	Observações
2.1.1	SIM	País de Residência (ResCountryCode)	ISO 3166-1 Alpha 2 standard
2.1.2	SIM	Número de Identificação Fiscal (TIN)	Sem incluir o prefixo "PT"
2.1.3	SIM	Nome (Name)	
2.1.4	SIM	Morada (Address)	
2.1.5	NÃO	Nacionalidade (Nationality)	
2.1.6	SIM	Informação de Nascimento (BirthInfo)	

2.2 – Identificação do Tipo de NIF (TIN Type)

Índice do Campo	Obrigatório	Nome do Campo	Observações
2.2.1	Não	Identificação do Número de Identificação Fiscal no país recetor (TIN)	
2.2.2	Não	País de Emissão do Número de Identificação Fiscal (TIN)	

2.3 – Código do País de Residência (ResCountryCode)

Índice do Campo	Obrigatório	Nome do Campo	Observações
2.3.1	SIM	Código do País de Residência (CountryCode_Type)	ISO 3166-1 Alpha 2 standard

2.4 – Tipo de Nome de Singular (NamePerson_Type)

Índice do Campo	Obrigatório	Nome do Campo	Observações
2.4.1		Tipo de Nome de Pessoa Singular (NamePerson_Type)	O campo deve ser deixado em branco
2.4.2		Prefixo (PrecedingTitle)	O campo deve ser deixado em branco
2.4.3		Título (Title)	O campo deve ser deixado em branco
2.4.4	SIM	Nome Próprio (FirstName)	
2.4.5	NÃO	Tipo de Nome Próprio (FirstName_Type)	
2.4.6	NÃO	Primeiro Apelido (MiddleName)	
2.4.7		Tipo de Primeiro Apelido (MiddleName_Type)	O campo deve ser deixado em branco
2.4.8		Prefixo do Nome (NamePrefix)	O campo deve ser deixado em branco
2.4.9		Tipo de Prefixo do Nome (NamePrefix_Type)	O campo deve ser deixado em branco
2.4.10	SIM	Apelido (LastName)	
2.4.11		Tipo de Apelido (LastName_Type)	O campo deve ser deixado em branco
2.4.12		Gerador de Identificação (GenerationIdentifier)	O campo deve ser deixado em branco
2.4.13		Sufixo (Suffix)	O campo deve ser deixado em branco
2.4.14		Sufixo Geral (GeneralSuffix)	O campo deve ser deixado em branco

2.5 – Tipo de Morada (Address_Type)

Índice do Campo	Obrigatório	Nome do Campo	Observações
2.5.1	SIM	Código do País (CountryCode)	ISO 3166-1 Alpha 2 standard
2.5.2		Morada Livre (AddressFree)	Opcional
2.5.3		Tipo de Morada (AddressType)	O campo deve ser deixado em branco
2.5.3.1		Nome da Rua (Street)	Opcional
2.5.3.2		Número de Polícia (BuildingIdentifier)	Opcional
2.5.3.3		Número do Apartamento (SuiteIdentifier)	Opcional
2.5.3.4		Identificação do Andar (FloorIdentifier)	Opcional
2.5.3.5		Localidade (DistrictName)	Opcional
2.5.3.6		Caixa-Postal (POB)	Opcional
2.5.3.7		Código Postal (PostCode)	Opcional
2.5.3.8	SIM	Localidade (City)	
2.5.3.9		Distrito (CountrySubentity)	Opcional

2.6 – Nacionalidade (Nationality)

Índice do Campo	Obrigatório	Nome do Campo	Observações
2.6.1	NÃO	Nacionalidade (Nationality)	O campo deve ser deixado em branco

2.7 – Informação de Nascimento (BirthInfo)

Índice do Campo	Obrigatório	Nome do Campo	Observações
2.7.1	NÃO	Data de Nascimento (BirthDate)	Opcional
2.7.2	NÃO	Localidade (City)	O campo deve ser deixado em branco
2.7.3	NÃO	Freguesia (CitySubentity)	O campo deve ser deixado em branco
2.7.4	NÃO	Informação do País (CountryInfo)	O campo deve ser deixado em branco
2.7.5	NÃO	Código do País (CountryCode)	O campo deve ser deixado em branco
2.7.6	NÃO	Anterior Nome do País (FormerCountryName)	O campo deve ser deixado em branco

3 – Titular da conta – Entidades (OrganisationParty_Type)

3.1 – Identificação do titular da conta que seja Entidade (OrganisationParty_Type)

Índice do Campo	Obrigatório	Nome do Campo	Observações
3.1.1	SIM	Número de Identificação Fiscal (TIN)	
3.1.2	SIM	Nome (Name)	
3.1.3	SIM	Morada (Address)	

3.2 – Identificação do Tipo de NIF (TIN Type)

Índice do Campo	Obrigatório	Nome do Campo	Observações
3.2.1		Número de Identificação Fiscal (TIN)	
3.2.2	NÃO	País de Emissão do Número de Identificação Fiscal (TIN_IssuedBy)	ISO 3166-1 Alpha 2 standard

3.3 – Código do País de Residência (ResCountryCode)

Índice do Campo	Obrigatório	Nome do Campo	Observações
3.3.1	NÃO	Código do País de Residência (CountryCode_Type)	ISO 3166-1 Alpha 2 standard

3.4 – Nome da Entidade (NamePerson_Type)

Índice do Campo	Obrigatório	Nome do Campo	Observações
3.4.1	SIM	Nome da Organização (Name)	
3.4.2	NÃO	Tipo de Nome da Organização (NameType)	O campo deve ser deixado em branco

4 – Instituição financeira reportante (Reporting FI)

4.1 – Identificação da Instituição financeira reportante (Reporting FI)

Índice do Campo	Obrigatório	Nome do Campo	Observações
4.1.1	SIM	Identificação da Instituição Financeira Reportante (ReportingFI)	Sem incluir o prefixo "PT".
4.1.2	SIM	Identificador de Mensagem (DocSpec)	

4.2 – Detalhes da Informação enviada (ReportingGroup)

Índice do Campo	Obrigatório	Nome do Campo	Observações
4.2.1	SIM	Reporte de Grupo (ReportingGroup)	
4.2.2	Não	Patrocinador (Sponsor)	
4.2.3	Não	Intermediário (Intermediary)	

4.3 – Detalhes da Conta (AccountReport)

Índice do Campo	Obrigatório	Nome do Campo	Observações
4.3.1	Opcional	Detalhes da Conta (AccountReport)	Obrigatório exceto quando MessageTypeIndic = CRS703
4.3.2	SIM	Identificador de Mensagem (DocSpec)	
4.3.3	SIM	Tipo de Identificador de Mensagem (DocTypeIndic)	
4.3.4	SIM	Identificador Único de Referência (DocRefID)	
4.3.5		Identificador Único de Mensagem para correção (CorrMessageRefID)	Opcional
4.3.6		Identificador Único de Referência para correção (CorrDocRefID)	Opcional
4.3.7	SIM	Número de Conta (AccountNumber)	
4.3.8	NÃO	Tipo de Número de Conta	OECD601 OECD602 OECD603 OECD604 OECD605

Índice do Campo	Obrigatório	Nome do Campo	Observações
4.3.9	NÃO	Conta não documentada	Sim - Conta não documentada Não - Conta documentada
4.3.10	NÃO	Conta encerrada	Sim - Conta encerrada Não - Conta não encerrada
4.3.11	NÃO	Conta inativa	Sim - Conta inativa Não - Conta ativa
4.3.12	SIM	Titular de Conta (AccountHolder)	
4.3.13	SIM	Titular de Conta que seja Pessoa Singular (Individual)	Opcional. Se o titular da conta for singular, as informações do mesmo, devem constar neste campo.
4.3.14		Titular de Conta que seja Entidade (Organization)	Opcional. Se o titular da conta for coletivo, as informações do mesmo, devem constar neste campo.
4.3.15	SIM	Tipo de Titular de Conta (AcctHolderType)	CRS101 CRS102 CRS103
4.3.16	SIM	Pessoa que exerce o controlo da conta - Entidade (Controlling Person)	
4.3.17	SIM	Pessoa que exerce o controlo da conta - Individual (Individual)	
4.3.18	SIM	Tipo de Entidade que exerce o controlo (CtrlgPersonType)	CRS801 CRS802 CRS803 CRS804 CRS805 CRS806 CRS807 CRS808 CRS809 CRS811 CRS812 CRS813
4.3.19	SIM	Saldo da Conta (AccountBalance)	
4.3.20	SIM	Código da Moeda (AccountBalance_CurrCode)	standard ISO 4217 Alpha 3
4.3.21	NÃO	Pagamento (Payment)	Grupo repetitivo com uma ou mais ocorrências que inclui os restante elementos.
4.3.22	SIM	Tipo de Pagamento (PaymentType)	CRS501 CRS502 CRS503 CRS504
4.3.23	SIM	Valor do Pagamento (PaymentAmnt)	
4.3.24	SIM	Código da Moeda (PaymentAmnt_CurrCode)	standard ISO 4217 Alpha 3

4.4 – Informação agregada (Pool Report)

A informação agregada não é aplicável ao CRS.

19 de dezembro de 2016. – O Chefe do Gabinete, *André Moz Caldas.*

Portaria nº 302-B/2016, de 2 de dezembro

Listas de instituições financeiras não reportantes e de contas financeiras excluídas a que se refere o artigo 4º-F do Decreto-Lei nº 61/2013, de 10 de maio

O Decreto-Lei nº 64/2016, de 11 de outubro de 2016, que transpôs para o ordenamento jurídico nacional a Diretiva 2014/107/UE, do Conselho, de 9 de dezembro de 2014, que altera a Diretiva 2011/16/UE no que respeita à troca automática de informações obrigatória no domínio da fiscalidade e consagrou as normas jurídicas para a implementação da Norma Comum de Comunicação desenvolvida pela OCDE, comummente designada como *Common Reporting Standard* (CRS), introduziu alterações profundas ao regime legal que regula a cooperação administrativa no domínio da fiscalidade, revendo e aditando-se um conjunto significativo de disposições legais e um novo anexo ao Decreto-Lei nº 61/2013, de 10 de maio.

Com a redação que lhe foi dada, o Decreto-Lei nº 61/2013 passou a prever as categorias de instituições e de contas financeiras que ficam abrangidas pela nova disciplina de troca obrigatória e automática de informações, e os dados específicos sobre os quais se impõe a obrigação de comunicação à Autoridade Tributária e Aduaneira.

Sem prejuízo dos conceitos extremamente amplos previstos nos artigos 4º-A e 4º-C do Decreto-Lei nº 61/2013, de 10 de maio, relativos a instituições financeiras reportantes e a contas financeiras abrangidas, importa, ao abrigo do disposto no nº 1 do artigo 4º-F do mesmo diploma, definir a lista de instituições financeiras e das contas que, para além das que especificamente já como tal são descritas nos artigos 4º-B e 4º-E, devem ser tratadas, respetivamente, como instituições financeiras não reportantes e contas excluídas, por apresentarem um baixo risco de serem utilizadas para efeitos de evasão fiscal e preencherem as restantes condições previstas nas alíneas *c)* do nº 1 do artigo 4º-B e *g)* do nº 1 do artigo 4º-E.

Neste contexto torna-se indispensável distinguir entre, por um lado, as instituições financeiras que devem ser consideradas não reportantes ao abrigo das condições descritas nas alíneas *a)*, *b)*, *d)* e *e)* do nº 1 do artigo 4º-B do Decreto-Lei nº 61/2013, de 10 de maio, e as contas financeiras que devem ser consideradas excluídas ao abrigo das condições descritas nas alíneas *a)* a *f)* do nº 1 do artigo 4º-E do mesmo decreto-lei, qualificação que em nada é afetada pela regulamentação da presente portaria.

E, por outro lado, as instituições financeiras que podem ser consideradas não reportantes ao abrigo das condições descritas na alínea *c)* do nº 1 do artigo 4º-B do Decreto-Lei nº 61/2013, de 10 de maio, e as contas financeiras que podem ser consideradas excluídas ao abrigo das condições descritas na alínea *g)* do nº 1 do artigo 4º-E do mesmo decreto-lei, nomeadamente, porque apresentam um baixo risco de ser utilizadas para evasão fiscal e porque o reconhecimento dessa exclusão não é passível de pôr em causa os objetivos subjacentes a esta regulamentação da troca obrigatória e automática de informações.

O objeto das listas que ora se aprovam reporta-se apenas a estas últimas, sendo que, quer a opção pela não indicação de instituições financeiras não reportantes, quer o elenco de contas financeiras excluídas ora definido devem ser assumidos como revestindo carácter temporário, sujeito a avaliação e atualização periódicas, sendo estas listas meramente residuais ou complementares face às outras categorias de instituições ou contas que vão ficar dispensadas das obrigações em matéria de comunicação e diligência devida que devem ser aplicadas para identificação e comunicação à Autoridade Tributária e Aduaneira dos elementos abrangidas pela troca obrigatória e automática de informações.

Aliás, a dispensa de tais obrigações nestas circunstâncias específicas, quer quanto a instituições financeiras que devem ser qualificadas não reportantes, quer quanto a contas financeiras que devem ser qualificadas como excluídas, constitui matéria detalhadamente regulada na Diretiva 2014/107/UE, mais concretamente no respetivo Anexo I, Secção VIII, nº 1 do ponto B e nº 17 do ponto C e tem subjacente uma comunicação à Comissão Europeia a efetuar por todos os Estados-Membros, em cumprimento do disposto no nº 7-A do artigo 8º da Diretiva 2011/16/UE, na redação introduzida pela Diretiva 2014/107/UE, a qual, no que respeita às informações comunicadas em 2015, está na origem das listas já objeto de publicação no Jornal Oficial da União Europeia, sob as referências 2015//C 362/97 e 2015/C 282/08.

As listas aprovadas pela presente portaria coincidem integralmente com as que foram anteriormente comunicadas pelo Governo Português à Comissão Europeia e publicadas no referido jornal oficial, bem como com as que foram notificadas à Organização para a Cooperação e Desenvolvimento (OCDE), mais concretamente, ao Secretariado do órgão de coordenação a que se refere o nº 3 do artigo 24º da Convenção sobre a Assistência Mútua em Matéria Fiscal, conforme alterada pelo respetivo Protocolo de Alteração.

Assim:

Manda o Governo, pelo Ministro das Finanças, nos termos do nº 1 do artigo 4º-F do Decreto-Lei nº 61/2013, de 10 de maio, o seguinte:

Artigo 1º – Objeto

A presente portaria aprova as listas de instituições financeiras não reportantes e de contas financeiras excluídas a que se refere o artigo 4º-F do Decreto-Lei nº 61/2013, de 10 de maio.

Artigo 2º – Lista das instituições financeiras não reportantes

Sem prejuízo das instituições financeiras qualificadas como não reportantes ao abrigo das condições previstas nas alíneas *a)*, *b)*, *d)* e *e)* do nº 1 do artigo 4º-B do Decreto-Lei nº 61/2013, de 10 de maio, considera-se que, para efeitos da alínea *c)* do nº 1 do mesmo artigo, não existe nenhuma outra entidade a tratar como instituição financeira não reportante.

Artigo 3º – Lista das contas excluídas

1 – Sem prejuízo das contas financeiras qualificadas como excluídas ao abrigo das condições previstas nas alíneas *a)* a *f)* do nº 1 do artigo 4º-E do Decreto-Lei nº 61/2013, de 10 de maio, devem ser tratadas como contas financeiras excluídas, para efeitos da alínea *g)* do nº 1 do mesmo artigo, as seguintes:

a) Os Planos Poupança-Reforma;

b) As contas preexistentes que não sejam contratos de renda, cujo saldo anual não exceda 1.000 dólares dos Estados Unidos (USD), desde que sejam qualificáveis como contas inativas.

2 – Para efeitos do disposto na alínea *b)* do número anterior, são qualificáveis como contas inativas aquelas em que se verifique pelo menos uma das seguintes circunstâncias:

a) O titular da conta não tiver iniciado qualquer operação relacionada com a conta, ou com qualquer outra conta por si detida junto da instituição financeira reportante, nos últimos três anos;

b) O titular da conta não tiver realizado qualquer contacto com a instituição financeira reportante que mantém essa conta, relativamente à conta ou a qualquer outra conta por si detida junto da instituição financeira reportante, nos últimos seis anos;

c) No caso de um contrato seguro monetizável, a instituição financeira reportante não tiver realizado qualquer contacto com o titular da conta, relativamente à conta ou a qualquer outra conta por este detida junto da Instituição financeira reportante, nos últimos seis anos.

3 – Sem prejuízo do disposto no número anterior, uma conta pode ainda ser qualificável como conta inativa ao abrigo da legislação e dos regulamentos aplicáveis ou dos procedimentos normais de funcionamento da instituição financeira reportante, aplicados de forma coerente a todas as contas mantidas por essa instituição em território nacional, desde que essa legislação ou regulamentos ou esses procedimentos prevejam requisitos similares, em termos de substância, aos previstos no número anterior.

4 – Uma conta deixa de ser qualificada como inativa quando:

a) O titular inicie uma operação, relativamente à conta ou a qualquer outra conta por si detida junto da instituição financeira reportante;

b) O titular contacte com a instituição financeira reportante que mantém essa conta, relativamente à conta ou a qualquer outra por si detida junto da instituição financeira reportante;

c) Deixe de ser qualificada como inativa ao abrigo da legislação e dos regulamentos ou dos procedimentos normais de funcionamento da instituição financeira reportante.

Artigo 4º – Disposições finais

Para efeitos do disposto na presente portaria são relevantes as definições constantes nos artigos 4º-A a 4º-H e no anexo que se refere o artigo 7º-A, bem como a regra de conversão de moeda prevista no artigo 4º-I do Decreto-Lei nº 61/2013, de 10 de maio.

Artigo 5º – Entrada em vigor

A presente portaria entra em vigor no dia seguinte ao da sua publicação

O Ministro das Finanças, *Mário José Gomes de Freitas Centeno*, em 29 de novembro de 2016.

Portaria nº 302-D/2016, de 2 de dezembro

Lista das jurisdições participantes, prevista no nº 6 do artigo 2º do Decreto-Lei nº 64/2016, de 11 de outubro de 2016

O Decreto-Lei nº 64/2016, de 11 de outubro de 2016, que transpôs para o ordenamento jurídico nacional a Diretiva 2014/107/UE, do Conselho, de 9 de dezembro de 2014, que altera a Diretiva 2011/16/UE e consagrou as normas jurídicas para a implementação da Norma Comum de Comunicação, introduziu, através de alterações ao Decreto-Lei nº 61/2013, de 10 de maio, novas regras aplicáveis ao regime de acesso e troca automática de informações financeiras no domínio da fiscalidade.

Pretende-se promover um maior alargamento no acesso e troca automática de informações para finalidades fiscais, incidente sobre dados de contas financeiras, tomando como base a norma mundial única desenvolvida pela OCDE, comummente designada como *Common Reporting Standard* [adiante designada (CRS) – Norma Comum de Comunicação], a qual, por sua vez, se constituiu como matriz para as modificações introduzidas nos instrumentos de cooperação administrativa existentes ao nível da União Europeia no que respeita à troca automática de informações obrigatória no domínio da fiscalidade.

Com este regime visa-se o estabelecimento de um mecanismo geral de acesso e troca automática de informações financeiras no domínio da fiscalidade e a garantia de uma cooperação administrativa mútua mais ampla, quer com outros Estados-Membros da União Europeia, quer com outras jurisdições participantes com os quais Portugal deva efetuar troca automática de informação de contas financeiras no âmbito do Acordo Multilateral das Autoridades Competentes para a Troca Automática de Informações de Contas Financeiras, celebrado ao abrigo da Convenção sobre a Assistência Mútua em Matéria Fiscal conforme alterada pelo Protocolo de Alteração à Convenção sobre a Assistência Mútua em Matéria Fiscal.

Nos termos do nº 6 do artigo 2º do Decreto-Lei nº 64/2016, de 11 de outubro de 2016, a lista das jurisdições participantes, com expressa menção àquelas que reúnam as condições previstas nos n.os 4 e 5, consta de portaria aprovada pelo membro do Governo responsável pela área das finanças.

Ora, de acordo com os nºs 4 e 5 do artigo 2º do Decreto-Lei nº 64/2016, de 11 de outubro de 2016, para a realização da troca automática de informação deve estar garantido que as jurisdições destinatárias da troca automática de informação asseguram uma proteção adequada de dados pessoais. Nos casos em que não tenham sido proferidas pela Comissão Europeia ou pela Comissão Nacional de Proteção de Dados decisões sobre a adequação do nível de proteção de jurisdições não integrantes da União Europeia, considera-se que existe um nível de proteção adequado quando as autoridades competentes da jurisdição destinatária assegurem mecanismos suficientes de garantia de proteção da vida privada e dos direitos e liberdades fundamentais das pessoas, bem como do seu exercício, sujeito, em qualquer caso, à verificação da Comissão Nacional de Proteção de Dados.

A presente portaria tem, assim, como objetivo aprovar a lista das jurisdições participantes, prevista no nº 6 do artigo 2º do Decreto-Lei nº 642016, de 11 de outubro de 2016.

Assim:

Manda o Governo, pelo Ministro das Finanças, ao abrigo do disposto no nº 6 do artigo 2º do Decreto-Lei nº 64/2016, de 11 de outubro de 2016, o seguinte:

Artigo 1º – Objeto

A presente portaria estabelece a lista das jurisdições participantes, prevista no nº 6 do artigo 2º do Decreto-Lei nº 64/2016, de 11 de outubro de 2016.

Artigo 2º – Jurisdição participante

1 – Para efeitos do conceito de «Jurisdição participante» previsto no nº 6 do artigo 4º-G do Decreto-Lei nº 61/2013, de 10 de maio, na redação dada

pelo Decreto-Lei nº 64/2016, de 11 de outubro de 2016, considera-se que podem ser como tal qualificáveis os seguintes países ou jurisdições:

a) Os Estados-Membros da União Europeia e os territórios aos quais seja aplicável o Tratado sobre o Funcionamento da União Europeia, bem como outras jurisdições que implementem a Norma Comum de Comunicação ao abrigo de instrumento jurídico da União Europeia;

b) Quaisquer outros países ou territórios relativamente às quais se pretende que o Acordo Multilateral das Autoridades Competentes (MCAA) se aplique, e sobre as quais deve ser aferido o nível de proteção adequada de dados pessoais e da confidencialidade, em conformidade com os nºs 1 a 3 do artigo 3º da presente portaria.

2 – Os países e territórios a que se reporta a alínea *b)* do número anterior são os constantes da lista publicada pelo Secretariado do órgão de coordenação a que se refere o nº 3 do artigo 24º da Convenção sobre a Assistência Mútua em Matéria Fiscal, conforme alterada pelo respetivo Protocolo de Alteração, considerando-se esta lista automaticamente atualizada em função dos acordos que venham a ser celebrados e que preencham as condições previstas nas alíneas *b)* e c) do nº 6 do artigo 4º-G do Decreto-Lei nº 61/2013, de 10 de maio, sendo válida, para tal efeito, a informação disponibilizada no sítio eletrónico oficial da Organização para a Cooperação e Desenvolvimento Económico (OCDE).

Artigo 3º – Lista das jurisdições participantes

1 – Para a realização da troca automática de informação com as jurisdições mencionadas no artigo anterior deve estar garantido que as jurisdições destinatárias da troca automática de informação asseguram uma proteção adequada de dados pessoais e da confidencialidade.

2 – O nível de proteção adequada a que se refere o número anterior é aferido pela aplicação das decisões proferidas pela Comissão Europeia, disponibilizadas no sítio eletrónico oficial http://ec.europa.eu/justice/data-protection/international-transfers/adequacy/index_en.htm, bem como pela Comissão Nacional de Proteção de Dados.

3 – Nos casos em que não tenham sido proferidas pela Comissão Europeia ou pela Comissão Nacional de Proteção de Dados decisões sobre a adequação do nível de proteção de jurisdições não integrantes da União Europeia, considera-se que existe um nível de proteção adequado quando as autoridades competentes da jurisdição destinatária assegurem mecanismos suficientes de garantia de proteção da vida privada e dos direitos e

liberdades fundamentais das pessoas, bem como do seu exercício, sujeito, em qualquer caso, à verificação da Comissão Nacional de Proteção de Dados.

4 – Para todos os efeitos legais, e em conformidade com o previsto no presente artigo, a lista das jurisdições participantes é a seguinte:

1) Albânia;
2) Andorra;
3) Anguila;
4) Antígua e Barbuda;
5) Argentina;
6) Aruba;
7) Austrália;
8) Áustria
9) Barbados;
10) Bélgica;
11) Belize;
12) Ilhas Bermudas;
13) Brasil;
14) Ilhas Virgens Britânicas;
15) Bulgária;
16) Canadá;
17) Ilhas Caimão;
18) Chile;
19) China;
20) Colômbia;
21) Costa Rica;
22) Ilhas Cook;
23) Croácia;
24) Curaçau;
25) Chipre;
26) República Checa;
27) Dinamarca;
28) Estónia;
29) Ilhas Faroé;
30) Finlândia;
31) França;
32) Alemanha;
33) Gana;
33) Gibraltar;

34) Grécia;
35) Gronelândia;
36) Grenada;
37) Guernsey;
38) Hungria;
39) Islândia;
40) Índia;
41) Indonésia;
42) Irlanda;
43) Israel;
44) Ilha de Man;
45) Itália;
46) Japão;
47) Jersey;
48) Coreia;
49) Koweit;
50) Letónia;
51) Liechtenstein;
52) Lituânia;
53) Luxemburgo;
54) Malásia;
55) Malta;
56) Ilhas Marshall;
57) Maurícias;
58) México;
59) Mónaco;
60) Montserrat;
61) Holanda;
62) Nauru;
63) Nova Zelândia;
64) Niue;
66) Noruega;
67) Polónia;
68) Roménia;
69) Federação da Rússia;
70) São Cristóvão e Nevis;
71) Santa Lúcia;
72) São Vicente e Granadinas;

73) Samoa;
74) São Marino;
75) Arábia Saudita;
76) Seicheles;
77) Sint Maarten;
78) República Eslovaca;
79) Eslovénia;
80) África do Sul;
81) Espanha;
82) Suécia;
83) Suíça;
84) Ilhas Turcos e Caicos;
85) Reino Unido;
86) Uruguai.

Artigo 4º – Existência de um nível de proteção adequado

No caso de jurisdições a que se refere a alínea *b)* do nº 6 do artigo 4º-G do Decreto-Lei nº 61/2013, de 10 de maio, a Autoridade Tributária e Aduaneira não procede ao envio, mediante troca automática de informações de contas financeiras, sempre que da avaliação sobre os níveis de proteção de dados e confidencialidade efetuada pelo Fórum Global sobre Transparência e Troca de Informações para Efeitos Fiscais resulte que a jurisdição destinatária não assegura um nível de proteção adequado.

Artigo 5º – Entrada em vigor

A presente portaria entra em vigor no dia seguinte ao da sua publicação.

O Ministro das Finanças, *Mário José Gomes de Freitas Centeno*, em 30 de novembro de 2016.

Portaria nº 302-E/2016, de 2 de dezembro

Declaração modelo 53

O Decreto-Lei nº 64/2016, de 11 de outubro de 2016, veio consagrar, em simultâneo, no ordenamento nacional as normas jurídicas essenciais, quer para a regulamentação complementar do artigo 16º do RCIF, quer para a transposição da Diretiva 2014/107/EU, que altera a Diretiva nº 2011/16/EU, no que respeita à troca automática de informações obrigatória no domínio da fiscalidade, quer para a implementação da Norma Comum de Comunicação (norma mundial única desenvolvida pela OCDE, comummente designada como *Common Reporting Standard*-CRS).

Para as instituições financeiras com a obrigação de comunicar informações à AT, qualificáveis como instituições financeiras reportantes nos termos previstos no artigo 4º-A do Decreto-Lei nº 61/2013, de 10 de maio, o artigo 7º-B do mesmo diploma veio estabelecer a obrigatoriedade de apresentar uma declaração de registo, nos prazos, condições e com o modelo aprovados em portaria do membro do Governo responsável pela área das finanças.

Neste contexto, a presente portaria tem por objetivo proceder à aprovação daquele modelo declarativo, bem como do respetivo procedimento para cumprimento da obrigação.

Assim:

Manda o Governo, pelo Ministro das Finanças, nos termos do disposto no artigo 7º-B do Decreto-Lei nº 61/2013, de 10 de maio, o seguinte:

Artigo 1º – Objeto

É aprovada a declaração modelo 53 e respetivas instruções de preenchimento, anexas à presente portaria e que dela fazem parte integrante, para efeitos do disposto no artigo 7º-B do Decreto-Lei nº 61/2013, de 10 de maio.

Artigo 2º – Cumprimento da obrigação

1 – A declaração a que se refere o artigo anterior deve ser apresentada pelas instituições financeiras qualificáveis como instituições financeiras reportantes nos termos do artigo 4º-A do Decreto-Lei nº 61/2013, de 10 de maio, até aos trinta dias anteriores ao da primeira comunicação dos elementos sobre as contas financeiras abrangidas pela troca obrigatória e automática de informações a que se refere os nºs 3 a 5 do artigo 6º do mesmo diploma.

2 – A declaração deve ser apresentada por transmissão eletrónica de dados mediante prévia autenticação no Portal das Finanças, no endereço www.portaldasfinancas.gov.pt, observando os procedimentos indicados naquele portal.

Artigo 3º – Entrada em vigor

A presente portaria entra em vigor no dia seguinte ao da sua publicação.

O Ministro das Finanças, *Mário José Gomes de Freitas Centeno*, em 30 de novembro de 2016.

Parte IV
Anexos

Acordo entre a República Portuguesa e os Estados Unidos da América para reforçar o cumprimento fiscal e implementar o FATCA

(Aprovado pela Resolução da Assembleia da República nº 183/2016 e ratificado pelo Decreto do Presidente da República nº 53/2016, ambos publicados em de 5 de agosto)

Considerando que os Estados Unidos da América e a República Portuguesa (cada um sendo uma "Parte" e, em conjunto, as "Partes") pretendem celebrar um Acordo tendo em vista reforçar o cumprimento fiscal internacional através da assistência mútua em matéria fiscal baseada numa infraestrutura eficaz para a troca automática de informações;

Considerando que o artigo 28º da Convenção celebrada entre os Estados Unidos da América e a República Portuguesa para Evitar a Dupla Tributação e para Prevenir a Evasão Fiscal em matéria de impostos sobre o rendimento, em conjunto com um Protocolo relacionado (a "Convenção"), autoriza a troca de informações para efeitos fiscais, incluindo numa base automática;

Considerando que os Estados Unidos da América aprovaram disposições legislativas, geralmente conhecidas por *Foreign Account Tax Compliance Act* ("FATCA"), que introduzem um sistema de comunicação de informações para as Instituições financeiras no que respeita a determinadas contas;

Considerando que o Governo de Portugal apoia o objetivo da política subjacente ao FATCA para reforçar o cumprimento fiscal;

Considerando que o FATCA suscitou diversas dificuldades, incluindo o facto de as Instituições financeiras portuguesas se verem impossibilitadas de cumprir determinados aspetos do FATCA devido a requisitos jurídicos internos;

Considerando que o Governo dos Estados Unidos da América recolhe informações relativamente a determinadas contas detidas por residentes em Portugal mantidas por Instituições financeiras dos E.U.A. e se compromete a trocar essa informação com o Governo de Portugal, bem como a prosseguir níveis equivalentes de intercâmbio, desde que existam as garantias e instrumentos adequados para uma efetiva troca de informações;

Considerando que uma abordagem intergovernamental da implementação do FATCA iria remover os obstáculos jurídicos e reduziria os encargos das Instituições financeiras portuguesas;

Considerando que as Partes pretendem celebrar um Acordo para reforçar o cumprimento fiscal internacional e permitir a implementação do FATCA com base na comunicação interna e na troca automática e recíproca nos termos da convenção e sujeita à confidencialidade e outras medidas de proteção aí contidas, incluindo as disposições limitadoras da utilização da informação trocada nos termos da convenção;

Assim, as Partes acordam o seguinte:

Artigo 1º – Definições

1 – Para efeitos do presente Acordo e dos seus anexos ("Acordo"), os seguintes termos e expressões são definidos como se segue:

a) A expressão "Estados Unidos" designa os Estados Unidos da América, incluindo os seus estados, e, utilizada em sentido geográfico, designa o território dos Estados Unidos, incluindo as águas interiores, o espaço aéreo, o seu mar territorial e qualquer área marítima para lá do mar territorial onde os Estados Unidos possam exercer direitos de soberania ou jurisdição, em conformidade com o direito internacional; porém, a expressão não inclui os Territórios dos E.U.A. Qualquer referência a um "Estado" dos Estados Unidos inclui o Distrito de Columbia.

b) A expressão "Território dos E.U.A." designa a Samoa Americana, a Commonwealth das Ilhas Marianas do Norte, Guam, a Commonwealth de Porto Rico ou as Ilhas Virgens Americanas.

c) O termo "IRS" designa o Internal Revenue Service dos E.U.A.

d) O termo "Portugal" designa a República Portuguesa e, utilizado em sentido geográfico, designa o território da República Portuguesa, em conformidade com o direito internacional e a legislação portuguesa, incluindo o respetivo mar territorial, bem como as áreas marítimas adjacentes ao limite exterior do mar territorial, que compreende o leito do mar e o seu subsolo, onde a República Portuguesa exerça direitos de soberania ou jurisdição;

e) A expressão "Jurisdição parceira" designa a jurisdição onde se encontre em vigor um Acordo celebrado com os Estados Unidos com o intuito de facilitar a implementação do FATCA. O IRS irá publicar uma lista identificativa das jurisdições parceiras.

f) A expressão "Autoridade competente" designa:

(1) No caso dos Estados Unidos, o *Secretary of the Treasury* ou o seu substituto; e

(2) No caso de Portugal, o Ministro das Finanças, o Diretor-Geral da Autoridade Tributária e Aduaneira ou os seus representantes autorizados;

g) A expressão "Instituição financeira" designa uma Instituição de custódia, uma Instituição de depósito, uma Entidade de investimento ou uma empresa de seguros especificada.

h) A expressão "Instituição de custódia" designa qualquer Entidade que detenha ativos financeiros por conta de outros como parte significativa da sua atividade. Uma Entidade detém ativos financeiros por conta de outros como parte significativa da sua atividade se o rendimento bruto da Entidade imputável à detenção dos ativos financeiros ou serviços financeiros relacionados igualar ou exceder 20 % do rendimento bruto da Entidade no mais curto dos seguintes prazos: (i) no prazo de três anos que termina a 31 de dezembro (ou no último dia de um período contabilístico diferente do ano civil) antes do ano em que é efetuada a determinação; ou (ii) no prazo durante o qual a Entidade existiu.

i) A expressão "Instituição de depósito" designa qualquer Entidade que aceite depósitos no decurso normal de uma atividade bancária ou similar.

j) A expressão "Entidade de investimento" designa qualquer Entidade que exerça como atividade (ou seja gerida por uma Entidade que exerce como atividade) uma ou mais das seguintes atividades ou operações, por conta e em nome de um cliente:

(1) Negociação de instrumentos do mercado monetário (cheques, contas, certificados de depósito, derivados, etc.); câmbio de divisas; instrumentos de câmbio, de taxas de juro e de índices; valores mobiliários negociáveis; ou negociação de futuros de mercadorias;

(2) Gestão individual e coletiva de carteiras; ou

(3) Investimento, administração ou gestão, por qualquer outro modo, de fundos ou numerário em nome de outras pessoas.

Esta alínea j) deve ser interpretada de forma consistente com os termos e expressões utilizados na definição de "Instituição financeira" constante das recomendações do grupo de ação financeira internacional (GAFI).

k) A expressão "Empresa de seguros especificada" designa qualquer Entidade que seja uma empresa de seguros (ou a sociedade-mãe de uma empresa de seguros) que emite ou seja obrigada a efetuar pagamentos em relação a um Contrato de seguro monetizável ou Seguro de renda.

l) A expressão "Instituição financeira portuguesa" designa (i) qualquer Instituição financeira residente em Portugal, mas excluindo qualquer sucursal dessa Instituição financeira que esteja situada fora de Portugal, e (ii) qualquer sucursal de uma Instituição financeira não residente em Portugal, caso essa sucursal esteja situada em Portugal.

m) A expressão "Instituição financeira da Jurisdição parceira" designa (i) qualquer Instituição financeira estabelecida numa Jurisdição parceira, mas excluindo qualquer sucursal dessa Instituição financeira que esteja situada fora da Jurisdição parceira, e (ii) qualquer sucursal de uma Instituição financeira não estabelecida na Jurisdição parceira, caso essa sucursal esteja situada na Jurisdição parceira.

n) A expressão "Instituição financeira reportante" designa uma Instituição financeira portuguesa reportante ou uma Instituição financeira dos E.U.A. reportante, consoante o contexto.

o) A expressão "Instituição financeira portuguesa reportante" designa qualquer Instituição financeira portuguesa que não seja uma Instituição financeira portuguesa não reportante.

p) A expressão "Instituição financeira dos E.U.A. reportante" designa (i) qualquer Instituição financeira que seja residente dos Estados Unidos, excluindo, porém, qualquer sucursal dessa Instituição financeira que esteja situada fora dos Estados Unidos, e (ii) qualquer sucursal de uma Instituição financeira não residente dos Estados Unidos, caso essa sucursal esteja situada nos Estados Unidos, desde que a Instituição financeira ou a sucursal detenha o controlo, receção ou custódia do rendimento relativamente ao qual é necessária a troca de informações nos termos da alínea *b)* do nº 2 do artigo 2º do presente Acordo.

q) A expressão "Instituição financeira portuguesa não reportante" designa qualquer Instituição financeira portuguesa, ou outra Entidade residente em Portugal, que se encontre descrita no Anexo II como Instituição financeira portuguesa não reportante ou que, por qualquer outro modo, seja qualificada como uma Instituição financeira estrangeira (IFE) considerada cumpridora ou um beneficiário efetivo isento nos termos das *U.S. Treasury Regulations* aplicáveis.

r) A expressão "Instituição financeira não participante" designa uma IFE, nos termos definidos nas *U.S. Treasury Regulations* aplicáveis, não incluindo, porém, a Instituição financeira portuguesa ou outra Instituição financeira de Jurisdição parceira que não seja uma Instituição financeira tratada como Instituição financeira não participante nos termos da alínea *b)* do nº 2 do artigo 5º do presente Acordo ou da disposição correspondente existente num Acordo celebrado entre os Estados Unidos e uma Jurisdição parceira.

s) A expressão "Conta financeira" designa uma conta mantida pela Instituição financeira e inclui:

(1) No caso de uma Entidade que seja uma Instituição financeira unicamente por ser uma Entidade de investimento, qualquer Participação representativa de capital ou de dívida (desde que não sejam participações regularmente negociadas em mercados de valores mobiliários estabelecidos) na Instituição financeira;

(2) No caso de uma Instituição financeira não descrita na alínea anterior, qualquer Participação representativa de capital ou de dívida (desde que não sejam participações regularmente negociadas em mercados de valores mobiliários), se (i) o valor da participação representativa de dívida ou de capital for, direta ou indiretamente, determinado primordialmente por referência a ativos que dão origem a pagamentos sujeitos a retenção na fonte nos E.U.A., e (ii) a categoria de participações for estabelecida com o objetivo de evitar a comunicação nos termos do presente Acordo; e

(3) Qualquer Contrato de seguro monetizável e qualquer Seguro de renda emitido ou mantido por uma Instituição financeira, que não seja uma renda vitalícia imediata, não transferível e não associada a um investimento, que seja emitido a uma pessoa singular e monetize uma pensão ou prestação por invalidez atribuída por razão de uma conta que se encontra excluída da definição de Conta financeira do Anexo II.

Não obstante o anteriormente previsto, a expressão "Conta financeira" não inclui qualquer conta que se encontre excluída da definição de Conta financeira do Anexo II. Para efeitos do presente Acordo, as participações são "regularmente negociadas" caso exista um volume significativo de negociação relativamente a participações numa base permanente, e "mercados de valores mobiliários estabelecidos" designa uma bolsa oficialmente reconhecida e controlada por uma Entidade governamental onde o mercado se encontra situado e com um valor anual significativo de ações negociadas na bolsa. Para efeitos desta alínea s), uma participação numa Instituição financeira não é "regularmente negociada" e deve ser considerada uma Conta financeira caso o titular da participação (que não seja a Instituição financeira a agir na qualidade de intermediário) se encontre registado nos livros dessa Instituição financeira. A frase anterior não se aplica a participações registadas inicialmente nos livros dessa Instituição financeira antes de 1 de julho de 2014, e relativamente a participações registadas inicialmente nos livros dessa Instituição financeira em ou após 1 de julho de 2014, a Instituição financeira não fica obrigada a aplicar a disposição anterior antes de 1 de janeiro de 2016.

t) A expressão "Conta de depósito" inclui qualquer conta comercial, à ordem, de aforro, a prazo ou de poupança, ou uma conta identificada mediante certificado de depósito, certificado de poupança, certificado de investimento, certificado de endividamento ou outro instrumento similar mantido por uma Instituição financeira no decurso normal de uma atividade bancária ou similar. Uma Conta de depósito inclui também um montante detido por uma empresa de seguros nos termos de um contrato de investimento garantido ou de Acordo similar de pagamento ou de juros de crédito.

u) A expressão "Conta de custódia" designa uma conta (que não seja um Contrato de seguro ou um Seguro de renda) aberta em benefício de outra pessoa que detém um qualquer instrumento financeiro ou contrato para investimento (incluindo, entre outros, uma ação ou quota societária, título de crédito, obrigação, título de dívida, ou qualquer outro certificado de endividamento, transação de divisa ou mercadorias, swap de risco de incumprimento, swap baseado num índice não financeiro, contrato de capital nocional, Contrato de seguro ou Seguro de renda, ou qualquer opção ou instrumento derivado).

v) A expressão "Participação representativa de capital" designa, no caso de uma *partnership* (sociedade de pessoas) que seja uma Instituição financeira, uma Participação representativa de capital ou dos lucros da *partnership*. No caso de um *trust* que seja uma Instituição financeira, uma Participação representativa de capital é considerada detida por qualquer pessoa tratada como instituidor (*settlor*) ou beneficiário de todo ou parte do *trust*, ou qualquer outra pessoa singular que exerça o controlo efetivo máximo do *trust*. Uma Pessoa específica dos E.U.A. será tratada como sendo beneficiária de um *trust* estrangeiro se essa Pessoa específica dos E.U.A. tiver o direito de receber, direta ou indiretamente (por exemplo, através de um mandatário), uma distribuição obrigatória ou possa receber, direta ou indiretamente, uma distribuição discricionária do *trust*.

w) A expressão "Contrato de seguro" designa um contrato (que não seja um Seguro de renda) nos termos do qual o emissor aceita pagar um montante com a ocorrência de uma determinada eventualidade que envolva a mortalidade, doença, acidente, responsabilidade ou risco patrimonial.

x) A expressão "Seguro de renda" designa um contrato nos termos do qual o emissor aceita efetuar pagamentos durante um determinado período de tempo, no todo ou em parte, por referência à esperança de vida de uma ou mais pessoas singulares. A expressão inclui ainda um contrato que seja considerado um Seguro de renda de acordo com a lei, regulamento ou jurisdição em que o contrato for emitido e nos termos do qual o emissor aceita efetuar pagamentos durante um determinado período.

y) A expressão "Contrato de seguro monetizável" designa um Contrato de seguro (que não seja um contrato de resseguro de indemnização entre duas empresas de seguro) com um Valor em numerário superior a $50.000 (cinquenta mil dólares americanos).

z) A expressão "Valor em numerário" designa o maior dos seguintes valores: (1) o valor que o titular da apólice tem direito a receber com o resgate ou denúncia do contrato (determinado sem redução de qualquer encargo do resgate ou empréstimo sobre a apólice) e (2) o valor que o titular da apólice pode pedir de empréstimo nos termos ou em relação ao contrato. Não obstante o anteriormente previsto, a expressão "Valor em numerário" não inclui um montante a pagar nos termos do Contrato de seguro, como:

(1) Uma prestação por danos pessoais ou doença ou outra prestação indemnizatória por prejuízo económico incorrido com a ocorrência de um evento que se encontra seguro;

(2) Um reembolso ao titular da apólice de um prémio pago anteriormente nos termos de um Contrato de seguro (e que não seja nos termos de um Contrato de seguro de vida) devido a cancelamento ou denúncia da apólice, diminuição da exposição ao risco durante o período efetivo do Contrato de seguro, ou que decorra de uma nova determinação do prémio devido a retificação da notificação ou erro similar; ou

(3) Um dividendo do titular da apólice com base na experiência da avaliação de riscos do contrato ou do grupo a que se refere.

aa) A expressão "Conta sujeita a comunicação" designa uma Conta dos E.U.A. sujeita a comunicação ou uma Conta portuguesa sujeita a comunicação, consoante o contexto.

bb) A expressão "Conta portuguesa sujeita a comunicação" designa uma Conta financeira mantida por uma Instituição financeira dos E.U.A. reportante se: (i) no caso de uma Conta de depósito, a conta for mantida por uma pessoa singular residente em Portugal e for pago um valor superior a $10 (dez dólares americanos) de juros nessa conta em qualquer ano civil; ou (ii) no caso de uma Conta financeira que não seja a Conta de depósito, o Titular da conta seja um residente de Portugal, incluindo uma Entidade que certifique que são residentes em Portugal para efeitos fiscais, em relação às quais o rendimento de origem nos E.U.A., que esteja sujeito a comunicação nos termos do capítulo 3 do subtítulo A ou do capítulo 61 do subtítulo F do *Internal Revenue Code* dos E.U.A., seja pago ou creditado.

cc) A expressão "Conta dos E.U.A. sujeita a comunicação" designa uma Conta financeira mantida por uma Instituição financeira portuguesa reportante e detida por uma ou mais pessoas específicas dos E.U.A. ou por uma Entidade que não é dos E.U.A. com uma ou mais Pessoas que exercem o controlo que seja uma Pessoa específica dos E.U.A. Não obstante o anteriormente previsto, uma conta não será tratada como uma Conta dos E.U.A. sujeita a comunicação se essa conta não for identificada como uma Conta dos E.U.A. sujeita a comunicação após a aplicação dos procedimentos de diligência devida constantes do Anexo I.

dd) A expressão "Titular da conta" designa a pessoa indicada ou identificada como sendo a titular da Conta financeira pela Instituição financeira que mantém a conta. Uma pessoa, que não seja uma Instituição financeira, que detenha uma Conta financeira em benefício ou por conta de outra pessoa, na qualidade de agente, depositário, mandatário, signatário, consultor de investimentos, ou intermediário, não será considerada como Titular da conta para efeitos do presente Acordo, mas será aquela outra pessoa considerada como Titular da conta. Para estes efeitos, a expressão "Instituição financeira" não inclui uma Instituição financeira organizada ou constituída num território dos E.U.A. No caso de um Contrato de seguro monetizável ou um Seguro de renda, o Titular da conta será qualquer pessoa com direito a aceder ao Valor em numerário ou alterar o beneficiário do contrato. Se ninguém puder aceder ao Valor em numerário ou alterar o beneficiário, o Titular da conta será qualquer pessoa designada como titular do contrato e qualquer pessoa com direito adquirido ao pagamento nos termos do contrato. Com o vencimento do Contrato de seguro monetizável ou do Seguro de renda, cada pessoa com direito a receber um pagamento nos termos do contrato é considerada como Titular da conta.

ee) A expressão "Pessoa dos E.U.A." designa um cidadão ou pessoa singular residente dos E.U.A., uma *partnership* ou sociedade constituída nos Estados Unidos ou nos termos da legislação dos Estados Unidos ou de qualquer um dos seus estados, um *trust* se (i) um tribunal nos Estados Unidos tiver competência, nos termos da lei aplicável, para proferir decisões ou sentenças que, na sua substância, se relacionem com todos os assuntos relativos à administração do *trust*, e (ii) uma ou mais pessoas dos E.U.A. tiverem o poder de controlar todas as decisões de substância do *trust*, ou a herança de um autor da sucessão que seja cidadão ou residente dos Estados Unidos. Esta alínea deve ser interpretada em conformidade com o *Internal Revenue Code* dos E.U.A.

ff) A expressão "Pessoa específica dos E.U.A." designa uma Pessoa dos E.U.A. que não seja: (i) uma sociedade cujas ações sejam regularmente negociadas num ou mais mercados de valores mobiliários estabelecidos; (ii) qualquer sociedade que seja membro do mesmo grupo alargado de sociedades afiliadas, nos termos definidos na secção 1471(e)(2) do *Internal Revenue Code* dos E.U.A., como uma sociedade descrita em (i); (iii) os Estados Unidos ou qualquer outro departamento ou organismo dos Estados Unidos; (iv) qualquer estado dos Estados Unidos, qualquer território dos E.U.A., qualquer subdivisão política de qualquer uma das Entidades referidas, ou qualquer departamento ou organismo detido na totalidade por uma ou mais das Entidades referidas; (v) qualquer organização isenta de imposto nos termos da secção 501(a) do *Internal Revenue Code* dos E.U.A. ou plano individual de reforma nos termos definidos na secção 7701(a)(37) do *Internal Revenue Code* dos E.U.A.; (vi) qualquer banco descrito na secção 581 do *Internal Revenue Code* dos E.U.A.; (vii) qualquer *trust* de investimento imobiliário nos termos definidos na secção 856 do *Internal Revenue Code* dos E.U.A.; (viii) qualquer sociedade de investimento regulada nos termos descritos na secção 851 do *Internal Revenue Code* dos E.U.A. ou qualquer Entidade registada na *securities exchange commission* nos termos da *investment company act* de 1940 (15 U.S.C. 80a-64); (ix) qualquer fundo fiduciário comum nos termos definidos na secção 584(a) do *Internal Revenue Code* dos E.U.A.; (x) qualquer *trust* que esteja isento de imposto nos termos da secção 664(c) do *Internal Revenue Code* dos E.U.A. e ou que esteja descrito na secção 4947(a)(1) do *Internal Revenue Code* dos E.U.A.; (xi) um corretor de valores mobiliários, mercadorias ou instrumentos financeiros derivados (incluindo contratos de capital nacional, futuros, contratos a prazo e opções) que se encontre registado nessa qualidade nos termos da legislação dos Estados Unidos ou de qualquer estado; (xii) um corretor nos termos definidos na secção 6045(c) do *Internal Revenue Code* dos E.U.A. ou (xiii) qualquer *trust* isento de imposto ao abrigo de um plano descrito na secção 403(b) ou secção 457(g) do *Internal Revenue Code* dos E.U.A.

gg) A expressão "Entidade" designa uma pessoa coletiva ou um instrumento jurídico, como um *trust.*

hh) A expressão "Entidade que não é dos E.U.A." designa uma Entidade que não é uma Pessoa dos E.U.A.

ii) A expressão "Pagamento sujeito a retenção na fonte nos E.U.A." designa qualquer pagamento de juros (incluindo qualquer desconto na emissão original), dividendos, rendas, ordenados, salários, prémios, anuidades, compensações, remunerações, emolumentos ou outros ganhos, lucros e rendimentos fixos ou determináveis, anuais ou periódicos, caso esse pagamento seja proveniente de fontes situadas nos Estados Unidos. Não obstante o anteriormente referido, um Pagamento sujeito a retenção na fonte nos E.U.A. não inclui qualquer pagamento que não seja tratado como Pagamento sujeito a retenção na fonte nas *U.S. Treasury Regulations* aplicáveis.

jj) Uma Entidade será considerada uma "Entidade relacionada" com outra Entidade caso a Entidade controle a outra Entidade, ou as duas Entidades estiverem sujeitas a um controlo comum. Para este efeito, controlo inclui a titularidade, direta ou indireta, de mais de 50 % dos direitos de voto ou do capital de uma Entidade. Não obstante o anteriormente referido, Portugal pode tratar uma Entidade como uma Entidade não relacionada de outra Entidade caso as duas Entidades não sejam membros do mesmo grupo alargado de sociedades afiliadas, nos termos definidos na secção 1471 (e) (2) do *Internal Revenue Code* dos E.U.A.

kk) A expressão "NIF dos E.U.A." designa o número de identificação fiscal federal dos E.U.A. ll) A expressão "NIF português" designa o número de identificação fiscal português.

mm) A expressão "Pessoas que exercem o controlo" designa as pessoas singulares que detêm o controlo de uma Entidade. No caso de um *trust,* aquela expressão designa o instituidor, os fiduciários, o curador (caso exista), os beneficiários ou categoria de beneficiários, bem como qualquer outra pessoa singular que em última instância exerça o controlo efetivo do *trust*, e, no caso de um outro instrumento jurídico que não o *trust*, aquela expressão designa as pessoas com funções similares ou equivalentes. A expressão "Pessoas que exercem o controlo" deve ser interpretada de forma consistente com as Recomendações do Grupo de Ação Financeira Internacional (GAFI).

2 Salvo se o contrário resultar do contexto ou se as autoridades competentes acordarem numa definição comum (nos termos permitidos pela legislação interna), qualquer termo ou expressão não definido de forma diversa no presente Acordo terá o significado que lhe seja atribuído no momento pela lei da Parte que aplica o presente Acordo. Qualquer significado que resulte da legislação fiscal aplicável dessa Parte prevalecerá sobre o significado dado ao termo ou expressão pela restante legislação dessa Parte.

Artigo 2º – Obrigações de obtenção e troca de informações relativamente a contas sujeitas a comunicação

1 – Sem prejuízo do disposto no artigo 3º do presente Acordo, cada Parte deve obter as informações descritas no nº 2 deste artigo em relação a todas as contas sujeitas a comunicação e deverá proceder, anualmente, à troca destas informações com a outra Parte, de forma automática, de acordo com o disposto no artigo 28º da Convenção.

2 – As informações a obter e a trocar serão:

a) No caso de Portugal, relativamente a cada Conta dos E.U.A. sujeita a comunicação de cada Instituição financeira portuguesa reportante:

(1) O nome, morada e NIF dos E.U.A. de cada Pessoa específica dos E.U.A. que seja um Titular da conta em questão e, no caso de uma Entidade que não é dos E.U.A., após a aplicação dos procedimentos de diligência devida, estabelecidos no Anexo I, que seja identificada como tendo uma ou mais Pessoas que exercem o controlo que sejam uma Pessoa específica dos E.U.A., o nome, morada e NIF dos E.U.A. (se aplicável) dessa Entidade e de cada uma dessas Pessoas específicas dos E.U.A.;

(2) O número da conta (ou o equivalente funcional na ausência de um número de conta);

(3) O nome e o número de identificação da Instituição financeira portuguesa reportante;

(4) O saldo ou valor da conta (incluindo, no caso de Contrato de seguro monetizável ou Seguro de renda, o Valor em numerário ou o valor de resgate) no final do ano civil relevante ou outro período de comu-

nicação apropriado ou, caso a conta tenha sido encerrada durante esse ano, no momento imediatamente anterior ao encerramento;

(5) No caso de qualquer Conta de custódia:

(A) O montante bruto total de juros, o montante bruto total de dividendos e o montante bruto total de rendimentos gerados em relação aos ativos detidos na conta, em cada caso pagos ou creditados na conta (ou em relação à conta) durante o ano civil ou outro período de comunicação apropriado; e

(B) O montante total das receitas brutas da alienação ou resgate dos ativos pagas ou creditadas na conta durante o ano civil ou outro período de comunicação apropriado relativamente ao qual a Instituição financeira portuguesa reportante atuou na qualidade de custodiante, corretor, mandatário ou como representante por qualquer outra forma do Titular da conta;

(6) No caso de uma Conta de depósito, o montante bruto total dos juros pagos ou creditados na conta durante o ano civil ou outro período de comunicação apropriado; e

(7) No caso de qualquer conta não descrita nas subalíneas (5) ou (6) da alínea *a)* do nº 2 deste artigo, o montante bruto total pago ou creditado ao Titular da conta relativamente à mesma, durante o ano civil ou outro período de comunicação apropriado, em relação ao qual a Instituição financeira portuguesa reportante seja o obrigado ou devedor, incluindo o montante total de quaisquer pagamentos de resgates efetuados ao Titular da conta, durante o ano civil ou outro período de comunicação apropriado.

b) No caso dos Estados Unidos, relativamente a cada Conta portuguesa sujeita a comunicação de cada Instituição financeira dos E.U.A. reportante:

(1) O nome, morada e NIF português de qualquer pessoa que seja residente de Portugal e que seja um Titular da conta;

(2) O número da conta (ou o equivalente funcional na ausência de um número de conta);

(3) O nome e o número de identificação da Instituição financeira dos E.U.A. reportante;

(4) O montante bruto de juros pagos na Conta de depósito;

(5) O montante bruto dos dividendos, com origem nos E.U.A., pagos ou creditados na conta; e

(6) O montante bruto de outros rendimentos com origem nos E.U.A. pagos ou creditados na conta, na medida em que estejam sujeitos a

comunicação nos termos do capítulo 3 do subtítulo A ou capítulo 61 do subtítulo F do *Internal Revenue Code* dos E.U.A.

Artigo 3º – Momento e forma da troca de informações

1 – Para efeitos da obrigação de troca de informações prevista no artigo 2º do presente Acordo, o montante e a caracterização dos pagamentos efetuados em relação a uma Conta dos E.U.A. sujeita a comunicação podem ser determinados em conformidade com os princípios da legislação fiscal de Portugal, bem como o montante e a caracterização dos pagamentos efetuados em relação à Conta portuguesa sujeita a comunicação podem ser determinados em conformidade com a legislação fiscal federal em matéria de rendimentos dos E.U.A.

2 – Para efeitos da obrigação de troca de informações prevista no artigo 2º do presente Acordo, as informações trocadas devem identificar a divisa na qual é denominado cada montante aí referido.

3 – Em relação ao nº 2 do artigo 2º do presente Acordo, as informações devem ser obtidas e trocadas em relação a 2014 e a todos os anos subsequentes, salvo:

a) No caso de Portugal:

(1) As informações que devem ser obtidas e trocadas em relação a 2014 serão apenas as informações descritas nas subalíneas (1) a (4) da alínea *a)* do nº 2 do artigo 2º do presente Acordo;

(2) As informações que devem ser obtidas e trocadas em relação a 2015 serão as informações descritas nas subalíneas (1) a (7) da alínea *a)* do nº 2 do Artigo 2º do presente Acordo, exceto no que respeita às receitas brutas descritas no parágrafo (B) da subalínea (5) da alínea *a)* do nº 2 do artigo 2º do presente Acordo; e

(3) As informações que devem ser obtidas e trocadas em relação a 2016 e aos anos subsequentes serão as informações descritas nas subalíneas (1) a (7) da alínea *a)* do nº 2 do artigo 2º do presente Acordo;

b) No caso dos Estados Unidos, as informações que devem ser obtidas e trocadas em relação a 2014 e aos anos subsequentes serão todas as informações identificadas na alínea *b)* do nº 2 do artigo 2º do presente Acordo.

4 – Não obstante o previsto no nº 3 do presente artigo, relativamente a cada Conta sujeita a comunicação que seja mantida por uma Instituição financeira reportante em 30 de junho de 2014, e sem prejuízo do disposto no nº 3 do artigo 6º do presente Acordo, as Partes não ficam obrigadas a obter e incluir nas informações trocadas o NIF português ou o NIF dos E.U.A.,

conforme o caso, de qualquer pessoa relevante caso esse número de identificação fiscal não conste dos registos da Instituição financeira reportante. Nesse caso, as Partes devem obter e incluir nas informações trocadas a data de nascimento da pessoa em causa, caso essa data de nascimento conste dos registos da Instituição financeira reportante.

5 – Sem prejuízo do disposto nos números 3 e 4 do presente artigo, as informações descritas no artigo 2º do presente Acordo devem ser trocadas no prazo de nove meses a contar do final do ano civil a que se referem as informações.

6 – As autoridades competentes de Portugal e dos Estados Unidos irão celebrar um Acordo no âmbito do procedimento amigável previsto no artigo 27º da Convenção e que irá:

a) Estabelecer os procedimentos relativos às obrigações de troca automática de informações descritas no artigo 2º do presente Acordo;

b) Estabelecer as normas e procedimentos que possam ser necessários para a implementação do artigo 5º do presente Acordo; e

c) Estabelecer os procedimentos necessários para a troca de informações comunicadas nos termos da alínea *b)* do nº 1 do artigo 4º do presente Acordo.

7 – Todas as informações trocadas ficam sujeitas à confidencialidade e a outros regimes de proteção previstos na Convenção, incluindo as disposições que limitam a utilização das informações trocadas.

8 – Após a entrada em vigor do presente Acordo, a Autoridade competente notificará, por escrito, a outra Autoridade competente quando se verifique que a jurisdição da outra Autoridade competente dispõe (i) das garantias adequadas para assegurar que todas as informações recebidas nos termos do presente Acordo serão tratadas como confidenciais e serão utilizadas exclusivamente para fins fiscais, e (ii) das infraestruturas que permitam um intercâmbio eficaz de informações (incluindo processos estabelecidos para assegurar uma troca de informações atempada, precisa e confidencial, comunicações efetivas e fidedignas, bem como capacidades demonstradas para a resolução imediata de problemas e dúvidas em relação a trocas ou pedidos de trocas, bem como para a implementação do disposto no artigo 5º do presente Acordo). As autoridades competentes esforçar-se-ão por se encontrar, de boa-fé, antes de setembro de 2015, para verificar se cada jurisdição possui as referidas garantias e infraestruturas.

9 – As obrigações das Partes na obtenção e troca de informações nos termos do artigo 2º do presente Acordo entram em vigor na data da última das notificações escritas nos termos do nº 8 do presente artigo. Não obstante

o disposto anteriormente, se a Autoridade competente portuguesa verificar o cumprimento por parte dos E.U.A. das garantias e infraestruturas descritas no nº 8 do presente artigo, mas for necessário mais tempo para a Autoridade competente dos E.U.A. estabelecer a existência dessas garantias e infraestruturas por parte de Portugal, as obrigações de Portugal obter e trocar informações nos termos do artigo 2º do presente Acordo entram em vigor na data da notificação escrita efetuada pela Autoridade competente portuguesa à Autoridade competente dos E.U.A. ao abrigo do disposto no nº 8 do presente artigo.

10 – O presente Acordo caduca 12 meses após a sua entrada em vigor caso o disposto no artigo 2º do presente Acordo não esteja em vigor para ambas as Partes até àquela data, ao abrigo do disposto no nº 9 do presente artigo.

Artigo 4º – Aplicação do FATCA às Instituições financeiras portuguesas

1 – Tratamento das Instituições financeiras portuguesas reportantes. Considera-se que uma Instituição financeira portuguesa reportante cumpre o disposto na secção 1471 do *Internal Revenue Code* dos E.U.A., não ficando sujeita a retenção nos termos da mesma secção, caso Portugal cumpra as obrigações previstas nos artigos 2º e 3º do presente Acordo relativamente a essa Instituição financeira portuguesa reportante, e a Instituição financeira portuguesa reportante:

a) Identifique as contas dos E.U.A. sujeitas a comunicação e transmita anualmente à Autoridade competente portuguesa as informações que devem ser comunicadas nos termos da alínea *a)* do nº 2 do artigo 2º do presente Acordo, no momento e pela forma descrita no artigo 3º do presente Acordo;

b) Em relação a 2015 e 2016, comunique anualmente à Autoridade competente portuguesa o nome de cada Instituição financeira não participante em relação à qual tenha efetuado pagamentos, bem como o montante total dos pagamentos efetuados;

c) Cumpra as obrigações de registo aplicáveis constantes do sítio da internet de registo do FATCA do IRS;

d) Na medida em que uma Instituição financeira portuguesa reportante (i) esteja a atuar na qualidade de intermediário qualificado (para efeitos do previsto na secção 1441 do *Internal Revenue Code* dos E.U.A.) que tenha optado por assumir a responsabilidade primária de retenção, nos termos do capítulo 3 do subtítulo A do *Internal Revenue Code* dos E.U.A., (ii) seja uma *partnership* estrangeira com Acordo de retenção (para efeitos do previsto em ambas as secções 1441 e 1471 do *Internal Revenue Code* dos E.U.A.), ou (iii) seja um *trust* estrangeiro que tenha optado por atuar na qualidade de *trust* estrangeiro de retenção (para efeitos do previsto em ambas as secções 1441 e 1471 do *Internal Revenue Code* dos E.U.A.), e retenha 30% de qualquer Pagamento sujeito a retenção na fonte nos E.U.A. a qualquer Instituição financeira não participante; e

e) No caso de uma Instituição financeira portuguesa que não se encontre prevista na alínea *d)* do nº 1 do presente artigo e que efetue um pagamento de, ou atue na qualidade de intermediário em relação a, um Pagamento sujeito a retenção na fonte nos E.U.A. a qualquer Instituição financeira não participante, a Instituição financeira portuguesa reportante fornece à Entidade pagadora desse Pagamento sujeito a retenção na fonte nos E.U.A. as informações necessárias para a retenção e comunicação relativamente a esse pagamento.

Não obstante o disposto anteriormente, a Instituição financeira portuguesa que não satisfaça as condições deste número não fica sujeita a retenção nos termos da secção 1471 do *Internal Revenue Code* dos E.U.A., salvo se essa Instituição financeira portuguesa for tratada pelo IRS como sendo uma Instituição financeira não participante de acordo com o previsto na alínea *b)* do nº 2 do artigo 5º do presente Acordo.

2 – Suspensão das normas relativas a contas recalcitrantes. Os Estados Unidos não obrigam a Instituição financeira portuguesa reportante a efetuar a retenção de imposto, nos termos da secção 1471 ou 1472 do *Internal Revenue Code* dos E.U.A., relativamente a uma conta detida por um titular de conta recalcitrante (conforme definido na secção 1471(d)(6) do *Internal Revenue Code* dos E.U.A.), ou a encerrar essa conta, caso a Autoridade competente dos E.U.A. receba, relativamente a essa conta, as informações descritas na alínea *a)* do nº 2 do artigo 2º do presente Acordo, sem prejuízo do disposto no artigo 3º do presente Acordo.

3 – Tratamento específico de planos de pensões portugueses. Para efeitos do disposto nas secções 1471 e 1472 do *Internal Revenue Code* dos E.U.A., os Estados Unidos irão tratar os planos de pensões portugueses, descritos no Anexo II, como IFE consideradas cumpridoras ou como beneficiários efetivos isentos, consoante o caso. Para este efeito, um plano de pensões português inclui uma Entidade estabelecida ou situada em e regulada por Portugal, ou um instrumento contratual ou jurídico predeterminado, disponibilizado com vista a proporcionar prestações a título de pensão ou

reforma ou obter rendimentos para a prestação desses benefícios, nos termos da legislação de Portugal e sujeito a regulamentação no que respeita a contribuições, distribuições, obrigações de comunicação, patrocínio e tributação.

4 – Identificação e tratamento de outras IFE consideradas cumpridoras e outros beneficiários efetivos isentos. Para efeitos do disposto na secção 1471 do *Internal Revenue Code* dos E.U.A., os Estados Unidos irão tratar cada Instituição financeira portuguesa não reportante como uma IFE considerada cumpridora ou como beneficiário efetivo isento, consoante o caso.

5 – Regras especiais relativas a Entidades relacionadas e sucursais que não sejam Instituições financeiras não participantes. Se uma Instituição financeira portuguesa que, por qualquer outro modo, cumpre os requisitos descritos no nº 1 do presente artigo ou que se encontra descrita no nº 3 ou 4 do presente artigo, possuir uma Entidade relacionada ou sucursal a exercer a sua atividade numa jurisdição que impede essa Entidade relacionada ou sucursal de cumprir os requisitos de uma IFE participante ou de uma IFE considerada cumpridora para efeitos do disposto na secção 1471 do *Internal Revenue Code* dos E.U.A., ou possuir uma Entidade relacionada ou sucursal que seja tratada como Instituição financeira não participante unicamente devido à caducidade da norma transitória para IFE limitadas e sucursais limitadas nos termos das *U.S. Treasury Regulations* aplicáveis, essa Instituição financeira portuguesa continuará a cumprir as condições do presente Acordo e continuará a ser tratada como IFE considerada cumpridora ou como beneficiário efetivo isento, consoante o caso, para efeitos da secção 1471 do *Internal Revenue Code* dos E.U.A., desde que:

a) A Instituição financeira portuguesa trate cada Entidade relacionada ou sucursal como uma Instituição financeira não participante autónoma para efeitos de todos os requisitos de comunicação e retenção do presente Acordo, e essa Entidade relacionada ou sucursal se identifique aos agentes de retenção como uma Instituição financeira não participante;

b) Essa Entidade relacionada ou sucursal identifique as suas contas dos E.U.A. e comunique as informações respeitantes a essas contas nos termos exigidos na secção 1471 do *Internal Revenue Code* dos E.U.A., na medida do permitido pela legislação relevante aplicável à Entidade relacionada ou sucursal; e

c) Essa Entidade relacionada ou sucursal não procure especificamente captar contas dos E.U.A. detidas por pessoas que sejam não residentes na jurisdição em que essa Entidade relacionada ou sucursal se encontra situada ou contas detidas por Instituições financeiras não participantes que não se encontrem estabelecidas na jurisdição onde essa sucursal ou Entidade relacionada se encontra situada, e essa sucursal ou Entidade relacionada não seja usada pela Instituição financeira portuguesa ou qualquer outra Entidade relacionada para evitar o cumprimento das obrigações nos termos do presente Acordo ou nos termos da secção 1471 do *Internal Revenue Code* dos E.U.A., consoante o caso.

6 – Coordenação temporal. Não obstante o disposto nos números 3 e 5 do artigo 3º do presente Acordo:

a) Portugal não fica obrigado a obter e trocar informações relativamente a um ano civil anterior ao ano civil em relação ao qual as IFE participantes são obrigadas a comunicar ao IRS informações similares nos termos das *U.S. Treasury Regulations* aplicáveis;

b) Portugal não fica obrigado a iniciar a troca de informações antes da data em que as IFE participantes devem comunicar informações similares ao IRS nos termos das *U.S. Treasury Regulations* aplicáveis;

c) Os Estados Unidos não ficam obrigados a obter e trocar informações relativamente a um ano civil anterior ao primeiro ano civil em relação ao qual Portugal está obrigado a obter e trocar informações; e

d) Os Estados Unidos não ficam obrigados a iniciar a troca de informações antes da data em que Portugal fica obrigado a iniciar a troca de informações.

7 – Coordenação de definições com as *U.S. Treasury Regulations* aplicáveis. Não obstante o disposto no artigo 1º e das definições estabelecidas nos anexos ao presente Acordo, na implementação do presente Acordo, Portugal pode utilizar, bem como pode autorizar as Instituições financeiras portuguesas a utilizar, uma definição existente nas *U.S. Treasury Regulations* aplicáveis em vez da definição correspondente existente no presente Acordo, desde que essa aplicação não frustre as finalidades do presente Acordo.

Artigo 5º – Cooperação em termos de cumprimento e execução

1 – Erros menores e administrativos. Uma Autoridade competente notificará a Autoridade competente da outra Parte quando a primeira Autoridade competente mencionada tenha razões para considerar que erros administrativos ou outros erros menores possam ter conduzido a uma comunicação incorreta ou incompleta das informações ou resultado noutros incumprimentos ao disposto no presente Acordo. A Autoridade Competente dessa outra Parte aplicará a sua legislação interna (incluindo as

sanções aplicáveis) para obter as informações corretas e/ou completas ou para resolver outros incumprimentos ao disposto no presente Acordo.

2 – Incumprimento significativo.

a) Uma Autoridade competente notificará a Autoridade competente da outra Parte quando a primeira Autoridade competente tenha verificado a existência de um incumprimento significativo das obrigações decorrentes do presente Acordo relativamente à Instituição financeira reportante da outra jurisdição. A Autoridade competente dessa outra Parte deve aplicar a sua legislação interna (incluindo as sanções aplicáveis) para lidar com esse incumprimento significativo descrito na notificação.

b) Se, no caso de uma Instituição financeira portuguesa reportante, esses procedimentos de execução não sanarem o incumprimento no prazo de 18 meses a contar da primeira notificação do incumprimento significativo, os Estados Unidos irão tratar a Instituição financeira portuguesa reportante como uma Instituição financeira não participante, ao abrigo do disposto nesta alínea *b)* do nº 2.

3 – Recurso a prestadores de serviços externos. Cada uma das Partes pode autorizar as Instituições financeiras reportantes a recorrer a prestadores de serviços externos para o cumprimento das obrigações impostas a essas Instituições financeiras reportantes por uma das Partes, conforme previsto no presente Acordo, mas essas obrigações continuam a ser da responsabilidade das Instituições financeiras reportantes.

4 – Prevenção da evasão. As Partes devem implementar as medidas necessárias para prevenir que as Instituições financeiras adotem práticas dirigidas a evitar as comunicações previstas no presente Acordo.

Artigo 6º – Compromisso mútuo para continuar a reforçar a eficácia da troca de informações e a transparência

1 – Reciprocidade. O Governo dos Estados Unidos reconhece a necessidade de alcançar níveis equivalentes de reciprocidade na troca automática de informações com Portugal. O Governo dos Estados Unidos está empenhado em reforçar a transparência e a reforçar a relação de troca com Portugal, continuando a adotar regulamentos e a promover e a apoiar a legislação relevante para alcançar esses níveis equivalentes de reciprocidade na troca automática de informações.

2 – Tratamento dos pagamentos de transferências e receitas brutas. As Partes estão empenhadas em trabalhar em conjunto, com outras jurisdições parceiras, para desenvolver uma abordagem alternativa que seja viável

e eficaz para alcançar os objetivos dos pagamentos de transferências estrangeiras e a retenção sobre receitas brutas, e que reduza os custos de cumprimento.

3 – Documentação das contas mantidas em 30 de junho de 2014. Em relação às contas sujeitas a comunicação que sejam contas preexistentes mantidas por uma Instituição financeira reportante em 30 de junho de 2014:

a) Os Estados Unidos comprometem-se a estabelecer até 1 de janeiro de 2017, para a comunicação relativa a 2017 e aos anos subsequentes, a regulamentação que obriga as Instituições financeiras dos E.U.A. reportantes a obter e a comunicar o NIF português de cada Titular da conta referente a uma Conta portuguesa sujeita a comunicação, em conformidade com a subalínea (1) da alínea *b)* do nº 2 do artigo 2º do presente Acordo; e

b) Portugal compromete-se a estabelecer até 1 de janeiro de 2017, para a comunicação relativa a 2017 e aos anos subsequentes, a regulamentação que obriga as Instituições financeiras portuguesas reportantes a obter e a comunicar o NIF dos E.U.A. de cada Pessoa específica dos E.U.A., em conformidade com a subalínea (1) da alínea *a)* do nº 2 do artigo 2º do presente Acordo.

Artigo 7º – Consistência na aplicação do FATCA a jurisdições parceiras

1 – Portugal tem o direito de beneficiar de quaisquer disposições mais favoráveis ao abrigo do artigo 4º ou do Anexo I do presente Acordo, em relação à aplicação do FATCA a Instituições financeiras portuguesas, que tenham sido concedidas a uma outra Jurisdição parceira, nos termos de um Acordo bilateral assinado, de acordo com o qual a Jurisdição parceira se compromete a assumir as mesmas obrigações de Portugal descritas nos artigos 2º e 3º do presente Acordo e sujeitas aos mesmos termos e condições aí descritos, bem como nos artigos 5º a 9º do presente Acordo.

2 – Os Estados Unidos devem notificar Portugal em relação a quaisquer disposições mais favoráveis e estas aplicam-se automaticamente ao abrigo do presente Acordo como se esses termos tivessem sido descritos no presente Acordo, e produzem efeitos a partir da data da assinatura do Acordo que contém as disposições mais favoráveis, salvo se Portugal rejeitar a sua aplicação por escrito.

Artigo 8º – Consultas e alterações

1 – No caso de surgirem dificuldades na implementação do presente Acordo, cada Parte pode solicitar consultas tendo em vista o desenvolvimento de medidas adequadas para garantir o cumprimento do presente Acordo.

2 – O presente Acordo pode ser alterado mediante Acordo escrito e mútuo das Partes. Salvo acordo em contrário, essa alteração deve entrar em vigor mediante os mesmos procedimentos estabelecidos no nº 1 do artigo 10º do presente Acordo.

Artigo 9º – Anexos

Os anexos constituem parte integrante do presente Acordo.

Artigo 10º – Vigência do Acordo

1 – O presente Acordo entra em vigor na data da notificação escrita de Portugal aos Estados Unidos de que Portugal concluiu a implementação das formalidades internas necessárias para a entrada em vigor do presente Acordo.

2 – Cada uma das Partes pode denunciar o presente Acordo notificando a outra Parte por escrito da denúncia. A denúncia produzirá efeitos no primeiro dia do mês seguinte ao decurso de um prazo de 12 meses a contar da data da notificação da denúncia.

3 – Antes de 31 de dezembro de 2016, as Partes, agindo de boa-fé, consultar-se-ão para a alteração do presente Acordo, conforme o necessário para refletir a evolução dos compromissos definidos no artigo 6º do presente Acordo.

Em testemunho do qual, os signatários, devidamente autorizados para o efeito pelos respetivos Governos, assinaram o presente Acordo.

Feito em Lisboa, em dois originais, nas línguas inglesa e portuguesa, sendo ambos os textos igualmente válidos, aos seis dias do mês de agosto de dois mil e quinze.

Pela República Portuguesa:
Paulo Núncio, Secretário de Estado dos Assuntos Fiscais.

Pelos Estados Unidos da América:
Robert A. Sherman, Embaixador dos Estados Unidos da América.

ANEXO I

Obrigações de diligência devida para a identificação e comunicação das contas dos EUA sujeitas a comunicação e dos pagamentos a determinadas instituições financeiras não participantes

I. Generalidades.

A. Portugal deve obrigar as Instituições financeiras portuguesas reportantes a aplicar os procedimentos de diligência devida descritos no presente Anexo I para a identificação de Contas dos E.U.A. sujeitas a comunicação e de contas detidas por Instituições financeiras não participantes.

B. Para efeitos do presente Acordo,

1 – Todos os montantes em dólares devem ser entendidos como incluindo o equivalente noutras divisas.

2 – Salvo se o contrário se encontrar previsto no presente Anexo I, o saldo ou valor de uma conta será determinado no último dia do ano civil ou de outro período de comunicação apropriado.

3 – Quando o limite do saldo ou do valor deva ser determinado em 30 de junho de 2014 nos termos do presente Anexo I, o saldo ou o valor relevante deve ser determinado nesse dia ou no último dia do período de comunicação que termine imediatamente antes de 30 de junho de 2014, e quando o limite do saldo ou valor deva ser determinado no último dia do ano civil nos termos do presente Anexo I, o saldo ou o valor relevante deve ser determinado no último dia do período de comunicação que termina com ou durante esse ano civil.

4 – Sem prejuízo do disposto na secção II.E(1) do presente Anexo I, uma conta será tratada como sendo uma Conta dos E.U.A. sujeita a comunicação a partir da data em que seja identificada como tal nos termos dos procedimentos de diligência devida previstos neste Anexo I.

5 – Salvo se o contrário se encontrar expressamente previsto, as informações respeitantes a uma Conta dos E.U.A. sujeita a comunicação devem ser comunicadas anualmente no ano civil seguinte ao ano a que as informações respeitam.

C. Em alternativa aos procedimentos descritos em cada uma das secções deste Anexo I, Portugal pode autorizar as Instituições financeiras portuguesas reportantes a basear-se nos procedimentos descritos nas *U.S. Treasury Regulations* aplicáveis para estabelecer se uma conta é uma Conta dos E.U.A. sujeita a comunicação ou uma conta detida por uma Instituição financeira não participante. Portugal pode autorizar as Instituições financeiras portuguesas reportantes a efetuar essa opção separadamente para cada secção do presente Anexo I relativamente a todas as Contas Financeiras ou relativamente a qualquer grupo dessas contas claramente identificado (como por setor de atividade ou local onde a conta é mantida).

II. Contas preexistentes de Pessoas singulares. As regras e procedimentos que se seguem aplicam-se para efeitos de identificação das Contas dos E.U.A. sujeitas a comunicação entre as Contas Preexistentes cujos titulares sejam Pessoas singulares ("Contas preexistentes de Pessoas singulares").

A. Contas não sujeitas a análise, identificação ou comunicação. Salvo se a Instituição financeira portuguesa reportante optar de forma diferente, quer relativamente a todas as Contas preexistentes de Pessoas singulares, ou autonomamente em relação a um grupo claramente identificado dessas contas, quando as normas de implementação de Portugal previrem essa opção, as seguintes Contas preexistentes de Pessoas singulares não ficam sujeitas a análise, identificação ou comunicação como Contas dos E.U.A. sujeitas a comunicação:

1 – Sem prejuízo do disposto na subsecção E(2) desta secção, uma Conta preexistente de Pessoas singulares com um saldo ou valor que não exceda $50.000 (cinquenta mil dólares americanos) em 30 de junho de 2014.

2 – Sem prejuízo do disposto na subsecção E(2) desta secção, uma Conta preexistente de Pessoas singulares que seja um Contrato de seguro monetizável ou um Seguro de renda com um saldo ou valor igual ou inferior a $250.000 (duzentos e cinquenta mil dólares americanos) em 30 de junho de 2014.

3 – Uma Conta preexistente de Pessoas singulares que seja um Contrato de seguro monetizável ou um Seguro de renda, desde que a lei ou regulamentação de Portugal ou dos Estados Unidos impeça de forma efetiva a venda desse Contrato de seguro monetizável ou Seguro de renda a residentes dos E.U.A. (como por exemplo, se a Instituição financeira relevante não possuir o registo necessário nos termos da legislação dos E.U.A., e a legislação de Portugal exigir a comunicação ou retenção de imposto em relação a produtos de seguros detidos por residentes de Portugal).

4 – Uma Conta de Depósito com saldo igual ou inferior a $50.000 (cinquenta mil dólares americanos).

B. Procedimentos de análise das Contas preexistentes de Pessoas singulares com saldo ou valor a 30 de junho de 2014 superior a $50.000 (cinquenta mil dólares americanos) ($250.000 [duzentos e cinquenta mil dólares americanos] no caso de um Contrato de seguro monetizável ou Seguro de renda), mas que não excede $1.000.000 (um milhão de dólares americanos) ("Contas de menor valor").

1 – Pesquisa do registo eletrónico. A Instituição financeira portuguesa reportante deve analisar dados suscetíveis de pesquisa por meios eletrónicos mantidos pela Instituição financeira portuguesa reportante relativamente a qualquer um dos seguintes indícios de vinculação aos E.U.A.:

a) Identificação do titular de conta como cidadão ou residente dos E.U.A.;

b) Indicação inequívoca de um local de nascimento nos E.U.A.;

c) Morada postal ou residência atual nos E.U.A. (incluindo apartado postal dos E.U.A.);

d) Número de telefone atual dos E.U.A.;

e) Instruções permanentes para a transferência de fundos para uma conta mantida nos Estados Unidos;

f) Procuração ou autorização de assinatura atualmente válida concedida a uma pessoa com morada nos E.U.A.; ou

g) Um endereço "ao cuidado de" ou "de retenção de correspondência" que seja o único endereço que a Instituição financeira portuguesa reportante tenha em arquivo em relação ao Titular da conta. No caso de uma Conta preexistente de Pessoa singular que seja uma Conta de menor valor, um endereço "ao cuidado de" fora dos Estados Unidos ou "de retenção de correspondência" não será considerado como um indício de vinculação aos E.U.A.

2 – Se na pesquisa eletrónica não for encontrado qualquer um dos indícios descritos na subsecção B(1) da presente secção, não será necessário tomar qualquer outra medida até que ocorra uma alteração das circunstâncias que resulte na associação à conta de um ou mais indícios de vinculação aos E.U.A., ou se a conta se tornar uma Conta de elevado valor nos termos descritos na subsecção D da presente secção.

3 – Se for detetado algum dos indícios da subsecção B(1) da presente secção através da pesquisa eletrónica, ou se ocorrer uma alteração das circunstâncias que resulte na associação à conta de um ou mais indícios de vinculação aos E.U.A., a Instituição financeira portuguesa reportante deve tratar a conta como sendo uma Conta sujeita a comunicação dos E.U.A., salvo se optar por aplicar o disposto na subsecção B(4) desta secção e for aplicável a essa conta uma das exceções previstas nesse número.

4 – Não obstante serem detetados indícios de vinculação aos E.U.A. nos termos da subsecção B(1) da presente secção, uma Instituição financeira portuguesa reportante não fica obrigada a tratar uma conta como sendo uma Conta dos E.U.A. sujeita a comunicação caso:

a) Quando as informações sobre o titular da conta inequivocamente indiquem um local de nascimento nos E.U.A., a Instituição financeira portuguesa reportante obtenha ou tenha previamente analisado e mantenha um registo de:

(1) Uma autocertificação de que o Titular da conta não é um cidadão dos E.U.A. nem residente dos

E.U.A. para efeitos fiscais (o que pode ser efetuado através de um formulário W-8 do IRS ou outro formulário similar acordado para o efeito);

(2) Um passaporte que não seja dos E.U.A. ou qualquer outro documento de identificação emitido por um Governo que comprove que o Titular da conta tem cidadania ou nacionalidade de outro país que não os Estados Unidos; e

(3) Uma cópia do Certificado de perda de nacionalidade dos Estados Unidos do Titular da conta ou uma explicação razoável em relação ao:

(a) Motivo pelo qual o Titular da conta não possui esse certificado, apesar de ter abdicado da cidadania dos E.U.A.; ou

(b) Motivo pelo qual o Titular da conta não obteve a cidadania dos E.U.A. com o nascimento.

b) Quando as informações sobre o Titular da conta contêm um endereço postal ou de residência atual nos E.U.A., ou um ou mais números de telefone dos E.U.A. que são os únicos números de telefone associados à conta, a Instituição financeira portuguesa reportante obtenha ou tenha previamente analisado ou mantenha um registo de:

(1) Uma autocertificação de que o Titular da conta não é um cidadão dos E.U.A. nem residente dos E.U.A. para efeitos fiscais (o que pode ser efetuado através de um formulário W-8 do IRS ou outro formulário similar acordado para o efeito); e

(2) Prova documental, nos termos definidos na subsecção D da secção VI do presente Anexo I, a estabelecer o estatuto do Titular da conta como não sendo dos Estados Unidos.

c) Quando as informações sobre o titular da conta contêm instruções permanentes para a transferência de fundos para uma conta mantida nos

Estados Unidos, a Instituição financeira portuguesa reportante obtenha ou tenha previamente analisado e mantenha um registo de:

(1) Uma autocertificação de que o Titular da conta não é um cidadão dos E.U.A. nem residente dos E.U.A. para efeitos fiscais (o que pode ser efetuado através de um formulário W-8 do IRS ou outro formulário similar acordado para o efeito); e

(2) Prova documental, nos termos definidos na subsecção D da secção VI do presente Anexo I, a estabelecer o estatuto do Titular da conta como não sendo dos Estados Unidos.

d) Quando as informações sobre o Titular da conta contêm uma procuração ou autorização de assinatura atual-mente válida concedida a uma pessoa com morada nos E.U.A., um endereço "ao cuidado de" ou"de retenção de correspondência", sendo o único endereço identificado para o Titular da conta, ou um ou mais números de telefone dos E.U.A. (se existir também um número de telefone que não seja dos E.U.A. associado à conta), a Instituição financeira portuguesa reportante obtenha ou tenha previamente analisado e mantenha um registo de:

(1) Uma autocertificação de que o Titular da conta não é um cidadão dos E.U.A. nem residente dos E.U.A. para efeitos fiscais (o que pode ser efetuado através de um formulário W-8 do IRS ou outro formulário similar acordado para o efeito); ou

(2) Prova documental, nos termos definidos na subsecção D da secção VI do presente Anexo I, a estabelecer o estatuto do Titular da conta como não sendo dos Estados Unidos.

C. Procedimentos adicionais aplicáveis às Contas preexistentes de Pessoas singulares que sejam Contas de menor valor.

1 – A análise das Contas preexistentes de Pessoas singulares que sejam Contas de menor valor em relação a indícios de vinculação aos E.U.A. deve estar concluída em 30 de junho de 2016.

2 – Caso ocorra uma alteração das circunstâncias em relação a uma Conta preexistente de Pessoas Singulares que seja uma Conta de menor valor e que resulte na associação à conta de um ou mais indícios de vinculação aos E.U.A. descritos na subsecção B(1) desta secção, a Instituição financeira portuguesa reportante deve tratar a conta como sendo uma Conta dos E.U.A. sujeita a comunicação, salvo se for aplicável o disposto na subsecção B(4) desta secção.

3 – Com exceção das Contas de depósito descritas na subsecção A(4) desta secção, qualquer Conta preexistente de Pessoas singulares, que tenha

sido identificada como sendo uma Conta dos E.U.A. sujeita a comunicação nos termos da presente secção, será tratada como uma Conta dos E.U.A. sujeita a comunicação em todos os anos subsequentes, salvo se o Titular da conta deixar de ser uma Pessoa específica dos E.U.A.

D. Procedimentos de análise reforçada de Contas preexistentes de Pessoas singulares com saldo ou valor superior a $1.000.000 (um milhão de dólares americanos) em 30 de junho de 2014, ou em 31 de dezembro de 2015 ou de qualquer ano subsequente ("Contas de elevado valor").

1 – Pesquisa do registo eletrónico. A Instituição financeira portuguesa reportante deve analisar dados suscetíveis de pesquisa por meios eletrónicos mantidos pela Instituição financeira portuguesa reportante relativamente a qualquer um dos indícios de vinculação aos E.U.A. descritos na subsecção B(1) desta secção.

2 – Pesquisa do registo em papel. Caso as bases de dados suscetíveis de pesquisa eletrónica da Instituição financeira portuguesa reportante incluam campos para a inserção de informações e registem todas as informações descritas na subsecção D(3) desta secção, não será necessário proceder a uma pesquisa do registo em papel. Caso as bases de dados eletrónicas não registem todas estas informações, relativamente a Contas de elevado valor a Instituição financeira portuguesa reportante deve também analisar o ficheiro principal atual do cliente e, na medida do que não conste do ficheiro principal atual do cliente, os documentos associados à conta que se seguem e que tenham sido obtidos pela Instituição financeira portuguesa reportante nos últimos cinco anos em relação a qualquer um dos indícios de vinculação aos E.U.A. descritos na subsecção B(1) desta secção:

a) A prova documental mais recente recolhida em relação à conta;

b) O contrato ou documentação de abertura de conta mais recente;

c) A documentação mais recente obtida pela Instituição financeira portuguesa reportante de acordo com os procedimentos AML/KYC ou para outros fins regulamentares;

d) Qualquer procuração ou formulário de autorização de assinatura em vigor; e

e) Quaisquer instruções permanentes vigentes para a transferência de fundos.

3 – Exceção quando as bases de dados contêm informações suficientes. Uma Instituição financeira portuguesa reportante não fica obrigada a efetuar a pesquisa do registo em papel descrita na subsecção D(2) da presente

secção caso as informações suscetíveis de pesquisa eletrónica da Instituição financeira portuguesa reportante contenham o seguinte:

a) A nacionalidade ou estatuto de residência do Titular da conta;

b) O endereço de residência e o endereço postal do Titular da conta existente atualmente no ficheiro da Instituição financeira portuguesa reportante;

c) O(s) número(s) de telefone do Titular da conta existente(s) atualmente no ficheiro da Instituição financeira portuguesa reportante, se for o caso;

d) A existência ou não de instruções permanentes para a transferência de fundos da conta para outra conta (incluindo uma conta numa outra sucursal da Instituição financeira portuguesa reportante ou numa outra Instituição financeira);

e) A existência ou não de um endereço "ao cuidado de" ou "de retenção de correspondência" atual para o Titular da conta; e

f) A existência ou não de uma procuração ou autorização de assinatura para a conta.

4 – Consulta ao gestor de conta em relação ao seu conhecimento de facto. Para além das pesquisas do registo eletrónico e em papel acima descritas, a Instituição financeira portuguesa reportante deve tratar como uma Conta dos E.U.A. sujeita a comunicação qualquer Conta de elevado valor atribuída a um gestor de conta (incluindo quaisquer Contas financeiras agregadas a essa Conta de elevado valor), caso o gestor de conta disponha de conhecimento de facto de que o Titular da conta é uma Pessoa específica dos E.U.A.

5 – Efeitos da deteção de indícios de vinculação aos E.U.A.

a) Caso não seja detetado qualquer um dos indícios de vinculação aos E.U.A. descritos na subsecção B(1) da presente secção durante a análise reforçada das Contas de elevado valor acima descrita, e caso a conta não seja identificada como sendo detida por uma Pessoa específica dos E.U.A. nos termos da subsecção D(4) da presente secção, não será necessário tomar qualquer outra medida até que ocorra uma alteração das circunstâncias que resulte na associação à conta de um ou mais indícios de vinculação aos E.U.A.

b) Caso seja detetado algum dos indícios da subsecção B(1) da presente secção durante a análise reforçada das Contas de elevado valor acima descrita, ou se ocorrer uma alteração subsequente das circunstâncias que resulte na associação de um ou mais indícios de vinculação aos E.U.A.

associados à conta, a Instituição financeira portuguesa reportante deve tratar a conta como sendo uma Conta dos E.U.A. sujeita a comunicação, salvo se optar por aplicar o disposto na subsecção B(4) desta secção e for aplicável a essa conta uma das exceções previstas nessa subsecção.

c) Com exceção das Contas de depósito descritas na subsecção A(4) desta secção, qualquer Conta preexistente de Pessoas singulares, que tenha sido identificada como sendo uma Conta dos E.U.A. sujeita a comunicação nos termos da presente secção, será tratada como uma Conta dos E.U.A. sujeita a comunicação em todos os anos subsequentes, salvo se o Titular da conta deixar de ser uma Pessoa específica dos E.U.A.

E. Procedimentos adicionais aplicáveis às Contas de elevado valor.

1 – Caso uma Conta preexistente de Pessoas singulares seja uma Conta de elevado valor em 30 de junho de 2014, a Instituição financeira portuguesa reportante deve concluir os procedimentos de análise reforçada, descritos na subsecção D da presente secção, em relação a essa conta até 30 de junho de 2015. Se, com base nessa análise, essa conta for identificada como uma Conta dos E.U.A. sujeita a comunicação em ou antes de 31 de dezembro de 2014, a Instituição financeira portuguesa reportante deve comunicar as informações necessárias acerca dessa conta em relação a 2014 na primeira comunicação com referência à conta e anualmente a partir daí. No caso de uma conta identificada como Conta dos E.U.A. sujeita a comunicação depois de 31 de dezembro de 2014 e em ou antes de 30 de junho de 2015, a Instituição financeira portuguesa reportante não fica obrigada a comunicar as informações sobre essa conta em relação a 2014, mas fica obrigada a comunicar as informações sobre a conta anualmente a partir desse momento.

2 – Caso uma Conta preexistente de Pessoas singulares não seja uma Conta de elevado valor em 30 de junho de 2014, mas seja uma Conta de elevado valor no último dia de 2015 ou de um ano civil subsequente, a Instituição financeira portuguesa reportante deve concluir os procedimentos de análise reforçada, descritos na subsecção D da presente secção, em relação a essa conta no prazo de seis meses a contar do último dia do ano civil em que a conta passou a ser uma Conta de elevado valor. Se, com base nesta análise, essa conta tiver sido identificada como sendo uma Conta sujeita a comunicação dos E.U.A., a Instituição financeira portuguesa reportante deve comunicar as informações necessárias acerca dessa conta em relação ao ano em que foi identificada como Conta dos E.U.A. sujeita a comuni-

cação e aos anos subsequentes, numa base anual, salvo se o Titular da conta deixar de ser uma Pessoa específica dos E.U.A.

3 – Após a aplicação por parte da Instituição financeira portuguesa reportante dos procedimentos de análise reforçada, descritos na subsecção D da presente secção, a uma Conta de elevado valor, a Instituição financeira portuguesa reportante não fica obrigada a aplicar novamente esses procedimentos à mesma Conta de elevado valor nos anos subsequentes, salvo no que respeita à consulta ao gestor de conta descrita na subsecção D(4) da presente secção.

4 – Caso ocorra uma alteração das circunstâncias em relação a uma Conta de elevado valor e que resulte na associação à conta de um ou mais indícios de vinculação aos E.U.A. descritos na subsecção B(1) desta secção, a Instituição financeira portuguesa reportante deve tratar a conta como uma Conta sujeita a comunicação dos E.U.A., salvo se opte por aplicar o disposto na subsecção B(4) da presente secção e alguma das exceções constantes dessa subsecção for aplicável em relação a essa conta.

5 – Uma Instituição financeira portuguesa reportante deve implementar procedimentos de modo a garantir que o gestor de conta consegue identificar qualquer alteração de circunstâncias de uma conta. Por exemplo, caso um gestor de conta seja notificado de que o Titular da conta possui um novo endereço postal nos Estados Unidos, a Instituição financeira portuguesa reportante fica obrigada a tratar esse novo endereço como uma alteração das circunstâncias e, caso opte pela aplicação da subsecção B(4) da presente secção, deverá obter a documentação adequada do Titular da conta.

F. Contas preexistentes de Pessoas singulares que tenham sido documentadas para outros fins. Uma Instituição financeira portuguesa reportante que tenha obtido anteriormente documentação de um Titular da conta para efeitos de determinar que o Titular da conta não possui o estatuto de cidadão dos E.U.A. nem de residente dos E.U.A., para cumprir as suas obrigações ao abrigo de um acordo com o IRS na qualidade de intermediário qualificado, *partnership* estrangeira retentora, ou *trust* estrangeiro retentor, ou para cumprir as suas obrigações decorrentes do disposto no capítulo 61 do Título 26 do Código dos Estados Unidos, não fica obrigada a efetuar os procedimentos descritos na subsecção B(1) da presente secção relativamente às Contas de menor valor ou na subsecção D(1) a D(3) da presente secção relativamente às Contas de elevado valor.

III. Contas novas de Pessoas singulares. As regras e procedimentos que se seguem aplicam-se para efeitos de identificação de Contas dos E.U.A. sujeitas a comunicação entre as Contas financeiras detidas por pessoas singulares e que sejam abertas em ou após 1 de julho de 2014 ("Contas novas de Pessoas singulares").

A. Contas não sujeitas a análise, identificação ou comunicação. Salvo se a Instituição financeira portuguesa reportante optar de outro modo, quer relativamente a todas as Contas novas de Pessoas singulares, ou autonomamente em relação a um grupo claramente identificado dessas contas, quando as normas de implementação de Portugal previrem essa opção, as Contas novas de Pessoas singulares que se seguem não ficam sujeitas a análise, identificação ou comunicação como Contas a Comunicar dos E.U.A.:

1 – Uma Conta de depósito, salvo se o saldo da conta for superior a $50.000 (cinquenta mil dólares americanos) no final de qualquer ano civil ou outro período de comunicação apropriado.

2 – Um Contrato de seguro monetizável, salvo se o Valor em numerário for superior a $50.000 (cinquenta mil dólares americanos) no final de qualquer ano civil ou outro período de comunicação apropriado.

B. Outras Contas novas de Pessoas singulares. Relativamente a Contas novas de Pessoas singulares não descritas na subsecção A da presente secção, após a abertura da conta (ou no prazo de 90 dias a contar do final do ano civil em que a conta deixou de fazer parte da descrição prevista na subsecção A da presente secção), a Instituição financeira portuguesa reportante deve obter uma autocertificação que possa integrar a documentação de abertura da conta e que permita à Instituição financeira portuguesa reportante determinar se o Titular da conta é residente dos Estados Unidos para efeitos fiscais (para este fim, um cidadão dos E.U.A. será considerado residente dos Estados Unidos para efeitos fiscais, mesmo se o Titular da conta for também residente de outra jurisdição para efeitos fiscais) e confirmar a razoabilidade dessa autocertificação com base nas informações obtidas pela Instituição financeira portuguesa reportante relacionadas com a abertura da conta, incluindo qualquer documentação recolhida no âmbito dos Procedimentos AML/KYC.

1 – Caso a autocertificação estabeleça que o Titular da conta é residente dos Estados Unidos para efeitos fiscais, a Instituição financeira portuguesa reportante deverá tratar a conta como uma Conta dos E.U.A. sujeita a comunicação e obter uma autocertificação que inclua o NIF dos E.U.A. do

Titular da conta (o que pode ser efetuado através de um formulário W-9 do IRS ou outro formulário similar acordado para o efeito).

2 – Caso exista uma alteração das circunstâncias relativamente a Contas novas de Pessoas singulares que leve a Instituição financeira portuguesa reportante a ter conhecimento ou a ter motivos para saber que a autocertificação original está incorreta ou não é fidedigna, a Instituição financeira portuguesa reportante não pode basear-se nesta autocertificação original e deve obter uma autocertificação válida que estabeleça se o Titular da conta é ou não cidadão ou residente dos E.U.A. para efeitos fiscais. Caso a Instituição financeira portuguesa reportante não consiga obter uma autocertificação válida, a Instituição financeira portuguesa reportante deve tratar a conta como sendo uma Conta sujeita a comunicação dos E.U.A.

IV. Contas preexistentes de Entidades. As regras e procedimentos que se seguem aplicam-se para efeitos de identificação das Contas dos E.U.A. sujeitas a comunicação e das contas detidas por Instituições financeiras não participantes entre as Contas preexistentes detidas por Entidades ("Contas preexistentes de Entidades").

A. Contas de Entidades não sujeitas a análise, identificação ou comunicação. Salvo se a Instituição financeira portuguesa reportante optar de outro modo, quer relativamente a todas as Contas preexistentes de Entidades, ou autonomamente em relação a um grupo claramente identificado dessas contas, quando as normas de implementação de Portugal previrem essa opção, uma Conta preexistente de Entidades, com um saldo ou valor que não exceda $250.000 (duzentos e cinquenta mil dólares americanos) em 30 de junho de 2014, não fica sujeita a análise, identificação ou comunicação como sendo uma Conta dos E.U.A. sujeita a comunicação até o saldo ou valor da conta exceder $1.000.000 (um milhão de dólares americanos).

B. Contas de Entidades sujeitas a análise. Uma Conta preexistente de Entidade com um saldo ou valor superior a $250.000 (duzentos e cinquenta mil dólares americanos) em 30 de junho de 2014, bem como uma Conta preexistente de Entidade cujo saldo não exceda $250.000 (duzentos e cinquenta mil dólares americanos) em 30 de junho de 2014, mas que, posteriormente, venha a ser superior a $1.000.000 (um milhão de dólares americanos) no último dia de 2015 ou de qualquer ano subsequente, devem ser analisadas em conformidade com os procedimentos descritos na subsecção D da presente secção.

C. Contas de Entidades relativamente às quais é obrigatória a comunicação. Relativamente às Contas preexistentes de Entidades descritas na subsecção B da presente secção, apenas as contas detidas por uma ou mais entidades que sejam Pessoas específicas dos E.U.A., ou por Entidades Estrangeiras Não Financeiras (EENF) passivas com uma ou mais Pessoas que exercem o controlo que sejam cidadãos ou residentes dos E.U.A., serão tratadas como Contas dos E.U.A. sujeitas a comunicação. Para além disso, as contas detidas por Instituições financeiras não participantes devem ser tratadas como contas em relação às quais o montante total dos pagamentos, conforme o disposto na alínea *b)* do nº 1 do artigo 4º do Acordo, deve ser comunicado à Autoridade competente portuguesa.

D. Procedimentos de Análise para a Identificação de Contas de Entidades Relativamente às Quais é Obrigatória a Comunicação. Relativamente às Contas preexistentes de Entidades descritas na subsecção B da presente secção, a Instituição financeira portuguesa reportante deve aplicar os seguintes procedimentos de análise para determinar se a conta é detida por uma ou mais Pessoas específicas dos E.U.A., por EENF passivas com uma ou mais Pessoas que exercem o controlo que sejam cidadãos ou residentes dos E.U.A., ou por Instituições financeiras não participantes:

1 – Determinar se a Entidade é uma Pessoa específica dos E.U.A.

a) Análise das informações mantidas para fins de regulação ou de relacionamento com o cliente (incluindo informações recolhidas ao abrigo de Procedimentos AML/KYC) para determinar se as informações indicam que o Titular da conta é uma Pessoa dos E.U.A. Para este efeito, as informações indicativas de que o Titular da conta é uma Pessoa dos E.U.A. incluem um local de constituição ou organização nos E.U.A. ou um endereço dos E.U.A.

b) Se as informações indicarem que o Titular da conta é uma Pessoa dos E.U.A., a Instituição financeira portuguesa reportante deve tratar a conta como uma Conta sujeita a comunicação dos E.U.A., salvo se obtiver do Titular da conta uma autocertificação (o que pode ser efetuado através de um formulário W-8 ou W-9 do IRS ou outro formulário similar acordado para o efeito) ou, com base em informações que possuam ou que sejam do domínio público, determine de forma razoável que o Titular da conta não é uma Pessoa específica dos E.U.A.

2 – Determinar se uma Entidade que não é dos E.U.A. é uma Instituição financeira.

a) Análise das informações mantidas para fins de regulação ou de relacionamento com o cliente (incluindo informações recolhidas ao abrigo de

Procedimentos AML/KYC) para determinar se as informações indicam que o Titular da conta é uma Instituição financeira.

b) Se as informações indicarem que o Titular da conta é uma Instituição financeira, ou se a Instituição financeira portuguesa reportante verificar que o *Global Intermediary Identification Number* (GIIN) do Titular da conta consta da lista de IFE publicada pelo IRS, a conta não será uma Conta sujeita a comunicação dos E.U.A.

3 – Determinar se uma Instituição financeira é uma Instituição financeira não participante cujos pagamentos que lhe são efetuados estão sujeitos a comunicação agregada nos termos da alínea *b)* do nº 1 do artigo 4º do Acordo.

a) Sem prejuízo do disposto na subsecção D(3)(b) desta secção, uma Instituição financeira portuguesa reportante pode determinar que o Titular da conta é uma Instituição financeira portuguesa ou uma Instituição financeira de outra Jurisdição parceira se a Instituição financeira portuguesa reportante determinar, de forma razoável, que o Titular da conta possui esse estatuto com base no *Global Intermediary Identification Number* (GIIN) do Titular da conta que consta da lista de IFE publicada pelo IRS ou com base em informações que sejam do domínio público ou que estejam na posse da Instituição financeira portuguesa reportante, consoante o caso. Neste caso, não será necessária qualquer outra análise, identificação ou comunicação relativamente à conta.

b) Caso o Titular da conta seja uma Instituição financeira portuguesa ou uma Instituição financeira de outra Jurisdição parceira tratada pelo IRS como sendo uma Instituição financeira não participante, a conta não será uma Conta sujeita a comunicação dos E.U.A., mas os pagamentos efetuados ao Titular da conta devem ser comunicados, conforme previsto na alínea *b)* do nº 1 do artigo 4º do Acordo.

c) Caso o Titular da conta não seja uma Instituição financeira portuguesa nem uma Instituição financeira de outra Jurisdição parceira, a Instituição financeira portuguesa reportante deve tratar o Titular da conta como sendo uma Instituição financeira não participante cujos pagamentos que lhe tenham sido efetuados devem ser comunicados conforme previsto na alínea *b)* do nº 1 do artigo 4º do Acordo, salvo se a Instituição financeira portuguesa reportante:

(1) Obtiver uma autocertificação (o que pode ser efetuado através de um formulário W-8 do IRS ou outro formulário similar acordado para o efeito) do Titular da conta de que se trata de uma IFE considerada cum-

pridora certificada ou um beneficiário efetivo isento, conforme a definição destes termos constante das *U.S. Treasury Regulations* aplicáveis; ou

(2) Verificar que o *Global Intermediary Identification Number* (GIIN) do Titular da conta consta da lista de IFE publicada pelo IRS no caso de uma IFE participante ou IFE considerada cumpridora registada.

4 – Determinar se uma conta detida por uma EENF é uma Conta dos E.U.A sujeita a comunicação. Relativamente a um Titular da conta de uma Conta preexistente de Entidade que não seja identificada quer como uma Pessoa dos E.U.A. quer como uma Instituição financeira, a Instituição financeira portuguesa reportante deve identificar (i) se o Titular da conta possui Pessoas que exercem o controlo,

(ii) se o Titular da conta é uma EENF passiva e (iii) se qualquer uma das Pessoas que exercem o controlo do Titular da conta é um cidadão ou residente dos E.U.A. Ao efetuar estas determinações, a Instituição financeira portuguesa reportante deve seguir as instruções previstas na subsecção D(4)(a) a D(4)(d) da presente secção pela ordem que for mais adequada às circunstâncias.

a) Para efeitos de determinação das Pessoas que exercem o controlo de um Titular da conta, a Instituição financeira portuguesa reportante deve basear-se nas informações recolhidas e mantidas ao abrigo dos Procedimentos AML/KYC.

b) Para efeitos de determinação se o Titular da conta é uma EENF passiva, a Instituição financeira portuguesa reportante deve obter uma autocertificação (o que pode ser efetuado através de um formulário W-8 ou W-9 do IRS ou outro formulário similar acordado para o efeito) do Titular da conta a estabelecer o seu estatuto, salvo se estiver na posse de informações, ou estas sejam do domínio público, com base nas quais possa determinar de forma razoável que o Titular da conta é uma EENF Ativa.

c) Para determinar se uma Pessoa que exerce o controlo de uma EENF passiva é um cidadão ou residente dos E.U.A. para efeitos fiscais, a Instituição financeira portuguesa reportante deve basear-se no seguinte:

(1) Informações recolhidas e mantidas ao abrigo dos Procedimentos AML/KYC, no caso de uma Conta preexistente de Entidade detida por uma ou mais EENF com um saldo ou valor que não exceda $1.000.000 (um milhão de dólares americanos); ou

(2) Uma autocertificação (o que pode ser efetuado através de um formulário W-8 ou W-9 do IRS ou outro formulário similar acordado para o efeito) do Titular da conta ou dessa Pessoa que exerce o controlo, no caso

de uma Conta preexistente de Entidade detida por uma ou mais EENF com um saldo ou valor superior a $1.000.000 (um milhão de dólares americanos).

d) Se uma Pessoa que exerce o controlo de uma EENF for um cidadão ou residente dos E.U.A., a conta deve ser tratada como sendo uma Conta sujeita a comunicação dos E.U.A.

E. Calendarização da análise e procedimentos adicionais aplicáveis às Contas preexistentes de Entidades.

1 – A análise das Contas preexistentes de Entidades com um saldo ou valor superior a $250.000 (duzentos e cinquenta mil dólares americanos) em 30 de junho de 2014 deve ser concluída até 30 de junho de 2016.

2 – A análise das Contas preexistentes de Entidades com um saldo ou valor que não exceda $250.000 (duzentos e cinquenta mil dólares americanos) em 30 de junho de 2014, mas exceda $1.000.000 (um milhão de dólares americanos) em 31 de dezembro de 2015 ou de qualquer ano subsequente, deve ser concluída no prazo de seis meses a contar do último dia do ano civil em que o saldo ou valor da conta exceda $1.000.000 (um milhão de dólares americanos).

3 – Caso ocorra uma alteração das circunstâncias relativamente à Conta preexistente de Entidade que leve a Instituição financeira portuguesa reportante a ter conhecimento, ou a ter motivos para conhecer, que a autocertificação original, ou outra documentação associada, está incorreta ou não é fidedigna, a Instituição financeira portuguesa reportante deve determinar novamente o estatuto da conta em conformidade com os procedimentos descritos na subsecção D da presente secção.

V. Contas novas de Entidades. As regras e procedimentos que se seguem aplicam-se para efeitos de identificação das Contas dos E.U.A. sujeitas a comunicação e das contas detidas por Instituições financeiras não participantes entre as Contas financeiras detidas por Entidades e que sejam abertas em ou após 1 de julho de 2014 ("Contas novas de Entidades").

A. Contas de Entidades não sujeitas a análise, identificação ou comunicação. Salvo se a Instituição financeira portuguesa reportante optar de outro modo, quer relativamente a todas as Contas novas de Entidades, ou autonomamente em relação a um grupo claramente identificado dessas contas, quando as normas de implementação de Portugal previrem essa opção, uma conta associada a um cartão de crédito ou uma linha de crédito *revolving* tratada como sendo uma Conta nova de Entidade não fica sujeita a análise, identificação ou comunicação, desde que a Instituição financeira portuguesa reportante que mantém essa conta implemente normas e procedimentos com vista a impedir um saldo devido ao Titular da conta superior a $50.000 (cinquenta mil dólares americanos).

B. Outras Contas novas de Entidades. Relativamente a Contas novas de Entidades não descritas na subsecção A da presente secção, a Instituição financeira portuguesa reportante deve determinar se o Titular da conta é: (i) uma Pessoa específica dos E.U.A.; (ii) uma Instituição financeira portuguesa ou Instituição financeira de outra Jurisdição parceira; (iii) uma IFE participante, uma IFE considerada cumpridora ou um beneficiário efetivo isento, conforme a definição destes termos constante das *U.S. Treasury Regulations* aplicáveis; ou (iv) uma EENF ativa ou uma EENF passiva.

1 – Sem prejuízo do disposto na subsecção B(2), uma Instituição financeira portuguesa reportante pode determinar que o Titular da conta é uma EENF ativa, uma Instituição financeira portuguesa ou uma Instituição financeira de outra Jurisdição parceira se a Instituição financeira portuguesa reportante determinar, de forma razoável, que o Titular da conta possui esse estatuto com base no *Global Intermediary Identification Number* (GIIN) do Titular da conta ou com base em informações que sejam do domínio público ou que estejam na posse de outra Instituição financeira portuguesa reportante, consoante o caso.

2 – Caso o Titular da conta seja uma Instituição financeira portuguesa ou uma Instituição financeira de outra Jurisdição parceira tratada pelo IRS como sendo uma Instituição financeira não participante, a conta não será uma Conta sujeita a comunicação dos E.U.A., mas os pagamentos efetuados ao Titular da conta devem ser comunicados, conforme previsto na alínea *b)* do nº 1 do artigo 4º do Acordo.

3 – Em todos os restantes casos, uma Instituição financeira portuguesa reportante deve obter uma autocertificação do Titular da conta para estabelecer o estatuto de Titular da conta. Com base na autocertificação, serão aplicáveis as seguintes regras:

a) Caso o Titular da conta seja uma Pessoa específica dos E.U.A., a Instituição financeira portuguesa reportante deve tratar a conta como uma Conta sujeita a comunicação dos E.U.A.

b) Caso o Titular da conta seja uma EENF passiva, a Instituição financeira portuguesa reportante deve identificar as Pessoas que exercem o controlo, conforme determinado ao abrigo dos Procedimentos AML/KYC, bem como deve determinar se essa pessoa é um cidadão ou residente dos

E.U.A. com base numa autocertificação do Titular da conta ou dessa pessoa. Se alguma dessas pessoas for um cidadão ou residente dos E.U.A., a Instituição financeira portuguesa reportante deve tratar a conta como uma Conta sujeita a comunicação dos E.U.A.

c) Caso o Titular da conta seja: (i) uma Pessoa dos E.U.A. que não seja uma Pessoa específica dos E.U.A.; (ii) uma Instituição financeira portuguesa ou uma Instituição financeira de outra Jurisdição parceira, sem prejuízo do disposto na subsecção B(3)(d) da presente secção, (iii) uma IFE participante, uma IFE considerada cumpridora ou um beneficiário efetivo isento, conforme a definição destes termos constante das *U.S. Treasury Regulations* aplicáveis; (iv) uma EENF ativa; ou (v) uma EENF passiva, em que nenhuma das Pessoas que exercem o controlo são cidadãos ou residentes dos E.U.A., a conta não é uma Conta sujeita a comunicação dos E.U.A., não sendo obrigatória a comunicação relativamente à conta.

d) Caso o Titular da conta seja uma Instituição financeira não participante (incluindo uma Instituição financeira portuguesa ou uma Instituição financeira de outra Jurisdição parceira tratada pelo IRS como sendo uma Instituição financeira não participante), a conta não é uma Conta sujeita a comunicação dos E.U.A., mas os pagamentos efetuados ao Titular da conta devem ser comunicados, conforme previsto na alínea *b)* do nº 1 do artigo 4º do Acordo.

VI. Disposições especiais e definições. As seguintes disposições especiais e definições são aplicáveis na implementação dos procedimentos de diligência devida acima descritos:

A. Fiabilidade das autocertificações e prova documental. Uma Instituição financeira portuguesa reportante não pode basear-se numa autocertificação ou em prova documental caso a Instituição financeira portuguesa reportante tenha conhecimento, ou tenha motivo para conhecer, que a autocertificação ou a prova documental está incorreta ou não é fidedigna.

B. Definições. Para efeitos do presente Anexo I são aplicáveis as seguintes definições:

1 – Procedimentos AML/KYC. A expressão "Procedimentos AML/KYC)" designa os procedimentos de diligência devida junto do cliente de uma Instituição financeira portuguesa reportante aplicáveis nos termos das normas de combate ao branqueamento de capitais ou requisitos similares de Portugal aos quais a Instituição financeira portuguesa reportante se encontra sujeita.

2 - EENF. Uma "EENF" designa qualquer Entidade que não é dos E.U.A. que não seja uma IFE, conforme a definição constante das *U.S. Treasury Regulations* aplicáveis, ou é uma Entidade definida na subsecção B(4)(j) da presente secção, e inclui também qualquer Entidade que não é dos E.U.A. que se encontre estabelecida em Portugal ou noutra Jurisdição parceira e que não seja uma Instituição financeira.

3 - EENF passiva. Uma "EENF passiva" designa qualquer EENF que não seja (i) uma EENF ativa, ou (ii) uma *partnership* estrangeira retentora ou um *trust* estrangeiro retentor ao abrigo das *U.S. Treasury Regulations* aplicáveis.

4 - EENF ativa. Uma "EENF ativa" designa qualquer EENF que preencha qualquer um dos seguintes requisitos:

a) Menos de 50% dos rendimentos brutos da EENF, em relação ao ano civil precedente ou outro período de comunicação apropriado, representam rendimentos passivos e menos de 50% dos ativos detidos pela EENF, durante o ano civil precedente ou outro período de comunicação apropriado, representam ativos que produzem ou são detidos para a produção de rendimentos passivos;

b) As ações da EENF são regularmente negociadas em mercados de valores mobiliários estabelecidos ou a EENF é uma Entidade relacionada de uma Entidade cujas ações sejam negociadas regularmente num mercado de valores mobiliários estabelecido;

c) A EENF encontra-se constituída num Território dos E.U.A. e todos os titulares da entidade beneficiária são residentes de boa-fé desse Território dos E.U.A.;

d) A EENF é um governo (outro que não seja o governo dos E.U.A.), uma subdivisão política desse governo (que, a fim de evitar quaisquer dúvidas, inclui um Estado, província, condado ou autarquia), ou um organismo público a exercer funções para esse governo ou subdivisão política, um governo de um Território dos E.U.A., uma organização internacional, um banco central de emissão que não seja dos E.U.A., ou uma Entidade detida na totalidade por uma ou mais das referidas entidades;

e) De uma forma significativa, todas as atividades da EENF consistem na detenção (no todo ou em parte) de ações em circulação ou na prestação de financiamento e de serviços, em relação a uma ou mais subsidiárias que exercem atividades diferentes das atividades de uma Instituição financeira, porém, uma entidade não terá o estatuto de EENF caso atue (ou se defina a si mesma) como um fundo de investimento, tal como um fundo de capital privado, fundo de capital de risco, fundo de aquisição com recurso a endividamento (*leveraged buy-out*) ou qualquer veículo de investimento cujo objetivo seja a aquisição ou o financiamento de sociedades e a subsequente detenção das participações nessas sociedades como bens de capital para fins de investimento;

f) A EENF não exerce ainda qualquer atividade e não tem qualquer histórico de atividade, mas encontra- se a investir capital em ativos com o intuito de exercer uma atividade diversa da atividade de uma Instituição financeira, desde que a EENF não beneficie desta exceção após o decurso de 24 meses a contar da data da constituição inicial da EENF;

g) A EENF não foi uma Instituição financeira nos últimos cinco anos e encontra-se em processo de liquidação dos seus ativos ou de reorganização com o intuito de prosseguir ou reiniciar o exercício de uma atividade diversa da exercida por uma Instituição financeira;

h) A EENF exerce a título principal uma atividade de financiamento e operações de cobertura com ou para Entidades relacionadas que não são Instituições financeiras, e não presta quaisquer serviços de financiamento ou operações de cobertura a uma Entidade que não é uma Entidade relacionada, desde que o grupo de qualquer uma dessas Entidades relacionadas exerça a título principal uma atividade diversa da exercida por uma Instituição financeira;

i) A EENF é uma "EENF excluída" conforme descrita nas *U.S. Treasury Regulations* aplicáveis; ou

j) A EENF cumpre todos os requisitos seguintes:

i. Encontra-se estabelecida e opera na sua jurisdição de residência exclusivamente para fins religiosos, filantrópicos, científicos, artísticos, culturais, desportivos ou educativos; ou encontra-se estabelecida e opera na sua jurisdição de residência, sendo uma organização profissional, associação empresarial, câmara de comércio, organização de trabalho, organização agrícola ou hortícola, associação cívica ou uma organização que opera exclusivamente para a promoção do bem-estar social;

ii. Encontra-se isenta de imposto sobre o rendimento na sua jurisdição de residência;

iii. Não possui sócios ou membros beneficiários efetivos ou detentores dos seus rendimentos ou ativos;

iv. A legislação aplicável da jurisdição de residência da EENF ou os documentos da constituição da EENF não permitem que os rendimentos ou os ativos da EENF sejam distribuídos a, nem aplicados em benefício de, um particular ou entidade não filantrópica, exceto no âmbito do exercício das atividades filantrópicas da EENF, ou como pagamento de uma compensação razoável por serviços prestados, ou como um pagamento que representa um justo valor de mercado de bens que a EENF tenha adquirido; e

v. A legislação aplicável da jurisdição de residência da EENF ou os documentos da constituição da EENF exijam que, com a liquidação ou dissolução da EENF, todos os seus ativos sejam distribuídos a uma EENF governamental ou a outra organização sem fins lucrativos, ou revertam para o governo da jurisdição de residência da EENF ou para uma das suas subdivisões políticas.

5 – Conta preexistente. Uma "Conta preexistente" designa uma Conta financeira mantida por uma Instituição financeira reportante em 30 de junho de 2014.

C. Regras para a agregação de saldos de conta e para a conversão de moeda.

1 – Agregação de contas de Pessoas singulares. Para efeitos da determinação do saldo ou valor agregado das Contas financeiras detidas por uma pessoa singular, uma Instituição financeira portuguesa reportante fica obrigada a agregar todas as Contas financeiras mantidas pela Instituição financeira portuguesa reportante, ou por uma Entidade relacionada, mas apenas na medida em que os sistemas informáticos da Instituição financeira portuguesa reportante associem as Contas financeiras por referência a um elemento dos dados, tal como o número de cliente ou número de identificação fiscal, e permita a agregação dos saldos ou valores das contas. O saldo ou valor total de uma Conta financeira conjunta será imputado a cada titular da Conta financeira conjunta para efeitos de aplicação dos requisitos de agregação descritos neste número.

2 – Agregação de contas de Entidades. Para efeitos da determinação do saldo ou valor agregado das Contas financeiras detidas por uma entidade, uma Instituição financeira portuguesa reportante fica obrigada a ter em conta todas as Contas financeiras que sejam mantidas pela Instituição financeira portuguesa reportante, ou por uma Entidade relacionada, mas apenas na medida em que os sistemas informáticos da Instituição financeira portuguesa reportante associem as Contas financeiras por referência a um elemento dos dados, tal como o número de cliente ou número de identificação fiscal, e permita a agregação dos saldos ou valores das contas.

3 – Regra especial de agregação aplicável a gestores de conta. Para efeitos da determinação do saldo ou valor agregado das Contas financeiras

detidas por uma pessoa para determinar se se trata de um a Conta de elevado valor, uma Instituição financeira portuguesa reportante fica também obrigada a agregar todas essas contas, no caso de quaisquer Contas financeiras que um gestor de conta tenha conhecimento ou tenha motivos para conhecer que são, direta ou indiretamente, detidas, controladas ou estabelecidas pela mesma pessoa (desde que não seja na qualidade de fiduciário).

4 – Regra de conversão de moeda. Para efeitos da determinação do saldo ou valor de Contas financeiras expresso numa moeda que não seja o dólar americano, uma Instituição financeira portuguesa reportante deve converter os montantes dos limites em dólares americanos previstos neste Anexo I para essa moeda, utilizando a taxa de câmbio à vista (spot) publicada correspondente ao último dia do ano civil anterior àquele em que a Instituição financeira portuguesa reportante determina o saldo ou valor.

D. Prova documental. Para efeitos do presente Anexo I, a documentação aceite como prova inclui qualquer um dos seguintes elementos:

1 – Um certificado de residência emitido pelo organismo governamental competente (por exemplo, um governo ou um organismo governamental ou uma autarquia) da jurisdição de onde o beneficiário declara ser residente.

2 – Relativamente a uma pessoa singular, um documento de identificação válido, emitido por um organismo governamental competente (por exemplo, um governo ou um organismo governamental ou uma autarquia), que inclua o nome da pessoa singular e que seja normalmente usado para fins de identificação.

3 – Relativamente a uma Entidade, qualquer documentação oficial emitida por um organismo governamental competente (por exemplo, um governo ou um organismo governamental ou uma autarquia), que inclua a denominação da Entidade e o endereço da sede na jurisdição (ou Território dos E.U.A.) de onde declara ser residente ou na jurisdição (ou Território dos E.U.A.) onde a Entidade foi constituída ou organizada.

4 – Relativamente a uma Conta financeira mantida numa jurisdição com legislação de combate ao branqueamento de capitais que tenha sido aprovada pelo IRS em relação a um acordo QI (nos termos descritos nas *U.S. Treasury Regulations* aplicáveis), qualquer documento, que não seja o Formulário W-8 ou W-9, mencionado no anexo ao acordo QI dessa jurisdição para a identificação de pessoas singulares ou Entidades.

5 – Qualquer relatório financeiro, relatório de créditos terceiros, pedido de declaração de insolvência ou relatório da *Securities and Exchange Commission* dos E.U.A.

E. Procedimentos alternativos para Contas financeiras detidas por Pessoas singulares beneficiárias de um Contrato de seguro monetizável. Uma Instituição financeira portuguesa reportante pode presumir que uma pessoa singular beneficiária (desde que não seja o titular) de um Contrato de seguro monetizável que recebe uma indemnização por morte não é uma Pessoa específica dos E.U.A. e pode tratar essa Conta Financeira de qualquer outra forma, mas não como uma Conta sujeita a comunicação dos E.U.A., exceto se a Instituição financeira portuguesa reportante tiver conhecimento de facto, ou motivos para conhecer, que o beneficiário é uma Pessoa específica dos E.U.A. Uma Instituição financeira portuguesa reportante tem motivos para conhecer que um beneficiário de um Contrato de seguro monetizável é uma Pessoa específica dos E.U.A. se as informações recolhidas pela Instituição financeira portuguesa reportante e relacionadas com o beneficiário contêm indícios de vinculação aos E.U.A., conforme descrito na subsecção B(1) da secção II do presente Anexo I. Caso uma Instituição financeira portuguesa reportante tenha conhecimento de facto, ou motivos para conhecer, que um beneficiário é uma Pessoa específica dos E.U.A., a Instituição financeira portuguesa reportante deve adotar os procedimentos previstos na subsecção B(3) da secção II do presente Anexo I.

F. Recurso a terceiros. Independentemente de ser efetua-da uma opção nos termos da subsecção C da secção I do presente Anexo I, Portugal pode autorizar as Instituições financeiras portuguesas reportantes a recorrer a procedimentos de diligência devida efetuados por terceiros, na medida do previsto nas *U.S. Treasury Regulations* aplicáveis.

ANEXO II

As Entidades seguintes devem ser tratadas como beneficiários efetivos isentos ou IFE consideradas cumpridoras, consoante o caso, sendo excluídas da definição de Contas financeiras as seguintes contas

O Anexo II pode ser modificado por acordo escrito celebrado entre as Autoridades competentes de Portugal e os Estados Unidos: (1) para incluir outras Entidades e contas que apresentem um baixo risco de serem usadas por Pessoas dos E.U.A. para evitar a tributação nos Estados Unidos e que possuam características similares às das Entidades e contas descritas neste Anexo II à data da assinatura deste Acordo; ou (2) para excluir Entidades e contas que, por alterações nas circunstâncias, deixarem de apresentar um baixo risco de serem usadas por Pessoas dos E.U.A. para evitar a tributação nos E.U.A. Qualquer uma dessas inclusões ou exclusões produz efeitos à data da assinatura do acordo, salvo se o contrário se encontrar expressamente previsto no mesmo. Os procedimentos para chegar a esse acordo podem ser definidos no âmbito do procedimento amigável previsto no nº 6 do artigo 3º do Acordo.

I. Beneficiários efetivos isentos que não sejam fundos. As Entidades seguintes devem ser tratadas como Instituições financeiras portuguesas não reportantes e como beneficiários efetivos isentos para efeitos das secções 1471 e 1472 do *Internal Revenue Code* dos E.U.A., exceto relativamente a um pagamento decorrente de uma obrigação detida relacionada com uma atividade financeira comercial de um tipo de atividade exercida por uma Empresa de seguros especificada, Instituição de custódia ou Instituição de depósito.

A. Entidade governamental. O Governo de Portugal, qualquer subdivisão política de Portugal (que, a fim de evitar quaisquer dúvidas, inclui um estado, província, condado ou autarquia), bem como qualquer departamento ou organismo detido na totalidade por Portugal ou por qualquer uma ou mais das instituições atrás referidas (cada uma sendo uma "Entidade governamental portuguesa"). Esta categoria é composta por organismos integrantes, entidades controladas e subdivisões políticas de Portugal.

1 – Um organismo integrante de Portugal designa qualquer pessoa, organização, organismo, serviço, fundo, departamento ou outra entidade, independentemente da forma da sua designação, que constitui uma autoridade administrativa portuguesa. Os rendimentos líquidos da autoridade

administrativa devem ser creditados na sua própria conta ou noutras contas de Portugal, sem que qualquer parte do seu rendimento reverta a favor de qualquer particular. Um organismo integrante não inclui qualquer pessoa singular que seja um órgão de soberania, funcionário ou administrador a atuar numa qualidade de caráter particular ou pessoal.

2 – Uma entidade controlada designa uma Entidade que se encontra separada em termos de forma de Portugal ou que constitui por qualquer outro modo uma entidade jurídica separada, desde que:

a) A Entidade seja detida e controlada na totalidade por uma ou mais Entidades governamentais de Portugal diretamente ou por intermédio de uma ou mais das entidades controladas;

b) Os rendimentos líquidos da Entidade sejam creditados na sua própria conta ou nas contas de uma ou mais Entidades governamentais portuguesas, sem que qualquer parte do seu rendimento reverta a favor de qualquer particular; e

c) Com a dissolução, os ativos da Entidade sejam atribuídos a uma ou mais Entidades governamentais portuguesas.

3 – O rendimento não reverte para particulares caso essas pessoas sejam os destinatários previstos num programa governamental, e as atividades do programa sejam desenvolvidas para o público em geral com respeito ao bem-estar comum ou estejam relacionadas com a administração de qualquer nível do governo. Porém, sem prejuízo do anteriormente referido, considera-se que o rendimento reverte a favor de particulares caso o rendimento seja obtido da utilização de uma entidade governamental para o exercício de uma atividade comercial, tal como uma atividade da banca comercial, que presta serviços financeiros a particulares.

B. Organização internacional. Qualquer organização internacional ou departamento ou organismo detido na totalidade pela mesma. Esta categoria inclui qualquer organização intergovernamental (incluindo uma organização supranacional) (1) que seja primordialmente constituída por governos que não sejam dos E.U.A.; (2) que tenha em vigor um acordo de sede com Portugal; e (3) o seu rendimento não reverta a favor de particulares.

C. Banco central. Uma instituição que, por lei ou decisão do governo, constitui a autoridade principal, que não o próprio governo de Portugal, e que emite instrumentos destinados a circular como divisa. Uma tal instituição pode incluir qualquer organismo autónomo de Portugal, quer seja detido ou não, no todo ou em parte, por Portugal.

II. Fundos que se qualificam como beneficiários efetivos isentos. As seguintes Entidades devem ser tratadas como Instituições financeiras portuguesas não reportantes e como beneficiários efetivos isentos para os efeitos previstos nas secções 1471 e 1472 do *Internal Revenue Code* dos E.U.A.

A. Fundo de pensões qualificado por Tratado. Um fundo constituído em Portugal, desde que o fundo tenha direito a benefícios nos termos de um tratado em matéria de imposto sobre o rendimento, celebrado entre Portugal e os Estados Unidos, relativamente ao rendimento obtido (ou que teria direito a esses benefícios se recebesse esse rendimento) a partir de fontes situadas nos Estados Unidos como um residente de Portugal que cumpre qualquer requisito aplicável à limitação de benefícios e que opera, principalmente, para a administração ou concessão de benefícios conexos com pensões ou pensões de reforma.

B. Fundo de pensões de participação alargada. Um fundo constituído em Portugal para a concessão de benefícios conexos com pensões de reforma, invalidez ou morte, ou qualquer combinação destes, a beneficiários que sejam, ou tenham sido, trabalhadores dependentes (ou a pessoas designadas por estes trabalhadores dependentes) de um ou mais empregadores, em contrapartida pelos serviços prestados, desde que esse fundo:

1 – Não possua um único beneficiário com direito a mais de cinco por cento dos ativos do fundo;

2 – Se encontre sujeito a regulamentação governamental e comunique anualmente às autoridades fiscais relevantes de Portugal informações sobre os seus beneficiários; e

3 – Cumpra pelo menos um dos seguintes requisitos:

a) O fundo se encontre genericamente isento de imposto em Portugal sobre os rendimentos de capitais nos termos da legislação portuguesa pelo seu estatuto de plano de pensões ou reforma;

b) O fundo receba, pelo menos, 50% do total das suas contribuições (que não sejam transferências de ativos de outros planos, conforme o disposto nas subsecções A a D desta secção ou de contas de reforma ou pensão descritas na subsecção A(1) da secção V deste Anexo II) do empregador patrocinador;

c) As distribuições ou levantamentos do fundo sejam permitidos apenas mediante a ocorrência de determinados eventos associados à reforma, invalidez ou morte (salvo no que respeita às transferências para outros fundos de pensões descritos nas subsecções A a D desta secção ou contas de reforma ou pensão descritas na subsecção A(1) da secção V deste Anexo II), ou mediante a aplicação de sanções pelas distribuições ou levantamentos efetuados antes da ocorrência dos eventos especificados; ou

d) As contribuições para o fundo (que não sejam determinadas contribuições adicionais permitidas) efetuadas pelos trabalhadores dependentes estejam limitadas por referência ao rendimento auferido pelo trabalhador dependente ou possam não exceder os $50.000 (cinquenta mil dólares americanos) anuais, aplicando-se as regras estabelecidas no Anexo 1 relativamente à agregação de contas e conversão de moeda.

C. Fundo de pensões de participação limitada. Um fundo constituído em Portugal para a concessão de benefícios conexos com reforma, invalidez ou morte a beneficiários que sejam, ou tenham sido, trabalhadores dependentes (ou a pessoas designadas por estes trabalhadores dependentes) de um ou mais empregadores em contrapartida pelos serviços prestados, desde que:

1 – O fundo possua menos de 50 participantes;

2 – O fundo seja patrocinado por um ou mais empregadores que não sejam Entidades de investimento ou EENF passivas;

3 – As contribuições do trabalhador dependente e do empregador para o fundo (que não sejam transferências de ativos de fundos de pensões qualificados por Tratado descritos na subsecção A desta secção ou de contas de reforma ou pensão descritas na subsecção A(1) da secção V deste Anexo II) se encontrem limitadas por referência ao rendimento auferido e à compensação do empregador, respetivamente;

4 – Os participantes que não são residentes de Portugal não tenham direito a mais de 20% dos ativos do fundo; e

5 – O fundo se encontre sujeito a regulamentação governamental e comunique anualmente às autoridades fiscais relevantes de Portugal informações sobre os seus beneficiários.

D. Fundo de pensões de um beneficiário efetivo isento. Um fundo constituído em Portugal por um beneficiário efetivo isento para a concessão de benefícios conexos com reforma, invalidez ou morte aos beneficiários ou participantes que sejam, ou tenham sido, trabalhadores dependentes de beneficiários efetivos isentos (ou as pessoas designadas por estes trabalhadores dependentes), ou que não sejam nem tenham sido trabalhadores dependentes, se os benefícios para estes beneficiários ou participantes forem efetuados relativamente a serviços pessoais prestados ao beneficiário efetivo isento.

E. Entidade de investimento totalmente detida por beneficiários efetivos isentos. Uma Entidade que é uma Instituição financeira portuguesa apenas por ser uma Entidade de investimento, desde que cada titular direto de uma participação no capital da Entidade seja um beneficiário efetivo isento, e que cada titular direto de uma participação em dívida nessa Entidade seja uma Instituição de depósito (relativamente a um empréstimo efetuado a essa Entidade) ou um beneficiário efetivo isento.

III. Instituições financeiras de âmbito reduzido ou limitado que se qualificam como IFE consideradas cumpridoras. As Instituições financeiras que se seguem são Instituições financeiras portuguesas não reportantes que devem ser tratadas como IFE consideradas cumpridoras para efeitos do disposto na secção 1471 do *Internal Revenue Code* dos E.U.A.

A. Instituição financeira com uma base local de clientes. Uma Instituição financeira que satisfaz os seguintes requisitos:

1 – A Instituição financeira deve estar licenciada e ser regulada como instituição financeira nos termos da legislação portuguesa;

2 – A Instituição financeira não pode possuir uma instalação fixa fora de Portugal. Para este efeito, uma instalação fixa não inclui um local que não seja publicitado junto do público e a partir do qual a Instituição financeira desempenha exclusivamente funções de apoio administrativo;

3 – A Instituição financeira não pode angariar clientes ou Titulares da conta fora de Portugal. Para este efeito, uma Instituição financeira não deve ser considerada como tendo angariado clientes ou Titulares da conta fora de Portugal meramente pelo facto de a Instituição financeira (a) operar um sítio na Internet, desde que esse sítio na Internet não indique especificamente que a Instituição financeira fornece Contas financeiras ou serviços a não-residentes, e não se dirija nem angarie, por qualquer outro modo, clientes ou Titulares de contas dos E.U.A., ou (b) ter publicidade em meios de comunicação impressos ou através de uma estação de rádio ou televisão, que seja distribuída ou transmitida primordialmente em Portugal, mas que, incidentalmente, seja distribuída ou transmitida noutros países, desde que essa publicidade não indique especificamente que a Instituição financeira fornece Contas financeiras ou serviços a não-residentes, e não se dirija nem angarie, por qualquer outro modo, clientes ou Titulares de contas dos E.U.A.

4 – A Instituição financeira deve ser obrigada, nos termos da legislação portuguesa, a identificar os Titulares de contas residentes para efeitos da

comunicação de informações ou da retenção na fonte de imposto relativamente às Contas financeiras detidas por residentes ou para efeitos do cumprimento dos requisitos dos procedimentos de diligência devida AML de Portugal;

5 – Pelo menos 98% das Contas financeiras, em termos do valor mantido pela Instituição financeira, devem ser detidas por residentes (incluindo residentes que sejam Entidades) de Portugal ou um Estado membro da União Europeia;

6 – Com início em ou antes de 1 de julho de 2014, a Instituição financeira deve possuir normas e procedimentos compatíveis com os estabelecidos no Anexo I, para impedir que a Instituição financeira atribua uma Conta financeira a uma Instituição financeira não participante e para controlar se a Instituição financeira abre ou mantém uma Conta financeira para qualquer Pessoa específica dos E.U.A. que não seja residente de Portugal (incluindo uma Pessoa dos E.U.A. que era residente de Portugal no momento da abertura da Conta financeira, mas que posteriormente deixou de ser residente de Portugal) ou qualquer EENF passiva com Pessoas que exercem o controlo residentes ou cidadãos dos E.U.A. e não residentes de Portugal;

7 – Essas normas e procedimentos devem prever que, caso seja identificada qualquer Conta financeira detida por uma Pessoa específica dos E.U.A. que não seja residente de Portugal ou por uma EENF passiva com Pessoas que exercem o controlo residentes ou cidadãos dos E.U.A. e não residentes de Portugal, a Instituição financeira deve comunicar essa Conta financeira, tal como seria exigido se a Instituição financeira fosse uma Instituição financeira portuguesa reportante (incluindo o cumprimento dos requisitos de registo aplicáveis constantes do sítio na Internet de registo do FATCA do IRS), ou cancelar essa Conta financeira;

8 – Relativamente a uma Conta preexistente detida por uma pessoa singular que não seja residente de Portugal ou por uma Entidade, a Instituição financeira deve analisar essas Contas preexistentes em conformidade com os procedimentos estabelecidos no Anexo I aplicáveis às Contas preexistentes para identificar qualquer Conta dos E.U.A. sujeita a comunicação ou Conta financeira detida por uma Instituição financeira não participante, e deve comunicar essa Conta financeira, tal como seria exigido se a Instituição financeira fosse uma Instituição financeira portuguesa reportante (incluindo o cumprimento dos requisitos de registo aplicáveis constantes na

página da Internet de registo do FATCA do IRS), ou cancelar essa Conta financeira;

9 – Cada Entidade relacionada da Instituição financeira, que seja uma Instituição financeira, deve ser constituída e organizada em Portugal e, exceto em relação a qualquer Entidade relacionada que seja um fundo de pensões nos termos descritos nas subsecções A a D da secção II deste Anexo II, cumprir os requisitos estabelecidos nesta subsecção A; e

10 – A Instituição financeira não deve possuir normas e práticas discriminatórias da abertura ou manutenção de Contas financeiras para pessoas singulares que sejam Pessoas específicas dos E.U.A. e residentes de Portugal.

B. Banco local. Uma Instituição financeira que satisfaz os seguintes requisitos:

1 – A Instituição financeira exerce a sua atividade exclusivamente na qualidade de (e está licenciada e é regulada nos termos da legislação portuguesa como) (a) um banco ou (b) uma cooperativa de crédito ou outra organização cooperativa similar de crédito sem fins lucrativos;

2 – A atividade da Instituição financeira consiste primordialmente na receção de depósitos e na concessão de empréstimos, no caso de um banco, a clientes de retalho não relacionados e, no caso de uma cooperativa de crédito ou outra organização cooperativa similar de crédito, a membros, desde que nenhum membro possua uma participação superior a 5% nessa cooperativa de crédito ou organização cooperativa de crédito;

3 – A Instituição financeira cumpre os requisitos estabelecidos na subsecção A(2) e (3) desta secção, desde que, para além das restrições relativas ao sítio na Internet mencionadas na subsecção A(3) desta secção, o sítio na Internet não permita a abertura de uma Conta financeira;

4 – A Instituição financeira não possui mais de 175 milhões de dólares americanos em ativos no seu balanço, e a Instituição financeira e qualquer Entidade relacionada, no seu conjunto, não possuem mais de 500 milhões de dólares americanos no total de ativos dos balanços consolidados ou combinados; e

5 – Qualquer Entidade relacionada deve ser constituída e organizada em Portugal e qualquer Entidade relacionada que seja uma Instituição financeira, exceto em relação a qualquer Entidade relacionada que seja um fundo de reforma nos termos descritos nas subsecções A a D da secção II deste Anexo II ou uma Instituição financeira que possui apenas contas de valor

reduzido descritas na subsecção C desta secção, devem cumprir os requisitos estabelecidos nesta subsecção B.

C. Instituição financeira detentora apenas de contas de menor valor. Uma Instituição financeira portuguesa que satisfaz os seguintes requisitos:

1 – A Instituição financeira não é uma Entidade de investimento;

2 – Nenhuma Conta financeira detida pela Instituição financeira ou por qualquer Entidade relacionada tem um saldo ou valor que exceda os $50.000 (cinquenta mil dólares americanos), aplicando-se as regras estabelecidas no Anexo I relativamente à agregação de contas e conversão de moeda; e

3 – A Instituição financeira não possui mais de 50 milhões de dólares americanos em ativos no seu balanço, e a Instituição financeira e qualquer Entidade relacionada, no seu conjunto, não possuem mais de 50 milhões de dólares americanos no total de ativos dos balanços consolidados ou combinados.

D. Emitente de cartão de crédito qualificada. Uma Instituição financeira portuguesa que satisfaz os seguintes requisitos:

1 – A Instituição financeira é uma Instituição financeira exclusivamente por ser uma emitente de cartões de crédito que aceita depósitos apenas quando um cliente efetua um pagamento em excesso do valor devido relativamente ao cartão e o pagamento em excesso não é devolvido de imediato ao cliente; e

2 – Com início a ou antes de 1 de julho de 2014, a Instituição financeira implemente normas e procedimentos para impedir um depósito de um cliente que exceda os $50.000 (cinquenta mil dólares americanos), ou para assegurar que qualquer depósito de um cliente que exceda os $50.000 (cinquenta mil dólares americanos) é restituído ao cliente no prazo de 60 dias, aplicando-se em cada caso as regras estabelecidas no Anexo I para a agregação de contas e conversão de moeda. Para este efeito, um depósito de um cliente não se refere aos saldos credores na medida dos encargos contestados, mas inclui os saldos credores resultantes de devoluções de mercadorias.

IV. Entidades de investimento qualificadas como IFE consideradas cumpridoras e outras regras especiais. As Instituições financeiras descritas nas subsecções A a E desta secção são Instituições financeiras portuguesas não reportantes que devem ser tratadas como IFE consideradas cumpridoras para efeitos do disposto na secção 1471 do *Internal Revenue Code* dos E.U.A.

Além disso, a subsecção F da presente secção prevê regras especiais aplicáveis a uma Entidade de investimento.

A. *Trust* documentado por *trustee*. Um *trust* constituído nos termos da legislação portuguesa na medida em que o *trustee* do *trust* seja uma Instituição financeira dos E.U.A. reportante, IFE reportante modelo 1, ou IFE participante e comunique todas as informações que se encontre obrigado a comunicar em conformidade com o Acordo relativamente a todas as Contas dos E.U.A. sujeitas a comunicação do *trust*.

B. Entidade de investimento patrocinada e sociedade estrangeira controlada. Uma Instituição financeira descrita na subsecção B(1) ou B(2) desta secção que tem uma entidade patrocinadora que cumpre os requisitos da subsecção B(3) desta secção.

1 – Uma Instituição financeira é uma entidade de investimento patrocinada se (a) for uma Entidade de investimento estabelecida em Portugal que não seja considerada um intermediário qualificado (QI), uma *partnership* estrangeira retentora, ou um *trust* estrangeiro retentor, em conformidade com as *U.S. Treasury Regulations* aplicáveis; e (b) uma Entidade tiver acordado com a Instituição financeira atuar na qualidade de entidade patrocinadora da Instituição financeira.

2 – Uma Instituição financeira é uma sociedade estrangeira controlada patrocinada se (a) a Instituição financeira for uma sociedade estrangeira controlada[1] organizada nos termos da legislação portuguesa que não seja considerada um intermediário qualificado (QI), uma parceria estrangeira retentora, ou um *trust* estrangeiro retentor, em conformidade com as *U.S. Treasury Regulations* aplicáveis; (b) a Instituição financeira for detida, direta ou indiretamente, por uma Instituição financeira dos E.U.A. reportante que aceita atuar, ou exige que uma sociedade afiliada da Instituição financeira atue, na qualidade de entidade patrocinadora da Instituição financeira; e (c) a Instituição financeira partilhar um sistema eletrónico comum de contas com a entidade patrocinadora que permite à entidade

[1] Uma "sociedade estrangeira controlada" designa qualquer sociedade estrangeira em que mais de 50% do total combinado dos direitos de voto de todas as categorias de ações dessa sociedade com direito de voto, ou o valor total do capital dessa sociedade, é detido, ou considerado detido, por "sócios dos Estados Unidos" em qualquer dia do período de tributação dessa sociedade estrangeira. A expressão"sócio dos Estados Unidos" designa, relativamente a qualquer sociedade estrangeira, uma pessoa dos Estados Unidos que detém, ou que se considera deter, 10 % ou mais do total combinado dos direitos de voto de todas as categorias de ações com direito de voto dessa sociedade estrangeira.

patrocinadora identificar todos os Titulares de contas e todos os beneficiários da Instituição financeira, bem como aceder a todas as informações de conta e de cliente mantidas pela Instituição financeira, incluindo, entre outros, informações sobre a identificação dos clientes, documentação dos clientes, saldo das contas e todos os pagamentos efetuados ao Titular da conta ou beneficiário.

3 – A entidade patrocinadora cumpre os seguintes requisitos:

a) A entidade patrocinadora está autorizada a atuar em nome da Instituição financeira (como gestor do fundo, *trustee*, administrador de sociedade ou sócio administrador) para o cumprimento de todos os requisitos de registo aplicáveis constantes do sítio na Internet de registo do FATCA do IRS;

b) A entidade patrocinadora encontra-se registada na qualidade de entidade patrocinadora junto do IRS em conformidade com os requisitos de registo aplicáveis constantes do sítio na Internet de registo do FATCA do IRS;

c) Se a entidade patrocinadora identificar qualquer Conta dos E.U.A. sujeita a comunicação em relação à Instituição financeira, a entidade patrocinadora deve registar a Instituição financeira de acordo com os requisitos de registo aplicáveis constantes do sítio na Internet de registo do FATCA do IRS em ou antes de 31 de dezembro de 2015 ou 90 dias após essa Conta dos E.U.A. sujeita a comunicação ser primeiramente identificada, o que ocorrer por último;

d) A entidade patrocinadora aceita efetuar, em nome da Instituição financeira, todos os procedimentos de diligência devida, retenção na fonte, comunicação, ou outros requisitos que seriam exigidos à Instituição financeira caso fosse uma Instituição financeira portuguesa reportante;

e) A entidade patrocinadora identifica a Instituição financeira e inclui o número de identificação da Instituição financeira (obtido com o cumprimento dos requisitos de registo aplicáveis constantes do sítio na Internet de registo do FATCA do IRS) em todas as comunicações efetuadas em nome da Instituição financeira; e

f) O estatuto de patrocinador da entidade patrocinadora não se encontra revogado.

C. Veículo de investimento fechado patrocinado. Uma Instituição financeira portuguesa que satisfaz os seguintes requisitos:

1 – A Instituição financeira é uma Instituição financeira unicamente por se tratar de uma Entidade de investimento e não é considerada um intermediário qualificado (QI), uma *partnership* estrangeira retentora, ou um

trust estrangeiro retentor, em conformidade com as *U.S. Treasury Regulations* aplicáveis;

2 – A entidade patrocinadora é uma Instituição financeira dos E.U.A. sujeita a comunicação, uma IFE reportante Modelo 1, ou uma IFE Participante, autorizada a atuar em nome da Instituição financeira (como gestor profissional, *trustee*, ou sócio administrador), e que aceita efetuar, em nome da Instituição financeira, todos os procedimentos de diligência devida, retenção na fonte, comunicação, ou outros requisitos que seriam exigidos à Instituição financeira caso fosse uma Instituição financeira portuguesa reportante;

3 – A Instituição financeira não se identifique como um veículo de investimento para partes não relacionadas;

4 – No máximo, vinte pessoas singulares são detentoras de todas as participações representativas de dívida e representativas de capital próprio da Instituição financeira (sem contar com as participações representativas de dívida detidas por IFE Participantes e IFE consideradas cumpridoras, bem como participações representativas de capital próprio detidas por uma Entidade detentora de 100 % das participações no capital da Instituição financeira e que seja uma Instituição financeira patrocinada descrita nesta subsecção C); e

5 – A entidade patrocinadora cumpre os seguintes requisitos:

a) A entidade patrocinadora encontra-se registada na qualidade de entidade patrocinadora em conformidade com os requisitos de registo aplicáveis;

b) A entidade patrocinadora aceita efetuar, em nome da Instituição financeira, todos os procedimentos de diligência devida, retenção na fonte, comunicação, ou outros requisitos que seriam exigidos à Instituição financeira caso fosse uma Instituição financeira portuguesa de Comunicação e irá conservar a documentação obtida relativamente à Instituição financeira durante um período de seis anos;

c) A entidade patrocinadora identifica a Instituição financeira em todas as comunicações efetuadas em nome da Instituição financeira; e

d) O estatuto de patrocinador da entidade patrocinadora não se encontra revogado.

D. Consultores de investimento e gestores de investimento. Uma Entidade de investimento estabelecida em Portugal que é uma Instituição financeira unicamente porque (1) presta serviços de consultoria de investimento a, e atua em nome de, ou (2) gere carteiras para, e atua em nome de, um cliente para efeitos de investimento, gestão ou administração de fundos depositados em nome do cliente junto de uma instituição Financeira que não seja uma Instituição financeira não participante.

E. Veículo de investimento coletivo. Uma Entidade de investimento estabelecida em Portugal regulada como um veículo de investimento coletivo, desde que todas as participações no veículo de investimento coletivo [incluindo participações representativas de dívida que excedam os $50.000 (cinquenta mil dólares americanos)] sejam detidas por ou através de um ou mais beneficiários efetivos isentos, EENF ativas descritas na subsecção B(4) da secção VI do Anexo I, Pessoas dos E.U.A. que não sejam Pessoas específicas dos E.U.A., ou Instituições financeiras que não sejam Instituições financeiras não participantes.

F. Regras especiais. As regras que se seguem aplicam-se a uma Entidade de investimento:

1 – Relativamente às participações numa Entidade de investimento que é um veículo de investimento coletivo descrito na subsecção E desta secção, devem ser consideradas cumpridas as obrigações de comunicação de qualquer Entidade de investimento (que não seja uma Instituição financeira através da qual são detidas as participações no veículo de investimento coletivo).

2 – Relativamente a participações:

a) Numa Entidade de investimento estabelecida numa Jurisdição Parceira e regulada como um veículo de investimento coletivo, em que todas as participações [incluindo as participações representativas de dívida que excedam os $50.000 (cinquenta mil dólares americanos)] são detidas por ou através de um ou mais beneficiários efetivos isentos, EENF ativas descritas na subsecção B(4) da secção VI do Anexo I, Pessoas dos E.U.A. que não sejam Pessoas específicas dos E.U.A., ou Instituições financeiras que não sejam Instituições financeiras não participantes; ou

b) Numa Entidade de investimento que é um veículo de investimento coletivo ao abrigo das *U.S. Treasury Regulations* aplicáveis devem ser consideradas cumpridas as obrigações de comunicação de qualquer Entidade de investimento que é uma Instituição financeira portuguesa (que não seja uma Instituição financeira através da qual são detidas as participações no veículo de investimento coletivo).

3 – Relativamente às participações numa Entidade de investimento estabelecida em Portugal que não se encontre descrita na subsecção E ou na subsecção F(2) desta secção, conjugado com o disposto no nº 3 do artigo 5º

do Acordo, as obrigações de comunicação de todas as outras Entidades de investimento relativamente a essas participações são consideradas cumpridas se as informações que devem ser comunicadas pela primeira Entidade de investimento mencionada nos termos deste Acordo relativamente a essas participações forem comunicadas por essa Entidade de investimento ou por outra pessoa.

4 – Uma Entidade de investimento estabelecida em Portugal regulada como um veículo de investimento coletivo não será excluída pelo disposto da subsecção E ou da subsecção F(2), ou, por qualquer outro modo, de ser uma IFE considerada cumpridora, unicamente por o veículo de investimento coletivo ter emitido participações tituladas, ao portador, desde que:

a) O veículo de investimento coletivo não tenha emitido, e não emita, quaisquer participações tituladas, ao portador, após 31 de dezembro de 2012;

b) O veículo de investimento coletivo retire todas essas participações após a sua entrega;

c) O veículo de investimento coletivo (ou Instituição financeira portuguesa reportante) efetue os procedimentos de diligência devida estabelecidos no Anexo I e comunique quaisquer informações que tenham de ser comunicadas relativamente a essas participações quando estas forem apresentadas para resgate ou outro tipo de pagamento; e

d) O veículo de investimento coletivo tenha implementado normas e procedimentos que asseguram o resgate ou imobilização dessas participações o mais rapidamente possível e, em qualquer caso, antes de 1 de janeiro de 2017.

V. Contas excluídas da definição de Contas financeiras. Ficam excluídas da definição de Contas financeiras e, por conseguinte, não devem ser tratadas como Contas dos E.U.A. sujeitas a comunicação, as contas seguintes:

A. Determinadas contas-poupança.

1 – Planos de pensões. Uma conta de pensões ou reforma mantida em Portugal que cumpre os requisitos seguintes nos termos da legislação portuguesa:

a) A conta encontra-se sujeita a regulamentação na qualidade de conta de reforma pessoal ou é parte de um plano de pensões ou reforma registado ou regulado para a atribuição de benefícios de reforma ou pensão (incluindo benefícios por invalidez ou morte);

b) A conta beneficia de vantagens fiscais (ou seja, as contribuições para a conta, que estariam de outro modo sujeitas a imposto nos termos da legislação portuguesa, são dedutíveis ou excluídas do rendimento bruto do Titular da conta ou são tributadas a uma taxa reduzida, ou a tributação do rendimento de capitais obtido com a conta é diferida ou é efetuada a uma taxa reduzida);

c) É obrigatória a comunicação anual de informações às autoridades tributárias de Portugal relativamente à conta;

d) Os levantamentos encontram-se limitados a que se atinja determinada idade de reforma do titular da conta, pela ocorrência de invalidez ou morte, ou pelas condições previstas no Decreto-Lei nº 158/2002, de 2 de julho, ou no Decreto-Lei nº 12/2006, de 20 de janeiro, ou serão aplicadas sanções em caso de levantamentos efetuados antes da ocorrência desses eventos; e

e) Quer (i) as contribuições anuais se encontrem limitadas a um valor igual ou inferior a $50.000 (cinquenta mil dólares americanos) ou não excedam $50.000 (cinquenta mil dólares americanos), quer (ii) exista um limite máximo de contribuições no período de vigência que não exceda $1.000.000 (um milhão de dólares americanos), aplicando-se em cada caso as regras estabelecidas no Anexo I relativamente à agregação de contas e conversão de moeda.

2 – Outras contas-poupança que não sejam de reforma. Uma conta mantida em Portugal (que não seja um contrato de seguro ou Seguro de renda) que cumpre os requisitos seguintes nos termos da legislação portuguesa.

a) A conta encontra-se sujeita a regulamentação na qualidade de um veículo de poupança para outros efeitos que não relativamente a reforma;

b) A conta beneficia de vantagens fiscais (ou seja, as contribuições para a conta, que estariam de outro modo sujeitas a imposto nos termos da legislação portuguesa, são dedutíveis ou excluídas do rendimento bruto do titular da conta ou são tributadas a uma taxa reduzida, ou a tributação do rendimento de capitais obtido com a conta é diferida ou é efetuada a uma taxa reduzida);

c) Os levantamentos encontram-se limitados pela verificação de determinados critérios para os fins da conta-poupança (por exemplo, para a atribuição de benefícios educacionais ou médicos), ou serão aplicadas sanções em caso de levantamentos efetuados antes da verificação desses critérios; e

d) As contribuições anuais encontram-se limitadas a um valor igual ou inferior a $50.000 (cinquenta mil dólares americanos) ou não excedem

$50.000 (cinquenta mil dólares americanos), aplicando-se as regras estabelecidas no Anexo I relativamente à agregação de contas e conversão de moeda.

B. Determinados contratos de seguros de vida a prazo. Um contrato de seguro de vida mantido em Portugal, com um período de cobertura que termina antes de o segurado atingir os 90 anos de idade, desde que o contrato cumpra os seguintes requisitos:

1 – Prémios periódicos cujo valor não diminui com o tempo e que devem ser pagos, no mínimo, anualmente, durante a vigência do contrato ou até o segurado atingir os 90 anos de idade, o prazo que for menor;

2 – O contrato não possui qualquer valor contratual a que qualquer pessoa possa aceder (através de levantamento, empréstimo ou por qualquer outro modo) sem a cessação do contrato;

3 – O montante a pagar (sem ser o benefício por morte) com o cancelamento ou cessação do contrato não pode exceder o montante acumulado de prémios pagos durante o contrato, deduzido do montante de encargos devidos por morte, doença e despesas (quer efetivamente impostas ou não) relativamente ao período ou períodos de vigência do contrato, bem como quaisquer montantes pagos antes do cancelamento ou cessação do contrato; e

4 – O contrato não é assumido por um adquirente a título oneroso.

C. Conta detida por uma herança. Uma conta mantida em Portugal que é detida exclusivamente por uma herança, caso a documentação dessa conta inclua uma cópia do testamento ou da certidão de óbito do falecido.

D. Contas de garantia ou caução. Uma conta mantida em Portugal constituída em conexão com:

1 – Um despacho ou sentença judicial.

2 – Uma venda, permuta ou locação de bens móveis ou imóveis, desde que essa conta cumpra os seguintes requisitos:

a) A conta seja financiada exclusivamente por um pagamento de sinal, caução, depósito num montante adequado para garantir uma obrigação associada a uma transação, ou um pagamento similar, ou seja financiada por um ativo financeiro depositado na conta associada à venda, permuta ou locação do bem;

b) A conta seja criada e utilizada unicamente para garantir a obrigação do comprador pagar o preço do bem, do vendedor pagar qualquer passivo contingente, ou do locador ou locatário pagar quaisquer danos relacionados com o bem locado, conforme tenha sido acordado no contrato de locação;

c) Os ativos da conta, incluindo os rendimentos provenientes da mesma, sejam pagos ou distribuídos por qualquer outro modo a favor do comprador, vendedor, locador ou locatário (incluindo para o cumprimento da obrigação dessa pessoa) quando o bem for vendido, permutado, ou entregue, ou com a cessação do contrato de locação;

d) A conta não seja uma conta-margem ou similar associada a uma venda ou permuta de um ativo financeiro; e

e) A conta não se encontre associada a uma conta de cartão de crédito.

3 – Uma obrigação de uma Instituição financeira, que gere um empréstimo garantido por um bem imóvel, de reservar uma parte de um pagamento unicamente para facilitar, num momento posterior, o pagamento de impostos ou seguros associados ao bem imóvel.

4 – Uma obrigação de uma Instituição financeira unicamente para facilitar o pagamento de impostos num momento posterior.

E. Contas de Jurisdição parceira. Uma conta mantida em Portugal e não abrangida pela definição de Conta financeira nos termos de um acordo celebrado entre os Estados Unidos e uma outra Jurisdição parceira para facilitar a implementação do FATCA, desde que essa conta esteja sujeita aos mesmos requisitos e supervisão nos termos da legislação dessa outra Jurisdição parceira, como se essa conta tivesse sido criada nessa Jurisdição parceira e mantida por uma Instituição financeira nessa Jurisdição parceira.

VI. Definições. As seguintes definições adicionais são aplicáveis às descrições acima mencionadas:

A. IFE reportante modelo 1. A expressão IFE reportante modelo 1 designa uma Instituição financeira relativamente à qual um governo ou organismo que não seja dos E.U.A. aceita obter e trocar informações ao abrigo de um Acordo intergovernamental modelo 1, desde que não se trate de uma Instituição financeira considerada uma Instituição financeira não participante ao abrigo do Acordo intergovernamental modelo 1. Para efeitos desta definição, a expressão Acordo intergovernamental modelo 1 designa um acordo celebrado entre os Estados Unidos ou o U.S. Treasury e um governo ou um ou mais organismos que não sejam dos E.U.A. para a implementação do FATCA, através da comunicação efetuada por Instituições financeiras a esse governo ou organismos que não são dos E.U.A., seguindo-se a troca automática dessas informações com o IRS.

B. IFE participante. A expressão IFE participante designa uma Instituição financeira que tenha acordado cumprir os requisitos de um Acordo

IFE, incluindo uma Instituição financeira descrita num Acordo intergovernamental modelo 2 que tenha acordado cumprir os requisitos de um Acordo IFE. A expressão IFE participante inclui igualmente uma sucursal intermediária qualificada de uma Instituição financeira dos E.U.A. reportante, salvo se essa sucursal for uma IFE reportante modelo 1. Para efeitos desta definição, a expressão Acordo IFE designa um acordo que estabelece os requisitos para uma Instituição financeira ser considerada como cumpridora dos requisitos previstos na secção 1471(b) do *Internal Revenue Code* dos E.U.A. Além disso, para efeitos desta definição, a expressão Acordo intergovernamental modelo 2 designa um acordo celebrado entre os Estados Unidos ou o U.S. Treasury e um governo ou um ou mais organismos que não sejam dos E.U.A. para facilitar a implementação do FATCA através da comunicação efetuada por Instituições financeiras diretamente ao IRS de acordo com os requisitos de um Acordo IFE, complementada com a troca de informações entre o governo ou organismos que não são dos E.U.A. e o IRS.

Diretiva 2011/16/UE, de 15 de fevereiro de 2011[1]

Relativa à cooperação administrativa no domínio da fiscalidade e que revoga a Diretiva 77/799/CEE

(Transposta para a ordem jurídica nacional pelo Decreto-Lei nº 61/2013, de 10 de maio, com as alterações introduzidas pelo Decreto-Lei nº 64/2016, de 11 de outubro)

CAPÍTULO I - Disposições gerais

Artigo 1º – Objeto

1 – A presente diretiva estabelece as regras e os procedimentos ao abrigo dos quais os Estados-Membros devem cooperar entre si tendo em vista a troca de informações previsivelmente relevantes para a administração e a execução da legislação interna dos Estados-Membros respeitante aos impostos a que se refere o artigo 2º.

2 – A presente diretiva estabelece também disposições para a troca por via eletrónica das informações a que se refere o nº 1, bem como regras e procedimentos ao abrigo dos quais os Estados-Membros e a Comissão devem cooperar em matérias relativas à coordenação e à avaliação.

[1] Contém as alterações efetuadas pelas Diretivas 2014/107/UE, de 9 de dezembro de 2014, 2015/2376, de 8 de dezembro de 2015, 2016/881, de 25 de maio de 2016 e 2016/2258, de 16 de dezembro de 2016.

3 – A presente diretiva não afecta a aplicação nos Estados-Membros das regras relativas ao auxílio judiciário mútuo em matéria penal. Também não prejudica a execução de quaisquer obrigações que incumbam aos Estados-Membros quanto a uma cooperação administrativa mais ampla resultante de outros instrumentos jurídicos, incluindo eventuais acordos bilaterais ou multilaterais.

Artigo 2º – Âmbito de aplicação

1 – A presente diretiva é aplicável a todos os tipos de impostos cobrados por um Estado-Membro ou em seu nome, ou pelas suas subdivisões territoriais ou administrativas ou em seu nome, incluindo as autoridades locais.

2 – Não obstante o nº 1, a presente diretiva não é aplicável ao imposto sobre o valor acrescentado nem aos direitos aduaneiros, nem a impostos especiais de consumo abrangidos por outra legislação da União em matéria de cooperação administrativa entre Estados-Membros. A presente diretiva também não é aplicável às contribuições obrigatórias para a segurança social devidas ao Estado-Membro ou a uma subdivisão do Estado-Membro, ou às instituições de segurança social de direito público.

3 – Os impostos a que se refere o nº 1 não devem em caso algum entender-se como incluindo:

a) Taxas, por exemplo pela emissão de certidões e outros documentos pelas autoridades públicas;

b) Direitos de natureza contratual, tais como pagamentos de serviços públicos.

4 – A presente diretiva é aplicável aos impostos a que se refere o nº 1, cobrados no território a que é aplicável o Tratado por força do artigo 52º do Tratado da União Europeia.

Artigo 3º – Definições

Para efeitos da presente diretiva, entende-se por:

1 – "Autoridade competente" de um Estado-Membro, a autoridade que tenha sido designada como tal por esse Estado-Membro. Quando atua ao abrigo do disposto na presente diretiva, o serviço central de ligação, o serviço de ligação ou o funcionário competente é também considerado autoridade competente por delegação, nos termos do artigo 4º;

2 – "Serviço central de ligação", o serviço que tenha sido designado como tal, dotado da responsabilidade principal pelos contatos com os outros Estados-Membros no domínio da cooperação administrativa;

3 – "Serviço de ligação", qualquer serviço, com exceção do serviço central de ligação, que tenha sido designado como tal para trocar diretamente informações ao abrigo da presente diretiva;

4 – "Funcionário competente", qualquer funcionário autorizado a proceder à troca direta de informações ao abrigo da presente diretiva;

5 – "Autoridade requerente", o serviço central de ligação, um serviço de ligação ou um funcionário competente de um Estado-Membro que formule um pedido de assistência em nome da autoridade competente;

6 – "Autoridade requerida", o serviço central de ligação, um serviço de ligação ou um funcionário competente de um Estado-Membro que receba um pedido de assistência em nome da autoridade competente;

7 – "Inquérito administrativo", todos os controlos, verificações e ações empreendidos pelos Estados-Membros no desempenho das suas atribuições, com o objetivo de assegurar a correta aplicação da legislação fiscal;

8 – "Troca de informação a pedido", a troca de informações efetuada com base num pedido apresentado pelo Estado-Membro requerente ao Estado-Membro requerido num caso específico;

9 – Entende-se por "troca automática":

a) para efeitos do artigo 8º, nº 1, e dos artigos 8º-A e 8º-AA, a comunicação sistemática de informações predefinidas a outro Estado-Membro, sem pedido prévio, a intervalos regulares preestabelecidos. Para efeitos do artigo 8º, nº 1, as referências às informações disponíveis dizem respeito às informações constantes dos registos fiscais do Estado-Membro que comunica as informações, que podem ser obtidas pelos procedimentos de recolha e tratamento de informações desse Estado-Membro;

b) para efeitos do artigo 8º, nº 3-A, a comunicação sistemática de informações predefinidas sobre residentes noutros Estados-Membros ao Estado-Membro de residência relevante, sem pedido prévio, a intervalos regulares preestabelecidos;

c) para efeitos das disposições da presente diretiva que não sejam o artigo 8º, nº 1, o artigo 8º, nº 3-A, e os artigos 8º-A e 8º-AA, a comunicação sistemática de informações predefinidas prevista nas alíneas *a)* e *b)* do presente ponto.

No contexto do artigo 8º, nºs 3-A e 7-A, do artigo 21º, nº 2, e do artigo 25º, nºs 2 e 3, todos os termos ou expressões em maiúsculas iniciais têm a aceção apresentada nas definições correspondentes constantes do anexo I. No contexto do artigo 8º-AA e do anexo III, todos os termos em maiúsculas iniciais têm a aceção apresentada nas definições correspondentes constantes do anexo III;

10 – "Troca espontânea", a comunicação não sistemática, a qualquer momento e sem pedido prévio, de informações a outro Estado-Membro;

11 – "Pessoa":

a) Uma pessoa singular;

b) Uma pessoa coletiva;

c) Sempre que a legislação em vigor o preveja, uma associação de pessoas à qual tenha sido reconhecida capacidade para a prática de atos jurídicos, mas que não possua o estatuto de pessoa coletiva; ou

d) Qualquer outra estrutura jurídica, seja qual for a sua natureza ou forma, dotada ou não de personalidade jurídica, cujos ativos de que seja proprietária ou gestora e rendimentos deles derivados estejam sujeitos a qualquer um dos impostos abrangidos pela presente diretiva;

12 – "Por via eletrónica", a utilização de equipamento eletrónico de processamento (incluindo a compressão digital) e de armazenamento de dados, através de fios, radiocomunicações, meios óticos ou outros meios eletromagnéticos;

13 – "Rede CCN", a plataforma comum baseada na rede comum de comunicações (CCN), desenvolvida pela União para todas as transmissões por via eletrónica entre autoridades competentes nos domínios aduaneiro e fiscal;

14 – "Decisão fiscal prévia transfronteiriça", qualquer acordo, comunicação ou outro instrumento ou ação com efeitos similares, nomeadamente quando emitida, alterada ou renovada no âmbito de uma auditoria fiscal, e que preencha as seguintes condições:

a) Seja emitida, alterada ou renovada pelo Governo ou pela administração fiscal de um Estado-Membro, ou pelas subdivisões territoriais ou administrativas do Estado-Membro, incluindo as autoridades locais, ou em seu nome, independentemente de ser ou não efetivamente utilizada,

b) Seja emitida, alterada ou renovada em relação a determinada pessoa ou a um grupo de pessoas, e possa ser invocada por essa pessoa ou esse grupo de pessoas,

c) Diga respeito à interpretação ou à aplicação de uma disposição legal ou administrativa relativa à administração ou aplicação das leis nacionais em matéria tributária do Estado-Membro ou das subdivisões territoriais ou administrativas do Estado-Membro, incluindo as autoridades locais, *d)* Se refira a uma operação transfronteiriça ou à questão de saber se as atividades exercidas por uma pessoa noutra jurisdição criam ou não um estabelecimento estável, e

e) Seja tomada previamente às operações ou às atividades noutra jurisdição suscetíveis de criar um estabelecimento estável, ou antes da apresentação de uma declaração fiscal relativa ao período em que a operação ou série de operações ou as atividades se realizaram.

As operações transfronteiriças podem incluir, nomeadamente, a realização de investimentos, o fornecimento de bens, serviços e financiamento, ou a utilização de ativos fixos tangíveis ou intangíveis e não têm necessariamente de envolver a participação direta da pessoa destinatária da decisão fiscal prévia transfronteiriça;

15 – "Acordo prévio sobre preços de transferência", qualquer acordo, comunicação ou outro instrumento ou ação com efeitos similares, nomeadamente quando emitido, alterado ou renovado no âmbito de uma auditoria fiscal, e que preencha as seguintes condições:

a) Seja emitido, alterado ou renovado pelo Governo ou pela administração fiscal de um ou mais Estados-Membros, incluindo qualquer das suas subdivisões territoriais ou administrativas, nomeadamente as autoridades locais, ou em seu nome, independentemente de ser ou não efetivamente utilizado,

b) Seja emitido, alterado ou renovado em relação a determinada pessoa ou a um grupo de pessoas, e possa ser invocado por essa pessoa ou grupo de pessoas, e

c) Determine previamente às operações transfronteiriças entre empresas associadas, um conjunto de critérios adequados para a determinação dos preços de transferência dessas operações ou determine a imputação de lucros a um estabelecimento estável.

As empresas são empresas associadas sempre que uma empresa participe, direta ou indiretamente, na gestão, no controlo ou no capital de outra empresa ou as mesmas pessoas participem, direta ou indiretamente, na gestão, no controlo ou no capital das empresas.

Consideram-se preços de transferência os preços mediante os quais são transferidos bens corpóreos ou ativos intangíveis ou prestados serviços entre empresas associadas, devendo a expressão "fixação de preços de transferência" ser interpretada em conformidade;

16 – Para efeitos do ponto 14, entende-se por "operação transfronteiriça" uma operação ou série de operações em que:

a) Nem todas as partes na operação ou série de operações são, para efeitos fiscais, residentes no Estado-Membro que emite, altera ou renova a decisão fiscal prévia transfronteiriças;

b) Qualquer uma das partes na operação ou série de operações é, para efeitos fiscais, simultaneamente residente para efeitos fiscais em mais do que uma jurisdição;

c) Uma das partes na operação ou série de operações exerce a sua atividade noutra jurisdição através de um estabelecimento estável, e a operação ou série de operações constitui uma parte ou a totalidade da atividade do estabelecimento estável. Uma operação transfronteiriça ou série de operações transfronteiriças inclui igualmente as medidas tomadas por uma pessoa em relação a atividades comerciais que exerça noutra jurisdição através de um estabelecimento estável; ou

d) Existe um impacto transfronteiriço.

Para efeitos do ponto 15, entende-se por "operação transfronteiriça" uma operação ou série de operações que envolva empresas associadas que não sejam todas residentes para efeitos fiscais no território de uma única jurisdição ou uma operação ou série de operações que existe um impacto transfronteiriço;

17. Para efeitos dos pontos 15 e 16, entende-se por "empresa" qualquer forma de exercício de uma atividade empresarial.

Artigo 4º – Organização

1 – No prazo de um mês a contar de 11 de Março de 2011, cada Estado-Membro informa a Comissão da sua autoridade competente para efeitos da presente diretiva, informando-a sem demora de qualquer alteração da mesma.

A Comissão faculta essa informação aos demais Estados-Membros e publica no *Jornal Oficial da União Europeia* uma lista das autoridades dos Estados-Membros.

2 – A autoridade competente designa um serviço central de ligação único. Cabe à autoridade competente a responsabilidade de informar do facto a Comissão e os outros Estados-Membros.

O serviço central de ligação pode também ser designado como responsável pelos contatos com a Comissão. Cabe à autoridade competente a responsabilidade de informar do facto a Comissão.

3 – A autoridade competente de cada Estado-Membro pode designar serviços de ligação com competências atribuídas nos termos da legislação

ou política nacionais. Cabe ao serviço central de ligação manter atualizada a lista dos serviços de ligação e colocá-la à disposição dos serviços centrais de ligação dos outros Estados-Membros interessados, bem como da Comissão.

4 – A autoridade competente de cada Estado-Membro pode designar funcionários competentes. Cabe ao serviço central de ligação manter atualizada a lista de funcionários competentes e colocá-la à disposição dos serviços centrais de ligação dos outros Estados-Membros interessados, bem como da Comissão.

5 – Os funcionários que participam na cooperação administrativa ao abrigo da presente diretiva são, em qualquer caso, considerados funcionários competentes para esse efeito, nos termos das disposições estabelecidas pelas autoridades competentes.

6 – Sempre que um serviço de ligação ou um funcionário competente envie ou receba um pedido ou uma resposta a um pedido de cooperação, informa do facto o serviço central de ligação do seu Estado-Membro de acordo com os procedimentos definidos por este último.

7 – Sempre que um serviço de ligação ou um funcionário competente receba um pedido de cooperação que requeira uma ação não abrangida pelas competências que lhe são atribuídas nos termos da legislação ou política nacional do seu Estado-Membro, deve transmiti-lo de imediato ao serviço central de ligação do seu Estado-Membro e informar do facto a autoridade requerente. Nesse caso, o prazo fixado no artigo 7º só começa a correr no dia seguinte ao da transmissão do pedido de cooperação ao serviço central de ligação.

CAPÍTULO II – Troca de informações

SECÇÃO I – Troca de informações a pedido

Artigo 5º – Procedimento de troca de informações a pedido

A pedido da autoridade requerente, a autoridade requerida comunica à autoridade requerente todas as informações a que se refere o nº 1 do artigo 1º de que disponha ou que obtenha na sequência de inquéritos administrativos.

Artigo 6º – Inquéritos administrativos

1 – A autoridade requerida manda efetuar os inquéritos administrativos necessários para obter as informações a que se refere o artigo 5º.

2 – O pedido a que se refere o artigo 5º pode conter um pedido fundamentado de inquérito administrativo específico. Caso a autoridade requerida entenda que não é necessário um inquérito administrativo, informa imediatamente a autoridade requerente das razões que lhe assistem.

3 – Para obter as informações solicitadas ou para conduzir o inquérito administrativo requerido, a autoridade requerida procede como se agisse por iniciativa própria ou a pedido de outra autoridade do seu próprio Estado-Membro.

4 – Quando expressamente solicitado pela autoridade requerente, a autoridade requerida comunica os documentos originais, desde que tal não seja contrário às disposições em vigor no Estado-Membro da autoridade requerida.

Artigo 7º – Prazos

1 – A autoridade requerida comunica as informações a que se refere o artigo 5º o mais rapidamente possível e, o mais tardar, no prazo de seis meses a contar da data de receção do pedido.

No entanto, caso a autoridade requerida já disponha das informações em questão, estas são transmitidas no prazo de dois meses a contar daquela data.

2 – Em determinados casos específicos, podem ser acordados entre a autoridade requerida e a autoridade requerente prazos diferentes dos previstos no nº 1.

3 – A autoridade requerida envia imediatamente à autoridade requerente o aviso de receção do pedido, e, em qualquer caso, no prazo de sete dias úteis após a receção, se possível por via eletrónica.

4 – No prazo de um mês a contar da receção do pedido, a autoridade requerida notifica a autoridade requerente de eventuais lacunas constatadas no pedido, bem como da necessidade de fornecer eventuais informações complementares de carácter geral. Nesse caso, os prazos fixados no nº 1 começam a correr no dia seguinte ao da receção pela autoridade requerida das informações complementares necessárias.

5 – Quando a autoridade requerida não estiver em condições de responder ao pedido no prazo relevante, deve informar de imediato a autoridade

requerente, e, em qualquer caso, no prazo de três meses a contar da receção do pedido, dos motivos que obstam ao cumprimento desse prazo e da data em que considera estar em condições de responder.

6 – Quando a autoridade requerida não dispuser da informação requerida e não estiver em condições de responder ao pedido de informações ou se recuse a responder pelos motivos previstos no artigo 17º, deve informar de imediato a autoridade requerente das razões que lhe assistem, e em qualquer caso, no prazo de um mês a contar da receção do pedido.

SECÇÃO II – Troca automática de informações obrigatória

Artigo 8º – Âmbito de aplicação e condições da troca automática de informações obrigatória

1 – A autoridade competente de cada Estado-Membro comunica à autoridade competente de qualquer outro Estado-Membro, mediante troca automática, as informações disponíveis sobre os períodos de tributação a partir de 1 de Janeiro de 2014 relativas a residentes nesse outro Estado-Membro, no que se refere às seguintes categorias específicas de rendimento e de património tal como devam ser entendidas nos termos da legislação nacional do Estado-Membro que comunica as informações:

a) Rendimentos do trabalho;

b) Honorários de administradores;

c) Produtos de seguro de vida não abrangidos por outros instrumentos jurídicos da União em matéria de troca de informações e outras medidas análogas;

d) Pensões;

e) Propriedade e rendimento de bens imóveis.

2 – Antes de 1 de Janeiro de 2014, os Estados-Membros informam a Comissão das categorias enumeradas no nº 1 em relação às quais disponham de informações. As alterações posteriores devem ser comunicadas à Comissão.

3 – A autoridade competente de um Estado-Membro pode indicar à autoridade competente de qualquer outro Estado-Membro que não pretende receber informações sobre uma ou várias das categorias de rendimento e de património referidas no nº 1. Do facto informa igualmente a Comissão.

Pode considerar-se que um Estado-Membro não pretende receber informações nos termos do nº 1 se não informar a Comissão de cada uma das categorias em relação à qual disponha de informações.

3-A – Cada Estado-Membro toma as medidas necessárias para exigir que as respetivas Instituições financeiras reportantes cumpram as regras em matéria de comunicação e diligência devida incluídas nos Anexos I e II e para garantir a execução eficaz e o cumprimento dessas regras nos termos do Anexo I, Secção IX.

De acordo com as regras aplicáveis em matéria de comunicação e diligência devida contidas nos Anexos I e II, a autoridade competente de cada Estado-Membro comunica à autoridade competente de qualquer outro Estado-Membro, mediante troca automática, no prazo estabelecido no nº 6, alínea *b)*, as seguintes informações relativas aos períodos de tributação a partir de 1 de janeiro de 2016 referentes a uma Conta sujeita a comunicação:

a) O nome, endereço, NIF(s) e, no caso de uma pessoa singular, a data e o local de nascimento de cada Pessoa sujeita a comunicação que seja Titular da conta e, no caso de uma entidade que seja Titular da conta e que, após aplicação das regras de diligência devida de acordo com os Anexos I e II, se verifique ter uma ou mais Pessoas que exercem o controlo que sejam uma Pessoa sujeita a comunicação, o nome, endereço e NIF(s) da Entidade e o nome, endereço, NIF(s) e data e local de nascimento de cada Pessoa sujeita a comunicação;

b) O número da conta (ou o seu equivalente funcional, na ausência de um número de conta);

c) O nome e o número de identificação (caso exista) da Instituição financeira reportante;

d) O saldo ou valor da conta (incluindo, no caso de um Contrato de seguro monetizável ou de um Contrato de renda, o Valor em numerário ou o valor de resgate) no final do ano civil em causa ou de outro período de comunicação adequado ou, se a conta tiver sido encerrada no decurso desse ano ou período, o encerramento da conta;

e) No caso de uma Conta de custódia:

i) o montante bruto total de juros, o montante bruto total de dividendos e o montante bruto total de outros rendimentos gerados pelos ativos detidos na conta, pagos ou creditados na conta (ou relacionados com a conta) durante o ano civil ou outro período de comunicação adequado, e

ii) a totalidade da receita bruta da venda ou resgate dos Ativos financeiros pagos ou creditados na conta durante o ano civil ou outro período de comunicação adequado a título do qual a Instituição financeira reportante atuou na qualidade de custodiante, corretora, mandatária ou outro representante do Titular da conta;

f) No caso de uma Conta de depósito, o montante bruto total dos juros pagos ou creditados na conta durante o ano civil ou outro período de comunicação adequado; e

g) No caso de uma conta não descrita na alínea *e)* ou *f)*, o montante bruto total pago ou creditado ao Titular da conta a título da conta durante o ano civil ou outro período de comunicação adequado a título do qual a Instituição financeira reportante é o obrigado ou o devedor, incluindo o montante agregado de todos os pagamentos de reembolso efetuados ao Titular da conta durante o ano civil ou outro período de comunicação adequado.

Para efeitos da troca de informações nos termos do presente número, salvo disposição em contrário nele prevista ou nos anexos, o montante e a caracterização dos pagamentos efetuados a título de uma Conta sujeita a comunicação são determinadas nos termos da legislação nacional do Estado-Membro que comunica as informações.

Os primeiro e segundo parágrafos do presente número prevalecem sobre o nº 1, alínea *c)*, ou sobre qualquer outro instrumento jurídico da União, incluindo a Diretiva 2003/48/CE do Conselho, na medida em que a troca de informações em questão esteja abrangida pelo âmbito de aplicação do nº 1, alínea *c)*, ou de qualquer outro instrumento jurídico da União, incluindo a Diretiva 2003/48/CE.

6 – A comunicação das informações tem lugar do seguinte modo:

a) Para as categorias constantes do nº 1, pelo menos uma vez por ano, no prazo de seis meses a contar do termo do ano fiscal do Estado-Membro durante o qual as informações foram disponibilizadas;

b) Para as informações do nº 3-A, anualmente, no prazo de nove meses a contar do termo do ano civil ou de outro período de comunicação adequado a que as informações digam respeito.

7 – A Comissão estabelece as modalidades práticas da troca automática de informações, nos termos do nº 2 do artigo 26º, antes das datas referidas no nº 1 do artigo 29º.

7-A – Para efeitos do Anexo I, Secção VIII, ponto B, nº 1, alínea *c)*, e ponto C, nº 17, alínea *g)*, os Estados-Membros facultam à Comissão, até 31 de julho de 2015, a lista de entidades e contas que devem ser tratadas, respetivamente, como Instituições financeiras não reportantes e Contas excluídas. Cada Estado-Membro informa igualmente a Comissão de quaisquer alterações verificadas a esse respeito. A Comissão publica no *Jornal Oficial da União Europeia* uma lista compilada das informações recebidas e atualiza a lista consoante necessário.

Os Estados-Membros asseguram que esses tipos de Instituições financeiras não reportantes e de Contas excluídas satisfazem todos os requisitos enumerados no Anexo I, Secção VIII, ponto B, nº 1, alínea *c)*, e ponto C, nº 17, alínea *g)*, e, em particular, que o estatuto de uma Instituição financeira enquanto Instituição financeira não reportante ou o estatuto de uma conta enquanto Conta excluída não ponham em causa os objetivos da presente diretiva.

8 – Sempre que os Estados-Membros acordem na troca automática de informações sobre categorias suplementares de rendimento e de património em acordos bilaterais ou multilaterais que celebrem com outros Estados-Membros, devem comunicar esses acordos à Comissão, que os coloca à disposição de todos os outros Estados-Membros.

Artigo 8º-A – Âmbito de aplicação e condições da troca automática de informações obrigatória em matéria de decisões fiscais prévias transfronteiriças e de acordos prévios sobre preços de transferência

1 – A autoridade competente de um Estado-Membro em que tenha sido emitida, alterada ou renovada uma decisão fiscal prévia transfronteiriça ou um acordo prévio sobre preços de transferência após 31 de dezembro de 2016 comunica às autoridades competentes de todos os outros Estados-Membros, bem como à Comissão Europeia, mediante troca automática, as informações correspondentes, com as restrições estabelecidas no nº 8 do presente artigo, nos termos das modalidades práticas aplicáveis adotadas por força do artigo 21º.

2 – Nos termos das modalidades práticas aplicáveis adotadas por força do artigo 21º, a autoridade competente de um Estado-Membro também comunica às autoridades competentes de todos os outros Estados-Membros, bem como à Comissão Europeia, com as restrições estabelecidas no nº 8 do presente artigo, as informações relativas às decisões fiscais prévias transfronteiriças e aos acordos prévios sobre preços de transferência que tenham sido emitidos, alterados ou renovados no período que se inicie cinco anos antes de 1 de janeiro de 2017.

Se as decisões fiscais prévias transfronteiriças e os acordos prévios sobre preços de transferência tiverem sido emitidos, alterados ou renovados entre

1 de janeiro de 2012 e 31 de dezembro de 2013, a comunicação de informações é efetuada na condição de essas decisões e acordos estarem ainda válidos em 1 de janeiro de 2014.

Se as decisões fiscais prévias transfronteiriças e os acordos prévios sobre preços de transferência tiverem sido emitidos, alterados ou renovados entre 1 de janeiro de 2014 e 31 de dezembro de 2016, a comunicação de informações é efetuada independentemente de essas decisões e acordos estarem ainda válidos.

Os Estados-Membros podem excluir da comunicação a que se refere o presente número as informações sobre decisões fiscais prévias transfronteiriças e acordos prévios sobre preços de transferência emitidos, alterados ou renovados antes de 1 de abril de 2016 em relação a uma determinada pessoa ou a um grupo de pessoas, com exceção daquelas pessoas ou grupos que exerçam principalmente atividades financeiras ou de investimento, e cujo volume de negócios líquido anual, na aceção do artigo 2º, ponto 5, da Diretiva 2013/34/UE do Parlamento Europeu e do Conselho seja, no conjunto do grupo, inferior a 40 000 000 EUR (ou a um montante equivalente noutra divisa) no exercício que antecede a data de emissão, alteração ou renovação dessas decisões fiscais prévias transfronteiriças e desses acordos prévios sobre preços de transferência.

3 – Os acordos prévios bilaterais ou multilaterais sobre preços de transferência com países terceiros ficam excluídos do âmbito da troca automática de informações ao abrigo do presente artigo, caso o acordo fiscal internacional ao abrigo do qual tenha sido negociado o acordo prévio sobre preços de transferência não permita a sua divulgação a terceiros. Esses acordos prévios bilaterais ou multilaterais sobre preços de transferência serão objeto de troca ao abrigo do artigo 9º, caso o acordo fiscal internacional ao abrigo do qual tenha sido negociado o acordo prévio sobre preços de transferência permita a sua divulgação, e a autoridade competente do país terceiro conceda autorização para a divulgação das informações.

No entanto, caso os acordos prévios bilaterais ou multilaterais sobre preços de transferência sejam excluídos da troca automática de informações ao abrigo do primeiro parágrafo, primeiro período, do presente número, as informações identificadas no nº 6 do presente artigo referidas no pedido que levou à emissão de tal acordo prévio bilateral ou multilateral sobre preços de transferência devem, em vez disso, ser trocadas ao abrigo dos nºs 1 e 2 do presente artigo.

4 – O disposto nos nºs 1 e 2 não é aplicável no caso de uma decisão fiscal prévia transfronteiriça ter por objeto e envolver exclusivamente a situação fiscal de uma ou mais pessoas singulares.

5 – A troca de informações tem lugar do seguinte modo:

a) No que diz respeito às informações trocadas nos termos do nº 1 – no prazo de três meses a contar do fim do semestre do ano civil durante o qual as decisões fiscais prévias transfronteiriças ou os acordos prévios sobre preços de transferência tenham sido emitidos, alterados ou renovados;

b) No que diz respeito às informações trocadas nos termos do nº 2 – antes de 1 de janeiro de 2018.

6 – As informações a comunicar por um Estado-Membro nos termos dos nºs 1 e 2 do presente artigo incluem o seguinte:

a) A identificação da pessoa, que não seja uma pessoa singular, e, sendo o caso, do grupo de pessoas a que pertence;

b) Um resumo do teor da decisão fiscal prévia transfronteiriça ou do acordo prévio sobre preços de transferência, incluindo uma descrição, apresentada em termos abstratos, das principais atividades ou operações ou série de operações, que não conduza à divulgação de um segredo comercial, industrial ou profissional ou de um processo comercial, ou de uma informação cuja divulgação seja contrária à ordem pública;

c) As datas de emissão, alteração ou renovação da decisão fiscal prévia transfronteiriça ou do acordo prévio sobre preços de transferência;

d) A data de início do prazo de validade da decisão fiscal prévia transfronteiriça ou do acordo prévio sobre preços de transferência, se indicada;

e) A data do termo do prazo de validade da decisão fiscal prévia transfronteiriça ou do acordo prévio sobre preços de transferência, se indicada;

f) O tipo de decisão fiscal prévia transfronteiriça ou de acordo prévio sobre preços de transferência;

g) O montante da operação ou série de operações da decisão fiscal prévia transfronteiriça ou do acordo prévio sobre preços de transferência, se esse montante constar da decisão fiscal prévia transfronteiriça ou do acordo prévio sobre preços de transferência;

h) A descrição do conjunto de critérios utilizados para a determinação do preço de transferência, ou o próprio preço de transferência, no caso de um acordo prévio de sobre preços de transferência;

i) A identificação do método utilizado para a determinação do preço de transferência, ou o próprio preço de transferência, no caso de um acordo prévio sobre preços de transferência;

j) A identificação dos outros Estados-Membros, quando aplicável, suscetíveis de serem afetados pela decisão fiscal prévia transfronteiriça ou pelo acordo prévio sobre preços de transferência;

k) A identificação de qualquer pessoa, que não seja uma pessoa singular, nos outros Estados-Membros, quando aplicável, suscetível de ser afetada pela decisão fiscal prévia transfronteiriça ou pelo acordo prévio sobre preços de transferência (indicando a que Estados-Membros estão ligadas as pessoas afetadas); e

l) Uma menção que indique se as informações comunicadas se baseiam na própria decisão fiscal prévia transfronteiriça ou no próprio acordo prévio sobre preços de transferência ou no pedido a que se refere o nº 3, segundo parágrafo, do presente artigo.

7 – Para facilitar a troca de informações a que se refere o nº 6 do presente artigo, a Comissão adota todas as medidas e modalidades práticas necessárias à execução do presente artigo, incluindo medidas destinadas a harmonizar a comunicação das informações a que se refere o nº 6 do presente artigo, no âmbito do procedimento de definição do formulário normalizado previsto no artigo 20º, nº 5.

8 – As informações a que se refere o nº 6, alíneas *a)*, *b)*, *h)* e *k)*, do presente artigo não são comunicadas à Comissão Europeia.

9 – A autoridade competente dos Estados-Membros em causa, identificados no nº 6, alínea *j)*, confirma sem demora e, em qualquer caso, no prazo máximo de sete dias úteis a contar da receção das informações, se possível por via eletrónica, a sua receção à autoridade competente que prestou as informações. Esta medida é aplicável até que esteja operacional o diretório a que se refere o artigo 21º, nº 5.

10 – Os Estados-Membros podem, nos termos do artigo 5º, e tendo em conta o artigo 21º, nº 4, solicitar informações complementares, nomeadamente o texto integral de uma decisão fiscal prévia transfronteiriça ou de um acordo prévio sobre preços de transferência.

Artigo 8º-AA – Âmbito de aplicação e condições da troca automática de informações obrigatória sobre a declaração por país

1 – Cada Estado-Membro toma as medidas necessárias para exigir que a Entidade-mãe final de um Grupo de empresas multinacionais que seja residente para efeitos fiscais no seu território, ou qualquer outra Entidade declarante, nos termos do anexo III, secção II, apresente uma declaração por país no que diz respeito ao seu Exercício fiscal de relato no prazo de

12 meses a contar do último dia do Exercício fiscal de relato do Grupo de empresas multinacionais nos termos do anexo III, secção II.

2 – A autoridade competente de um Estado-Membro em que a declaração por país tenha sido recebida por força do nº 1 transmite-a, mediante troca automática, no prazo fixado no nº 4, a qualquer outro Estado-Membro em que, com base nas informações constantes da declaração por país, uma ou mais Entidades constituintes do Grupo de empresas multinacionais da Entidade declarante sejam residentes para efeitos fiscais ou estejam sujeitas a imposto relativamente à atividade exercida através de um estabelecimento estável.

3 – A declaração por país contém as seguintes informações relativamente ao Grupo de empresas multinacionais:

a) informações agregadas sobre o montante dos rendimentos, o lucro (perda) antes do imposto sobre o rendimento, o imposto sobre o rendimento pago, o imposto sobre o rendimento devido, o capital social, os ganhos acumulados, o número de empregados, e os ativos tangíveis que não sejam caixa nem equivalentes de caixa em relação a cada jurisdição em que o Grupo de empresas multinacionais opera;

b) a identificação de cada Entidade constituinte do Grupo de empresas multinacionais que indique a jurisdição da residência fiscal dessa Entidade constituinte e, caso seja diferente da jurisdição da residência fiscal, a jurisdição por cujo ordenamento jurídico se rege a organização dessa Entidade constituinte, bem como a natureza da atividade empresarial principal ou atividades empresariais principais dessa Entidade constituinte.

4 – A comunicação é efetuada no prazo de 15 meses a contar do último dia do Exercício fiscal do Grupo de empresas multinacionais a que respeita a declaração por país. A primeira declaração por país é comunicada relativamente ao Exercício fiscal do Grupo de empresas multinacionais com início em 1 de janeiro de 2016 ou após esta data, sendo efetuada no prazo de 18 meses a contar do último dia desse Exercício fiscal.

Artigo 8º-B – Estatísticas sobre as trocas automáticas

1 – Antes de 1 de janeiro de 2018, os Estados-Membros fornecem à Comissão estatísticas anuais sobre o volume das trocas automáticas efetuadas nos termos dos artigos 8º e 8º-A e, na medida do possível, informações sobre os custos e benefícios relevantes, de natureza administrativa ou outra, respeitantes às trocas que tenham sido efetuadas e a quaisquer alterações eventuais, tanto para as administrações fiscais como para terceiros.

2 – Antes de 1 de janeiro de 2019, a Comissão apresenta um relatório com uma panorâmica geral e uma avaliação das estatísticas e das informações, recebidas nos termos do nº 1 do presente artigo, sobre questões tais como os custos e benefícios relevantes, de natureza administrativa ou outra, da troca automática de informações, bem como os aspetos práticos conexos. Se for adequado, a Comissão apresenta uma proposta ao Conselho relativa às categorias e às condições estabelecidas no artigo 8º, nº 1, incluindo a condição de as informações respeitantes a residentes noutros Estados-Membros terem de estar disponíveis, ou aos elementos a que se refere o artigo 8º, nº 3-A, ou a ambos.

Ao examinar uma proposta apresentada pela Comissão, o Conselho avalia a possibilidade de reforçar ainda mais a eficácia e o funcionamento da troca automática de informações e de melhorar o nível da mesma, com o objetivo de estabelecer que:

a) A autoridade competente de cada Estado-Membro comunique à autoridade competente de qualquer outro Estado-Membro, mediante troca automática, as informações sobre os períodos de tributação a partir de 1 de janeiro de 2019 relativas a residentes nesse outro Estado-Membro, no que se refere a todas as categorias de rendimento e de património enumeradas no artigo 8º, nº 1, tal como devam ser entendidas nos termos da legislação nacional do Estado-Membro que comunica as informações; e

b) As listas de categorias e elementos constantes do artigo 8º, nºs 1 e 3-A, sejam alargadas de modo a incluir outras categorias e elementos, incluindo *royalties*.

SECÇÃO III – Troca espontânea de informações

Artigo 9º – Âmbito de aplicação e condições da troca espontânea de informações

1 – A autoridade competente de cada Estado-Membro comunica as informações a que se refere o nº 1 do artigo 1º à autoridade competente de qualquer outro Estado-Membro interessado, em qualquer das seguintes circunstâncias:

a) A autoridade competente de um Estado-Membro tem razões para presumir que existe uma redução ou uma isenção anormal de impostos no outro Estado-Membro;

b) Um sujeito passivo de imposto obtém num Estado-Membro uma redução ou isenção de imposto que pode implicar um agravamento de imposto ou a sujeição a imposto no outro Estado-Membro;

c) Os negócios entre um devedor de imposto de um Estado-Membro e um sujeito passivo de imposto no outro Estado-Membro, efetuados através de um ou mais países, são de molde a dar origem a uma redução de imposto num ou no outro Estado-Membro ou em ambos;

d) A autoridade competente de um Estado-Membro tem razões para presumir que existe uma diminuição de imposto resultante de transferências fictícias de lucros no interior de grupos de empresas;

e) Na sequência de informações comunicadas a um Estado-Membro pela autoridade competente de outro Estado-Membro, são obtidas informações que podem ser úteis ao estabelecimento do imposto devido neste último Estado-Membro.

2 – As autoridades competentes de cada Estado-Membro podem comunicar por troca espontânea às autoridades competentes dos outros Estados-Membros quaisquer informações de que tenham conhecimento e que possam ser úteis às autoridades competentes dos outros Estados-Membros.

Artigo 10º – Prazos

1 – A autoridade competente à qual sejam disponibilizadas as informações a que se refere o nº 1 do artigo 9º transmite essas informações à autoridade competente de qualquer outro Estado-Membro interessado o mais rapidamente possível, no prazo máximo de um mês a contar da disponibilização das mesmas.

2 – A autoridade competente à qual sejam comunicadas informações ao abrigo do artigo 9º envia imediatamente e, em qualquer caso, no prazo máximo de sete dias úteis a contar da sua receção, se possível por via eletrónica, um aviso de receção das mesmas à autoridade competente que prestou as informações.

CAPÍTULO III - Outras formas de cooperação administrativa

SECÇÃO I - Presença nos serviços administrativos e participação em inquéritos administrativos

Artigo 11º - Âmbito de aplicação e condições

1 - Mediante acordo entre a autoridade requerente e a autoridade requerida e nos termos fixados por esta última, os funcionários autorizados pela autoridade requerente podem, tendo em vista a troca de informações a que se refere o nº 1 do artigo 1º:

a) Estar presentes nos serviços em que exercem funções as autoridades administrativas do Estado-Membro requerido;

b) Estar presentes durante os inquéritos administrativos realizados no território do Estado-Membro requerido.

Sempre que as informações solicitadas constem de documentação a que os funcionários da autoridade requerida tenham acesso, devem ser facultadas aos funcionários da autoridade requerente cópias dessa documentação.

2 - Na medida em que a legislação do Estado-Membro requerido o permita, o acordo a que se refere o nº 1 pode prever que, sempre que estejam presentes durante os inquéritos administrativos, os funcionários da autoridade requerente possam entrevistar pessoas e analisar registos.

A eventual recusa da pessoa submetida a inquérito em respeitar as medidas de controlo dos funcionários da autoridade requerente é tratada pela autoridade requerida como uma recusa dirigida aos funcionários desta última.

3 - Os funcionários autorizados pelo Estado-Membro requerente presentes noutro Estado-Membro nos termos do nº 1 devem poder apresentar, a qualquer momento, um mandato escrito com a indicação da sua identidade e qualidade oficial.

SECÇÃO II - Controlos simultâneos

Artigo 12º - Controlos simultâneos

1 - Sempre que dois ou mais Estados-Membros acordem em proceder, cada um no seu território, a controlos simultâneos de uma ou mais pessoas que se revistam de interesse comum ou complementar para os mesmos tendo em vista a troca das informações assim obtidas, são aplicáveis os nºs 2, 3 e 4.

2 – A autoridade competente de cada Estado-Membro identifica, de forma independente, as pessoas que tenciona propor para um controlo simultâneo. Notifica a autoridade competente dos outros Estados-Membros interessados de quaisquer casos para os quais proponha um controlo simultâneo, justificando a sua escolha.

Deve ainda indicar o prazo dentro do qual esses controlos devem ser efetuados.

3 – A autoridade competente de cada Estado-Membro interessado decide se pretende participar em controlos simultâneos. A referida autoridade confirma à autoridade que propôs o controlo simultâneo a sua aceitação ou comunica-lhe a sua recusa, devidamente justificada.

4 – A autoridade competente de cada Estado-Membro interessado designa um representante responsável pela direção e coordenação da operação de controlo.

SECÇÃO III -Notificação administrativa

Artigo 13º – Pedido de notificação

1 – A pedido da autoridade competente de um Estado-Membro, a autoridade competente de outro Estado-Membro procede, nos termos das normas jurídicas em vigor para a notificação de instrumentos análogos no Estado-Membro requerido, à notificação ao destinatário de quaisquer atos e decisões emanados das autoridades administrativas do Estado-Membro requerente que digam respeito à aplicação no seu território de legislação relativa aos impostos abrangidos pela presente diretiva.

2 – Os pedidos de notificação devem indicar o objeto do instrumento ou da decisão a notificar e especificar o nome e endereço do destinatário, bem como quaisquer outras informações que possam facilitar a identificação do destinatário.

3 – A autoridade requerida informa imediatamente a autoridade requerente da sua resposta e, em particular, da data em que o destinatário foi notificado do instrumento ou da decisão.

4 – A autoridade requerente só apresenta um pedido de notificação ao abrigo do presente artigo quando não estiver em condições de notificar de acordo com as normas jurídicas que regem a notificação dos instrumentos em causa no Estado-Membro requerente, ou quando tal notificação puder implicar dificuldades desproporcionadas. A autoridade competente de

um Estado-Membro pode notificar diretamente qualquer documento, por carta registada ou por via eletrónica, a uma pessoa estabelecida no território de outro Estado-Membro.

SECÇÃO IV – Retorno de informação

Artigo 14º – Condições

1 – Sempre que uma autoridade competente preste informações ao abrigo dos artigos 5º ou 9º, pode pedir à autoridade competente que recebeu as informações um retorno de informação. Se for solicitado o retorno de informação, a autoridade competente que recebeu as informações procede ao envio do mesmo, sem prejuízo das regras em matéria de sigilo fiscal e proteção de dados aplicáveis no seu Estado-Membro, à autoridade competente que prestou as informações o mais rapidamente possível, no prazo máximo de três meses após ser conhecido o resultado da utilização das informações requeridas. A Comissão determina as modalidades práticas nos termos do nº 2 do artigo 26º.

2 – As autoridades competentes dos Estados-Membros enviam uma vez por ano aos outros Estados-Membros interessados o retorno de informação sobre a troca automática de informações, de acordo com as modalidades práticas que tenham acordado a nível bilateral.

SECÇÃO V – Partilha de melhores práticas e de experiências

Artigo 15º – Âmbito de aplicação e condições

1 – Os Estados-Membros, juntamente com a Comissão, analisam e avaliam a cooperação administrativa ao abrigo da presente diretiva e partilham experiências com o objetivo de melhorar essa cooperação e, se for caso disso, de elaborar regulamentação nos domínios em causa.

2 – Os Estados-Membros podem, juntamente com a Comissão, estabelecer orientações sobre qualquer aspeto considerado necessário para a partilha de melhores práticas e de experiências.

CAPÍTULO IV – Condições que regem a cooperação administrativa

Artigo 16º – Divulgação de informações e de documentos

1 – As informações comunicadas entre Estados-Membros sob qualquer forma ao abrigo da presente diretiva estão sujeitas à obrigação do segredo oficial e beneficiam da proteção concedida a informações da mesma natureza pela legislação nacional do Estado-Membro que as recebeu. Essas informações podem ser utilizadas para a administração e execução da legislação interna dos Estados-Membros respeitante aos impostos a que se refere o artigo 2º.

Tais informações podem também ser utilizadas para o estabelecimento e a execução de outros impostos e direitos abrangidos pelo artigo 2º da Diretiva 2010/24/UE do Conselho, de 16 de Março de 2010, relativa à assistência mútua em matéria de cobrança de créditos respeitantes a impostos, direitos e outras medidas, ou para o estabelecimento e execução das contribuições obrigatórias para a segurança social.

Além disso, podem ser utilizadas em processos judiciais e administrativos que possam acarretar sanções, instaurados na sequência de infrações à legislação fiscal, sem prejuízo das regras e disposições gerais que regem os direitos dos arguidos e das testemunhas em processos dessa natureza.

2 – Com a autorização da autoridade competente do Estado-Membro que comunica informações ao abrigo da presente diretiva e apenas na medida em que tal seja permitido pela legislação do Estado-Membro da autoridade competente que recebe as informações, as informações e os documentos recebidos ao abrigo da presente diretiva podem ser utilizados para fins diferentes dos referidos no nº 1. Essa autorização é concedida se a informação puder ser utilizada para fins idênticos no Estado-Membro da autoridade competente que comunica as informações.

3 – Quando uma autoridade competente de um Estado-Membro considerar que as informações que recebeu da autoridade competente de outro Estado-Membro podem ser úteis para a autoridade competente de um terceiro Estado-Membro para os fins referidos no nº 1, pode transmitir essas informações à autoridade competente deste último, desde que tal transmissão seja efetuada de acordo com as regras e os procedimentos estabelecidos na presente diretiva. Deve informar a autoridade competente do Estado-Membro de origem das informações da sua intenção de as partilhar com um terceiro Estado-Membro. O Estado-Membro de origem das informações pode opor-se a essa partilha de informações no prazo de 10 dias úteis a

contar da data de receção da comunicação proveniente do Estado-Membro que pretende partilhar as informações.

4 – A autorização para utilizar informações ao abrigo do nº 2 que tenham sido transmitidas ao abrigo do nº 3 só pode ser concedida pela autoridade competente do Estado-Membro de origem das informações.

5 – As informações, os relatórios, os certificados e quaisquer outros documentos, ou cópias autenticadas ou extratos dos mesmos, obtidos pela autoridade requerida e comunicados à autoridade requerente nos termos da presente diretiva podem ser invocados como elementos de prova pelas instâncias competentes do Estado-Membro da autoridade requerente, do mesmo modo que as informações, os relatórios, os certificados e quaisquer outros documentos similares transmitidos por uma autoridade do mesmo Estado-Membro.

6 – Não obstante os nºs 1 a 4 do presente artigo, as informações comunicadas entre Estados-Membros por força do artigo 8º-AA são utilizadas para efeitos da avaliação de riscos elevados em matéria de preços de transferência e de outros riscos relacionados com a erosão da base tributável e a transferência de lucros, incluindo a avaliação do risco de incumprimento por parte de membros do Grupo de empresas multinacionais com regras aplicáveis em matéria de preços de transferência, e, se adequado, para efeitos de análises económicas e estatísticas. Os ajustamentos dos preços de transferência por parte das autoridades fiscais do Estado-Membro que recebe as informações não podem basear-se nas informações trocadas por força do artigo 8º-AA. Não obstante o que precede, não existe qualquer proibição de utilizar as informações comunicadas entre Estados-Membros por força do artigo 8º-AA como base para proceder a inquéritos adicionais sobre os acordos de preços de transferência do Grupo de empresas multinacionais ou sobre outras matérias fiscais no decurso de uma auditoria fiscal, em resultado dos quais poderão ser efetuados ajustamentos adequados do rendimento tributável de uma Entidade constituinte.

Artigo 17º – Limites

1 – A autoridade requerida de um Estado-Membro comunica à autoridade requerente de outro Estado-Membro as informações a que se refere o artigo 5º, desde que a autoridade requerente tenha esgotado as fontes habituais de informação a que teria podido recorrer segundo as circunstâncias para obter as informações solicitadas sem correr o risco de prejudicar a consecução dos seus objetivos.

2 – A presente diretiva não impõe qualquer obrigação ao Estado-Membro requerido de proceder a inquéritos ou de comunicar informações, se a realização de tais inquéritos ou a recolha das informações pretendidas para fins próprios infringir a sua legislação.

3 – A autoridade competente de um Estado-Membro requerido pode escusar-se a prestar informações sempre que, por razões legais, o Estado-Membro requerente não esteja em condições de prestar informações análogas.

4 – A prestação de informações pode ser recusada quando conduza à divulgação de um segredo comercial, industrial ou profissional ou de um processo comercial, ou de informações cuja divulgação seja contrária à ordem pública.

5 – A autoridade requerida informa a autoridade requerente dos motivos que obstam a que o pedido de informações seja satisfeito.

Artigo 18º – Obrigações

1. Se forem solicitadas informações por um Estado-Membro nos termos da presente diretiva, o Estado-Membro requerido recorre às medidas que tenha previsto em matéria de recolha de informações para a obtenção das informações solicitadas, mesmo que não necessite dessas informações para os seus próprios fins fiscais. Esta obrigação é imposta sem prejuízo dos nºs 2, 3 e 4 do artigo 17º, cuja invocação não pode em caso algum ser entendida como autorizando um Estado-Membro requerido a não prestar informações apenas por não ter interesse nessas informações a nível interno.

2 – O disposto nos nºs 2 e 4 do artigo 17º não pode, em caso algum, ser entendido como autorizando a autoridade requerida de um Estado-Membro a escusar-se a prestar informações apenas pelo facto de essas informações estarem na posse de uma instituição bancária, de outra instituição financeira, de uma pessoa designada ou atuando na qualidade de agente ou de fiduciário ou pelo facto de estarem relacionadas com uma participação no capital de uma pessoa.

3 – Não obstante o nº 2, um Estado-Membro pode recusar a transmissão das informações requeridas se essas informações disserem respeito a períodos de tributação anteriores a 1 de Janeiro de 2011 e se a transmissão das mesmas pudesse ter sido recusada com base no nº 1 do artigo 8º da Diretiva 77/799/CE se tivesse sido solicitada antes de 11 de Março de 2011.

Artigo 19º - Cooperação mais ampla com um país terceiro

Sempre que um Estado-Membro preste a um país terceiro uma cooperação mais ampla do que a prevista pela presente diretiva, esse Estado-Membro não pode recusar a prestação dessa cooperação mais ampla a outro Estado-Membro que deseje participar em tal cooperação mútua mais ampla com o primeiro.

Artigo 20º - Formulários normalizados e informatizados

1 - Os pedidos de informações e de inquéritos administrativos ao abrigo do artigo 5º, bem como as respetivas respostas, os avisos de receção, os pedidos de informações complementares de carácter geral e as declarações de incapacidade ou de recusa ao abrigo do artigo 7º são, na medida do possível, transmitidos através de um formulário normalizado adotado pela Comissão nos termos do nº 2 do artigo 26º.

Os formulários normalizados podem ser acompanhados de relatórios, declarações e quaisquer outros documentos, ou de cópias autenticadas ou extratos dos mesmos.

2 - O formulário normalizado a que se refere o nº 1 inclui pelo menos as seguintes informações a prestar pela autoridade requerente:

a) A identidade da pessoa objeto de inspeção ou investigação;

b) O fim fiscal a que se destina o pedido de informações.

A autoridade requerente pode, tanto quanto deles tenha conhecimento e de acordo com a evolução da situação internacional, fornecer o nome e o endereço de qualquer pessoa que se suponha estar na posse das informações solicitadas e bem assim qualquer elemento suscetível de facilitar a recolha de informações pela autoridade requerida.

3 - As informações espontâneas e respetivos avisos de receção ao abrigo dos artigos 9º e 10º, respetivamente, os pedidos de notificação administrativa ao abrigo do artigo 13º, bem como o retorno de informação ao abrigo do artigo 14º são transmitidos através do formulário normalizado adotado pela Comissão nos termos do nº 2 do artigo 26º.

4 - A troca automática de informações ao abrigo do artigo 8º é efetuada utilizando um formato eletrónico normalizado concebido para a facilitar e baseado no atual formato eletrónico ao abrigo do artigo 9º da Diretiva 2003/48/CE, a utilizar em todos os tipos de troca automática de informações, adotado pela Comissão nos termos do artigo 26º, nº 2.

5 - A Comissão adota um formulário normalizado, incluindo o regime linguístico, pelo procedimento a que se refere o artigo 26º, nº 2, antes de 1

de janeiro de 2017. A troca automática de informações em matéria de decisões fiscais prévias transfronteiriças e de acordos prévios sobre preços de transferência, nos termos do artigo 8º-A, é efetuada mediante a utilização desse formulário normalizado. Esse formulário normalizado não pode ir além dos elementos para a troca de informações enumerados no artigo 8º-A, nº 6, e de outros campos conexos ligados a esses elementos, necessários para a consecução dos objetivos estabelecidos no artigo 8º-A.

O regime linguístico a que se refere o primeiro parágrafo não obsta a que os Estados-Membros comuniquem as informações a que se refere o artigo 8º-A em qualquer das línguas oficiais e de trabalho da União. Todavia, esse regime linguístico pode prever que os principais elementos de tais informações sejam igualmente enviados noutra língua oficial e de trabalho da União.

6 – A troca automática de informações sobre a declaração por país por força do artigo 8º-AA é efetuada utilizando o formulário previsto no anexo III, secção III, quadros 1, 2 e 3. A Comissão adota, por meio de atos de execução, o regime linguístico para essa troca de informações até 31 de dezembro de 2016. Tal não obsta a que os Estados-Membros comuniquem as informações a que se refere o artigo 8º-AA em qualquer das línguas oficiais e de trabalho da União. No entanto, esse regime linguístico pode prever que os principais elementos de tais informações sejam igualmente enviados noutra língua oficial da União. Esses atos de execução são adotados pelo procedimento a que se refere o artigo 26º, nº 2.

Artigo 21º – Modalidades práticas

1 – As informações comunicadas ao abrigo da presente diretiva são, na medida do possível, transmitidas por via eletrónica através da Rede CCN.

Se necessário, a Comissão adota as modalidades práticas necessárias à execução do primeiro parágrafo, nos termos do nº 2 do artigo 26º.

2 – A Comissão é responsável por todas as adaptações da rede CCN que sejam necessárias para permitir a troca das informações em causa entre Estados-Membros e por garantir a segurança da rede CCN.

Os Estados-Membros são responsáveis por todas as adaptações dos seus sistemas que sejam necessárias para permitir a troca das informações em causa através da rede CCN e por garantir a segurança dos seus sistemas.

Os Estados-Membros asseguram que cada Pessoa singular sujeita a comunicação é notificada de uma violação da segurança dos dados que lhe dizem respeito quando tal for suscetível de prejudicar a proteção dos seus dados pessoais ou da sua privacidade.

Os Estados-Membros renunciam a qualquer pedido de reembolso das despesas resultantes da aplicação da presente diretiva, com exceção, se for caso disso, dos honorários pagos a peritos.

3 – As pessoas devidamente acreditadas pela Autoridade de Acreditação de Segurança da Comissão só podem ter acesso a essas informações na medida em que tal seja necessário para o acompanhamento, a manutenção e o desenvolvimento do diretório a que se refere o nº 5 e da rede CCN.

4 – Os pedidos de cooperação, incluindo os pedidos de notificação, e os documentos anexados podem ser apresentados em qualquer língua acordada entre a autoridade requerida e a autoridade requerente.

Esses pedidos só são acompanhados de uma tradução na língua oficial ou numa das línguas oficiais do Estado-Membro da autoridade requerida nos casos especiais em que esta autoridade fundamente o seu pedido de tradução.

5 – Até 31 de dezembro de 2017, a Comissão desenvolve e presta o apoio técnico e logístico a um diretório central seguro a nível dos Estados-Membros sobre a cooperação administrativa no domínio da fiscalidade, em que sejam registadas as informações a comunicar no âmbito do artigo 8º-A, nºs 1 e 2, a fim de satisfazer as condições para a troca automática prevista nesses números. As autoridades competentes de todos os Estados-Membros têm acesso às informações registadas nesse diretório. A Comissão também tem acesso às informações registadas nesse diretório dentro das limitações, contudo, previstas no artigo 8º-A, nº 8. As modalidades práticas necessárias são adotadas pela Comissão pelo procedimento a que se refere o artigo 26º, nº 2.

Enquanto esse diretório central seguro não estiver operacional, a troca automática de informações prevista no artigo 8º-A, nºs 1 e 2, realiza-se nos termos do nº 1 do presente artigo e das modalidades práticas aplicáveis.

6 – As informações comunicadas por força do artigo 8º-AA, nº 2, são transmitidas por via eletrónica através da rede CCN. A Comissão adota, por meio de atos de execução, as modalidades práticas necessárias à modernização da rede CCN. Esses atos de execução são adotados pelo procedimento a que se refere o artigo 26º, nº 2.

Artigo 22º – Obrigações específicas

1 – Os Estados-Membros tomam todas as medidas necessárias para:

a) Assegurar uma boa coordenação interna no âmbito da organização a que se refere o artigo 4º;

b) Estabelecer a cooperação direta com as autoridades dos outros Estados-Membros a que se refere o artigo 4º;

c) Assegurar o bom funcionamento do dispositivo de cooperação administrativa previsto na presente diretiva.

1.A – Para efeitos da aplicação e do controlo do cumprimento das legislações dos Estados-Membros adotadas em execução da presente diretiva e para assegurar o funcionamento da cooperação administrativa que a mesma estabelece, os Estados-Membros devem prever por lei o acesso das autoridades fiscais aos mecanismos, procedimentos, documentos e informações referidos nos artigos 13º, 30º, 31º e 40º da Diretiva (UE) 2015/849 do Parlamento Europeu e do Conselho.

2 – A Comissão comunica aos Estados-Membros todas as informações de carácter geral relativas à execução e à aplicação da presente diretiva que receba e esteja em condições de prestar.

CAPÍTULO V – Relações com a comissão

Artigo 23º – Avaliação

1 – Os Estados-Membros e a Comissão examinam e avaliam o funcionamento da cooperação administrativa prevista na presente diretiva.

2 – Os Estados-Membros comunicam à Comissão todas as informações relevantes necessárias à avaliação da eficácia da cooperação administrativa nos termos da presente diretiva para o combate à fraude e evasão fiscais.

3. Os Estados-Membros comunicam à Comissão uma avaliação anual da eficácia da troca automática de informações a que se referem os artigos 8º, 8º-A e 8º-AA, bem como os resultados práticos alcançados. A Comissão adota, por meio de atos de execução, a forma e as condições de comunicação dessa avaliação anual. Esses atos de execução são adotados pelo procedimento a que se refere o artigo 26º, nº 2.

4 – A Comissão elabora, nos termos do nº 2 do artigo 26º, uma lista dos dados estatísticos a fornecer pelos Estados-Membros para efeitos da avaliação da presente diretiva.

Artigo 23º-A – Confidencialidade das informações

1 – A Comissão assegura a confidencialidade das informações que lhe são comunicadas por força da presente diretiva nos termos das disposições aplicáveis às autoridades da União, informações essas que não podem ser usadas para outros fins que não sejam os necessários para determinar se e em que medida os Estados-Membros dão cumprimento à presente diretiva.

2 – As informações comunicadas à Comissão por um Estado-Membro ao abrigo do artigo 23º, bem como qualquer relatório ou documento produzido pela Comissão que utilize essas informações, podem ser transmitidos a outros Estados-Membros. As informações assim transmitidas estão sujeitas à obrigação de segredo oficial e beneficiam da proteção concedida a informações da mesma natureza pelo direito nacional do Estado-Membro que as recebeu.

Os relatórios e documentos produzidos pela Comissão a que se refere o primeiro parágrafo só podem ser utilizados pelos Estados-Membros para fins analíticos, não podendo ser publicados nem facultados a qualquer outra pessoa ou organismo sem o acordo expresso da Comissão.

CAPÍTULO VI – Relações com países terceiros

Artigo 24º – Troca de informações com países terceiros

1 – Sempre que a autoridade competente de um Estado-Membro receber informações de um país terceiro que sejam previsivelmente relevantes para a administração e a execução da legislação interna desse Estado-Membro respeitante aos impostos a que se refere o artigo 2º, essa autoridade pode, na medida em que um acordo com o país terceiro em causa o permita, transmitir essas informações às autoridades competentes dos Estados-Membros aos quais as mesmas possam ser úteis e a quaisquer autoridades requerentes.

2 – As autoridades competentes podem, nos termos das respetivas disposições internas em matéria de comunicação de dados de carácter pessoal a países terceiros, comunicar a um país terceiro as informações obtidas nos termos da presente diretiva, desde que sejam cumulativamente respeitadas as seguintes condições:

a) A autoridade competente do Estado-Membro do qual emanam as informações deu o seu consentimento a essa comunicação;

b) O país terceiro em causa comprometeu-se a prestar a cooperação requerida para reunir provas do carácter irregular ou ilegal das operações que alegadamente sejam contrárias ou configurem uma fraude à legislação fiscal.

CAPÍTULO VII – Disposições gerais e finais

Artigo 25º – Proteção de dados

1 – As trocas de informações ao abrigo da presente diretiva estão sujeitas às disposições de execução da Diretiva 95/46/CE. Contudo, para efeitos da correta aplicação da presente diretiva, os Estados-Membros devem limitar o âmbito das obrigações e dos direitos previstos no artigo 10º, no nº 1 do artigo 11º e nos artigos 12º e 21º da Diretiva 95/46/CE na medida em que tal seja necessário para salvaguardar os interesses a que se refere a alínea e) do nº 1 do artigo 13º da referida diretiva.

1-A – O Regulamento (CE) nº 45/2001 é aplicável a qualquer tratamento de dados pessoais ao abrigo da presente diretiva pelas instituições e órgãos da União. Contudo, para efeitos da correta aplicação da presente diretiva, o âmbito das obrigações e dos direitos previstos no artigo 11º, no artigo 12º, nº 1, e nos artigos 13º a 17º do Regulamento (CE) nº 45/2001 é limitado na medida do necessário para salvaguardar os interesses a que se refere o artigo 20º, nº 1, alínea *b)*, do referido regulamento.

2 – As Instituições financeiras reportantes e as autoridades competentes de cada Estado-Membro são consideradas responsáveis pelo tratamento dos dados para efeitos da Diretiva 95/46/CE.

3 – Não obstante o nº 1, cada Estado-Membro assegura que cada Instituição financeira reportante sob a sua jurisdição informa cada Pessoa singular sujeita a comunicação de que as informações que lhe dizem respeito a que se refere o artigo 8º, nº 3-A, serão recolhidas e transferidas de acordo com a presente diretiva e assegura que a Instituição financeira reportante fornece a essa pessoa singular todas as informações a que tem direito nos termos da respetiva legislação nacional de execução da Diretiva 95/46/CE com a antecedência suficiente para que a pessoa singular exerça os seus direitos em matéria de proteção de dados e, em todo o caso, antes de a Instituição financeira reportante em causa efetuar a comunicação das informações a que se refere o artigo 8º, nº 3-A, à autoridade competente do seu Estado-Membro de residência.

4 – As informações tratadas de acordo com a presente diretiva são conservadas apenas durante o tempo necessário à consecução dos objetivos da presente diretiva, e em todo o caso segundo as regras nacionais de cada responsável pelo tratamento dos dados relativos ao prazo de prescrição.

Artigo 25º-A – Sanções

Os Estados-Membros estabelecem o regime de sanções aplicável à violação das disposições nacionais adotadas por força da presente diretiva no que respeita ao artigo 8º-AA e tomam todas as medidas necessárias para garantir a sua execução. As sanções previstas devem ser efetivas, proporcionadas e dissuasivas.

Artigo 26º – Procedimento de comité

1 – A Comissão é assistida pelo Comité de Cooperação Administrativa em Matéria Fiscal. Esse comité é um comité na aceção do Regulamento (UE) nº 182/2011 do Parlamento Europeu e do Conselho.

2 – Caso se remeta para o presente número, aplica-se o artigo 5º do Regulamento (UE) nº 182/2011.

Artigo 27º – Apresentação de relatórios

De cinco em cinco anos a partir de 1 de Janeiro de 2013, a Comissão apresenta ao Parlamento Europeu e ao Conselho um relatório sobre a aplicação da presente diretiva.

Artigo 28º – Revogação da Diretiva 77/799/CEE

A Diretiva 77/799/CEE é revogada com efeitos a partir de 1 de Janeiro de 2013.

As remissões para a diretiva revogada devem entender-se como sendo feitas para a presente diretiva.

Artigo 29º – Transposição

1 – Os Estados-Membros põem em vigor as disposições legislativas, regulamentares e administrativas necessárias para dar cumprimento à presente diretiva com efeitos a partir de 1 de Janeiro de 2013.

Contudo, põem em vigor as disposições legislativas, regulamentares e administrativas necessárias para dar cumprimento ao artigo 8º da presente diretiva com efeitos a partir de 1 de Janeiro de 2015.

Do facto informam imediatamente a Comissão.

Quando os Estados-Membros adotarem essas disposições, estas incluem uma referência à presente diretiva ou são acompanhadas dessa referência aquando da sua publicação oficial. As modalidades dessa referência são estabelecidas pelos Estados-Membros.

2 – Os Estados-Membros comunicam à Comissão o texto das principais disposições de direito interno que adotarem nas matérias reguladas pela presente diretiva.

Artigo 30º – Entrada em vigor

A presente diretiva entra em vigor na data da sua publicação no *Jornal Oficial da União Europeia.*

Artigo 31º – Destinatários

Os destinatários da presente diretiva são os Estados-Membros.

ANEXO I
REGRAS DE COMUNICAÇÃO E DILIGÊNCIA DEVIDA PARA INFORMAÇÕES SOBRE CONTAS FINANCEIRAS

O presente anexo estabelece as regras em matéria de comunicação e diligência devida que têm de ser aplicadas pelas Instituições financeiras reportantes para que os Estados-Membros possam comunicar, mediante troca automática, as informações a que se refere o artigo 8º, nº 3-A, da presente diretiva. O presente anexo também estabelece as regras e os procedimentos administrativos de que os Estados-Membros devem dispor para assegurar a execução efetiva e o cumprimento dos procedimentos de comunicação e diligência devida adiante estabelecidos.

SECÇÃO I – Requisitos gerais de comunicação

A. Sob reserva dos pontos C a E, cada Instituição financeira reportante tem de comunicar à autoridade competente do seu Estado-Membro as seguintes informações a respeito de cada Conta sujeita a comunicação dessa Instituição financeira reportante:

1. O nome, endereço, Estado(s)-Membro(s) de residência, NIF(s) e data e local de nascimento (no caso de uma pessoa singular) de cada Pessoa sujeita a comunicação que seja Titular da conta e, no caso de uma Enti-

dade que seja Titular da conta e que, após a aplicação dos procedimentos de diligência devida de acordo com as Secções V, VI e VII, se verifique ser controlada por uma ou mais Pessoas que sejam Pessoas sujeitas a comunicação, o nome, endereço, Estado(s)-Membro(s) e (sendo o caso) outra(s) jurisdição(ões) de residência e NIF(s) da Entidade e o nome, endereço, Estado(s)-Membro(s) de residência, NIF(s) e data e local de nascimento de cada Pessoa sujeita a comunicação;

2 – O número da conta (ou o seu equivalente funcional, na ausência de um número de conta);

3 – O nome e o número de identificação (caso exista) da Instituição financeira reportante;

4 – O saldo ou valor da conta (incluindo, no caso de um Contrato de seguro monetizável ou de um Contrato de renda, o Valor em numerário ou o valor de resgate) no final do ano civil em causa ou de outro período de comunicação adequado ou, se a conta tiver sido encerrada no decurso desse ano ou período, o encerramento da conta;

5 – No caso de uma Conta de custódia:

a) O montante bruto total de juros, o montante bruto total de dividendos e o montante bruto total de outros rendimentos gerados pelos ativos detidos na conta, pagos ou creditados na conta (ou a título da conta) durante o ano civil ou outro período de comunicação adequado, e

b) A totalidade da receita bruta da venda ou resgate dos Ativos financeiros pagos ou creditados na conta durante o ano civil ou outro período de comunicação adequado a título do qual a Instituição financeira reportante atuou na qualidade de custodiante, corretora, mandatária ou outro representante do Titular da conta;

6 – No caso de uma Conta de depósito, o montante bruto total dos juros pagos ou creditados na conta durante o ano civil ou outro período de comunicação adequado; e

7 – No caso de uma conta não indicada no ponto A, nº 5 ou 6, o montante bruto total pago ou creditado ao Titular da conta a título da conta durante o ano civil ou outro período de comunicação adequado a título do qual a Instituição financeira reportante é o obrigado ou o devedor, incluindo o montante agregado de todos os pagamentos de reembolso efetuados ao Titular da conta durante o ano civil ou outro período de comunicação adequado.

B. As informações comunicadas têm de identificar a moeda na qual é denominado cada montante.

C. Não obstante o ponto A, nº 1, no que diz respeito a cada Conta sujeita a comunicação que seja uma Conta pré-existente, não é obrigatório comunicar o(s) NIF(s) ou a data de nascimento se tais dados não constarem dos registos da Instituição financeira reportante e a sua obtenção por essa Instituição financeira reportante não for de outro modo obrigatória nos termos do direito nacional ou de qualquer instrumento jurídico da União. No entanto, a Instituição financeira reportante é obrigada a envidar esforços razoáveis para obter o(s) NIF(s) e a data de nascimento no que diz respeito às Contas pré-existentes até ao final do segundo ano civil subsequente àquele em que essas Contas tiverem sido identificadas como Contas sujeitas a comunicação.

D. Não obstante o ponto A, nº 1, não é obrigatório comunicar o NIF se o Estado-Membro em causa ou outra jurisdição de residência não o tiver emitido.

E. Não obstante o ponto A, nº 1, não é obrigatório comunicar o local de nascimento, salvo se:

1) A Instituição financeira reportante for de outro modo obrigada a obtê-lo e a comunicá-lo nos termos do direito interno ou se a Instituição financeira reportante for ou tiver sido de outro modo obrigada a obtê-lo e a comunicá-lo nos termos de qualquer instrumento jurídico da União que esteja ou tenha estado em vigor em 5 de janeiro de 2015; e

2) O mesmo figurar nos dados mantidos pela Instituição financeira reportante que podem ser pesquisados eletronicamente.

SECÇÃO II – Requisitos gerais em matéria de diligência devida

A. Uma conta é equiparada a Conta sujeita a comunicação a partir da data em que for identificada como tal de acordo com os procedimentos de diligência devida previstos nas Secções II a VII e, salvo disposição em contrário, as informações respeitantes a uma Conta sujeita a comunicação têm de ser comunicadas anualmente no ano civil subsequente ao ano a que dizem respeito.

B. O saldo ou o valor de uma conta é determinado no último dia do ano civil ou de outro período de comunicação adequado.

C. Quando um saldo ou limiar de valor tiver de ser determinado no último dia de um ano civil, o saldo ou valor em causa têm de ser determinados no último dia do período de comunicação que termina no final desse ano civil ou durante esse ano civil.

D. Cada Estado-Membro pode autorizar as Instituições financeiras reportantes a utilizarem prestadores de serviços para cumprir as obrigações de comunicação e de diligência devida a que estão sujeitas, consoante previsto no direito nacional, continuando porém essas obrigações a ser da responsabilidade das Instituições financeiras reportantes.

E. Cada Estado-Membro pode autorizar as Instituições financeiras reportantes a aplicarem às Contas pré-existentes os procedimentos de diligência devida para Contas novas, e às Contas de menor valor os procedimentos de diligência devida para Contas de elevado valor. Quando um Estado-Membro autorizar a aplicação às Contas pré-existentes dos procedimentos de diligência devida para Contas novas, continuam a ser aplicadas as regras de outro modo aplicáveis às Contas pré-existentes.

SECÇÃO III – Diligência devida para contas pré-existentes de pessoas singulares

A. Introdução. São aplicáveis os procedimentos a seguir indicados para identificar as Contas sujeitas a comunicação de entre as Contas pré-existentes de pessoas singulares.

B. Contas de menor valor. São aplicáveis os procedimentos a seguir indicados às Contas de menor valor.

1. Endereço de residência. Se a Instituição financeira reportante tiver nos seus registos um endereço de residência atual para o Titular da conta de pessoa singular baseado em Documentos comprovativos, a Instituição financeira reportante pode equiparar o Titular da conta de pessoa singular a residente para efeitos fiscais do Estado-Membro ou de outra jurisdição em que o endereço esteja situado para determinar se esse Titular for uma Pessoa sujeita a comunicação.

2. Pesquisa no registo eletrónico. Se a Instituição financeira reportante não utilizar um endereço de residência atual do Titular da conta de pessoa singular baseado em Documentos comprovativos conforme estabelecido no ponto B, nº 1, a Instituição financeira reportante tem de examinar os dados que possam ser pesquisados eletronicamente por ela mantidos para detetar qualquer um dos seguintes indícios e aplicar o ponto B, nºs 3 a 6:

a) Identificação do Titular da conta como residente de um Estado-Membro;

b) Endereço postal ou de residência atual (incluindo uma caixa postal) num Estado-Membro;

c) Um ou vários números de telefone num Estado-Membro e nenhum número de telefone no Estado-Membro da Instituição financeira reportante;

d) Ordens de transferência permanentes (exceto para uma Conta de depósito) para uma conta mantida num Estado-Membro;

e) Procuração ou autorização de assinatura válida outorgada a uma pessoa com um endereço num Estado-Membro; ou

f) Menção "posta restante" ou "ao cuidado de" no endereço num Estado-Membro, se a Instituição financeira reportante não tiver registo de outro endereço para o Titular da conta.

3. Se a pesquisa eletrónica não detetar nenhum dos indícios enumerados no ponto B, nº 2, não é necessária nenhuma ação adicional até que se verifique uma alteração de circunstâncias que tenha como resultado a associação de um ou mais indícios à conta ou a sua transformação numa Conta de elevado valor.

4. Se a pesquisa eletrónica detetar algum dos indícios enumerados no ponto B, nº 2, alíneas *a)* a *e)*, ou se se verificar uma alteração de circunstâncias que tenha como resultado a associação de um ou mais indícios à conta, a Instituição financeira reportante tem de equiparar o Titular da conta a residente para efeitos fiscais de cada Estado-Membro em relação ao qual seja identificado um indício, a menos que decida aplicar o ponto B, nº 6, e que uma das exceções desse ponto seja aplicável a essa conta.

5. Se a pesquisa eletrónica detetar a menção "posta restante" ou "ao cuidado de" no endereço e não for identificado nenhum outro endereço e nenhum dos outros indícios enumerados no ponto B, nº 2, alíneas *a)* a *e)*, em relação ao Titular da conta, a Instituição financeira reportante tem de, na ordem mais adequada às circunstâncias, efetuar a pesquisa nos registos em papel indicada no ponto C, nº 2, ou procurar obter do Titular da conta uma autocertificação ou Documento comprovativo a fim de determinar a residência ou residências para efeitos fiscais desse Titular da conta. Se a pesquisa em papel não conseguir estabelecer um indício e a tentativa de obter a autocertificação ou Documento comprovativo falhar, a Instituição financeira reportante tem de comunicar a conta à autoridade competente do seu Estado-Membro como conta não documentada.

6. Não obstante a deteção de indícios nos termos do ponto B, nº 2, uma Instituição financeira reportante não é obrigada a equiparar um Titular de conta a residente de um Estado-Membro se:

a) As informações sobre o Titular da conta contiverem um endereço postal ou de residência atual nesse Estado-Membro, um ou vários números de telefone nesse Estado-Membro (e nenhum número de telefone no Estado-Membro da Instituição financeira reportante) ou ordens de transferência permanentes (relativas a Contas financeiras que não sejam Contas de depósito) para uma conta mantida num Estado-Membro, e se a Instituição financeira reportante obtiver, ou tiver previamente analisado e mantiver um registo de:

i) uma autocertificação do Titular da conta do(s) Estado(s)-Membro(s) ou de outra(s) jurisdição(ões) de residência desse Titular da conta que não mencione esse Estado-Membro, e

ii) Documentos comprovativos de que o Titular da conta não está sujeito a comunicação;

b) As informações sobre o Titular da conta contiverem uma procuração ou autorização de assinatura válida outorgada a uma pessoa com um endereço nesse Estado-Membro, e se a Instituição financeira reportante obtiver, ou tiver previamente analisado e mantiver um registo de:

i) uma autocertificação do Titular da conta do(s) Estado(s)-Membro(s) ou de outra(s) jurisdição(ões) de residência desse Titular da conta que não mencione esse Estado-Membro, ou

ii) Documentos comprovativos de que o Titular da conta não está sujeito a comunicação.

C. Procedimentos de análise reforçada para Contas de elevado valor. São aplicáveis às Contas de elevado valor os procedimentos de análise reforçada a seguir indicados.

1. Pesquisa no registo eletrónico. Em relação às Contas de elevado valor, a Instituição financeira reportante tem de examinar os dados que possam ser pesquisados eletronicamente por ela mantidos para qualquer um dos indícios indicados no ponto B, nº 2.

2. Pesquisa nos registos em papel. Se as bases de dados da Instituição financeira reportante suscetíveis de ser pesquisadas eletronicamente contiverem campos em que possam figurar todas as informações indicadas no ponto C, nº 3, não é necessária uma nova pesquisa nos registos em papel. Se as bases de dados eletrónicas não contiverem todas essas informações, a Instituição financeira reportante tem também de analisar, relativamente a uma Conta de elevado valor, o atual ficheiro principal do cliente e, na medida em que não constem desse ficheiro, os seguintes documentos associados à conta e obtidos pela Instituição financeira reportante nos últimos cinco anos para cada um dos indícios indicados no ponto B, nº 2:

a) Os Documentos comprovativos mais recentes obtidos em relação à conta;

b) A documentação ou o contrato de abertura de conta mais recente;

c) A documentação mais recente obtida pela Instituição financeira reportante a título dos Procedimentos Anti Branqueamento de Capitais/ /Conheça o Seu Cliente (AML/KYC, *Anti Money Laundering/Know your Customer*) ou para outros fins regulatórios;

d) Qualquer procuração ou autorização de assinatura válida, e

e) Quaisquer ordens de transferência permanentes válidas (exceto para uma Conta de depósito).

3. Exceção na medida em que as bases de dados contenham informações suficientes. A Instituição financeira reportante não é obrigada a efetuar a pesquisa nos registos em papel indicada no ponto C, nº 2, na medida em que as informações da Instituição financeira reportante suscetíveis de ser pesquisadas eletronicamente incluam o seguinte:

a) O estatuto de residência do Titular da conta;

b) O endereço de residência e o endereço postal do Titular da conta que figuram no *dossier* da Instituição financeira reportante;

c) O(s) número(s) de telefone do Titular da conta que figurem eventualmente no *dossier* da instituição financeira reportante;

d) No caso das Contas financeiras que não sejam Contas de depósito, a eventual existência de ordens de transferência permanentes dessa conta para outra conta (incluindo uma conta noutra sucursal da Instituição financeira reportante ou noutra Instituição financeira);

e) A eventual existência da menção "posta restante" ou "ao cuidado de" no endereço do Titular da conta; e

f) A eventual existência de uma procuração ou autorização de assinatura relativa à conta.

4. Recolha de informações junto dos gestores de conta para conhecimento efetivo da conta. Além das pesquisas nos registos eletrónicos e em papel acima indicadas no ponto C, nºs 1 e 2, a Instituição financeira reportante tem de equiparar a uma Conta sujeita a comunicação qualquer Conta de elevado valor atribuída a um gestor de conta (incluindo quaisquer Contas financeiras agregadas a essa Conta de elevado valor) se o gestor de conta tiver conhecimento efetivo de que o Titular da conta é uma Pessoa sujeita a comunicação.

5. Efeitos da deteção de indícios.

a) Se a análise reforçada de Contas de elevado valor indicada no ponto C não detetar nenhum dos indícios enumerados no ponto B, nº 2, e se a aplicação do ponto C, nº 4, não permitir constatar que a conta é detida por uma Pessoa sujeita a comunicação, não são necessárias novas medidas até que se verifique uma alteração de circunstâncias que tenha como resultado a associação de um ou mais indícios à conta.

b) Se a análise reforçada das Contas de elevado valor indicada no ponto C detetar algum dos indícios enumerados no ponto B, nº 2, alíneas *a)* a *e)*, ou se se verificar uma posterior alteração de circunstâncias que tenha como resultado a associação de um ou mais indícios à conta, a Instituição financeira reportante tem de equiparar a conta a uma Conta sujeita a comunicação no que respeita a cada Estado-Membro em relação ao qual seja identificado um indício, a menos que decida aplicar o ponto B, nº 6, e que uma das exceções desse ponto seja aplicável a essa conta.

c) Se a análise reforçada das Contas de elevado valor indicada no ponto C detetar a menção "posta restante" ou "ao cuidado de" no endereço e não for identificado nenhum outro endereço e nenhum dos outros indícios enumerados no ponto B, nº 2, alíneas *a)* a *e)*, em relação ao Titular da conta, a Instituição financeira reportante tem de obter do Titular da conta uma autocertificação ou Documento comprovativo a fim de determinar a residência ou residências do Titular da conta para efeitos fiscais. Se a Instituição financeira reportante não puder obter tal autocertificação ou Documento comprovativo, tem de comunicar a conta à autoridade competente do seu Estado-Membro como conta não documentada.

6. Se, em 31 de dezembro de 2015, uma Conta pré-existente de pessoa singular não for uma Conta de elevado valor mas passar a ser uma Conta de elevado valor no último dia de um ano civil subsequente, a Instituição financeira reportante tem de concluir os procedimentos de análise reforçada indicados no ponto C em relação a essa conta no decurso do ano civil subsequente àquele em que a conta tiver passado a ser uma Conta de elevado valor. Se, com base nessa análise, a conta for identificada como Conta sujeita a comunicação, a Instituição financeira reportante tem de comunicar as informações necessárias sobre essa conta em relação ao ano em que é identificada como Conta sujeita a comunicação e nos anos subsequentes numa base anual, a menos que o Titular da conta deixe de ser uma Pessoa sujeita a comunicação.

7. Depois de ter aplicado os procedimentos de análise reforçada indicados no ponto C a uma Conta de elevado valor, a Instituição financeira

reportante não é obrigada a voltar a aplicar tais procedimentos à mesma Conta de elevado valor nos anos subsequentes, com exceção da recolha de informações junto dos gestores de conta indicada no ponto C, nº 4, a menos que a conta não esteja documentada, devendo nesse caso a Instituição financeira reportante voltar a aplicar anualmente os procedimentos até que a conta em causa deixe de estar não documentada.

8. Se se verificar uma alteração de circunstâncias no que diz respeito a uma Conta de elevado valor que tenha como resultado a associação à conta de um ou vários dos indícios indicados no ponto B, nº 2, a Instituição financeira reportante tem de equiparar a conta a uma Conta sujeita a comunicação no que respeita a cada Estado-Membro em relação ao qual seja identificado um indício, a menos que decida aplicar o ponto B, nº 6 e que uma das exceções desse ponto seja aplicável a essa conta.

9. A Instituição financeira reportante tem de aplicar procedimentos que garantam que os gestores de conta identificam qualquer alteração das circunstâncias de uma conta. Por exemplo, se um gestor de conta for notificado de que o Titular da conta tem um novo endereço de correio num Estado-Membro, a Instituição financeira reportante é obrigada a tratar o novo endereço como uma alteração de circunstâncias e, se decidir aplicar o ponto B, nº 6, é obrigada a obter a documentação adequada do Titular da conta.

D. A análise das Contas pré-existentes de elevado valor de pessoas singulares tem de estar concluída até 31 de dezembro de 2016. A análise das Contas pré-existentes de menor valor de pessoas singulares tem de estar concluída até 31 de dezembro de 2017.

E. Qualquer Conta pré-existente de pessoa singular que tenha sido identificada como Conta sujeita a comunicação nos termos da presente secção tem de ser equiparada a Conta sujeita a comunicação em todos os anos subsequentes, a menos que o Titular da conta deixe de ser uma Pessoa sujeita a comunicação.

SECÇÃO IV – Diligência devida para contas novas de pessoas singulares

São aplicáveis os procedimentos a seguir indicados para identificar as contas sujeitas a comunicação de entre as Contas novas de pessoas singulares.

A. No que respeita a Contas novas de pessoas singulares, a Instituição financeira reportante tem de obter, no momento da abertura da conta, uma autocertificação (que pode fazer parte da documentação de abertura da conta) que lhe permita determinar a residência ou residências para efeitos fiscais do titular da conta e confirmar a verosimilhança dessa autocertificação com base nas informações obtidas pela instituição financeira reportante no âmbito da abertura da conta, incluindo qualquer documentação coligida a título dos Procedimentos AML/KYC.

B. Se a autocertificação comprovar que o Titular da conta é residente para efeitos fiscais num Estado-Membro, a Instituição financeira reportante tem de equiparar a conta a uma Conta sujeita a comunicação e a autocertificação tem de incluir também o NIF do Titular da conta relativo a esse Estado-Membro (sob reserva da Secção I, ponto D) e a data de nascimento.

C. Se se verificar uma alteração de circunstâncias no que diz respeito a uma Conta nova de pessoa singular que leve a Instituição financeira reportante a ter conhecimento, ou a ter motivos para presumir, que a autocertificação original está incorreta ou não é fiável, a Instituição financeira reportante não pode utilizar a autocertificação original e tem de obter uma autocertificação válida que comprove a residência ou residências do Titular da conta para efeitos fiscais.

SECÇÃO V – Diligência devida para contas pré-existentes de entidades

São aplicáveis os procedimentos a seguir indicados para identificar as Contas sujeitas a comunicação de entre as Contas pré-existentes de entidades.

A. Contas de entidades não sujeitas a análise, identificação ou comunicação. Salvo decisão em contrário da Instituição financeira reportante, quer no que diz respeito a todas as Contas pré-existentes de entidades quer, separadamente, no que diz respeito a qualquer grupo claramente identificado de tais contas, uma Conta pré-existente de entidade cujo saldo ou valor agregado não exceda, em 31 de dezembro de 2015, um montante expresso na moeda nacional de cada Estado-Membro correspondente a 250 000 USD não tem de ser analisada, identificada ou comunicada como Conta sujeita a comunicação até que o respetivo saldo ou valor agregado exceda esse montante no último dia de cada ano civil subsequente.

B. Contas de entidades sujeitas a análise. Uma Conta pré-existente de entidade cujo saldo ou valor agregado exceda, em 31 de dezembro de 2015, um montante expresso na moeda nacional de cada Estado-Membro correspondente a 250 000 USD, e uma Conta pré-existente de Entidade que, em 31 de dezembro de 2015, não exceda esse montante mas cujo saldo ou valor agregado exceda tal montante no último dia de cada ano civil subsequente tem de ser analisada segundo os procedimentos estabelecidos no ponto D.

C. Contas de entidades em relação às quais é exigida a comunicação. No que diz respeito às Contas pré-existentes de entidades indicadas no ponto B, só são equiparadas a Contas sujeitas a comunicação as contas detidas por uma ou mais Entidades que sejam Pessoas sujeitas a comunicação, ou por ENF (entidades não financeiras) passivas com uma ou mais Pessoas que exercem o controlo que sejam Pessoas que sejam Pessoas sujeitas a comunicação.

D. Procedimentos de análise para a identificação de contas de entidades em relação às quais é exigida a comunicação. Relativamente às Contas pré-existentes de entidades indicadas no ponto B, a Instituição financeira reportante tem de aplicar os seguintes procedimentos de análise para determinar se a conta é detida por uma ou mais Pessoas sujeitas a comunicação, ou por ENF passivas com uma ou mais Pessoas que exercem o controlo que sejam Pessoas sujeitas a comunicação:

1. Determinar se a Entidade é uma Pessoa sujeita a comunicação.

a) Analisar as informações mantidas para fins regulamentares ou de relações com o cliente (incluindo informações recolhidas a título dos Procedimentos AML/KYC) para determinar se tais informações indicam que o Titular da conta é residente num Estado-Membro. Para esse efeito, as informações que indicam que o titular da conta é residente num Estado-Membro incluem um local de constituição ou organização, ou um endereço num Estado-Membro.

b) Se as informações indicarem que o Titular da conta é residente num Estado-Membro, a Instituição financeira reportante tem de equiparar a conta a uma Conta sujeita a comunicação, a menos que obtenha uma autocertificação do Titular da conta, ou possa razoavelmente determinar, com base em informações que possua ou que estejam publicamente disponíveis, que o Titular da conta não é uma Pessoa sujeita a comunicação.

2. Determinar se a Entidade é uma ENF passiva com uma ou mais Pessoas que exercem o controlo que sejam Pessoas sujeitas a comunicação. No que diz respeito ao Titular de uma Conta pré-existente de entidade (incluindo uma Entidade que seja uma Pessoa sujeita a comunicação), a Instituição financeira reportante tem de determinar se o Titular da conta é uma ENF passiva com uma ou mais Pessoas que exercem o controlo que

sejam Pessoas sujeitas a comunicação. Se uma das Pessoas que exercem o controlo de uma ENF passiva for uma Pessoa sujeita a comunicação, a conta tem de ser equiparada a Conta sujeita a comunicação. Para tal, a Instituição financeira reportante tem de seguir as orientações constantes do ponto D, nº 2, alíneas *a)* a *c)*, na ordem mais adequada às circunstâncias.

a) Determinar se o Titular da conta é uma ENF passiva. Para determinar se o Titular da conta é uma ENF passiva, a Instituição financeira reportante tem de obter uma autocertificação do Titular da conta para estabelecer o seu estatuto, a menos que razoavelmente determine, com base em informações que possua ou que estejam publicamente disponíveis, que o Titular da conta é uma ENF ativa ou uma Instituição financeira distinta de uma Entidade de investimento indicada na Secção VIII, ponto A, nº 6, alínea *b)*, que não seja uma Instituição financeira de uma Jurisdição participante.

b) Determinar as Pessoas que exercem o controlo de um Titular de conta. Para determinar as Pessoas que exercem o controlo de um Titular de conta, a Instituição financeira reportante pode basear-se nas informações recolhidas e mantidas a título dos Procedimentos AML/KYC.

c) Determinar se uma Pessoa que exercer o controlo de uma ENF passiva é uma Pessoa sujeita a comunicação. Para determinar se uma Pessoa que exerce o controlo de uma ENF passiva é uma Pessoa sujeita a comunicação, a Instituição financeira reportante pode basear-se:

i) nas informações recolhidas e mantidas a título dos Procedimentos AML/KYC no caso de uma Conta pré-existente de entidade detida por uma ou mais ENF cujo saldo ou valor agregado não exceda um montante expresso na moeda nacional de cada Estado-Membro correspondente a 1 000 000 USD, ou

ii) numa autocertificação do Titular da conta ou da Pessoa que exerce o controlo do(s) Estado(s)-Membro(s) ou de outra(s) jurisdição(ões) em que a Pessoa que exerce o controlo seja residente para efeitos fiscais.

E. Calendário de análise e procedimentos adicionais aplicáveis às Contas pré-existentes de entidades

1. A análise das Contas pré-existentes de entidades cujo saldo ou valor agregado exceda, em 31 de dezembro de 2015, um montante expresso na moeda nacional de cada Estado-Membro correspondente a 250 000 USD tem de estar concluída até 31 de dezembro de 2017.

2. A análise das Contas pré-existentes de entidades cujo saldo ou valor agregado não exceda, em 31 de dezembro de 2015, um montante expresso na moeda nacional de cada Estado-Membro correspondente a 250 000

USD mas exceda esse montante em 31 de dezembro de um ano subsequente tem de estar concluída no decurso do ano civil subsequente àquele em que o saldo ou valor agregado tiver excedido tal montante.

3. Se se verificar uma alteração de circunstâncias no que diz respeito a uma Conta pré-existente de entidade em consequência da qual a Instituição financeira reportante tenha conhecimento, ou tenha motivos para presumir, que a autocertificação ou outro documento comprovativo associado a uma conta está incorreto ou não é fiável, a Instituição financeira reportante tem de voltar a determinar o estatuto da conta segundo os procedimentos estabelecidos no ponto D.

SECÇÃO VI – Diligência devida para contas novas de entidades

São aplicáveis os procedimentos a seguir indicados para identificar as Contas sujeitas a comunicação de entre as Contas novas de Entidades.

Procedimentos de análise para a identificação de contas de entidades em relação às quais é exigida a comunicação. Relativamente às Contas novas de entidades, a Instituição financeira reportante tem de aplicar os seguintes procedimentos de análise para determinar se a conta é detida por uma ou mais Pessoas sujeitas a comunicação, ou por ENF passivas com uma ou mais Pessoas que exercem o controlo que sejam pessoas sujeitas a comunicação:

1. Determinar se a Entidade é uma Pessoa sujeita a comunicação.

a) Obter uma autocertificação, que pode fazer parte da documentação de abertura da conta, que permita à Instituição financeira reportante determinar a residência ou residências para efeitos fiscais do Titular da conta e confirmar a verosimilhança dessa autocertificação com base nas informações obtidas pela Instituição financeira reportante no âmbito da abertura da conta, incluindo qualquer documentação coligida a título dos Procedimentos AML/KYC. Se a Entidade certificar que não tem residência para efeitos fiscais, a Instituição financeira reportante pode basear-se no endereço do estabelecimento principal da Entidade para determinar a residência do Titular da conta.

b) Se a autocertificação indicar que o Titular da conta é residente num Estado-Membro, a Instituição financeira reportante tem de equiparar a conta a uma Conta sujeita a comunicação, a menos que possa razoavelmente determinar, com base em informações que possua ou que estejam publicamente disponíveis, que o Titular da conta não é uma Pessoa sujeita a comunicação em relação a esse Estado-Membro.

2. Determinar se a Entidade é uma ENF passiva com uma ou mais Pessoas que exercem o controlo que sejam Pessoas sujeitas a comunicação. No que diz respeito ao Titular de uma Conta nova de entidade (incluindo uma Entidade que seja uma Pessoa sujeita a comunicação), a Instituição financeira declarante tem de determinar se o Titular da conta é uma ENF passiva com uma ou mais Pessoas que exercem o controlo que sejam Pessoas sujeitas a comunicação. Se uma das Pessoas que exercem o controlo de uma ENF passiva for uma Pessoa sujeita a comunicação, a conta tem de ser equiparada a Conta sujeita a comunicação. Para tal, a Instituição financeira reportante tem de seguir as orientações constantes do ponto A, nº 2, alíneas *a)* a *c)*, na ordem mais adequada às circunstâncias.

a) Determinar se o Titular da conta é uma ENF passiva. Para determinar se o Titular da conta é uma ENF passiva, a Instituição financeira reportante tem de se basear numa autocertificação do Titular da conta para estabelecer o seu estatuto, a menos que razoavelmente determine, com base em informações que possua ou que estejam publicamente disponíveis, que o Titular da conta é uma ENF ativa ou uma Instituição financeira distinta de uma Entidade de investimento descrita na Secção VIII, ponto A, nº 6, alínea *b)*, que não seja uma Instituição financeira de uma Jurisdição participante.

b) Determinar as Pessoas que exercem o controlo de um Titular de conta. Para determinar as Pessoas que exercem o controlo do Titular da conta, a Instituição financeira reportante pode basear-se nas informações recolhidas e mantidas a título dos Procedimentos AML/KYC.

c) Determinar se uma Pessoa que exerce o controlo de uma ENF passiva é uma Pessoa sujeita a comunicação. Para determinar se a Pessoa que exerce o controlo de uma ENF passiva é uma Pessoa sujeita a comunicação, a Instituição financeira reportante pode basear-se numa autocertificação do Titular da conta ou da Pessoa que exerce o controlo.

SECÇÃO VII – Regras especiais de diligência devida

São aplicáveis na execução dos procedimentos de diligência devida acima indicados as regras adicionais a seguir indicadas:

A. Utilização de autocertificações e Documentos comprovativos. A Instituição financeira reportante não pode utilizar uma autocertificação ou

Documento comprovativo se tiver conhecimento ou motivos para presumir que a autocertificação ou Documento comprovativo está incorreto ou não é fiável.

B. Procedimentos alternativos para contas financeiras detidas por pessoas singulares beneficiárias de um contrato de seguro monetizável ou de um contrato de renda e para contratos de seguro de grupo com valor de resgate ou contratos de renda em grupo. A Instituição financeira reportante pode presumir que uma pessoa singular beneficiária (com exceção do tomador do seguro) de um Contrato de seguro monetizável ou de um Contrato de renda que recebe uma prestação por morte não é uma Pessoa sujeita a comunicação e pode considerar essa Conta financeira como não sendo uma Conta sujeita a comunicação salvo se tiver conhecimento, ou motivos para presumir, que o beneficiário é uma Pessoa sujeita a comunicação. A Instituição financeira reportante tem motivos para presumir que o beneficiário de um Contrato de seguro monetizável ou de um Contrato de renda é uma Pessoa sujeita a comunicação se as informações recolhidas pela Instituição financeira reportante e associadas ao beneficiário contiverem os indícios indicados na Secção III, ponto B. Se tiver efetivamente conhecimento, ou motivos para presumir, que o beneficiário é uma Pessoa sujeita a comunicação, a Instituição financeira reportante tem de seguir os procedimentos estabelecidos na Secção III, ponto B.

A Instituição financeira reportante pode equiparar uma Conta financeira que constitua a participação de um membro num Contrato de seguro monetizável de grupo ou num Contrato de renda em grupo a uma Conta financeira não sujeita a reporte até à data em que seja devido o pagamento de um montante ao trabalhador/titular do certificado ou beneficiário, se a Conta financeira que constitui a participação do membro no Contrato de seguro monetizável de grupo ou no Contrato de renda em grupo preencher os seguintes requisitos:

i) O Contrato de seguro monetizável de grupo ou o Contrato de renda em grupo é emitido para um empregador e cobre 25 ou mais trabalhadores/titulares do certificado;

ii) Os trabalhadores/titulares do certificado têm direito a receber qualquer valor contratual relacionado com as suas unidades de participação e a designar beneficiários para a prestação devida por morte do trabalhador; e

iii) O montante agregado devido a um trabalhador/titular do certificado ou beneficiário não excede um montante expresso na moeda nacional de cada Estado-Membro correspondente a 1 000 000 USD.

Entende-se por "Contrato de seguro monetizável de grupo" um Contrato de seguro monetizável que i) oferece cobertura a pessoas singulares associadas através de um empregador, associação comercial, sindicato ou outra associação ou grupo, e ii) cobra um prémio por cada membro do grupo (ou membro de uma categoria dentro do grupo) que é determinado sem ter em conta o estado de saúde da pessoa singular com exceção da idade, sexo e hábitos tabágicos do membro (ou categoria de membros) do grupo.

Entende-se por "Contrato de renda em grupo" um Contrato de renda cujos credores são pessoas singulares associadas através de um empregador, associação comercial, sindicato ou outra associação ou grupo.

C. Agregação de Contas de pessoas singulares.

1. Para determinar o saldo ou valor agregado das Contas financeiras detidas por uma pessoa singular, a Instituição financeira reportante é obrigada a agregar todas as Contas financeiras que sejam por ela mantidas, ou por uma Entidade relacionada, mas exclusivamente na medida em que os sistemas informáticos da Instituição financeira reportante estabeleçam uma ligação entre essas Contas financeiras por referência a um elemento de dados, como o número de cliente ou o NIF, permitindo assim agregar os saldos ou valores das contas. Atribui-se a cada titular de uma Conta financeira conjunta a totalidade do saldo ou do valor dessa conta para efeitos da aplicação dos requisitos de agregação indicados no presente número.

2. Agregação de Contas de entidades. Para determinar o saldo ou valor agregado das Contas financeiras detidas por uma entidade, a Instituição financeira reportante é obrigada a tomar em consideração todas as Contas financeiras que sejam por ela mantidas, ou por uma Entidade relacionada, mas exclusivamente na medida em que os sistemas informáticos da Instituição financeira reportante estabeleçam uma ligação entre essas Contas financeiras por referência a um elemento de dados, como o número de cliente ou o NIF, permitindo assim agregar os saldos ou valores das contas. Atribui-se a cada titular de uma Conta financeira conjunta a totalidade do saldo ou do valor dessa conta para efeitos da aplicação dos requisitos de agregação indicados no presente número.

3. Regra especial de agregação aplicável aos gestores de conta. Para determinar o saldo ou valor agregado das Contas financeiras detidas por uma pessoa a fim de determinar se uma Conta financeira é uma Conta de elevado valor, a Instituição financeira reportante é ainda obrigada a agregar as Contas financeiras em relação às quais um gestor de conta tenha conheci-

mento, ou motivos para presumir, que são direta ou indiretamente detidas ou controladas pela mesma pessoa ou que foram abertas pela mesma pessoa (salvo na qualidade de fiduciário).

4. Montantes lidos pelo seu contravalor noutras moedas. Todos os montantes expressos na moeda nacional de cada Estado-Membro devem ser lidos pelo seu contravalor noutras moedas, conforme determinado no direito nacional.

SECÇÃO VIII – Definições

São aplicáveis as seguintes definições:

A. Instituição financeira reportante

1. Entende-se por "Instituição financeira reportante" qualquer Instituição financeira de um Estado-Membro que não seja uma Instituição financeira não reportante. Entende-se por "Instituição financeira de um Estado-Membro" *i)* qualquer Instituição financeira residente num Estado-Membro, com exceção de qualquer sucursal dessa Instituição financeira situada fora desse Estado-Membro, e *ii)* qualquer sucursal de uma Instituição financeira não residente num Estado-Membro se essa sucursal estiver situada nesse Estado-Membro.

2. Entende-se por "Instituição financeira de uma Jurisdição participante" *i)* qualquer Instituição financeira residente numa Jurisdição participante, com exceção de qualquer sucursal dessa Instituição financeira situada fora dessa Jurisdição participante, e *ii)* qualquer sucursal de uma Instituição financeira não residente numa Jurisdição participante, se essa sucursal estiver situada nessa Jurisdição participante.

3. Entende-se por "Instituição financeira" uma Instituição de custódia, uma Instituição de depósito, uma Entidade de investimento, ou uma Empresa de seguros especificada.

4. Entende-se por "Instituição de custódia" qualquer Entidade cuja atividade consista, numa parte substancial, na detenção de Ativos financeiros por conta de terceiros. Uma Entidade detém Ativos financeiros por conta de terceiros como parte substancial da sua atividade se o rendimento bruto da Entidade gerado pela detenção de Ativos financeiros e serviços financeiros conexos for igual ou superior a 20% do rendimento bruto da Entidade durante o mais curto dos períodos seguintes: *i)* o período de três anos que termina em 31 de dezembro (ou no último dia de um período contabilístico

diferente do ano civil) do ano que precede aquele em que é efetuado o cálculo; ou *ii)* o período de existência da entidade.

5. Entende-se por "Instituição de depósito" qualquer Entidade que aceite depósitos no decurso normal de uma atividade bancária ou similar.

6. Entende-se por "Entidade de investimento" qualquer Entidade:

a) Que exerça como atividade principal uma ou várias das seguintes atividades ou operações em nome ou por conta de um cliente:

i) transações sobre instrumentos do mercado monetário (cheques, letras e livranças, certificados de depósito, derivados, etc.); mercado de câmbios; instrumentos sobre divisas, taxas de juro e índices; valores mobiliários; ou operações a prazo sobre mercadorias;

ii) gestão individual e coletiva de carteiras, ou

iii) outros tipos de investimento, administração ou gestão de Ativos financeiros ou numerário por conta de outrem;

ou

b) Cujos rendimentos brutos provenham principalmente de atividades de investimento, reinvestimento ou negociação de Ativos financeiros, se a Entidade for gerida por outra Entidade que seja uma Instituição de depósito, uma Instituição de custódia, uma Empresa de seguros especificada, ou uma Entidade de investimento tal como indicada no ponto A, nº 6, alínea *a)*.

Considera-se que uma Entidade tem como principal atividade económica uma ou mais das atividades indicadas no ponto A, nº 6, alínea *a)*, ou que o rendimento bruto de uma Entidade provém essencialmente do investimento, reinvestimento e negociação de Ativos financeiros para efeitos do ponto A, nº 6, alínea *b)*, se o rendimento bruto da Entidade gerado pelas atividades em causa for igual ou superior a 50% do rendimento bruto da Entidade durante o mais curto dos períodos seguintes: *i)* o período de três anos que termina em 31 de dezembro do ano que precede aquele em que é efetuado o cálculo, ou ii) o período de existência da Entidade. A expressão "Entidade de investimento" não inclui nenhuma Entidade que seja uma Entidade não financeira (ENF) ativa pelo facto de cumprir qualquer um dos critérios definidos no ponto D, nº 8, alíneas *d)* a *g)*.

O presente número deve ser interpretado de forma compatível com a terminologia similar utilizada na definição de "instituição financeira" nas Recomendações do Grupo de Ação Financeira Internacional.

7. A expressão "Ativo financeiro" inclui títulos (por exemplo, de participação no capital de sociedades de capitais, de participação em sociedades de pessoas ou na qualidade de beneficiários efetivos numa *partnership* (so-

ciedade de pessoas) com múltiplos sócios ou numa sociedade em comandita por ações cotada em bolsa ou num *trust* (estrutura fiduciária), notas, obrigações, ou outros títulos de dívida), participações em sociedades, mercadorias, *swaps* (por exemplo, *swaps* de taxa de juro, *swaps* de divisas, *swaps* de base, limites máximos da taxa de juro, limites mínimos da taxa de juro, *swaps* de mercadorias, *swaps* de ações, *swaps* relativos a um índice sobre ações e instrumentos similares), Contratos de seguro ou Contratos de renda, ou qualquer participação (incluindo contratos de futuros, contratos *forward* ou opções) em títulos, sociedades de pessoas, mercadorias, *swaps*, Contratos de seguro, ou Contratos de renda. A expressão "Ativo financeiro" não inclui a participação direta, não ligada a uma dívida, em bens imóveis.

8. Entende-se por "Empresa de seguros especificada" qualquer Entidade que seja uma empresa de seguros (ou a sociedade gestora de participações sociais numa empresa de seguros) que emita Contratos de seguro monetizável ou Contratos de renda ou esteja obrigada a efetuar pagamentos relativos a esses contratos.

B. Instituição financeira não reportante

1. Entende-se por "Instituição financeira não reportante" qualquer Instituição financeira que seja:

a) Uma Entidade pública, uma Organização internacional ou um Banco central, salvo no que diz respeito ao pagamento resultante de uma obrigação detida em ligação com uma atividade financeira comercial exercida por uma Empresa de seguros especificada, uma Instituição de custódia, ou uma Instituição de depósito;

b) Um Fundo de pensões de participação alargada, um Fundo de pensões de participação limitada, um Fundo de pensões de uma Entidade pública, de uma Organização internacional ou de um Banco central, ou um Emitente qualificado de cartões de crédito;

c) Qualquer outra Entidade que apresente um baixo risco de ser utilizada para efeitos de evasão fiscal, que tenha características substancialmente idênticas às das Entidades descritas no ponto B, nº 1, alíneas *a)* e *b)*, e que esteja incluída na lista de Instituições financeiras não reportantes a que se refere o artigo 8º, nº 7-A, da presente diretiva, desde que o estatuto dessa Entidade enquanto Instituição financeira não reportante não ponha em causa os objetivos da presente diretiva;

d) Um Veículo de investimento coletivo isento; ou

e) Um *trust* (estrutura fiduciária), desde que o *trustee* (fiduciário) seja uma Instituição financeira reportante e transmita todas as informações exigidas a título da Secção I no que diz respeito a todas as Contas sujeita a comunicação do *trust* (estrutura fiduciária).

2. Entende-se por "Entidade pública" o governo de um Estado-Membro ou outra jurisdição, qualquer subdivisão política de um Estado-Membro ou outra jurisdição (que, para evitar ambiguidades, inclui estados, províncias, distritos, ou municípios), ou qualquer agência ou instrumento de intervenção totalmente detido por um Estado-Membro ou outra jurisdição ou por uma ou várias das entidades anteriormente referidas (constituindo cada uma delas uma "Entidade pública"). Esta categoria inclui as partes integrantes, entidades controladas e subdivisões políticas de um Estado-Membro ou outra jurisdição.

a) Entende-se por "parte integrante" de um Estado-Membro ou outra jurisdição qualquer pessoa, organização, agência, gabinete, fundo, instrumento de intervenção ou outro organismo, seja qual for a sua designação, que constitua uma autoridade de governação de um Estado-Membro ou outra jurisdição. Os rendimentos líquidos da autoridade de governação têm de ser creditados na sua própria conta ou noutras contas do Estado-Membro ou outra jurisdição, não podendo nenhuma parte desses rendimentos reverter a favor de uma pessoa singular. Uma parte integrante não inclui nenhuma pessoa que seja membro do governo, funcionário, ou administrador que atue a título privado ou pessoal.

b) Entende-se por "entidade controlada" uma Entidade que seja formalmente distinta do Estado-Membro ou outra jurisdição ou que constitua uma entidade jurídica distinta, desde que:

i) A Entidade seja totalmente detida e controlada por uma ou várias Entidades públicas, diretamente ou através de uma ou várias entidades controladas;

ii) Os rendimentos líquidos da Entidade sejam creditados na sua própria conta ou nas contas de uma ou várias Entidades públicas, não podendo nenhuma parte dos seus rendimentos reverter a favor de uma pessoa singular; e

iii) Os ativos da Entidade revertam a favor de uma ou várias Entidades públicas no momento da dissolução.

c) O rendimento não reverte a favor de pessoas singulares se essas pessoas forem os beneficiários de um programa público e as atividades do programa forem realizadas em prol do bem-estar comum da população ou estiverem de alguma forma relacionadas com a administração pública. Não obstante o que precede, considera-se, no entanto, que o rendimento reverte a favor de pessoas singulares se o rendimento resultar do recurso a uma Entidade pública para a condução de uma atividade comercial como a atividade da banca comercial, que presta serviços financeiros a pessoas singulares.

3. Entende-se por "Organização internacional" qualquer organização internacional ou qualquer agência ou instrumento de intervenção totalmente detido por essa organização. Esta categoria inclui qualquer organização intergovernamental (incluindo uma organização supranacional) *i)* composta essencialmente por governos, *ii)* que tenha um acordo de sede ou um acordo substancialmente idêntico com o Estado-Membro, e *iii)* cujo rendimento não reverta a favor de pessoas singulares.

4. Entende-se por "Banco central" uma instituição que, por lei ou por decisão governamental, é a autoridade principal, distinta do próprio governo do Estado-Membro, que emite instrumentos destinados a circular como divisas. Essa instituição pode incluir um instrumento de intervenção independente do governo do Estado-Membro, quer seja ou não total ou parcialmente detido pelo Estado-Membro.

5. Entende-se por "Fundo de pensões de participação alargada" um fundo instituído para conceder prestações de reforma, de invalidez, ou por morte, ou qualquer combinação das anteriores, a beneficiários que são ou foram assalariados (ou pessoas por eles designadas) de um ou vários empregadores em contrapartida de serviços prestados, desde que o fundo:

a) Não tenha um único beneficiário com direito a mais de 5% dos ativos do fundo;

b) Esteja sujeito a regulação pública e efetue a comunicação de informações às autoridades fiscais; e

c) Satisfaça pelo menos um dos seguintes requisitos:

i) o fundo está geralmente isento de impostos sobre os rendimentos de investimentos, ou a tributação desses rendimentos é diferida ou está sujeita a uma taxa reduzida, devido ao seu estatuto de plano de reforma ou de pensões,

ii) o fundo recebe pelo menos 50% das suas contribuições totais (com exceção das transferências de ativos de outros planos indicadas no ponto B, n.ºs 5 a 7, ou de contas de reforma ou de pensões indicadas no ponto C, n.º 17, alínea *a)*) dos empregadores que o financiam,

iii) as distribuições ou levantamentos do fundo só estão autorizados no momento da ocorrência de determinados eventos relacionados com a reforma, invalidez, ou morte (exceto distribuições de transferência para outros fundos de pensões indicados no ponto B, nºs 5 a 7, ou contas de reforma ou de pensões indicadas no ponto C, nº 17, alínea a)), ou são aplicadas penalizações a distribuições ou levantamentos efetuados antes da ocorrência de tais eventos, ou

iv) as contribuições (com exceção de determinadas contribuições compensatórias autorizadas) dos assalariados para o fundo são limitadas por referência ao rendimento do trabalho dos assalariados ou não podem exceder, anualmente, um montante expresso na moeda nacional de cada Estado-Membro correspondente a 50 000 USD, sendo aplicáveis as regras estabelecidas na Secção VII, ponto C, para agregação de contas e conversão cambial.

6. Entende-se por "Fundo de pensões de participação limitada" um fundo instituído para conceder prestações de reforma, de invalidez, ou por morte a beneficiários que são ou foram assalariados (ou pessoas por eles designadas) de um ou vários empregadores em contrapartida de serviços prestados, desde que:

a) O fundo tenha menos de 50 participantes;

b) O fundo seja financiado por um ou vários empregadores que não sejam Entidades de investimento nem ENF passivas;

c) As contribuições dos assalariados e dos empregadores para o fundo (com exceção de transferências de ativos de contas de reforma e de pensões indicadas no ponto C, nº 17, alínea *a)*) estejam limitadas por referência ao rendimento do trabalho e à remuneração dos assalariados, respetivamente;

d) Os participantes que não sejam residentes do Estado-Membro em que o fundo está estabelecido não tenham direito a mais de 20% dos ativos do fundo; e

e) O fundo esteja sujeito a regulação pública e efetue a comunicação de informações às autoridades fiscais.

7. Entende-se por "Fundo de pensões de uma Entidade pública, uma Organização internacional, ou um Banco central" um fundo instituído por uma Entidade pública, uma Organização internacional, ou um Banco central para conceder prestações de reforma, de invalidez, ou por morte a beneficiários ou participantes que são ou foram seus assalariados (ou pessoas por eles designadas), ou que não são nem foram assalariados, se as prestações forem concedidas a esses beneficiários ou participantes em contrapartida de serviços pessoais prestados à Entidade pública, Organização internacional, ou Banco central.

8. Entende-se por "Emitente qualificado de cartões de crédito" uma Instituição financeira que satisfaça os seguintes requisitos:

a) Ser uma Instituição financeira unicamente pelo facto de, enquanto emitente de cartões de crédito, aceitar depósitos exclusivamente quando um cliente efetua um pagamento que excede o saldo devido a título do cartão e o excedente não é imediatamente devolvido ao cliente; e

b) A partir de 1 de janeiro de 2016 ou antes dessa data, implementar políticas e procedimentos para evitar que os clientes efetuem pagamentos em excesso superiores a um montante expresso na moeda nacional de cada Estado-Membro correspondente a 50 000 USD, ou para garantir que qualquer pagamento em excesso superior a esse montante é reembolsado ao cliente no prazo de 60 dias, sendo aplicáveis em ambos os casos as regras indicadas na Secção VII, ponto C, para agregação de contas e conversão cambial. Para o efeito, o pagamento em excesso de um cliente não inclui saldos credores imputáveis a taxas em litígio, mas inclui saldos credores resultantes da devolução de mercadorias.

9. Entende-se por "Veículo de investimento coletivo isento" uma Entidade de investimento regulada enquanto veículo de investimento coletivo, desde que todas as participações no veículo de investimento coletivo sejam detidas por pessoas singulares ou Entidades que não sejam Pessoas sujeitas a comunicação, ou através de tais pessoas ou entidades, exceto no caso de uma ENF com Pessoas que exercem o controlo que são Pessoas sujeitas a comunicação.

Uma Entidade de investimento regulada enquanto veículo de investimento coletivo não deixa de ser considerada um Veículo de investimento coletivo isento nos termos do ponto B, nº 9, unicamente pelo facto de o veículo de investimento coletivo ter emitido ações físicas ao portador, desde que:

a) O veículo de investimento coletivo não tenha emitido, e não emita, quaisquer ações físicas ao portador após 31 de dezembro de 2015;

b) O veículo de investimento coletivo retire todas essas ações no momento do respetivo resgate;

c) O veículo de investimento coletivo ponha em prática os procedimentos de diligência devida estabelecidos nas Secções II a VII e transmita todas as informações que tenham de ser comunicadas no que diz respeito a essas ações quando estas forem apresentadas para resgate ou outro pagamento; e

d) O veículo de investimento coletivo aplique políticas e procedimentos para garantir que essas ações são resgatadas ou imobilizadas o mais rapidamente possível e em todo o caso antes de 1 de janeiro de 2018.

C. Conta financeira

1. Entende-se por "Conta financeira" uma conta mantida por uma Instituição financeira, e inclui uma Conta de depósito, uma Conta de custódia e:

a) No caso de uma Entidade de investimento, qualquer Participação representativa de capital ou título de dívida da Instituição financeira. Não obstante o que precede, a expressão "Conta financeira" não inclui no entanto nenhuma Participação representativa de capital nem título de dívida de uma Entidade que seja uma Entidade de investimento unicamente pelo facto de *i)* prestar consultoria a clientes em matéria de investimentos, e atuar em nome destes, ou *ii)* gerir carteiras por conta de clientes, e atuar em nome destes com o objetivo de investir, gerir, ou administrar Ativos financeiros depositados em nome dos clientes numa Instituição financeira distinta da referida Entidade;

b) No caso de uma Instituição financeira não indicada no ponto C, nº 1, alínea a), qualquer Participação representativa de capital ou título de dívida da Instituição financeira, se a categoria desses títulos tiver sido estabelecida com o objetivo de evitar a comunicação nos termos da Secção I, e

c) Qualquer Contrato de seguro monetizável e qualquer Contrato de renda emitido ou gerido por uma Instituição financeira, que não seja uma renda vitalícia imediata, incessível e não ligada a um investimento, que é emitida a uma pessoa singular e converte em valor monetário uma pensão ou prestação por invalidez paga no âmbito de uma Conta excluída.

A expressão "Conta financeira" não inclui nenhuma conta que seja uma Conta excluída.

2. A expressão "Conta de depósito" inclui qualquer conta comercial, conta à ordem, conta poupança, conta a prazo ou plano poupança com tributação diferida, ou uma conta comprovada por um certificado de depósito, certificado de poupança com tributação diferida, certificado de investimento, certificado de endividamento ou outro instrumento similar mantido por uma Instituição financeira no decurso regular da atividade bancária ou similar. Uma Conta de depósito inclui também um montante detido por uma empresa de seguros a título de um contrato de investimento garantido ou contrato similar que tenha por objeto o pagamento de juros ou o respetivo crédito em conta.

3. Entende-se por "Conta de custódia" uma conta (que não seja um Contrato de seguro ou um Contrato de renda) na qual são conservados um ou vários Ativos financeiros em benefício de outra pessoa.

4. Entende-se por "Participação representativa de capital", no caso de uma *partnership* (sociedade de pessoas) que seja uma Instituição financeira, uma participação representativa do capital ou dos lucros dessa *partnership* (sociedade de pessoas). No caso de um *trust* (estrutura fiduciária) que seja uma Instituição financeira, considera-se que uma participação representativa do capital é detida por qualquer pessoa equiparada a *settlor* (instituidor) ou a beneficiário da totalidade ou de parte do *trust* (estrutura fiduciária), ou por qualquer outra pessoa singular que detenha efetivamente o controlo final do *trust* (estrutura fiduciária). Uma Pessoa sujeita a comunicação será equiparada a beneficiária de um *trust* (estrutura fiduciária) se essa Pessoa sujeita a comunicação tiver direito a receber direta ou indiretamente [por exemplo, através de um *nominee* (mandatário)] uma distribuição obrigatória ou puder receber, direta ou indiretamente, uma distribuição discricionária do *trust* (estrutura fiduciária).

5. Entende-se por "Contrato de seguro" um contrato (que não seja um Contrato de renda) nos termos do qual o emitente acorda em pagar um determinado montante no momento da ocorrência de um risco especificado, designadamente morte, doença, acidente, responsabilidade, ou risco patrimonial.

6. Entende-se por "Contrato de renda" um contrato nos termos do qual o emitente acorda em efetuar pagamentos durante certo período de tempo, total ou parcialmente determinado por referência à esperança de vida de uma ou várias pessoas singulares. A expressão inclui também um contrato que seja considerado um Contrato de renda nos termos das disposições legislativas ou regulamentares ou das práticas do Estado-Membro ou outra jurisdição em que o contrato tenha sido emitido e nos termos do qual o emitente acorda em efetuar pagamentos a termo certo.

7. Entende-se por "Contrato de seguro monetizável" um Contrato de seguro (que não seja um contrato de resseguro de responsabilidade civil entre duas empresas de seguros) que tenha Valor em numerário.

8. Entende-se por "Valor em numerário" o mais elevado dos seguintes montantes: *i)* o montante que o tomador de seguro tem direito a receber no momento do resgate ou da resolução do contrato (calculado sem dedução de eventuais taxas de resgate ou de adiantamentos sobre a apólice), e *ii)* o montante que o tomador de seguro pode tomar de empréstimo no âmbito ou a título do contrato. Não obstante o que precede, a expressão "Valor em numerário" não inclui o montante a pagar no âmbito de um Contrato de seguro:

a) Exclusivamente devido por morte de uma pessoa segurada por um contrato de seguro de vida;

b) A título de prestações por danos corporais ou por doença, ou outras prestações de indemnização de perdas económicas incorridas no momento da materialização do risco segurado;

c) A título de reembolso de um prémio pago anteriormente (deduzido o custo dos encargos com o seguro, quer tenham sido ou não aplicados) nos termos de um Contrato de seguro (que não seja um contrato de renda ou de seguro de vida ligado a um investimento) devido à anulação ou à resolução do contrato, diminuição da exposição ao risco durante o período de vigência do contrato, ou a um novo cálculo do prémio do contrato em resultado da correção de um registo ou erro similar;

d) A título de dividendos do tomador de seguro (com exceção dos dividendos pagos no momento da resolução do contrato) desde que os dividendos digam respeito a um Contrato de seguro nos termos do qual as únicas prestações a pagar estão indicadas no ponto C, nº 8, alínea *b)*; ou

e) A título de devolução de um prémio provisional ou de um depósito de prémio para um Contrato de seguro cujo prémio seja pago com uma periodicidade mínima anual, se o montante do prémio provisional ou do depósito de prémio não exceder o montante do prémio contratual devido no ano seguinte.

9. Entende-se por "Conta pré-existente":

a) Uma Conta financeira mantida por uma Instituição financeira reportante em 31 de dezembro de 2015;

b) Qualquer Conta financeira do Titular da conta, independentemente da data de abertura dessa Conta financeira, se:

i) o Titular da conta também detiver na Instituição financeira reportante (ou numa Entidade relacionada no mesmo Estado-Membro que a Instituição financeira reportante) uma Conta financeira que seja uma Conta pré-existente nos termos do ponto C, nº 9, alínea *a)*,

ii) a Instituição financeira reportante (e, quando aplicável, a Entidade relacionada no mesmo Estado-Membro que a Instituição financeira reportante) equiparar as Contas financeiras em causa, e quaisquer outras Contas financeiras do Titular da conta que sejam equiparadas a Contas pré-existentes nos termos da alínea *b)*, a uma Conta financeira única para cumprimento dos requisitos em matéria de conhecimento estabelecidos na Secção VII, ponto A, e para determinar o saldo ou valor de qualquer uma das Contas financeiras quando se lhes aplica qualquer um dos limiares, *iii)* relativamente a uma Conta financeira que esteja sujeita aos Procedimentos AML/KYC, a Instituição financeira reportante puder cumprir os Procedimentos AML/KYC para a Conta financeira baseando-se nos Procedimentos AML/KYC seguidos para a Conta pré-existente indicada no ponto C, nº 9, alínea *a)*, e

iv) a abertura da Conta financeira não exigir a prestação de informações novas, adicionais ou alteradas sobre o cliente por parte do Titular da conta, exceto para efeitos da presente diretiva.

10. Entende-se por "Conta nova" uma Conta financeira mantida por uma Instituição financeira reportante aberta em 1 de janeiro de 2016 ou após essa data, a não ser que seja equiparada a Conta pré-existente nos termos do ponto C, nº 9, alínea *b)*.

11. Entende-se por "Conta pré-existente de pessoa singular" uma Conta pré-existente detida por uma ou várias pessoas singulares.

12. Entende-se por "Conta nova de pessoa singular" uma Conta nova detida por uma ou várias pessoas singulares.

13. Entende-se por "Conta pré-existente de entidade" uma Conta pré-existente detida por uma ou várias Entidades.

14. Entende-se por "Conta de menor valor" uma Conta pré-existente de pessoa singular cujo saldo ou valor agregado em 31 de dezembro de 2015 não exceda um montante expresso na moeda nacional de cada Estado-Membro correspondente a 1 000 000 USD.

15. Entende-se por "Conta de elevado valor" uma Conta pré-existente de pessoa singular cujo saldo ou valor agregado exceda, em 31 de dezembro de 2015 ou em 31 de dezembro de qualquer ano subsequente, um montante expresso na moeda nacional de cada Estado-Membro correspondente a 1 000 000 USD.

16. Entende-se por "Conta nova de entidade" uma Conta nova detida por uma ou várias Entidades.

17. Entende-se por "Conta excluída" qualquer uma das seguintes contas:

a) Uma conta de reforma ou de pensão que satisfaça os seguintes requisitos:

i) a conta está sujeita à regulamentação aplicável a uma conta de reforma pessoal ou integra um plano de reforma ou de pensões registado ou regulado para concessão de prestações de reforma ou de pensão (incluindo prestações de invalidez ou por morte),

ii) a conta beneficia de um tratamento fiscal favorável (ou seja, as contribuições para a conta que estariam de outro modo sujeitas a imposto são dedutíveis ou estão excluídas do rendimento bruto do Titular da conta ou são tributadas a uma taxa reduzida, ou a tributação dos rendimentos do investimento gerados pela conta é diferida ou está sujeita a uma taxa reduzida),

iii) é exigido a comunicação de informações relativas à conta às autoridades fiscais,

iv) só podem ser efetuados levantamentos quando for atingida uma determinada idade de reforma ou condição de invalidez, ou por morte, ou são aplicadas penalizações a levantamentos efetuados antes da ocorrência de tais eventos especificados, e

v) as *i)* contribuições anuais estão limitadas a um montante igual ou inferior a um montante expresso na moeda nacional de cada Estado-Membro correspondente a 50 000 USD, ou *ii)* existe um limite máximo de contribuição ao longo da vida para a conta igual ou inferior a um montante expresso na moeda nacional de cada Estado-Membro correspondente a 1 000 000 USD, sendo aplicáveis em ambos os casos as regras indicadas na Secção VII, ponto C, para agregação de contas e conversão cambial.

Uma Conta financeira que satisfaça de outro modo o requisito do ponto C, nº 17, alínea *a)*, subalínea *v)*, não deixará de satisfazer tal requisito unicamente pelo facto de essa Conta financeira poder receber ativos ou fundos transferidos de uma ou várias Contas financeiras que cumpram os requisitos do ponto C, nº 17, alínea *a)* ou *b)*, ou de um ou vários fundos de reforma ou de pensões que cumpram os requisitos indicados no ponto B, nºs 5 a 7;

b) Uma conta que satisfaça os seguintes requisitos:

i) a conta está sujeita à regulamentação aplicável a um veículo de investimento para efeitos distintos da reforma e é regularmente negociada num mercado regulamentado de valores mobiliários, ou a conta está sujeita à regulamentação aplicável a um veículo de poupança para efeitos distintos da reforma,

ii) a conta beneficia de um tratamento fiscal favorável (ou seja, as contribuições para a conta que estariam de outro modo sujeitas a imposto são dedutíveis ou estão excluídas do rendimento bruto do Titular da conta ou são tributadas a uma taxa reduzida, ou a tributação dos rendimentos do investimento gerados pela conta é diferida ou está sujeita a uma taxa reduzida),

iii) só podem ser efetuados levantamentos quando forem cumpridos determinados critérios relacionados com o objetivo da conta de investimento ou poupança (por exemplo, o pagamento de prestações educativas ou médicas), ou são aplicadas penalizações a levantamentos efetuados antes de se cumprirem esses critérios, e

iv) as contribuições anuais estão limitadas a um montante igual ou inferior a um montante expresso na moeda nacional de cada Estado-Membro correspondente a 50 000 USD, sendo aplicáveis as regras indicadas na Secção VII, ponto C, para agregação de contas e conversão cambial.

Uma Conta financeira que satisfaça de outro modo o requisito do ponto C, nº 17, alínea *b)*, subalínea *iv)*, não deixará de satisfazer tal requisito unicamente pelo facto de essa Conta financeira poder receber ativos ou fundos transferidos de uma ou várias Contas financeiras que cumpram os requisitos do ponto C, nº 17, alínea a) ou b), ou de um ou vários fundos de reforma ou de pensões que cumpram os requisitos indicados no ponto B, nºs 5 a 7;

c) Um contrato de seguro de vida cujo período de cobertura termine antes de o segurado atingir os 90 anos de idade, desde que o contrato satisfaça os seguintes requisitos:

i) são devidos prémios periódicos cujo montante se mantém constante ao longo do tempo, com uma periodicidade pelo menos anual durante o período de vigência do contrato ou até o segurado atingir a idade de 90 anos, consoante o período que for mais curto,

ii) não é possível aceder ao valor contratual do contrato (através de levantamento, empréstimo ou de outra forma) sem que isso implique a resolução do contrato,

iii) o montante (com exceção da prestação por morte) a pagar no momento da anulação ou da resolução do contrato não pode exceder o montante agregado dos prémios pagos a título do contrato, deduzida a soma das taxas de mortalidade, doença e custos (quer tenham sido ou não aplicadas) para o período ou períodos de vigência do contrato e quaisquer montantes pagos antes da anulação ou da resolução do contrato, e

iv) o contrato não é detido por um cessionário a título oneroso;

d) Uma conta detida unicamente por uma sucessão se a documentação dessa conta incluir uma cópia do testamento ou da certidão de óbito do falecido;

e) Uma conta aberta em ligação com um dos seguintes atos:

i) um despacho ou uma sentença judicial,

ii) a venda, permuta, ou locação de um bem imóvel ou pessoal, desde que a conta satisfaça os seguintes requisitos:

– a conta é exclusivamente financiada por um pagamento de entrada, um sinal, um depósito de montante adequado para garantir uma obrigação diretamente relacionada com a transação, ou pagamento similar, ou é financiada por um Ativo financeiro que é depositado na conta a título da venda, permuta, ou locação do bem,

– a conta é aberta e utilizada exclusivamente para garantir a obrigação que incumbe ao comprador de pagar o preço de aquisição do bem, ao vendedor de pagar qualquer passivo contingente, ou ao locador ou locatário de pagarem quaisquer danos relacionados com o bem locado, consoante acordado no contrato de locação,

– os ativos da conta, incluindo os rendimentos por esta gerados, serão pagos ou distribuídos em benefício do comprador, vendedor, locador, ou locatário (inclusivamente para satisfazer as suas obrigações) no momento da venda, permuta ou cessão do bem, ou do termo do contrato de locação,

– a conta não é uma conta de margem ou similar aberta em ligação com a venda ou permuta de um Ativo financeiro, e

– a conta não está associada a uma conta tal como indicada no ponto C, nº 17, alínea *f)*,

iii) a obrigação que incumbe a uma Instituição financeira que concede um empréstimo garantido por um bem imóvel de reservar uma parcela do pagamento exclusivamente para facilitar o pagamento de impostos ou de seguros relacionados com o bem imóvel numa data posterior,

iv) a obrigação que incumbe a uma Instituição financeira exclusivamente para facilitar o pagamento de impostos numa data posterior;

f) Uma Conta de depósito que satisfaça os seguintes requisitos:

i) a conta existe apenas porque um cliente efetua um pagamento que excede o saldo devido a título do cartão de crédito ou de outra facilidade de crédito renovável e o excedente não é imediatamente devolvido ao cliente, e

ii) a partir de 1 de janeiro de 2016 ou antes dessa data, a Instituição financeira implementa políticas e procedimentos para evitar que os clientes efetuem pagamentos em excesso superiores a um montante expresso na moeda nacional de cada Estado-Membro correspondente a 50 000 USD, ou para garantir que qualquer pagamento em excesso superior a esse montante é reembolsado ao cliente no prazo de 60 dias, sendo aplicáveis em ambos os casos as regras indicadas na Secção VII, ponto C, para conversão cambial. Para o efeito, o pagamento em excesso de um cliente não inclui saldos credores imputáveis a taxas em litígio, mas inclui saldos credores resultantes da devolução de mercadorias;

g) Qualquer outra conta que apresente um risco baixo de ser utilizada para efeitos de evasão fiscal, que tenha características substancialmente idênticas às das contas indicadas no ponto C, nº 17, alíneas *a)* a *f)*, e que esteja incluída na lista de Contas excluídas a que se refere o artigo 8º, nº 7-A, da presente diretiva, desde que o estatuto dessa conta enquanto Conta excluída não ponha em causa os objetivos da presente diretiva.

D. Conta sujeita a comunicação

1. Entende-se por "Conta sujeita a comunicação" uma Conta financeira mantida por uma Instituição financeira reportante de um Estado-Membro e detida por uma ou mais Pessoas sujeitas a comunicação ou por uma ENF passiva com uma ou mais pessoas que exercem o controlo que são Pessoas sujeitas a comunicação, desde que tenha sido identificada como tal de acordo com os procedimentos de diligência devida indicados nas Secções II a VII.

2. Entende-se por "Pessoa sujeita a comunicação" uma Pessoa de um Estado-Membro que não seja: *i)* uma sociedade de capitais cujos títulos são regularmente negociados num ou em vários mercados regulamentados de valores mobiliários, *ii)* qualquer sociedade que seja uma Entidade relacionada de uma sociedade tal como descrita na subalínea *i)*, *iii)* uma Entidade pública, *iv)* uma Organização internacional, *v)* um Banco central, ou *vi)* uma Instituição financeira.

3. Entende-se por "Pessoa de um Estado-Membro" em relação a cada Estado-Membro uma pessoa singular ou Entidade residente em qualquer outro Estado-Membro nos termos do direito fiscal desse outro Estado-Membro, ou a herança jacente de uma pessoa falecida que era residente em qualquer outro Estado-Membro. Para o efeito, uma entidade tal como uma *partnership* (sociedade de pessoas), uma sociedade de responsabilidade limitada ou de um instrumento jurídico similar, que não tenha residência fiscal é equiparada a residente na jurisdição em que estiver situada a sede de direção efetiva.

4. Entende-se por "Jurisdição participante" em relação a cada Estado-Membro:

a) Qualquer outro Estado-Membro;

b) Qualquer outra jurisdição *i)* com a qual o Estado-Membro em causa tenha celebrado um acordo por força do qual essa jurisdição prestará as informações especificadas na Secção I, e *ii)* que esteja identificada numa lista publicada por esse Estado-Membro e notificada à Comissão Europeia;

c) Qualquer outra jurisdição *i)* com a qual a União tenha celebrado um acordo por força do qual essa jurisdição prestará as informações especificadas na Secção I, e *ii)* que esteja identificada numa lista publicada pela Comissão Europeia.

5. Entende-se por "Pessoas que exercem o controlo" as pessoas singulares que exercem o controlo de uma Entidade. No caso de um *trust* (estrutura fiduciária), esta expressão designa o(s) *settlor*(s) (instituidor ou instituidores), o(s) *trustee*(s) (fiduciário ou fiduciários), o(s) *protector*(s) (curador ou curadores) (se aplicável), o(s) beneficiário(s) ou categoria(s) de beneficiários, e quaisquer outras pessoas singulares que detenham efetivamente o controlo final do *trust* (da estrutura fiduciária); no caso de um outro instrumento jurídico que não seja um *trust* (estrutura fiduciária), este termo designa as pessoas com funções similares ou equivalentes. A expressão "Pessoas que exercem o controlo" tem de ser interpretada de forma compatível com as Recomendações do Grupo de Ação Financeira Internacional.

6. Entende-se por "ENF" qualquer Entidade que não seja uma Instituição financeira.

7. Entende-se por "ENF passiva": *i)* qualquer ENF que não seja uma ENF ativa, ou *ii)* uma Entidade de investimento tal como indicada no ponto A, nº 6, alínea *b)*, que não seja uma Instituição financeira de uma Jurisdição participante.

8. Entende-se por "ENF ativa" qualquer ENF que cumpra um dos seguintes critérios:

a) Menos de 50% do rendimento bruto da ENF no ano civil anterior ou noutro período de comunicação adequado são rendimentos passivos e menos de 50% dos ativos detidos pela ENF durante o ano civil anterior ou outro período de comunicação adequado são ativos que geram ou são detidos para gerar rendimento passivo;

b) As partes do capital social da ENF são regularmente negociadas num mercado regulamentado de valores mobiliários ou a ENF é uma Entidade relacionada de uma Entidade cujas partes do capital social são regularmente negociadas num mercado regulamentado de valores mobiliários;

c) A ENF é uma Entidade pública, uma Organização internacional, um Banco central ou uma Entidade totalmente detida por uma ou várias das entidades anteriormente referidas;

d) O essencial das atividades da ENF consiste na detenção (total ou parcial) das ações em circulação emitidas por uma ou várias filiais cujas atividades económicas sejam distintas da atividade de uma Instituição financeira, ou no financiamento e prestação de serviços a essas filiais. Não é considerada ENF ativa uma entidade que opere (ou se apresente) como um fundo de investimento, um fundo de *private equity*, um fundo de capital de risco, um fundo de aquisição alavancada, ou qualquer veículo de investimento cujo objetivo seja adquirir ou financiar empresas para deter participações nessas empresas como ativos fixos para efeitos de investimento;

e) A ENF ainda não exerce atividades nem exerceu anteriormente qualquer atividade, mas está a investir capital em ativos com o objetivo de exercer uma atividade distinta da de Instituição financeira, não podendo esta exceção ser aplicada à ENF decorridos 24 meses a contar da data da sua constituição inicial;

f) A ENF não foi uma Instituição financeira nos últimos cinco anos e está em processo de liquidação dos seus ativos ou de reestruturação com o objetivo de continuar ou recomeçar uma atividade distinta da de Instituição financeira;

g) A atividade principal da ENF consiste em operações de financiamento e de cobertura de risco com Entidades relacionadas que não sejam Instituições financeiras, ou por conta dessas entidades, e a ENF não presta serviços de financiamento nem de cobertura de risco a nenhuma Entidade que não seja uma Entidade relacionada, desde que a atividade principal do grupo a que pertencem essas Entidades relacionadas seja uma atividade distinta da de uma Instituição financeira; ou

h) A ENF preenche cumulativamente os seguintes requisitos:

i) está estabelecida e opera no Estado-Membro ou noutra jurisdição de residência exclusivamente com objetivos religiosos, de beneficência, artísticos, culturais, desportivos ou educativos, ou está estabelecida e opera no Estado-Membro ou noutra jurisdição de residência e é uma organização profissional, associação empresarial, câmara de comércio, organização sindical, organização agrícola ou hortícola, associação cívica, ou uma organização orientada exclusivamente para a promoção do bem-estar social,

ii) está isenta de imposto sobre o rendimento no Estado-Membro ou noutra jurisdição de residência,

iii) não tem acionistas nem sócios que disponham de um direito de propriedade ou de usufruto dos seus rendimentos ou ativos,

iv) o direito aplicável no Estado-Membro ou noutra jurisdição de residência da ENF ou os documentos constitutivos da ENF não permitem que os rendimentos ou ativos da ENF sejam distribuídos a pessoas singulares ou Entidades que não sejam instituições de beneficência, nem aplicados em seu benefício, exceto no âmbito das atividades de beneficência da ENF, ou a título de pagamento de uma remuneração adequada por serviços prestados ou de pagamento que represente o justo valor de mercado de bens que a ENF tenha adquirido, e

v) o direito aplicável no Estado-Membro ou outra jurisdição de residência da ENF ou os documentos constitutivos da ENF exigem que, no momento da liquidação ou dissolução da ENF, todos os seus ativos sejam distribuídos a uma Entidade pública ou outra organização sem fins lucrativos, ou revertam a favor do governo do Estado-Membro ou de outra jurisdição de residência da ENF, ou de uma das suas subdivisões políticas.

E. Diversos

1. Entende-se por "Titular da conta" a pessoa registada ou identificada como titular de uma Conta financeira pela Instituição financeira que efetua a gestão da conta. Não é equiparada a titular da conta para efeitos da presente diretiva a pessoa, distinta de uma Instituição financeira, que detenha uma Conta financeira em benefício ou por conta de outra pessoa na qualidade de representante, custodiante, mandatário, signatário, consultor de investimentos ou intermediário, sendo equiparada a titular da conta essa outra pessoa. No caso de um Contrato de seguro monetizável ou de um Contrato de renda, o Titular da conta é qualquer pessoa habilitada a beneficiar do valor de resgate ou a mudar o beneficiário do contrato. Se nenhuma pessoa puder dispor do valor em numerário nem alterar o beneficiário, o Titular da conta é qualquer pessoa identificada no contrato como beneficiária e qualquer pessoa com direito ao pagamento nos termos do contrato. No vencimento de um Contrato de seguro monetizável ou de um Contrato de renda, cada pessoa habilitada a receber um pagamento nos termos do contrato é equiparada a Titular da conta.

2. Entende-se por "Procedimentos AML/KYC" os procedimentos de diligência devida relativamente à clientela a que está sujeita uma Instituição financeira reportante a título do combate ao branqueamento de capitais, ou requisitos análogos a que essa Instituição financeira reportante esteja sujeita.

3. Entende-se por "Entidade" uma pessoa coletiva ou um instrumento jurídico, como uma sociedade de capitais, uma *partnership* (sociedade de pessoas), um *trust* (estrutura fiduciária), ou uma fundação.

4. Uma Entidade é uma "Entidade relacionada" com outra Entidade se *i)* qualquer uma das Entidades exercer controlo sobre a outra, *ii)* ambas as Entidades estiverem sob controlo comum, ou *iii)* ambas as Entidades forem Entidades de investimento indicadas no ponto A, nº 6, alínea *b)*, estiverem

sob direção comum e essa direção cumprir as obrigações de diligência devida dessas Entidades de investimento. Para esse efeito, o controlo inclui a titularidade direta ou indireta de mais de 50 % dos votos e do valor de uma Entidade.

5. Entende-se por "NIF" o Número de Identificação Fiscal (ou equivalente funcional na ausência de um Número de Identificação Fiscal).

6. A expressão "Documento comprovativo" inclui qualquer um dos seguintes documentos:

a) Um certificado de residência emitido por um organismo público autorizado (por exemplo, uma administração pública ou um órgão da mesma, ou um município) do Estado-Membro ou de outra jurisdição em que o beneficiário declare ser residente;

b) No caso de uma pessoa singular, qualquer identificação válida emitida por um organismo público autorizado (por exemplo, uma administração pública ou um órgão da mesma, ou um município) na qual figure o nome da pessoa singular e que seja habitualmente utilizada para efeitos de identificação;

c) No caso de uma Entidade, qualquer documentação oficial emitida por um organismo público autorizado (por exemplo, uma administração pública ou um órgão da mesma, ou um município) na qual figure o nome da Entidade e o endereço do seu estabelecimento principal no Estado-Membro ou noutra jurisdição em que declare ser residente, ou no Estado-Membro ou noutra jurisdição em que a entidade tenha sido constituída ou organizada;

d) Qualquer demonstração financeira auditada, relatório de crédito realizado por terceiros, declaração de falência, ou relatório do regulador de valores mobiliários.

Relativamente a uma Conta pré-existente de entidade, as Instituições financeiras reportantes podem utilizar como Documento comprovativo qualquer classificação nos registos da Instituição financeira reportante relativa ao Titular da conta que tenha sido determinada com base num sistema padrão de codificação do setor, que tenha sido registada pela Instituição financeira reportante de acordo com as sua práticas comerciais habituais para efeito dos Procedimentos AML/KYC ou para outros efeitos regulatórios (exceto para efeitos fiscais) e que tenha sido implementada pela Instituição financeira reportante antes da data utilizada para classificar a Conta financeira como Conta pré-existente, desde que a Instituição financeira reportante não tenha conhecimento nem motivos para presumir que essa classificação está incorreta ou não é fiável. Entende-se por "sistema padrão de codificação do setor" um sistema de codificação utilizado para classificar instituições por área de atividade com objetivos que não sejam objetivos fiscais.

SECÇÃO IX - Execução prática

Nos termos do artigo 8º, nº 3-A, da presente diretiva, os Estados-Membros têm de se dotar de regras e procedimentos administrativos para assegurar a execução e o cumprimento dos procedimentos de comunicação e diligência devida acima estabelecidos, nomeadamente:

1) Regras que impeçam as instituições financeiras, pessoas, ou intermediários de adotarem determinadas práticas com o objetivo de contornar os procedimentos de comunicação e diligência devida;

2) Regras que obriguem as Instituições financeiras reportantes a manter registos das medidas tomadas e dos elementos comprovativos que tenham servido de base à execução dos procedimentos acima referidos, e medidas adequadas para obter esses registos;

3) Procedimentos administrativos para verificar o cumprimento dos procedimentos de comunicação e diligência devida por parte das Instituições financeiras reportantes; procedimentos administrativos para efetuar o acompanhamento junto da Instituição financeira reportante quando são reportadas contas não documentadas;

4) Procedimentos administrativos para assegurar que as Entidades e contas definidas no direito nacional como Instituições financeiras não reportantes e Contas excluídas continuam a apresentar um risco baixo de serem utilizadas para efeitos de evasão fiscal; e

5) Disposições executórias eficazes para resolver os casos de incumprimento.

SECÇÃO X - Datas de execução para as instituições financeiras reportantes situadas na áustria

No caso das Instituições financeiras reportantes situadas na Áustria, todas as referências a "2016" e "2017" constantes do presente anexo deverão ser lidas como referências a "2017" e "2018", respetivamente.

No caso das Contas pré-existentes detidas por Instituições financeiras reportantes situadas na Áustria, todas as referências a "31 de dezembro de

2015" constantes do presente anexo deverão ser lidas como referências a "31 de dezembro de 2016".

ANEXO II
REGRAS COMPLEMENTARES DE COMUNICAÇÃO E DILIGÊNCIA DEVIDA PARA INFORMAÇÕES SOBRE CONTAS FINANCEIRAS

1. Alteração de circunstâncias

Uma "alteração de circunstâncias" inclui qualquer alteração que tenha como resultado a inclusão de informações relevantes para o estatuto de uma pessoa ou que de alguma forma colidam com o estatuto dessa pessoa. Além disso, uma alteração de circunstâncias inclui qualquer alteração ou inclusão de informações na conta do Titular da conta (incluindo a inclusão, substituição, ou outra alteração de um Titular da conta) ou qualquer alteração ou inclusão de informações em qualquer conta associada a essa conta (sendo aplicáveis as regras em matéria de agregação de contas indicadas no Anexo I, Secção VII, ponto C, nºs 1 a 3) se essa alteração ou inclusão de informações afetar o estatuto do Titular da conta.

Se uma Instituição financeira reportante se tiver baseado no teste do endereço de residência indicado no Anexo I, Secção III, ponto B, nº 1, e se se verificar uma alteração de circunstâncias em consequência da qual a Instituição financeira reportante tenha conhecimento ou motivos para presumir que os Documentos comprovativos originais (ou outra documentação equivalente) estão incorretos ou não são fiáveis, a Instituição financeira reportante tem de obter uma autocertificação e novos Documentos comprovativos para determinar a residência ou residências do Titular da conta para efeitos fiscais até ao último dia do ano civil em causa ou de outro período de comunicação adequado, ou até 90 dias após a notificação ou deteção dessa alteração de circunstâncias. Se não conseguir obter a autocertificação e novos Documentos comprovativos até essa data, a Instituição financeira reportante tem de aplicar o procedimento de pesquisa dos registos eletrónicos indicado no Anexo I, Secção III, ponto B, nºs 2 a 6.

2. Autocertificação para Contas novas de entidades

Relativamente a Contas novas de entidades, para determinar se a Pessoa que detém o controlo de uma ENF passiva é uma Pessoa a comunicar, a Instituição financeira reportante só pode basear-se numa autocertificação do Titular da conta ou da Pessoa que detém o controlo.

3. Residência de uma Instituição financeira

Uma Instituição financeira é "residente" num Estado-Membro se estiver sob a jurisdição desse Estado-Membro (ou seja, o Estado-Membro pode exigir que a Instituição financeira efetue a comunicação). Em geral, quando uma Instituição financeira é residente para efeitos fiscais num Estado-Membro, está sob a jurisdição desse Estado-Membro e é, portanto, uma Instituição financeira de um Estado-Membro. No caso de um *trust* (estrutura fiduciária) que seja uma Instituição financeira (independentemente de ser ou não residente para efeitos fiscais num Estado-Membro), considera-se que o fundo está sob a jurisdição de um Estado-Membro se um ou mais dos seus *trustees* (fiduciários) forem residentes nesse Estado-Membro, exceto se o *trust* (estrutura fiduciária) comunicar todas as informações exigidas nos termos da presente diretiva, no que diz respeito a Contas a comunicar mantidas pelo *trust* (estrutura fiduciária), a outro Estado-Membro pelo facto de ser residente para efeitos fiscais nesse outro Estado-Membro. Contudo, caso uma Instituição financeira [que não seja um *trust* (estrutura fiduciária)] não tenha residência fiscal (por exemplo, por ser considerada fiscalmente transparente, ou por estar situada numa jurisdição que não aplica impostos sobre os rendimentos), considera-se que está sob a jurisdição de um Estado-Membro e é, portanto, uma Instituição financeira de um Estado-Membro se:

a) For constituída ao abrigo do direito do Estado-Membro;

b) A sua sede (incluindo a sede de direção efetiva) estiver situada no Estado-Membro; ou

c) Estiver sujeita a supervisão financeira no Estado-Membro.

Caso uma Instituição financeira [que não seja um *trust* (estrutura fiduciária)] seja residente em dois ou mais Estados-Membros, essa Instituição financeira estará sujeita às obrigações de comunicação e diligência devida do Estado-Membro em que mantiver a Conta ou Contas financeiras.

4. Manutenção da conta

Em geral, considera-se que uma conta é mantida por uma Instituição financeira nos seguintes casos:

a) Uma Conta de custódia, quando é mantida pela Instituição financeira que detém a custódia dos ativos na conta (incluindo uma Instituição financeira que detenha ativos em nome de corretores por conta do Titular da conta nessa instituição);

b) Uma Conta de depósito, quando é mantida pela Instituição financeira que está obrigada a efetuar pagamentos relativos à conta (excluindo um agente de uma Instituição financeira, independentemente de esse agente ser ou não uma Instituição financeira);

c) Qualquer Participação representativa de capital ou título de dívida de uma Instituição financeira que constitua uma Conta financeira, quando é mantida por essa Instituição financeira;

d) Um Contrato de seguro monetizável ou de um Contrato de renda, quando é mantida pela Instituição financeira que está obrigada a efetuar pagamentos relativos ao contrato.

5. *Trusts* (estruturas fiduciárias) que são ENF passivas

De acordo com o Anexo I, Secção VIII, ponto D, nº 3, uma Entidade como uma *partnership* (sociedade de pessoas), uma sociedade de responsabilidade limitada ou um instrumento jurídico similar que não tenha residência fiscal é equiparada a residente na jurisdição em que estiver situada a sede de direção efetiva. Para esse efeito, uma pessoa coletiva ou instrumento jurídico é considerado "similar" a uma *partnership* (sociedade de pessoas) ou a uma sociedade de responsabilidade limitada quando não é considerada uma entidade tributável num Estado-Membro ao abrigo do direito fiscal desse Estado-Membro. Contudo, para evitar a duplicação de informações comunicadas [dado o âmbito alargado da expressão "Pessoas que exercem o controlo" no caso dos *trusts* (estruturas fiduciárias)], um *trust* (estrutura fiduciária) que seja uma ENF passiva pode não ser considerado um instrumento jurídico similar.

6. Endereço do estabelecimento principal da Entidade

Relativamente a uma Entidade, um dos requisitos indicados no Anexo I, Secção VIII, ponto E, nº 6, alínea c), é que a documentação oficial inclua o endereço do estabelecimento principal da Entidade no Estado-Membro ou noutra jurisdição em que declare ser residente ou no Estado-Membro ou noutra jurisdição em que a Entidade tenha sido constituída ou organizada. O endereço do estabelecimento principal da Entidade corresponde geralmente ao local em que está situada a sede de direção efetiva. O endereço de uma Instituição financeira na qual a Entidade mantém uma conta, uma caixa postal, ou um endereço utilizado exclusivamente para envio de correspondência não constitui o endereço do estabelecimento principal da Entidade a não ser que esse endereço seja o único endereço utilizado pela Entidade e figure como endereço registado da Entidade nos documentos constitutivos desta. Além disso, um endereço que seja fornecido como endereço de posta restante para toda a correspondência não constitui o endereço do estabelecimento principal da Entidade.

ANEXO III
REGRAS DE APRESENTAÇÃO APLICÁVEIS AOS GRUPOS DE EMPRESAS MULTINACIONAIS

SECÇÃO I – Definições

1. Entende-se por "Grupo" um conjunto de empresas associadas através da propriedade ou do controlo que obrigue à elaboração de Demonstrações financeiras consolidadas para efeitos de relato financeiro de acordo com os princípios contabilísticos aplicáveis ou que implicaria tal obrigação se as participações representativas do capital de qualquer das empresas fossem negociadas num mercado público de títulos.

2. Entende-se por "Empresa" qualquer forma de exercício de uma atividade empresarial por qualquer uma das pessoas a que se refere o artigo 3º, ponto 11, alíneas *b), c)* e *d).*

3. Entende-se por "Grupo de empresas multinacionais" um Grupo que inclua duas ou mais empresas com residência fiscal em jurisdições diferentes, ou que inclua uma empresa residente para efeitos fiscais numa jurisdição e sujeita a imposto noutra jurisdição relativamente à atividade exercida através de um estabelecimento estável, e que não seja um Grupo de empresas multinacionais excluído.

4. Entende-se por "Grupo de empresas multinacionais excluído", em relação a qualquer Exercício fiscal do grupo, um Grupo com um total de rendimentos consolidados inferior a 750 000 000 euros ou a um montante em moeda local aproximadamente equivalente a 750 000 000 euros em janeiro de 2015 durante o Exercício fiscal imediatamente anterior ao Exercício fiscal de relato, tal como refletido nas suas Demonstrações financeiras consolidadas para esse Exercício fiscal anterior.

5. Entende-se por "Entidade constituinte" qualquer uma das seguintes:

a) qualquer unidade empresarial separada de um Grupo de empresas multinacionais que seja incluída nas Demonstrações financeiras consolidadas do Grupo de empresas multinacionais para efeitos de relato financeiro, ou que pudesse ser incluída se as participações representativas do capital dessa unidade empresarial de um Grupo de empresas multinacionais fossem negociadas num mercado público de títulos;

b) qualquer unidade empresarial que seja excluída das Demonstrações financeiras consolidadas do Grupo de empresas multinacionais apenas por razões de dimensão ou de importância relativa;

c) qualquer estabelecimento estável de qualquer unidade empresarial separada do Grupo de empresas multinacionais incluída na alínea *a)* ou *b)*, desde que a unidade empresarial elabore uma demonstração financeira separada para esse estabelecimento estável para efeitos regulamentares, de relato financeiro, de relato fiscal ou de controlo da gestão interna.

6. Entende-se por "Entidade declarante" a Entidade constituinte que está obrigada a apresentar uma declaração por país conforme aos requisitos do artigo 8º-AA, nº 3, na sua jurisdição de residência fiscal em nome do Grupo de empresas multinacionais. A Entidade declarante pode ser a Entidade-mãe final, a Entidade-mãe de substituição, ou qualquer entidade descrita na secção II, ponto 1.

7. Entende-se por "Entidade-mãe final" uma Entidade constituinte de um Grupo de empresas multinacionais que satisfaça os seguintes critérios:

a) deter, direta ou indiretamente, uma participação suficiente numa ou em várias outras Entidades constituintes desse Grupo de empresas multinacionais que obrigue à elaboração de Demonstrações financeiras consolidadas de acordo com os princípios contabilísticos geralmente aplicados na sua jurisdição de residência fiscal, ou que implicaria tal obrigação se as suas participações representativas do capital fossem negociadas num mercado público de títulos na sua jurisdição de residência fiscal;

b) não existir outra Entidade constituinte desse Grupo de empresas multinacionais que detenha, direta ou indiretamente, uma participação descrita na alínea *a)* na primeira Entidade constituinte mencionada.

8. Entende-se por "Entidade-mãe de substituição" uma Entidade constituinte do Grupo de empresas multinacionais que tenha sido designada por esse Grupo de empresas multinacionais como única substituta da Entidade-mãe final para apresentar a declaração por país na jurisdição da residência fiscal dessa Entidade constituinte, em nome daquele Grupo de empresas multinacionais, quando forem aplicáveis uma ou mais das condições estabelecidas na secção II, ponto 1, primeiro parágrafo, alínea *b)*.

9. Entende-se por "Exercício fiscal" o período contabilístico anual relativamente ao qual a Entidade-mãe final do Grupo de empresas multinacionais elabora as suas demonstrações financeiras.

10. Entende-se por "Exercício fiscal de relato" o Exercício fiscal cujos resultados financeiros e operacionais estão refletidos na declaração por país a que se refere o artigo 8º-AA, nº 3.

11. Entende-se por "Acordo qualificado entre autoridades competentes" um acordo entre representantes autorizados de um Estado-Membro da UE e de uma jurisdição de um país terceiro que sejam partes num Acordo internacional e que exija a troca automática de declarações por país entre as jurisdições que nele são partes.

12. Entende-se por "Acordo internacional" a Convenção Multilateral sobre Assistência Administrativa Mútua em Matéria Fiscal, qualquer convenção fiscal bilateral ou multilateral, ou qualquer acordo de troca de informações em matéria fiscal em que o Estado-Membro seja parte e cujos termos constituam a base jurídica para a troca de informações fiscais entre jurisdições, incluindo a troca automática de tais informações.

13. Entende-se por "Demonstrações financeiras consolidadas" as demonstrações financeiras de um Grupo de empresas multinacionais em que os ativos, passivos, rendimentos, gastos e fluxos de caixa da Entidade-mãe final e das Entidades constituintes sejam apresentados como se se tratasse de uma entidade económica única.

14. Entende-se por "Falha sistémica" no que respeita a uma jurisdição o facto de nela vigorar um Acordo qualificado entre autoridades competentes com um Estado-Membro mas de aí ter sido suspensa a troca automática (por razões diferentes das previstas nos termos desse Acordo), ou de a jurisdição ter de outro modo deixado de fornecer automaticamente a um Estado-Membro, de forma persistente, declarações por país na sua posse relativas a Grupos de empresas multinacionais com Entidades constituintes nesse Estado-Membro.

SECÇÃO II – Requisitos gerais de relato

1. A Entidade constituinte residente num Estado-Membro que não seja a Entidade-mãe final de um Grupo de empresas multinacionais apresenta uma declaração por país no que respeita ao Exercício fiscal de relato do Grupo de empresas multinacionais de que é Entidade constituinte, se estiverem satisfeitos os seguintes critérios:

a) a entidade é residente para efeitos fiscais num Estado-Membro;

b) é aplicável uma das seguintes condições:

i) a Entidade-mãe final do Grupo de empresas multinacionais não está obrigada a apresentar uma declaração por país na sua jurisdição de residência fiscal,

ii) vigora na jurisdição em que a Entidade-mãe final é residente para efeitos fiscais um Acordo internacional em que o Estado-Membro é parte, mas, na data especificada no artigo 8º-AA, nº 1, para apresentação da declaração por país correspondente ao Exercício fiscal de relato, não está em vigor um Acordo qualificado entre autoridades competentes em que o Estado-Membro seja parte,

iii) registou-se uma Falha sistémica da jurisdição de residência fiscal da Entidade-mãe final que foi notificada pelo Estado-Membro à Entidade constituinte residente para efeitos fiscais nesse Estado-Membro.

Sem prejuízo da obrigação de a Entidade-mãe final a que se refere o artigo 8º-AA, nº 1, ou a sua Entidade-mãe de substituição apresentar a primeira declaração por país relativa ao Exercício fiscal do Grupo de empresas multinacionais com início em 1 de janeiro de 2016 ou após esta data, os Estados-Membros podem decidir que a obrigação aplicável às Entidades constituintes estabelecida no ponto 1 da presente secção se aplique às declarações por país respeitantes a Exercícios fiscais de relato com início em 1 de janeiro de 2017 ou após esta data.

A Entidade constituinte residente num Estado-Membro na aceção do primeiro parágrafo do presente ponto solicita à respetiva Entidade-mãe final que lhe forneça todas as informações necessárias para que possa cumprir as suas obrigações de apresentação de uma declaração por país, nos termos do artigo 8º-AA, nº 3. Se, apesar dessa diligência, aquela Entidade constituinte não tiver obtido nem adquirido todas as informações necessárias à apresentação da declaração relativa ao Grupo de empresas multinacionais, apresenta uma declaração por país que contenha todas as informações na sua posse, obtidas ou adquiridas, e notifica o Estado-Membro da sua residência de que a Entidade-mãe final se recusou a disponibilizar as informações necessárias, sem prejuízo do direito que assiste ao Estado-Membro em causa de aplicar as sanções previstas na sua legislação nacional, devendo este Estado-Membro informar dessa recusa todos os Estados-Membros.

Se houver mais do que uma Entidade constituinte do mesmo Grupo de empresas multinacionais que sejam residentes para efeitos fiscais na União e forem aplicáveis uma ou mais das condições estabelecidas no primeiro parágrafo, alínea *b)*, o Grupo de empresas multinacionais pode designar uma dessas Entidades constituintes para apresentar a declaração por país conforme aos requisitos estabelecidos no artigo 8º-AA, nº 3, em relação a qualquer Exercício fiscal de relato no prazo especificado no artigo 8º-AA, nº 1, e notificar o Estado-Membro de que a apresentação se destina a satisfazer o requisito de apresentação de todas as Entidades constituintes desse Grupo de empresas multinacionais que sejam residentes para efeitos fiscais na União. Esse Estado-Membro transmite, por força do artigo 8º-AA, nº 2, a declaração por país recebida a qualquer outro Estado-Membro em que, com base nas informações constantes da declaração por país, uma ou mais Entidades constituintes do Grupo de empresas multinacionais da Entidade declarante sejam residentes para efeitos fiscais ou estejam sujeitas a imposto relativamente à atividade exercida através de um estabelecimento estável.

Caso uma Entidade constituinte não possa obter nem adquirir todas as informações necessárias à apresentação de uma declaração por país, em consonância com o artigo 8º-AA, nº 3, essa Entidade constituinte não é elegível para ser designada Entidade declarante do Grupo de empresas multinacionais nos termos do quarto parágrafo do presente ponto. Esta disposição não prejudica a obrigação de a Entidade constituinte notificar o Estado-Membro da sua residência de que a Entidade-mãe final se recusou a disponibilizar as informações necessárias.

2. Em derrogação do ponto 1, quando forem aplicáveis uma ou mais das condições estabelecidas no ponto 1, primeiro parágrafo, alínea *b)*, a entidade descrita no ponto 1 não está obrigada a apresentar uma declaração por país em relação a qualquer Exercício fiscal de relato se o Grupo de empresas multinacionais de que é Entidade constituinte tiver disponibilizado uma declaração por país nos termos do artigo 8º-AA, nº 3, em relação a esse Exercício fiscal através de uma Entidade-mãe de substituição que apresente essa declaração por país junto da administração fiscal da sua jurisdição de residência fiscal na data especificada no artigo 8º-AA, nº 1, ou antes dessa data e que, no caso de a Entidade-mãe de substituição ser residente fiscal numa jurisdição fora da União, satisfaça as seguintes condições:

a) a jurisdição de residência fiscal da Entidade-mãe de substituição exige a apresentação de declarações por país conformes aos requisitos do artigo 8º-AA, nº 3;

b) vigora na jurisdição de residência fiscal da Entidade-mãe de substituição um Acordo qualificado entre autoridades competentes no qual é parte o Estado-Membro na data especificada no artigo 8º-AA, nº 1, para apresentação da declaração por país correspondente ao Exercício fiscal de relato;

c) a jurisdição de residência fiscal da Entidade-mãe de substituição não notificou o Estado-Membro de uma Falha sistémica;

d) a jurisdição de residência fiscal da Entidade-mãe de substituição foi notificada pela Entidade constituinte residente para efeitos fiscais na sua jurisdição, o mais tardar no último dia do Exercício fiscal de relato desse Grupo de empresas multinacionais, de que é a Entidade-mãe de substituição;

e) foi enviada uma notificação ao Estado-Membro nos termos do ponto 4.

3. Os Estados-Membros exigem que qualquer Entidade constituinte de um Grupo de empresas multinacionais que seja residente para efeitos fiscais nesse Estado-Membro notifique ao Estado-Membro se é a Entidade-mãe final, a Entidade-mãe de substituição ou a Entidade constituinte designada ao abrigo do ponto 1, o mais tardar no último dia do Exercício fiscal de relato desse Grupo de empresas multinacionais. Os Estados podem prorrogar esse prazo até ao último dia de apresentação da declaração fiscal dessa Entidade constituinte relativamente ao exercício fiscal anterior.

4. Os Estados-Membros exigem que, caso não seja a Entidade-mãe final, a Entidade-mãe de substituição nem a Entidade constituinte designada ao abrigo do ponto 1, a Entidade constituinte de um Grupo de empresas multinacionais residente para efeitos fiscais nesse Estado-Membro notifique ao Estado-Membro a identidade e a residência fiscal da Entidade declarante, o mais tardar no último dia do Exercício fiscal de relato desse Grupo de empresas multinacionais. Os Estados podem prorrogar esse prazo até ao último dia de apresentação da declaração fiscal dessa Entidade constituinte relativamente ao exercício fiscal anterior.

5. A declaração por país específica a moeda dos montantes referidos nessa declaração.

SECÇÃO III – Declaração por país

A. Modelo da declaração por país[2]

Quadro 1. Perspetiva geral de afetação do rendimento, impostos e atividades empresariais por jurisdição fiscal

Nome do Grupo de empresas multinacionais:
Exercício fiscal em causa:
Moeda utilizada:

Jurisdição fiscal	Rendimentos			Lucro (perda) antes do imposto sobre o rendimento	Imposto sobre o rendimento pago (numa base de contabilidade de caixa)	Imposto sobre o rendimento devido — ano em curso	Capital social	Ganhos acumulados	Número de empregados	Ativos tangíveis que não sejam caixa nem equivalentes de caixa
	Parte independente	Parte relacionada	Total							

[2] Os quadros 1 e 2 da secção III do anexo III podem ser consultados em http://eur-lex.europa.eu/legal-content/PT/TXT/HTML/?uri=CELEX:02011L0016-20170605&from=EN

Quadro 2. Lista de todas as Entidades constituintes do Grupo de empresas multinacionais incluídas em cada agregação por jurisdição fiscal

Nome do Grupo de empresas multinacionais:
Exercício fiscal em causa:

Jurisdição fiscal	Entidades constituintes residentes na jurisdição fiscal	Jurisdição fiscal de organização ou constituição, se diferente da jurisdição fiscal de residência	Atividade empresarial principal ou atividades empresariais principais												
			Investigação e desenvolvimento	Detenção ou gestão de direitos de propriedade intelectual	Aquisição ou fornecimento	Fabrico ou produção	Vendas, comercialização ou distribuição	Serviços administrativos, de gestão ou de apoio	Prestação de serviços a partes independentes	Financiamento interno do grupo	Serviços financeiros regulamentados	Seguros	Detenção de ações ou de outros instrumentos de fundos próprios	Atividade suspensa	Outras [1]
	1.														
	2.														
	3.														
	1.														
	2.														
	3.														

[1] Queira especificar a natureza da atividade da Entidade constituinte nas «Informações adicionais».

Quadro 3. Informações adicionais

Quadro 3: Informações adicionais

Nome do Grupo de empresas multinacionais:
Exercício fiscal em causa:

Queira incluir outras informações ou explicações breves que considere necessárias ou que facilitem a compreensão das informações obrigatórias prestadas nas declarações por país

B. Instruções gerais de preenchimento da declaração por país

1. Objetivo

O modelo é utilizado para comunicar informações sobre a afetação do rendimento, impostos e atividades empresariais de um Grupo de empresas multinacionais para cada jurisdição fiscal.

2. Tratamento de sucursais e estabelecimentos estáveis

Os dados relativos ao estabelecimento estável são comunicados por referência à jurisdição fiscal em que está situado e não por referência à jurisdição fiscal de residência da unidade empresarial de que o estabelecimento estável faz parte. As informações comunicadas na jurisdição fiscal de residência em relação à unidade empresarial de que o estabelecimento estável faz parte não incluem os dados financeiros relacionados com o estabelecimento estável.

3. Período abrangido pelo modelo anual

O modelo abrange o Exercício fiscal da empresa multinacional declarante. Relativamente às Entidades constituintes, o modelo reflete de forma coerente uma das seguintes informações, ao critério da empresa multinacional declarante:

a) informações relativas ao Exercício fiscal das Entidades constituintes relevantes que termine na mesma data que o Exercício fiscal da empresa multinacional declarante ou no período de 12 meses anterior a essa data;

b) informações relativas a todas as Entidades constituintes relevantes comunicadas em relação ao Exercício fiscal da empresa multinacional declarante.

4. Fonte dos dados

A empresa multinacional declarante utiliza de forma coerente as mesmas fontes de dados de um ano para o outro no preenchimento do modelo. A empresa multinacional declarante pode optar pela utilização de dados dos seus pacotes de relatos de consolidação, das demonstrações financeiras estatutárias relativas a entidades separadas, das demonstrações financeiras de natureza regulamentar ou de contas de gestão interna. Não é necessário reconciliar os dados relativos aos rendimentos, aos lucros e aos impostos constantes do modelo com as Demonstrações financeiras consolidadas. Se as demonstrações financeiras estatutárias forem utilizadas como base para a declaração, todos os montantes são convertidos para a moeda funcional declarada da empresa multinacional declarante à taxa de câmbio média do ano indicado na secção do modelo relativa às Informações adicionais.

No entanto, não é necessário proceder a ajustamentos por diferenças nos princípios contabilísticos aplicados de uma jurisdição fiscal para outra.

A empresa multinacional declarante fornece uma breve descrição das fontes dos dados utilizados na elaboração do modelo na secção deste relativa às Informações adicionais. Se houver uma alteração na fonte dos dados utilizada de um ano para o outro, a empresa multinacional declarante explica os motivos da alteração e as suas consequências na secção do modelo relativa às Informações adicionais.

C. Instruções específicas de preenchimento da declaração por país

1. Perspetiva geral da afetação do rendimento, impostos e atividades empresariais por jurisdição fiscal (quadro 1)

1.1. Jurisdição fiscal

Na primeira coluna do modelo, a empresa multinacional declarante enumera todas as jurisdições fiscais em que as Entidades constituintes do Grupo de empresas multinacionais sejam residentes para efeitos fiscais. Designa-se por jurisdição fiscal qualquer jurisdição autónoma em matéria fiscal, quer se trate ou não de um Estado. É inserida uma linha separada para todas as Entidades constituintes do Grupo de empresas multinacionais que a empresa multinacional declarante não considere residentes para efeitos fiscais em nenhuma jurisdição fiscal. Caso uma Entidade constituinte seja residente em mais do que uma jurisdição fiscal, é aplicada a regra de desempate da convenção fiscal aplicável para determinar a jurisdição fiscal de residência. Caso não exista uma convenção fiscal aplicável, a Entidade constituinte é indicada na jurisdição fiscal em que estiver situado o seu local de direção efetiva. O local de direção efetiva é determinado de acordo com as normas acordadas a nível internacional.

1.2. Rendimentos

Nas três colunas do modelo, na rubrica "Rendimentos", a empresa multinacional declarante indica as seguintes informações:

a) a soma dos rendimentos de todas as Entidades constituintes do Grupo de empresas multinacionais na jurisdição fiscal relevante resultante de transações com empresas associadas;

b) a soma dos rendimentos de todas as Entidades constituintes do Grupo de empresas multinacionais na jurisdição fiscal relevante resultante de transações com partes independentes;

c) o total das somas referidas nas alíneas *a)* e *b)*.

Os rendimentos incluem os proveitos das vendas de inventário e bens imóveis, serviços, *royalties*, juros, prémios e quaisquer outros montantes. Os rendimentos não incluem os pagamentos recebidos de outras Entidades constituintes que sejam tratados como dividendos na jurisdição fiscal do ordenante.

1.3. Lucro (perda) antes do imposto sobre o rendimento

Na quinta coluna do modelo, a empresa multinacional declarante indica a soma do lucro (perda) antes do imposto sobre o rendimento relativamente a todas as Entidades constituintes residentes para efeitos fiscais na jurisdição fiscal relevante. O lucro (perda) antes do imposto sobre o rendimento inclui todos os itens de rendimentos e de gastos extraordinários.

1.4. Imposto sobre o rendimento pago (numa base de contabilidade de caixa)

Na sexta coluna do modelo, a empresa multinacional declarante indica o montante total do imposto sobre o rendimento efetivamente pago durante o Exercício fiscal relevante por todas as Entidades constituintes residentes para efeitos fiscais na jurisdição fiscal relevante. Os impostos liquidados incluem os impostos pagos pela empresa constituinte à jurisdição fiscal de residência e a todas as outras jurisdições fiscais. Os impostos pagos incluem as retenções na fonte efetuadas por outras entidades (empresas associadas e empresas independentes) no que respeita a pagamentos efetuados à Entidade constituinte. Assim, se a sociedade A residente na jurisdição fiscal A receber juros na jurisdição fiscal B, o imposto retido na jurisdição fiscal B é declarado pela empresa A.

1.5. Imposto sobre o rendimento devido (ano em curso)

Na sétima coluna do modelo, a empresa multinacional declarante indica a soma dos gastos correntes de impostos devidos registados sobre os lucros ou perdas tributáveis do exercício fiscal de todas as Entidades constituintes residentes para efeitos fiscais na jurisdição fiscal relevante. O gasto corrente de impostos reflete exclusivamente as operações do ano em curso e não inclui impostos diferidos nem provisões constituídas para passivos fiscais incertos.

1.6. Capital social

Na oitava coluna do modelo, a empresa multinacional declarante indica a soma do capital social de todas as Entidades constituintes residentes para efeitos fiscais na jurisdição fiscal relevante. No que respeita aos estabelecimentos estáveis, os capitais próprios são declarados pela entidade jurídica da qual constitui um estabelecimento estável, salvo se o estabelecimento estável estiver sujeito a requisitos regulamentares em matéria de capitais próprios na sua jurisdição fiscal.

1.7. Ganhos acumulados

Na nona coluna do modelo, a empresa multinacional declarante indica a soma dos ganhos acumulados totais de todas as Entidades constituintes residentes para efeitos fiscais na jurisdição fiscal relevante no final do ano. No que respeita aos estabelecimentos estáveis, os ganhos acumulados são comunicados pela entidade jurídica da qual constitui um estabelecimento estável.

1.8. Número de empregados

Na décima coluna do modelo, a empresa multinacional declarante indica o número total de empregados numa base equivalente a tempo completo (ETC) de todas as Entidades constituintes residentes para efeitos fiscais na jurisdição fiscal relevante. O número de empregados pode ser comunicado no final do exercício, com base nos níveis médios de efetivos relativos ao ano, ou de acordo com qualquer outra base aplicada de forma coerente entre jurisdições fiscais e de ano para ano. Para este efeito, os trabalhadores independentes que participem nas atividades operacionais ordinárias da Entidade constituinte podem ser declarados como empregados. É admissível um arredondamento ou aproximação razoável do número de empregados, desde que tal arredondamento ou aproximação não distorça substancialmente a distribuição relativa de empregados entre as diferentes jurisdições fiscais. São aplicados métodos coerentes de ano para ano e entre entidades.

1.9. Ativos tangíveis que não sejam caixa nem equivalentes de caixa

Na décima primeira coluna do modelo, a empresa multinacional declarante indica a soma do valor contabilístico líquido dos ativos tangíveis de todas as Entidades constituintes residentes para efeitos fiscais na jurisdição fiscal relevante. No que respeita aos estabelecimentos estáveis, os ativos são indicados tendo em conta a jurisdição fiscal em que o estabelecimento estável está situado. Para esse efeito, os ativos tangíveis não incluem caixa nem equivalentes de caixa, ativos intangíveis nem ativos financeiros.

2. Lista de todas as Entidades constituintes do Grupo de empresas multinacionais incluídas em cada agregação por jurisdição fiscal (quadro 2)

2.1. Entidades constituintes residentes na jurisdição fiscal

A empresa multinacional declarante enumera, para cada jurisdição fiscal e por nome de entidade jurídica, todas as Entidades constituintes do Grupo de empresas multinacionais que sejam residentes para efeitos fiscais na jurisdição fiscal relevante. No entanto, tal como referido no nº 2 das instruções gerais no que respeita aos estabelecimentos estáveis, o estabelecimento estável é enumerado por referência à jurisdição fiscal onde está situado. É indicada a entidade jurídica da qual constitui um estabelecimento estável.

2.2. Jurisdição fiscal de organização ou constituição, se diferente da jurisdição fiscal de residência

A empresa multinacional declarante indica o nome da jurisdição fiscal por cujo ordenamento jurídico se rege a organização ou constituição da Entidade constituinte do Grupo de empresas multinacionais, se diferente da jurisdição fiscal de residência.

2.3. Atividade empresarial principal ou atividades empresariais principais

A empresa multinacional declarante determina a natureza da atividade empresarial principal ou atividades empresariais principais exercidas pela Entidade constituinte na jurisdição fiscal relevante, assinalando uma ou mais das casas adequadas.

Convenção sobre Assistência Mútua Administrativa em Matéria Fiscal

(Aprovada pela Resolução da Assembleia da República nº 80/2014, publicada em 16 de setembro de 2014 e ratificada pelo Decreto do Presidente da República nº 68/2014, publicado em de 16 de setembro)

Texto alterado pelas disposições constantes do Protocolo de alteração à Convenção sobre Assistência Mútua Administrativa em Matéria Fiscal que entrou em vigor a 1 de Junho de 2011[1].

Preâmbulo

Os Estados Membros do Conselho da Europa e os países Membros da Organização para a Cooperação e Desenvolvimento Económico (OCDE), signatários da presente Convenção;

Considerando que o desenvolvimento dos movimentos internacionais de pessoas, de capitais, de bens e de serviços – conquanto largamente benéfico em si mesmo – veio aumentar as possibilidades de evasão e de fraude fiscais, exigindo assim uma cooperação crescente entre as autoridades fiscais;

[1] Não foram incluídos nesta compilação os Anexos A, B e C, o texto do Relatório explicativo revisto relativo à Convenção sobre Assistência Mútua Administrativa em Matéria Fiscal e os Comentários relativos às disposições da Convenção.

Congratulando-se com todos os esforços desenvolvidos ao longo dos últimos anos, a nível internacional, quer a título bilateral quer a título multilateral, para combater a evasão e a fraude fiscais;

Considerando a necessidade da coordenação de esforços entre os Estados no sentido de incentivar todas as formas de assistência administrativa em matéria fiscal, relativamente a todo o tipo de impostos, assegurando ao mesmo tempo a proteção adequada dos direitos dos contribuintes;

Reconhecendo que a cooperação internacional pode desempenhar um papel importante, na medida em que facilita a correta determinação das obrigações fiscais e contribui para que os direitos do contribuinte sejam respeitados;

Considerando que os princípios fundamentais, em virtude dos quais toda e qualquer pessoa tem direito ao procedimento legal adequado com vista à determinação dos seus direitos e obrigações, devem ser reconhecidos em todos os Estados como sendo aplicáveis em matéria fiscal, e que os Estados deveriam esforçar-se no sentido de proteger os legítimos interesses do contribuinte, concedendo-lhe designadamente a proteção adequada contra a discriminação e a dupla tributação;

Convictos, pois, de que os Estados devem tomar medidas ou prestar informações, tendo em conta a necessidade de proteger a confidencialidade das informações, e bem assim os instrumentos internacionais relativos à proteção da privacidade e ao fluxo de dados de carácter pessoal;

Considerando que emergiu um novo quadro de cooperação e que é desejável dispor de um instrumento multilateral que permita que o maior número de Estados beneficie do novo quadro de cooperação e, ao mesmo tempo, implemente as normas mais abrangentes de cooperação internacional na área fiscal;

Desejando celebrar uma Convenção sobre assistência mútua administrativa em matéria fiscal,

Acordaram nas disposições seguintes:

CAPÍTULO – Âmbito de aplicação da convenção

Artigo 1º – Objeto da convenção e pessoas visadas

1 – Com ressalva do disposto no Capítulo IV, as Partes prestarão entre si assistência administrativa em matéria fiscal. Esta assistência abrange, se for caso disso, as medidas tomadas por órgãos jurisdicionais.

2 – A assistência administrativa referida compreende:

a) a troca de informações, incluindo verificações fiscais simultâneas e a participação em verificações fiscais levadas a efeito no estrangeiro;

b) a cobrança de créditos fiscais, incluindo as providências cautelares; e

c) a notificação de documentos.

3 – As Partes prestarão assistência administrativa, quer a pessoa em causa seja residente ou nacional de uma Parte, ou de outro Estado.

Artigo 2º – Impostos visados

1 – Esta Convenção aplica-se:

a) aos seguintes impostos:

i) impostos sobre o rendimento ou lucros,

ii) impostos sobre mais valias, que incidem separadamente do imposto sobre o rendimento ou lucros,

iii) impostos sobre o património,

cobrados em benefício de uma Parte; e

b) aos seguintes impostos:

i) impostos sobre o rendimento, os lucros ou as mais valias ou sobre o património cobrados em benefício das subdivisões políticas ou das autoridades locais de uma Parte,

ii) cotizações obrigatórias para a segurança social pagáveis às administrações públicas ou aos organismos de segurança social de direito público, e

iii) impostos de outras categorias, com exceção dos direitos aduaneiros, cobrados em benefício de uma Parte, designadamente:

A) impostos sobre as sucessões e doações,

B) impostos sobre a propriedade imobiliária,

C) impostos gerais sobre bens e serviços, tais como os impostos sobre o valor acrescentado ou os impostos sobre as vendas,

D) impostos sobre determinados bens e serviços, tais como os impostos sobre consumos específicos,

E) impostos sobre a utilização ou a propriedade de veículos a motor,

F) impostos sobre a utilização ou a propriedade de bens móveis com exceção dos veículos a motor,

G) outros impostos;

iv) impostos das categorias visadas na alínea i*i)* anterior, cobrados a favor das subdivisões políticas ou das autoridades locais de uma Parte.

2 – Os impostos em vigor a que a presente Convenção se aplica são enunciados no Anexo A, de acordo com as categorias mencionadas no número 1.

3 – As Partes comunicarão ao Secretário-Geral do Conselho da Europa e ao Secretário-Geral da OCDE (a seguir designados por «Depositários») qualquer alteração que deva ser introduzida no Anexo A, resultante de modificação feita na lista mencionada no número 2. A referida alteração produzirá efeito no primeiro dia do mês seguinte ao termo de um prazo de três meses a contar da data da receção da notificação pelo Depositário.

4 – A presente Convenção é igualmente aplicável, a contar da sua adoção, aos impostos de natureza idêntica ou similar que venham a ser estabelecidos numa Parte após a entrada em vigor da Convenção relativamente a essa Parte, em aditamento aos impostos existentes constantes do Anexo A ou em sua substituição. Neste caso, a Parte interessada informará um dos Depositários da introdução do imposto em questão.

CAPÍTULO II – Definições gerais

Artigo 3º – Definições

1 – Para efeitos da presente Convenção, a não ser que o contexto exija interpretação diferente:

a) as expressões «Estado requerente» e «Estado requerido» significam, respetivamente, qualquer Parte que solicite assistência administrativa em matéria fiscal e qualquer Parte à qual essa assistência administrativa seja solicitada;

b) o termo «imposto» significa qualquer imposto ou contribuição para a segurança social visados pela presente Convenção em conformidade com o disposto no Artigo 2º.

c) A expressão «crédito fiscal» significa qualquer montante de imposto e bem assim os juros, multas administrativas e despesas de cobrança com ele conexas, que sejam exigíveis e ainda não tenham sido pagas;

d) A expressão «autoridade competente» significa as pessoas e autoridades constantes do Anexo B;

e) O termo «nacionais», relativamente a uma Parte, designa:

i) todas as pessoas singulares que tenham a nacionalidade dessa Parte, e

ii) todas as pessoas coletivas, sociedades de pessoas, associações e outras entidades constituídas de harmonia com a legislação em vigor nessa Parte.

Relativamente a uma Parte que apresente uma declaração para esse efeito, as expressões supramencionadas deverão ser entendidas no sentido das definições constantes do Anexo C.

2 – Para efeitos da aplicação da Convenção por uma Parte, qualquer expressão não definida de outro modo terá, a não ser que o contexto exija interpretação diferente, o significado que lhe for atribuído pela legislação dessa Parte relativa aos impostos a que a Convenção se aplica.

3 – As Partes comunicarão a um dos Depositários qualquer alteração a introduzir nos Anexos B e C. A referida alteração produzirá efeito no primeiro dia do mês imediatamente a seguir ao termo de um prazo de três meses a contar da data de receção da notificação pelo Depositário.

CAPÍTULO III – Formas de assistência

SECÇÃO 1 – Troca de informações

Artigo 4º – Disposições gerais

1 – De acordo com o disposto na presente Secção, as Partes trocarão as informações previsivelmente relevantes para a administração e execução da legislação interna relativa aos impostos abrangidos pela presente Convenção.

2 – [*Suprimido*]

3 – Uma Parte pode indicar, mediante declaração dirigida a um dos Depositários, que, em conformidade com o seu direito interno, as autoridades respetivas podem informar os seus residentes ou nacionais antes de prestarem as informações que lhes digam respeito, nos termos do disposto nos Artigos 5º e 7º.

Artigo 5º – Troca de informações a pedido

1 – A pedido do Estado requerente, o Estado requerido facultar-lhe-á todas as informações visadas no Artigo 4º relativas a uma pessoa ou a uma transação determinada.

2 – Se as informações disponíveis nos processos fiscais do Estado requerido não lhe permitirem dar cumprimento ao pedido de informações, este Estado deverá tomar todas as medidas necessárias a fim de facultar ao Estado requerente as informações solicitadas.

Artigo 6º- Troca automática de informações

Relativamente a determinadas categorias de casos e de acordo com os procedimentos que estabeleçam de comum acordo, duas ou mais Partes procederão automaticamente à troca de informações referidas no Artigo 4º.

Artigo 7º – Troca espontânea de informações

1 – Uma Parte comunicará, sem pedido prévio, à outra Parte as informações de que tenha conhecimento, nas seguintes circunstâncias:

a) a primeira Parte mencionada tem razões para presumir que existe uma redução ou uma isenção anómala de imposto na outra Parte;

b) um contribuinte obtém, na primeira Parte mencionada, uma redução ou uma isenção de imposto suscetível de gerar um agravamento de imposto ou a sujeição a imposto na outra Parte;

c) as transações comerciais entre um contribuinte de uma Parte e um contribuinte de outra Parte são conduzidas através de um ou mais países, de tal modo que daí pode resultar uma diminuição do imposto numa ou na outra Parte ou em ambas;

d) uma Parte tem razões para presumir a existência de uma redução do imposto resultante de transferências fictícias de lucros no seio de grupos de empresas;

e) na sequência de informações transmitidas a uma Parte por outra Parte, a primeira Parte mencionada pôde recolher informações que se revelam de interesse para a determinação do imposto na outra Parte.

2 – Cada Parte tomará as medidas e providenciará os procedimentos necessários para que as informações visadas no número 1 lhe sejam facultadas com vista à respetiva comunicação a outra Parte.

Artigo 8º – Verificações fiscais simultâneas

1 – A pedido de uma Parte, duas ou mais Partes consultar-se-ão com vista à determinação dos casos que devem ser objeto de verificação fiscal simultânea e dos procedimentos a seguir. Cada uma das Partes decidirá se pretende ou não participar, num determinado caso, numa verificação fiscal simultânea.

2 – Para efeitos da presente Convenção, por verificação fiscal simultânea entende-se a verificação levada a cabo em virtude de um acordo nos termos do qual duas ou mais Partes concordam em verificai simultaneamente, cada uma delas no respetivo território, a situação fiscal de uma ou de mais pes-

soas, que se revista de interesse comum ou complementar, com vista à troca de informações obtidas deste modo.

Artigo 9º – Verificações fiscais no estrangeiro

1 – A pedido da autoridade competente do Estado requerente, a autoridade competente do Estado requerido pode autorizar representantes da autoridade competente do Estado requerente a assistirem à parte correspondente da verificação fiscal do Estado requerido.

2 – Se o pedido for aceite, a autoridade competente do Estado requerido dará conhecimento, logo que possível, à autoridade competente do Estado requerente da data e do local da verificação, da autoridade ou do funcionário encarregado dessa verificação, e bem assim dos procedimentos e condições exigidas pelo Estado requerido relativamente à realização da verificação. Todas as decisões relativas à realização da verificação fiscal serão tomadas pelo Estado requerido.

3 – Uma Parte pode informar um dos Depositários sobre a sua intenção de não aceitar, como regra geral, os pedidos visados no número 1. Esta declaração pode ser efetuada ou suspensa em qualquer momento.

Artigo 10º – Informações contraditórias

Se uma Parte obtiver de outra Parte informações sobre a situação fiscal de uma pessoa, que se lhe afigurem em contradição com as informações de que dispõe, participará o fato à Parte que facultou as informações.

SECÇÃO II – Assistência à cobrança

Artigo 11º – Cobrança de créditos fiscais

1 – Com ressalva do disposto nos Artigos 14º e 15º, o Estado requerido procederá, a pedido do Estado requerente, à cobrança dos créditos fiscais do segundo Estado mencionado como se se tratasse dos seus próprios créditos fiscais.

2 – O disposto no número 1 aplicar-se-á apenas aos créditos fiscais que sejam objeto de um instrumento que permita a respetiva execução no Estado requerente e, salvo se as Partes interessadas acordarem de outro modo, não sejam impugnados.

Todavia, se o crédito respeitar a uma pessoa que não é residente do Estado requerente, o disposto no número 1 aplicar-se-á apenas se o crédito já não for passível de impugnação, salvo se as Partes interessadas acordarem de outro modo.

3 – A obrigação da prestação de assistência com vista à cobrança de créditos fiscais respeitantes a uma pessoa falecida ou à sua sucessão é limitada ao valor da sucessão ou dos bens recebidos por cada um dos beneficiários da sucessão, consoante o crédito seja cobrável sobre a sucessão ou em relação aos respetivos beneficiários.

Artigo 12º – Providências cautelares

A pedido do Estado requerente, o Estado requerido tomará providências cautelares com vista à cobrança de uma importância de imposto, ainda que o crédito seja impugnado ou o título executório ainda não tenha sido emitido.

Artigo 13º – Documentos anexos ao pedido

1 – O pedido de assistência administrativa, apresentado nos termos desta Secção, é acompanhado por:

a) uma declaração atestando que o crédito fiscal diz respeito a um imposto visado pela presente Convenção e, no que se refere à cobrança, com ressalva do disposto no número 2 do artigo 11º, não é nem pode ser impugnado,

b) uma cópia oficial do título executório no Estado requerente, e

c) qualquer outro documento exigido para efeitos de cobrança ou de providências cautelares.

2 – O título executório do Estado requerente, se for caso disso e em conformidade com as disposições em vigor no Estado requerido, será aceite, reconhecido, completado ou substituído logo que possível, a contar da data de receção do pedido de assistência, por um título executório no Estado requerido.

Artigo 14º – Prazos

1 – As questões respeitantes aos prazos para além dos quais o crédito fiscal não pode ser exigido são reguladas pela legislação do Estado requerente. O pedido de assistência incluirá informações quanto ao prazo referido.

2 – Os atos de cobrança realizados pelo Estado requerido na sequência de um pedido de assistência e que, de acordo com a legislação deste Estado, teriam como efeito a suspensão ou a interrupção do prazo mencionado no

número 1, terão o mesmo efeito face à legislação do Estado requerente. O Estado requerido informará o Estado requerente sobre tais atos.

3 – Em qualquer caso, o Estado requerido não é obrigado a dar cumprimento a um pedido de assistência que seja formulado depois de decorrido um período de quinze anos a contar da data do título executório inicial.

Artigo 15º – Privilégios

O crédito fiscal para cuja cobrança é prestada assistência não beneficia, no Estado requerido, de nenhum dos privilégios especialmente conexos com os créditos fiscais deste Estado, ainda que o processo de cobrança utilizado seja o mesmo que é aplicável aos seus próprios créditos fiscais.

Artigo 16º – Pagamento diferido

O Estado requerido pode conceder o pagamento diferido ou escalonado, se a sua legislação ou prática administrativa o permitirem em circunstâncias análogas, devendo porém informar previamente o Estado requerente.

SECÇÃO III – Notificação de documentos

Artigo 17º – Notificação de documentos

1 – A pedido do Estado requerente, o Estado requerido notificará ao destinatário os documentos, incluindo os que digam respeito a decisões judiciais, emanados do Estado requerente e que respeitem a um imposto visado pela presente Convenção.

2 – O Estado requerido procederá à notificação:

a) de acordo com as fórmulas prescritas pela sua legislação interna relativas à notificação de documentos de natureza idêntica ou similar;

b) na medida do possível, de acordo com a fórmula especial solicitada pelo Estado requerente, ou segundo a fórmula mais aproximada prevista pela respetiva legislação interna.

3 – Uma Parte pode promover a notificação de um documento, diretamente, por via postal, a uma pessoa que se encontre dentro do território de outra Parte.

4 – Nenhuma disposição da Convenção pode ter como efeito ferir de nulidade uma notificação de documentos efetuada por uma Parte em conformidade com a respetiva legislação.

5 – Quando um documento é notificado nos termos do presente Artigo, não é exigida a respetiva tradução. Todavia, se for presumível que o destinatário não conhece a língua na qual o documento está redigido, o Estado requerido promoverá a respetiva tradução ou um resumo na sua língua oficial ou numa das suas línguas oficiais. Alternativamente, pode solicitar ao Estado requerente que o documento seja traduzido ou acompanhado de um resumo numa das línguas oficiais do Estado requerido, do Conselho da Europa ou da OCDE.

CAPÍTULO IV – Disposições comuns às diversas formas de assistência

Artigo 18º – Informações a prestar pelo estado requerente

1 – O pedido de assistência indicará, quando for caso disso:

a) a autoridade ou o serviço que esteve na origem do pedido formulado pela autoridade competente;

b) o nome, a morada ou quaisquer outros elementos que possibilitem a identificação da pessoa relativamente à qual o pedido é formulado;

c) no caso de pedido de informação, a forma como o Estado requerente deseja receber a informação de modo a satisfazer as suas necessidades;

d) no caso de pedido de assistência para fins de cobrança ou de providências cautelares, a natureza do crédito fiscal, os elementos constitutivos do crédito e os bens sobre os quais a cobrança pode ser efetuada;

e) no caso de pedido de notificação, a natureza e o objeto do documento a notificar;

f) se o pedido é conforme com a legislação e a prática administrativa do Estado requerente e se se justifica face ao disposto no Artigo 21º, nº 2, alínea *g)*.

2 – O Estado requerente comunicará ao Estado requerido todas as demais informações relativas ao pedido de assistência logo que tenha conhecimento das mesmas.

Artigo 19º [suprimido]

Artigo 20º – Resposta ao pedido de assistência

1 – Se for dada satisfação ao pedido de assistência, o Estado requerido informará o Estado requerente, logo que possível, sobre as medidas tomadas e bem assim sobre o resultado da assistência prestada.

2 – Se o pedido for rejeitado, o Estado requerido informará o Estado requerente, logo que possível, indicando os motivos de rejeição.

3 – No caso de um pedido de informação, se o Estado requerente tiver especificado a forma como deseja receber a informação e o Estado requerido estiver apto a fazê-lo, este Estado facultará a informação segundo a forma desejada.

Artigo 21º – Proteção das pessoas e limites à obrigatoriedade de prestação de assistência

1 – Nenhuma disposição da presente Convenção pode ser interpretada no sentido de limitar os direitos e as garantias concedidos às pessoas pela legislação ou pela prática administrativa do Estado requerido.

2 – Salvo no que diz respeito ao Artigo 14º, as disposições da presente Convenção não podem ser interpretadas no sentido de impor ao Estado requerido a obrigação de:

a) tomar medidas derrogatórias da sua legislação ou da sua prática administrativa, ou da legislação ou da prática administrativa do Estado requerente;

b) tomar medidas que sejam contrárias à ordem pública;

c) fornecer informações que não possam ser obtidas com base na sua legislação ou na sua prática administrativa, ou na legislação ou na prática administrativa do Estado requerente;

d) fornecer informações suscetíveis de revelar um segredo comercial, industrial, profissional ou um processo comercial, ou informações cuja divulgação seja contrária à ordem pública;

e) prestar assistência administrativa, se e na medida em que se considere que a tributação do Estado é contrária aos princípios tributários geralmente aceites, ou às disposições de uma convenção destinada a evitar a dupla tributação ou qualquer outra convenção celebrada com o Estado requerente;

f) prestar assistência administrativa tendo em vista a implementação ou a aplicação de uma disposição da legislação fiscal do Estado requerente, ou a satisfação de uma obrigação conexa, que seja discriminatória face a um nacional do Estado requerido em confronto com um nacional do Estado requerente em idênticas circunstâncias;

g) prestar assistência administrativa, se o Estado requerente não tiver esgotado todas as medidas razoáveis previstas pela sua legislação ou pela sua prática administrativa, salvo se o recurso a tais medidas for gerador de dificuldades desproporcionadas;

h) prestar assistência à cobrança nos casos em que os encargos administrativos decorrentes para esse Estado sejam claramente desproporcionados face aos benefícios que podem ser obtidos pelo Estado requerente.

3 – Se o Estado requerente solicitar informações ao abrigo da presente Convenção, o Estado requerido recorrerá aos poderes de que dispõe para obter as informações solicitadas, mesmo que o Estado requerido não necessite dessas informações para os seus próprios fins tributários. A obrigação constante da frase anterior está sujeita aos limites previstos na presente Convenção, mas tais limites, designadamente os limites previstos nos números 1 e 2, não devem, em caso algum, ser interpretados no sentido de permitir que o Estado requerido se recuse a prestar tais informações pelo simples fato de estas não se revestirem de interesse para si, no âmbito interno.

4 – As disposições da presente Convenção, designadamente o disposto nos números 1 e 2, não podem em caso algum ser interpretadas no sentido de permitir que o Estado requerido se recuse a prestar informações unicamente porque estas são detidas por um banco, outra instituição financeira, um mandatário ou por uma pessoa agindo na qualidade de agente ou fiduciário, ou porque essas informações são conexas com os direitos de propriedade de uma pessoa.

Artigo 22º – Confidencialidade

1 – As informações obtidas por uma Parte nos termos do disposto na presente Convenção serão consideradas confidenciais e protegidas do mesmo modo que as informações obtidas com base na legislação interna dessa Parte e, se necessário, a fim de garantir o desejável nível de proteção de dados de carácter pessoal, em conformidade com as garantias exigidas por força da legislação interna da Parte que presta as informações e por ela especificadas.

2 – Em qualquer caso, as referidas informações só poderão ser comunicadas às pessoas ou autoridades (incluindo tribunais e órgãos de administração ou fiscalização) encarregadas da liquidação ou da cobrança dos impostos dessa Parte, ou dos procedimentos declarativos ou executivos, ou das decisões de recursos, relativos a esses impostos, ou do seu controlo. Apenas as pessoas ou autoridades referidas poderão utilizar essas informações e exclusivamente para os fins acima mencionados. Não obstante o disposto no número 1, essas informações poderão ser reveladas no decurso de audiências públicas de tribunais ou em decisões judiciais relativas a esses impostos.

3 – Se uma Parte tiver formulado uma reserva nos termos previstos na alínea *a)* do número 1 do Artigo 30º, qualquer outra Parte que obtenha informações da primeira Parte mencionada não as poderá utilizar para efeitos de um imposto incluído numa categoria objeto de reserva. De igual modo, a Parte que formulou a reserva não pode utilizar, para efeitos de um imposto incluído na categoria objeto de reserva, as informações obtidas nos termos do disposto na presente Convenção.

4 – Não obstante o disposto nos números 1, 2 e 3, as informações obtidas por uma Parte poderão ser utilizadas para outros fins, quando a utilização de tais informações para esses fins seja possível, de acordo com a legislação da Parte que forneceu as informações e a autoridade competente desta Parte autorize essa utilização. As informações fornecidas por uma Parte a outra Parte podem ser transmitidas por esta a uma terceira Parte, sujeita a autorização prévia da autoridade competente da primeira Parte mencionada.

Artigo 23º – Procedimentos

1 – As ações relativas às medidas tomadas pelo Estado requerido de acordo com o disposto na presente Convenção serão instauradas apenas na instância competente desse Estado.

2 – As ações relativas às medidas tomadas pelo Estado requerente de acordo com o disposto na presente Convenção, designadamente as ações que, em matéria de execução, dizem respeito à existência ou ao montante do crédito fiscal ou ao título executório, serão instauradas apenas na instância competente desse Estado. Se tal ação for instaurada, o Estado requerente informará imediatamente o Estado requerido e este suspenderá a ação enquanto aguarda a decisão da instância em questão. Todavia, o Estado requerido, se o Estado requerente o solicitar, tomará providências cautelares com vista à cobrança. O Estado requerido poderá também ser informado sobre tal ação por qualquer pessoa interessada; após receção da informação em causa, o Estado requerido consultará, se necessário, o Estado requerente sobre a matéria.

3 – A partir do momento em que tenha sido pronunciada sentença definitiva sobre a ação instaurada, o Estado requerido ou o Estado requerente, consoante o caso, notificará o outro Estado sobre a decisão proferida e respetivas implicações quanto ao pedido de assistência.

CAPÍTULO V – Disposições especiais

Artigo 24º – Aplicação da convenção

1 – As Partes comunicarão entre si, através das respetivas autoridades competentes, tendo em vista a aplicação da presente Convenção. As autoridades competentes podem comunicar diretamente entre si para este efeito e autorizar as autoridades delas dependentes a agir em sua representação. As autoridades competentes de duas ou mais Partes podem estabelecer de comum acordo o modo de aplicação da Convenção.

2 – Quando o Estado requerido considerar que a aplicação da presente Convenção, num caso concreto, poderá ter consequências graves e indesejáveis, as autoridades competentes do Estado requerido e do Estado requerente consultar-se-ão e esforçar-se-ão por resolver a situação através de acordo mútuo.

3 – Um órgão coordenador constituído por representantes das autoridades competentes das Partes acompanhará, sob a égide da OCDE, a aplicação da Convenção e bem assim o seu desenvolvimento. Para este efeito, o órgão de coordenação recomenda todas as medidas suscetíveis de contribuir para a consecução dos objetivos gerais da Convenção. Constituirá, designadamente, um fórum para o estudo de novos métodos e procedimentos tendentes a incrementar a cooperação internacional em matéria fiscal e, se for caso disso, recomendará a revisão da Convenção ou as alterações a introduzir. Os Estados que assinaram mas ainda não ratificaram, aceitaram ou aprovaram a Convenção poderão fazer-se representar nas reuniões do órgão de coordenação a título de observadores.

4 – Qualquer Parte pode solicitar ao órgão de coordenação a emissão de parecer quanto à interpretação das disposições da Convenção.

5 – Se se suscitarem dificuldades ou dúvidas entre duas ou mais Partes quanto à aplicação ou à interpretação da Convenção, as autoridades competentes dessas Partes esforçar-se-ão por resolver a questão através de acordo amigável. A decisão será comunicada ao órgão coordenador.

6 – O Secretário-Geral da OCDE informará as Partes e os Estados signatários da Convenção que ainda não ratificaram, aceitaram ou aprovaram a Convenção sobre os pareceres emitidos pelo órgão de coordenação em conformidade com o disposto no número 4 e nos acordos de procedimento amigável celebrados nos termos do número 5.

Artigo 25º – Línguas

Os pedidos de assistência e as respetivas respostas serão redigidos numa das línguas oficiais da OCDE ou do Conselho da Europa ou em qualquer outra língua acordada bilateralmente entre as Partes interessadas.

Artigo 26º- Despesas

Salvo se as Partes interessadas acordarem de outro modo, por via bilateral:

a) as despesas normais suportadas em conexão com a prestação de assistência ficam a cargo do Estado requerido;

b) as despesas extraordinárias suportadas em conexão com a prestação de assistência ficam a cargo do Estado requerente.

CAPÍTULO VI - Disposições finais

Artigo 27º – Outros acordos internacionais

1 – As possibilidades de assistência previstas nos termos do disposto na presente Convenção não limitarão, nem serão limitadas pelas que decorram dos acordos internacionais celebrados ou que venham a ser celebrados entre as Partes interessadas ou de quaisquer outros instrumentos que respeitem à cooperação em matéria fiscal.

2 – Não obstante o disposto no número 1, as Partes que sejam Estados Membros da União Europeia podem aplicar, nas suas relações recíprocas, as modalidades de assistência previstas na Convenção, na medida em que estas permitam uma cooperação mais ampla do que as previstas pelo regime aplicável da União Europeia.

Artigo 28º – Assinatura e entrada em vigor da convenção

1 – A presente Convenção será aberta para assinatura aos Estados membros do Conselho da Europa e aos países Membros da OCDE. Está sujeita a ratificação, aceitação ou aprovação. Os instrumentos de ratificação, de aceitação ou de aprovação serão depositados junto de um dos Depositários.

2 – A Convenção entrará em vigor no primeiro dia do mês seguinte ao termo de um período de três meses a contar da data na qual cinco Estados tenham manifestado o seu consentimento no sentido da respetiva vinculação à Convenção em conformidade com o disposto no número 1.

3 – No que diz respeito a qualquer Estado Membro do Conselho da Europa ou país Membro da OCDE que manifeste posteriormente o seu

consentimento no sentido da respetiva vinculação à Convenção, esta entrará em vigor no primeiro dia do mês seguinte ao termo de um período de três meses a contar da data de depósito do instrumento de ratificação, de aceitação ou de aprovação.

4 – Qualquer Estado Membro do Conselho da Europa ou qualquer País Membro da OCDE, que se torne Parte da Convenção após a entrada em vigor do Protocolo que altera a presente Convenção, aberta para assinatura em 27 de Maio de 2010 (o "Protocolo de 2010") será Parte da Convenção alterada pelo presente Protocolo, salvo se manifestar intenção diferente mediante notificação, por escrito, dirigida a um dos Depositários.

5 – Após a entrada em vigor do Protocolo de 2010, qualquer Estado não Membro do Conselho da Europa ou da OCDE pode solicitar que lhe seja endereçado convite com vista à assinatura e à ratificação da presente Convenção alterada pelo Protocolo de 2010. Qualquer pedido neste sentido deverá ser dirigido a um dos Depositários, que o transmitirá às Partes. O Depositário informará igualmente o Comité de Ministros do Conselho da Europa e o Conselho da OCDE. A decisão de convidar os Estados que solicitem tornar-se Partes da presente Convenção será tomada mediante consenso das Partes da Convenção, através do órgão de coordenação. Relativamente a cada Estado que ratifique a Convenção alterada pelo Protocolo de 2010, nos termos do presente número, a presente Convenção entrará em vigor no primeiro dia do mês seguinte ao termo de um período de três meses a contar da data de depósito do instrumento de ratificação junto de um dos Depositários.

6 – As disposições da presente Convenção, alterada pelo Protocolo de 2010, produzem efeitos no que diz respeito à assistência administrativa, abrangendo os exercícios fiscais com início em ou após 1 de Janeiro do ano seguinte àquele em que a Convenção, alterada pelo Protocolo de 2010, entrar em vigor no que diz respeito a uma das Partes ou, na ausência de exercício fiscal, serão aplicáveis à assistência administrativa respeitante a obrigações fiscais geradas em ou após 1 de Janeiro do ano seguinte àquele em que a Convenção, alterada pelo Protocolo de 2010, entrar em vigor no que diz respeito a uma das Partes. Duas ou mais Partes podem acordar que a Convenção alterada pelo Protocolo de 2010 produzirá efeitos no que diz respeito à assistência administrativa relativa a exercícios fiscais ou a obrigações fiscais anteriores.

7 – Não obstante o disposto no número 6, as disposições da presente Convenção, alterada pelo Protocolo de 2010, produzirão efeitos a partir

da data da sua entrada em vigor em relação a uma Parte, no que respeita à questões tributárias que envolvam um ato intencional passível de ação penal por força do direito penal da Parte requerente, relativamente a exercícios fiscais ou a obrigações fiscais anteriores

Artigo 29º – Aplicação territorial da convenção

1 – No momento da assinatura ou do depósito do respetivo instrumento de ratificação, de aceitação ou de aprovação, cada Estado poderá especificar qual o território ou territórios a que a presente Convenção se aplica.

2 – Cada Estado poderá, em data posterior, mediante declaração dirigida a um dos Depositários, tornar a aplicação da presente Convenção extensiva a qualquer outro território especificado na declaração. No que respeita ao referido território, a Convenção entrará em vigor no primeiro dia do mês seguinte ao termo de um período de três meses a contar da data de receção da declaração pelo Depositário.

3 – Qualquer declaração feita nos termos de um dos dois números precedentes poderá ser suspensa, no que respeita a qualquer território especificado na referida declaração, mediante notificação dirigida a um dos Depositários. A suspensão produzirá efeito no primeiro dia do mês seguinte ao termo de um período de três meses a contar da data de receção da notificação pelo Depositário.

Artigo 30º – Reservas

1 – No momento da assinatura ou do depósito do respetivo instrumento de ratificação, de aceitação ou de aprovação, qualquer Estado pode declarar que se reserva o direito de:

a) não prestar qualquer forma de assistência em relação aos impostos de outras Partes incluídos numa das categorias enunciadas na alínea *b)* do número 1 do Artigo 2º, desde que a referida Parte não tenha incluído no Anexo A da Convenção nenhum dos seus próprios impostos dessa categoria;

b) não prestar assistência em matéria de execução de créditos fiscais, ou de multas administrativas, em relação a todos os impostos ou em relação apenas aos impostos de uma ou de mais categorias enunciadas no número 1 do Artigo 2º;

c) não prestar assistência relativamente a créditos fiscais já existentes à data da entrada em vigor da Convenção nesse Estado, ou, se tiver sido previamente formulada uma reserva nos termos do disposto na alínea *a)* ou na alínea *b)*, à data da suspensão da referida reserva em relação aos impostos da categoria em questão;

d) não prestar assistência em matéria de notificação de documentos em relação a todos os impostos, ou apenas em relação aos impostos de uma ou de mais categorias enunciadas no número 1 do Artigo 2º;

e) não aceitar as notificações por via postal, de acordo com o disposto no número 3 do Artigo 17º.

f) aplicar o disposto no número 7 do Artigo 28º exclusivamente no caso de assistência administrativa que abranja os exercícios fiscais com início em ou após 1 de Janeiro do terceiro ano anterior àquele em que Convenção, alterada pelo Protocolo de 2010, entrou em vigor no que diz respeito a uma Parte, ou, na ausência de exercício fiscal, no caso de assistência administrativa relativa a obrigações fiscais geradas em ou após 1 de Janeiro do terceiro ano anterior àquele em que a Convenção, alterada pelo Protocolo de 2010, entrou em vigor no que diz respeito a uma Parte.

2 – Não é admitida qualquer outra reserva.

3 – Após a entrada em vigor da Convenção em relação a uma Parte, essa Parte pode formular uma ou mais reservas visadas no número 1, que não tenha formulado no momento da ratificação, aceitação ou aprovação. Tais reservas entrarão em vigor no primeiro dia do mês seguinte ao termo de um período de três meses a contar da data de receção da reserva por um dos Depositários.

4 – Uma Parte que tenha formulado uma reserva nos termos do disposto nos números 1 e 3 pode suspendê-la, total ou parcialmente, mediante notificação dirigida a um dos Depositários. A suspensão produzirá efeito na data de receção da notificação pelo Depositário.

5 – Uma Parte que tenha formulado uma reserva relativamente a uma disposição da presente Convenção não poderá requerer a aplicação dessa disposição por outra Parte.

Todavia, se a reserva for parcial, poderá requerer a aplicação da disposição nos termos da respetiva aceitação.

Artigo 31º – Denúncia

1 – Uma Parte pode denunciar a presente Convenção, em qualquer momento, mediante notificação dirigida a um dos Depositários.

2 – A denúncia produzirá efeito no primeiro dia do mês seguinte ao termo de um período de três meses a contar da data de receção da notificação pelo Destinatário.

3 – A Parte que denunciar a presente Convenção manter-se-á vinculada ao disposto no Artigo 22º enquanto permanecerem na sua posse informações, documentos ou outros elementos obtidos nos termos do disposto na Convenção.

Artigo 32º – Depositários e respetivas funções

1 – O Depositário, junto do qual tenha sido levado a efeito, um ato, uma notificação ou uma comunicação, transmitirá aos Membros do Conselho da Europa e aos países Membros da OCDE e a qualquer Parte da presente Convenção:

a) toda e qualquer assinatura;

b) o depósito de qualquer instrumento de ratificação, aceitação ou aprovação;

c) a data de entrada em vigor da presente Convenção em conformidade com o disposto nos Artigos 28º e 29º;

d) qualquer declaração formulada por força do disposto no número 3 do Artigo 4º ou do número 3 do Artigo 9º e a suspensão das referidas declarações;

e) qualquer reserva formulada por força do disposto no Artigo 30º e a suspensão da reserva efetuada de acordo com o disposto no número 4 do Artigo 30º;

f) qualquer notificação recebida por força do disposto nos números 3 ou 4 do Artigo 2º, do número 3 do Artigo 3º, do Artigo 29º ou do número 1 do Artigo 31º;

g) qualquer outro ato, notificação ou comunicação relativos à presente Convenção.

2 – O Depositário que receba uma comunicação ou que efetue uma notificação em conformidade com o disposto no número 1 informará imediatamente o outro Depositário.

EM TESTEMUNHO DO QUAL, os signatários, devidamente autorizados para o efeito, assinaram a presente Convenção.

FEITO EM Estrasburgo, em 25 de Janeiro de 1988, em francês e inglês, sendo os dois textos igualmente válidos, em dois exemplares, um dos quais será depositado nos arquivos do Conselho da Europa e o outro nos arquivos da OCDE. Os Secretários Gerais do Conselho da Europa e da OCDE entregarão cópia autenticada a cada um dos Estados membros do Conselho da Europa e dos países Membros da OCDE.

ÍNDICE